長崎の伊勢信仰

御師をめぐる伊勢と西肥前とのネットワーク

久田松 和則

長崎文献社

はじめに――いまなぜ伊勢なのか

長崎市の諏訪神社下に、また佐賀市内のかつて長崎街道が通った沿道にと、それぞれ伊勢町がある。松浦市の山中にもお伊勢原という地名が残る。また雲仙市小浜温泉には伊勢屋という旅館が永い歴史を積み重ねてきた。大村の町中にも伊勢町があって、いまは西本町と町名変更されたが、通称「伊勢町」はいまでも活きている。

「伊勢」という地名ほど全国に伝播し、地域に定着している例はないだろう。伊勢から遠く離れた地になぜ「伊勢」がこれほど多く名乗られるのか。

それはとりもなおさず伊勢の神宮への信仰が全国へ伝播した結果であった。本書ではこの長崎県域に住む人々が、いつのころからその伊勢との関わりをもつようになったのか、この点を明らかにしたい。そうすればおのずと先に触れた「伊勢」の地名・屋号が、今日に残る理由が分かってくるからである。

三重県の伊勢市に鎮座する伊勢の神宮は、正式には神宮という。その呼称には何か物足りなさを感じるためにか、「お伊勢さん」また「伊勢神宮」の名で親しまれてきた。本書では通常に使われる伊勢神宮の呼称で統一していく。

その伊勢神宮は百二十五の社から成るが、代表的な宮居は伊勢市の町中に静まる外宮《げくう》と、そこから約九キロメートル奥に入った地に鎮座する内宮《ないくう》である。両宮ともに参道の入口には衛士の詰め所があって、日の出から日没までの参拝者数が毎日カウントされている。その極めて正確な数は、神宮発刊の雑誌『瑞垣』に毎年公表されている。

ここ十五年ほどの年間参拝者数を隔年で振り返ってみよう。

平成十六年＝五百四十五万九千七百二十九人　平成十八年＝六百二十九万五千五十三人

平成二十年＝七百五十万五千四百八人　平成二十二年＝七百九十八万六千二百八十五人

平成二十四年＝七百八十八万五千七百八十四人　平成二十五年＝千四百二十万四千八百十六人

平成二十七年＝八百三十八万二千二百七十八人　平成二十九年＝八百七十九万八千三百五十一人

この正確な数から判断すると、平成二十年からは様子が一変し、それまでの五百〜六百万人を数えていた参詣者は七百万人を突破し、平成二十五年には遂に一千万人台をはるかに越えて千四百二十万人に達している。

バブルの時代、日本中に乱立したテーマパークで数多くの人々が楽しんだ。いまその多くは下火となったが、九州最大規模のハウステンボスは、このところ年間二百八十九万人（平成二十八年）まで盛り返し、ディズニーランドは三千万人（平成二十八年）という不動の数を誇っている。ただこの両施設は莫大な広告宣伝費をかけてこの結果である。

神様から怒られるかもしれないが、伊勢神宮のテレビコマーシャルは見たことがない。それなのになぜ、伊勢にこれほどの人が集まるのか。この疑問を解き明かすのも本書のもうひとつの命題でもある。

その深い根っこは本文に譲るとして、最大の原因は平成二十五年十月の二十年に一度の神宮式年遷宮に因むものである。遷宮に先立つ五年ほど前から人々の足は伊勢へと向き、遷宮の当年には通常年の約二倍に達した。

式年遷宮に先立ち人々が群れをなして参宮する、いわゆる群参現象は早くは江戸時代初期の慶長年間（一五九六―一六一五）に起こっている。情報が未発達な時代に、人々はどうして伊勢の遷宮情報を仕入れたのだろうか、このことにも答えねばならない。

二十年ごとに造り替えた後の古い社殿などはどうするのかと、よく聞かれる。遷宮より一年ほど経ったころには解体が終わり、その部材は古材として全国の神社等で再利用される。たとえば内宮と外宮の正宮の屋根を二十年間支え続けた棟持柱は、五十鈴川に架かる宇治橋の内と外の鳥居として二十年間、さらには伊勢道・桑名の七里の渡しの鳥居と、関宿（亀山市関町）東追分の鳥居となって二十年、実に六十年間にわたって役目を果たす。いまにいうまさにリサイクルである。しかしいまのリサイクルとやや違うのは、再利用する材は単なる古材ではない。伊勢の社に用いられていたありがたい部材、そういった思いが入った、いわば「聖なる再利用」といってよいだろう。こういった思いのこもった再利用、現代社会に問いかけるものはないだろうか。

平成二十五年の式年遷宮からもう五年が経過しようとしているが、長崎の地から改めて伊勢のことを考えてみたい。

長崎の伊勢信仰

――御師《おし》をめぐる伊勢と西肥前とのネットワーク――

目次

第三章　大村地方の伊勢信仰 …………… 85

第五章　島原地方の伊勢信仰……253

第六章　諫早地方の伊勢信仰

表紙カバー：明治八年第十一大区『神社明細調書』皇大神宮境内図
橋手前の上部建物が旧御師屋敷
（長崎歴史文化博物館所蔵）

第一章　九州地方に伊勢信仰を伝えた御師たち

一　御師による伊勢と地方とのネットワーク

九州と伊勢はいつからつながったか

かつて伊勢神宮には御師《おし》という神主集団がいた。「おし」と読むが、伊勢では「おんし」と呼ばれた。この御師は熊野三山の神社にもいたし、富士山の信仰から起こった麓の浅間神社にも、九州では修験の山・英彦山にもいた。自らが付属する神社の信仰を各地に広く伝える伝道師といってよい。多くはその神社のお札《ふだ》を配ることによって信仰を広めていった。その数、活動範囲からも圧倒的な勢力を誇ったのは、伊勢の御師たちであった。

伊勢御師の活動は早くは関東地方に見られ、鎌倉幕府が開かれる直前の養和元年（一一八一）に度会光倫《わたらいこうりん》という伊勢神主が源頼朝のもとへ出かけ、伊勢での祈祷を請け負っている。その三年後には頼朝は同じく伊勢神主を介して、武蔵国の大河土の土地を伊勢神宮に寄進した。こうして伊勢と関東を結ぶネットワークがつくられていく。

それならば伊勢と九州とのネットワークは、いつごろから始まったのか。伊勢の御師が九州に下って来て、伊勢のお札を配ったことを記すもっとも早い記録は享禄五年（一五三二）である。当時、伊勢神宮のお札は「御祓いさん」「御祓い大麻《たいま》」「伊勢大麻《たいま》」などと呼ばれていた。現代社会でタイマと言えば、法を犯す大麻を直ぐに思い起こす。

伊勢のお札をつくる際、麻でできた御祓いの祭具で何度も何度もお祓いしたために「御祓いさん」、あるいはその麻の一片をお札の中に収めることもあったために「大麻《たいま》」などと呼ばれるようになった。

伊勢神宮の図書館・神宮文庫に『享禄五年御祓賦帳』という一冊の帳簿が残っている。ここに見える「御祓」は先に述べた伊勢のお札を意味し、文字通り御祓を配って廻ったときの帳簿である。いまのところこの記録が、九州での伊勢御師の活動を伝えるもっとも古い記録といえる。

この帳簿によると、伊勢神宮の外宮に付属し橋村肥前大夫《だゆう》と名乗った御師が、豊前国（大分県）で五十一人、筑前国（福岡県）で三十八人、肥前国（佐賀・長崎県）で二人、合計九十一人の者達に御祓を配っている。御祓を受けた者達を道者あるいは旦那と呼んだ。この九十一人の者達は、いわば御師とともに伊勢と九州とのネットワークをつくり出した草分けといえよう。

三百五十年も遅れた理由

関東と比較すると、九州での御師の活動は実に三百五十年も遅れるのである。なぜこれほどに遅れたのか。伊勢神宮が所有する神領を御厨《みくりや》、小規模なものを御園《みその》といった。全国の伊勢神宮領を記す『神鳳抄《じんぽうしょう》』という記録には武蔵国から四国、長門国までは伊勢神宮領の記載はあるが、九州に入るとまったく記載がない。遅れた理由のひとつはこれである。御厨・御園からは伊勢神宮に貢ぎ物が納められたから、おのずとその地域と伊勢とはネットワークが芽生えていったが、九州には御厨・御園がなかったために伊勢との縁がなかったのである。

遅れた理由のもうひとつは、平安時代の律令体制が機能した時代には、二十年ごとの式年遷宮は朝廷による公費でおこなわれていた。しかしその体制が崩れた中世の時期には、遷宮費用を公的土地から一定の量で徴収する米で賄っていた。その米を役夫工米《やくぶくまい》といった。九州地方は宇佐神宮の造営費用を負担する義務があった関係から、この伊勢の役夫工米が免除されていた。このことが九州と伊勢との結びつけをかえって遅らせたのである。

九州には伊勢神宮領が存在しなかったこと、式年遷宮の費用・役夫工米が免除されていたこと、このふたつの理由によって御師が九州を知る機会、逆に九州人が伊勢を知る機会が遅れたのである。それが関東と九州の三百五十年の差となって表れた。

すでに御師に関わる歴史用語をいくつか使ってきたが、本書では伊勢神宮のお札のことを「伊勢大麻」、その伊勢大麻を受けた者達を「旦那」という用語で統一して使っていく。

二　肥前国を二分した御師　宮後三頭大夫《みやじりさんとうだゆう》と橋村肥前大夫《はしむらひぜんだゆう》

西川論文との出合いが研究の契機

伊勢神宮では『瑞垣』という広報誌を季刊で発刊している。その第百七号（昭和五十年十二月発行）の西川順土氏の「庶民は何を求めて伊勢へ来たか」という論文は、私にとって生涯忘れることができない。この論文との出合いが契機となり、伊勢の御師や伊勢信仰の研究に没頭することとなった。

西川論文は肥前国に関わる新史料の御師文書を駆使して記されていた。早速その文書を収蔵する伊勢神宮の神宮文庫で閲覧すると、永禄四年（一五六一）・永禄十年（一五六七）・永禄十一年（一五六八）に伊勢大麻を受けた旦那衆の名簿『肥前日記』三冊、[1]そして伊勢参宮者が用いた為替《かわせ》の切手や換金時の請書（領収書）といった為替文書『肥前国藤津郡彼杵郡高来郡御旦那證文』（以下『御旦那證文』と略称）一冊、計四冊の文書であった。肥前国の諸村で伊勢大麻を受けた小領主、その重臣たち、また寺院、有力庶民層が登場し地域構造が手に取るように分かるのである。またその中から伊勢詣でをおこなう者もあり、なんと旅の便宜として為替によって旅費用を伊勢に送金するシステムが使われていた。

図1　永禄4年肥前日記表紙（神宮文庫所蔵）

その後平成十三年（二〇〇一）に三重県松阪市星合町の野田家にも、宮後三頭大夫に関わる別の文書が所蔵されていることが判明し、その中に『国々御道者日記』という為替金の出納を記録した文書が含まれていた。これによって為替の使用がより詳しく分かってきた。

これらの御師文書は肥前国の藤津郡・彼杵郡・高来郡を旦那地域とした宮後三頭大夫という御師によって記録され、御師名をとって宮後三頭大夫文書という。

まずここでは『肥前日記』三冊に登場する旦那数を地域別に把握し、また『御旦那證文』と『国々御道者日記』によって為替を用いた伊勢参宮者を地域別に記し、いっ

図2　為替切手や請文等を収める御旦那證文（神宮文庫所蔵）

たん、全体像だけを把握しておこう。表（1）、表（2）の通りである。

宮後三頭大夫が伊勢大麻を配札した地域は、有馬・島原・千々石・諫早・大村・神浦を初めとする二十二カ村（内三カ村は現・佐賀県）に及んでいる。宮後御師はこれらの村々を廻りながら、結果として三カ年で延べ四百十三人の者と対面し、直接に伊勢大麻を渡した筈である。

と同時に旦那衆に伊勢参宮を勧誘し、旅の便宜として為替のシステムを提供した。これによって参宮者は伊勢までの往路の路銀を携行するだけでよかった。帰路の路銀は前もって振り込んだ額を伊勢で換金して手にすることができた。身軽に旅が楽しめたのである。その為替の切手と伊勢での換金の際に記した請書（領収書）が現存する。為替を使った参宮者は百十二人を数える。

こういった記録された経緯を見ると、この文書群はその時、その場で記されたきわめて信憑性の高い同時代史料といってよい。それも記録された時期が中世末期とはいえ、数少ない中世史料なのである。詳細については地域ごとの伊勢信仰を述べる際に、改めて引用し後述する。

この文書を神宮文庫で閲覧した際に西川順土氏の口から出たのは、同様の御師史料が残念ながら神宮文庫には収まらず、どこか他の史料館（図書館）に流れたらしいという一言であった。宮後三頭大夫文書が九州地方の伊勢信仰の空白を埋める極めて貴重な史料であったから、それに匹敵

表(1)『肥前日記』に見る西肥前の地域別旦那数

No.	地域	階層	永禄4	永禄10	永禄11
1	有馬	有姓	20	25	27
		無姓	6	8	9
		寺院	10	11	12
		小計	36	44	48
2	島原	有姓	6	7	8
		無姓		1	1
		寺院	2	3	4
		小計	8	11	13
3	有家	有姓		4	5
		無姓			1
		寺院		1	1
		小計		5	7
4	温泉	寺院		6	6
5	深江	有姓		2	2
6	安徳	有姓		3	2
7	空閑	有姓		1	1
8	大野	有姓		1	1
9	神代	有姓		6	4
		寺院			1
		小計		6	5
10	千々石	有姓	8	9	9
		寺院	1	1	1
		小計	9	10	10
11	小濱	有姓			1
		寺院		1	1
		小計		1	2
12	山田	有姓		1	3
13	長与	有姓			2

No.	地域	階層	永禄4	永禄10	永禄11
14	諫早	有姓	7	8	12
		無姓	4	1	5
		寺院	4	2	5
		小計	15	11	22
15	大村	有姓	19	12	10
		無姓	3		
		寺院	1	2	2
		小計	23	14	12
16	神浦	有姓	4	5	7
		無姓	2		
		寺院	1		2
		小計	7	5	9
17	瀬戸	有姓		2	
18	樒	有姓			1
19	小江	無姓			2
		寺院			1
		小計			3
20	藤津	有姓	8		10
		無姓	3		13
		寺院	3		
		小計	14		23
21	塩田	有姓		1	
		寺院		1	
		小計		2	
22	川副鹿江	有姓		3	
		寺院		1	
		小計		4	
合計			112	129	172

するもうひとつの史料はどこに流れたのか。それ以来、この行方知らずの史料のことは一時も頭から離れることなく、学会誌や新収蔵ニュースにネットワークを張り巡らしていた。すると宮後文書の出合いから十一年後、昭和六十二年（一九八七）に天理大学付属天理図書館に収蔵されていることを突き止めた。

天理大学の図書館で出合った史料

その天理図書館の重厚な閲覧室で、運ばれてきた史料はちょうど三十冊。和綴じ本仕立てで虫食いが進んでいる分もあり、頁をめくるのに難儀する冊もあった。現在の佐賀県のほぼ全域、福岡県南部の筑後地方、そして長崎県の平戸・松浦地方を旦那場とした御師の橋村肥前大夫が書き残した記録であった。天正十年（一五八二）から寛文九年（一六六九）まで九州の肥前・筑後地方からの伊勢参宮者を克明に記録し、『御参宮人帳』の標題が付けられていた。

表(2)為替を使った伊勢参宮者数（単位・人）

No.	地域名	人数	使用年代
1	大村	11	永禄 10・元亀 3･4
2	諫早	29	元亀 2･3
3	千々石	23	永禄 4･11・元亀 3･4･天正 3
4	島原	9	元亀 2･3
5	有馬	7	永禄 10・12･元亀 3･4･天正 7
6	温泉山	1	永禄 12
7	神代	2	元亀 3・4
8	高来荒河	1	元亀 3
9	神浦	2	不詳
10	高浜	3	永禄 10
11	藤津	14	永禄 11･12･元亀 3
12	川副鹿江	9	元亀 3･4･天正 3
13	不詳	1	永禄 10
	合計	112	

昭和五十、六十年代の九州での伊勢信仰の研究は、新城常三氏の不朽の大著『社寺参詣の社会経済史的研究』において豊後国の事例が紹介されている程度であり、関係史料も『大分県史料』に

清原氏所蔵文書として、御師の福嶋御塩焼大夫文書が翻刻されているくらいであった。地方史研究の分野でも伊勢御師の研究はほとんど見られなかった。

しかし幸いにしてこの宮後・橋村両家文書の出現により、長崎県域は県北部を橋村肥前大夫が、県央・県南部を宮後三頭大夫がそれぞれに旦那場として保有し、伊勢大麻を配り伊勢参宮を勧誘するという行動をとっていたことが分かってきた。

本書では四百年余の時空を越えて出現したこのふたつの御師文書を柱として、いまでいう長崎県域の草創期の伊勢信仰から見ていきたい。

伊勢御師の活動が確認される永禄・天正年間という時期は、もう一方において奇しくもキリシタン宣教師たちの活動も始まった時期である。天文十八年（一五四九）に来日したフランシスコ・ザビエルが、日本滞在中に二度も訪れた平戸にまず宣教師の活動が始まり、やがて大村領横瀬浦、福田、長崎、そして島原半島でも口之津がそれぞれ南蛮貿易港として開かれ、貿易品と同時にキリスト教が急速に広まっていく。

まさに伊勢御師とキリシタン宣教師の活動は、現在の長崎県域において交叉するのである。仏教の伝来時とは異なり、唯一神の信仰を説くキリスト教は、日本在来の信仰と複雑な摩擦を起こしていく。キリスト教による迫害によって神仏信仰が消滅する地域では、伊勢御師の活動する場もなくなり中断する。この点も長崎地方の宗教的な特質としてあげられよう。

大名ごとに御師の受けもちがきまる

御師の活動は江戸時代に入ると大名ごとにその藩領を受けもち、全国津々浦々に伊勢大麻が配られることとなった。慶応三年（一八六七）の『公儀諸大名江両宮ゟ御祓納候御師附』[2]には肥前国の現長崎県域、及び対馬で活動していた御師が次のように記される。

平戸六万一千七百石	松浦壱岐守	内宮	山本大夫
		外宮	橋村肥前大夫
平戸新田二万石	松浦織部正	内宮	
		外宮	橋村肥前大夫
島原七万石	松平主殿頭	内宮	伊藤大夫
		外宮	岩出将大夫
大村二万七千九十石	大村上総介	内宮	岩崎大夫
		外宮	藤井右近
五島二万二千六百石	五島左衛門尉	内宮	岩崎大夫
		外宮	上部左ヱ門
府中十万石以上格	宗對島守	内宮	
		外宮	上部左ヱ門

平戸・島原・大村・五島・対馬の各藩には、内宮の御師、外宮の御師がそれぞれに入っていたことが分かる。元禄二年（一六八九）に五代藩主松浦棟の弟昌が当初一万石を分与されて成立した平戸新田藩にも、本藩同様に橋村肥前大夫が受けもつところであった。

各藩での御師の活動は、地域ごとに項目を立てた中で後述する。

【補注】

（1）神宮文庫所蔵（伊勢市）架蔵番号　永禄四年『肥前日記』（一―一三九三七―一）永禄十年『肥前日記』（一―一三九三二―一）永禄十一年『肥前日記』（一―一三九三八―一）

（2）皇學館大學史料編纂所編『神宮御師資料』六所収（皇學館大學出版部　昭和六十三年）

第二章　長崎と周辺地域の伊勢信仰

一　御師の意識から抜け落ちた長崎

神浦、長与、式見で活動

表（1）に示したように、西肥前、現在の長崎県域（旧松浦領を除く）で伊勢御師の活動が確認されるのは永禄四年（一五六一）からであった。その時点で現在の長崎市域に御師の活動が及んだかといえば、その形跡は見られない。大麻配札のために廻った地域は、長崎周辺部では神浦・瀬戸・長与・樒（式見）であった。まずこの地域の小領主層に伊勢大麻を授け旦那としていった。その結果、永禄十年（一五六七）の瀬戸村では二人、翌十一年の長与村二人、樒村一人の旦那を開拓し、その数は少人数であったが御師はその地に出向いている。

長崎は元亀二年（一五七一）に南蛮貿易港として開港され、長崎港に長く突き出た半島につくられた六カ町を中心に貿易港として、またキリシタンの町として急速に発達していく。『長崎実録大成』などによれば、その当時、桜馬場（現桜馬場中学校）に居館を構えた長崎氏がいたとされる。開港当時の戸数、人口は、天正七年（一五七九）のイエズス会報告書に長崎の戸数四百戸とあることから類推して、二百戸・千人といわれてきた。(1)

さらに外山幹夫氏は近世の『長崎建立并諸記挙要』や西川如見の『長崎夜話草』を根拠に、南蛮船来航以前の永禄元年（一五五八）、同五年（一五六二）には長崎に中国船が入港し、すでに開港

されていたと力説する。(2)

長崎がこの時期から港町として栄えつつあったとすれば、御師の目に留まった筈である。しかしそうではなかった。長与・樒という近隣地に御師の行動は及びながらも、長崎には入っていない。これは永禄年間の長崎の実情が、伊勢大麻を配るに足る地ではなかった、すなわち未だ人口の集中がなかったことを意味していよう。当時の長崎は文字通り寒村であったことを伊勢御師の行動からも読み取れよう。

二　長崎町衆の伊勢参宮初見

五島町ほか十三カ町の伊勢参宮

長崎町衆が伊勢神宮との関わりをもつ初例は、橋村肥前大夫文書の『永禄〻寛文九迠肥前藤津彼杵両郡御参宮人抜書』(3)(以下『御参宮人抜書』と略称)に登場する。同記録は永禄年間より寛文九年(一六六九)までの間、肥前国藤津、彼杵両郡からの伊勢参宮者を日毎に記録したものである。記録二丁(頁)目に永禄二年(一五五九)六月・七月の大村衆の参宮が記された後、三丁目から長崎衆が登場する。丁毎に記すと次の通りである。

【二丁】

永禄弐年六月三日

一肥前国彼杵郡とひ松衆　五人

同弐年七月七日

一同国同郡とひ松衆　十人

（中略）

同弐年七月十六日

一同国同郡大村衆　三人

【三丁】

同四月十二日

一同国同郡　同所五嶋町　三人

同四月十三日

一同国同郡　同所本しっくい町　さかい町　本紺屋町衆　五人

同四月十三日

一同国同郡　同所五嶋町衆　三人

同四月十四日

一同国同郡　同所東中町衆　三人

同四月十六日

一同国同郡　同所寄合町衆　四人

【四丁】

（年月日摩耗不明）

一肥前國彼杵郡長崎今鍛冶町　壱人

同四月廿五日

一同国同郡　同所平戸町衆　弐人

同五月三日

一同国同郡　同所博多町衆　弐人

同五月四日

一同国同郡　同所本五嶋町　下町　ゑひす町衆　三人

合九拾四人

【五丁】

□□三戊戌年二月十三日

一肥前國彼杵郡深堀村衆　七人

同年六月十六日

一同国同郡佐世保村衆　壱人

同年七月十二日

一同国同郡日宇村衆　弐人

合拾人

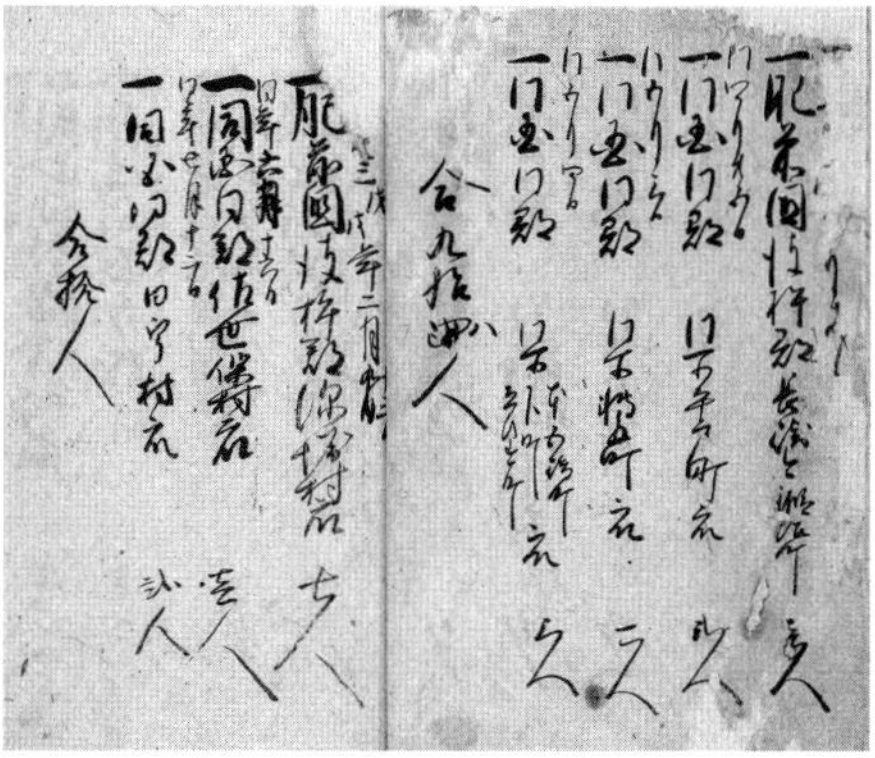

図3　橋村文書に記され長崎町衆の伊勢参宮
（『御参宮人帳抜書』）

【六丁】

慶長四年三月廿一日
一肥前国彼杵郡早岐村衆　参人
同年閏三月七日
一同国同郡深堀村衆　二人

『御参宮人帳抜書』の三・四丁には、五嶋町の三人を皮切りに長崎町衆九組の伊勢参宮があったことを伝える。その合計数は四丁の末尾に九十四人と記される。しかし三・四丁目に記される九組の合計数は二十六人であり、合計数とすれば六十八人も不足している。おそらく三丁目の前に参宮記録が本来はあったものの、欠落紛失したために参宮者合計数が合わないのである。

その紛失を思わせるのは、三丁の書き出しが前に示したように「同四月十二日（中略）同五嶋町」とあり、前丁に引き続いてという意味から、日付・参宮者居所に「同」の文字が使われている。しかし前の二丁目の最後の日付は七月十六日であり、日付にまったく連続性がなく、記録が断ち切れていることを物語っている。

紛失欠落した部分に参宮年が記されていたはずであるが、肝心なこの部分が存在しないために、三・四丁の長崎町衆の伊勢参宮が何年の記録であったか不明である。ただ幸いに五丁の冒頭は前掲のように「□□三戊戌年二月十三日」とあり、さらに六丁の記録は「慶長四年三月二十一日」から始まる。この続き具合から判断すると、その前丁の「□□三戊戌年」は、その干支から慶長三年（一五九八）と考えてまず間違いない。とすれば五丁は慶長三年の記録である。

このような丁数の続き具合から勘案すると、年代が不明な三・四丁の参宮記事は、慶長三年以前の記事、更に推測すると後段の記録が慶長三年・四年と連続していることから、その前年の慶長二年（一五九七）である可能性が極めて高い。

長崎町衆の初めての伊勢参宮の時期は、『御参宮人抜書』の落丁から不詳としながらも、先の考察から慶長二年（一五九七）として大過ないものと考える。

その後の長崎町衆の参宮は、慶長十五年（一六一〇）四月五日に大村町より四人の参宮があったことが知られる。

この慶長期という早い時期に伊勢参宮をおこなった町に注目すると、五嶋町・本石灰町・界町・本紺屋町・東中町・寄合町・今鍛冶町・平戸町・博多町・本五嶋町・下町・恵比寿町・大村町の十三カ町が登場する。

『長崎市史』地誌編名勝舊蹟部では長崎内町・外町の各町の成立時期を整理している。例えば前掲の東中町は、本来、中町と呼ばれたところが寛文十二年（一六七二）に東西に分けられ、東中町が生まれたとする。[4] しかし『御参宮人抜書』の三丁にはもっとも早い長崎町衆の参宮者として、「東中町衆三人」が登場していた。その参宮時期は慶長二年（一五九七）と推測した。とすれば『長崎市史』が説く時期より、七十五年も以前に東中町という町は存在していた。

同様の例として寄合町と恵比寿町は慶長十三年（一六〇八）の成立とされてきた。[5] しかし両町も『御参宮人抜書』の三・四丁、即ち慶長二年の参宮記録に登場し、従来の説よりも少なくとも十一年前には町が生まれていた。安野眞幸氏も従来の長崎の町割時期について疑問を呈しているが[6]、長崎衆の伊勢参宮者受け入れ時に記された『御参宮人抜書』の記事を優先すべきであろう。そういった意味からこの『御参宮人抜書』は、長崎の町の成立時期をも再考させる史料である。

キリシタン一辺倒ではなかった長崎

前掲の十三カ町の長崎町衆が伊勢参宮をおこなった慶長二年・十五年ごろの宗教事情を見てみると、江戸幕府は岡本大八事件[7]を教訓として慶長十七年（一六一二）三月にはキリシタン禁教令を発し、翌十八年には金地院崇伝によってキリシタン宣教師追放令が起草される。さらに翌年の十九年には先の追放令に従い高山右近外の百四十一人のキリシタンが、長崎よりマカオ・マニラに追放された。

このようにキリシタン禁教の動きは、慶長十七年ごろから始まっていく。当時、多くのキリシタンが住み、最大のキリシタン都市として成長していた長崎の町にも、その禁教策は及びかかっていた。『長崎拾介』には「慶長拾九年切支丹寺焼却之覚」という項目が収録され、慶長十九年（一六一四）には長崎市中の十一の教会が焼却されたことを伝える。現在の本連寺の地にあった教会の破却を命じられ実行したのは、大村藩主の大村純頼であった。その大村藩の『大村家秘録』にも、

一、同（慶長）十九年、崎陽の耶蘇場屋破却の台命を蒙り、純頼公彼地に赴き、不日に取崩す

と見え、『長崎拾介』の記録と一致する。

長崎での切支丹禁教は、慶長十九年から現実におこなわれていった。逆にいえばそれまでは長

崎はキリシタンの町として栄えていた。その最中の慶長二年に九十四人が（『御参宮人抜書』に町名と参宮人数が記されるのは二十六人、外六十八人は記録欠落の為に不明）、伊勢参宮をおこなっていた。さらにキリシタンの町として最初に出来た六町の内の大村町から、慶長十五年（一六一〇）には四人の参宮を数えていた。こういったキリスト教と異なる神社参詣の行動があったことは、キリシタン一辺倒で考えられてきた長崎の町を改めて考え直す事例であろう。一年間に九十四人の伊勢参宮は、決して少ない数ではないのである。

長崎町衆の伊勢参宮が、橋村肥前大夫の記録である『参宮人帳抜書』に記されることも注目すべきである。第一章二項で現在の長崎県域の南部及び島原地方は、宮後三頭大夫が伊勢大麻を配る旦那地域であると述べた。しかしながら開港以前の長崎には宮後御師の活動は及んでいなかった。しかしその後、長崎町衆が橋村家の御参宮人帳に登場するのは、当地域が橋村肥前大夫の旦那地域となったことを物語っている。橋村御師が伊勢大麻を配り伊勢参宮を勧誘した結果であった。とすれば橋村肥前大夫はいつのころから長崎に入ったのであろうか。

松浦郡を除く西肥前は宮後三頭大夫の旦那地域であった。しかし天正二年（一五七四）ごろからことに大村・島原地方で頻発したキリシタンによる社寺焼き打ちによって、宮後御師は活動の基盤を失っていく。その片鱗を窺わせるのは、諫早領主の西郷純堯が伊勢の宮後三頭大夫に宛てた神楽料の奉納を伝えた書状中に、(8)

一両年者、御使下向無く候、如何之儀有り候哉

と述べている点である。宮後三頭大夫の代官が毎年諫早地方に下って来て、伊勢大麻を配っているのに、ここ一、二年、その使者が下って来ていないが、どうしたことかと問いただしている。こ

の文意から明らかに御師の活動が停止したことが分かる。

宮後三頭大夫の活動が再開されるのは、江戸期に入り元和八年（一六二二）からであり、[9] 天正二年から四十八年間の空白があった。恐らくその間に東肥前を旦那地域とした橋村肥前大夫が、西肥前にまで進出したものと思われる。殊に開港後の長崎の繁栄にいち早く目を向け、長崎の地に活動の範囲を広げたのであろう。

こうして長崎地域は橋村肥前大夫の旦那地域となり、橋村御師はその長崎からの伊勢参宮者を克明に記録し続けた。それが『御参宮人抜書』であった。

三　『御参宮人抜書』が記す長崎八十八町衆の伊勢参宮

『御参宮人抜書』によると長崎町衆の伊勢参宮は慶長二年からあったものの、本格的に見られるのは寛永元年（一六二四）からであり、これ以降寛文九年（一六六九）にまで及ぶ。その間四十六年にわたるが、記録が現存するのは四十一年間であり、寛永二年から同五年、同八年の五カ年分が欠落している。

慶長期を含めて四十三カ年にわたって長崎の町毎の伊勢参宮の実態を一覧すると、次頁の表（3）の通りである。ただ記録体裁が次に示したように、

慶安				承応			明暦			万治			寛文										
元	2	3	4	元	2	3	元	2	3	元	2	3	元	2	3	4	5	6	7	8	9	計	合同
5		18	1	1	①	5	3	1	①	①	3	3		1			1	1	2①		5	55	⑥
1																						1	
2										3	1		1	1	2	②		3				15	②
				①		1																8	①
		1	2	①	5		①	11	1	1	1	1	3	2	1	1	1				2	36	②
			1		1	1①																8	②
6	2	6	1			1①	2	1		5			2		2		2			2		33	③
		2	2	1			①					2	4		3		1	①	①	2		19	④
1	1			1②	1				3	1		3	2	4		2	①	1	1	9		44	④
2	5			2①	1	2	2	1	4	2	3	6	2	5			7	②	5①	7	4①	64	⑤
																	1					1	
					2	2①	2					5	1		2						1	27	①
		2			①		1		①	1					4		4	①	1			15	⑥
		2		①		3①			1									2	1①			16	⑤
																			①	2		2	①
				①	2	2		4	1	1			6	2	3	1		1	1①	2①	3	30	③
												1										1	
	2			1	②												2	1				7	②
1①		6		3	1					1①	2							①	①	1		16	⑤
①				1	1	1①			3	1											1	16	②
										1												4	
1	3	3				1①		5		1	4		2	4	3			1				31	①
			4	①		3				①							1					10	②
							①																①
			4	①		3				①							1					10	②
		6						9						2				①				17	①
			2									1										3	
					1																	1	
															3							3	
											2			1	7							10	
	2														1	1						7	
		6			1①	1		13	2		2	4			2		1①	①	2	①		44	⑥
					2①	3③		7	3	17	3	2		1	3					5		50	⑥
																				①			①
	2		7	1	3①		①	1	2	1	1			2	10⑤	1	2②	2②	1			61	⑲
																					①		①
1	3			4	3	①	1		2	1									①	1		22	⑤
	4	2		1	13	1	①			1				3	1		1					37	①
		1		①					2		1		1	1	1		1			1		10	①
	7	2	9	1	1	7①	1		4			3	2	9			1	4	①			68	③
																						1	
1		1			3	1	1															7	①
																					4	4	
				1			11					4						3				19	
			3	①						1				7	1						7	19	③

表(3)長崎町別年毎伊勢参宮者数一覧　単位･人(○囲み数は他町合同での参宮回数を示す　単位･件)

	年号	慶長		寛永															正保			
	村名	2	15	元	6	7	9	10	11	12	13	14	15	16	17	18	19	20	元	2	3	4
1	油屋町														①			①			2	3
2	今古賀町																					
3	今町																				2	
4	魚町															2						5
5	今魚町																					3
6	馬町															3			2			①
7	上町																		①			1①
8	江戸町																			2	①	
9	榎津町								1			2		2		2				2	2	3①
10	恵比寿町	1																			3	
11	大井手町																					
12	大村町		4					3					1					4				
13	小川町													1		1				①	①	①
14	桶屋町						1									1	①				1	4①
15	本籠町																					
16	今籠町																			1		
17	鍛冶屋町																					
18	本鍛冶屋町																				1	
19	今鍛冶屋町	1																				①
20	勝山町											1		1		2			4			
21	金谷町																					3
22	樺島町														3							
23	紙漉町																				2	
24	本紙漉町																					
25	紙屋町																				2	
26	本紙屋町																					
27	新紙屋町																					
28	前漉町																					
29	皮屋町																					
30	毛皮町																					
31	興善町																1		2			
32	本興善町										2						1		3①		4	①
33	後興善町																				2②	2
34	紺屋町																					
35	本紺屋町														1	1①	4	①	4	4	5③	6②
36	下紺屋町																					
37	今紺屋町													2	①						4	②
38	五嶋町	6																2	1		1	
39	本五嶋町	1																				
40	材木町										2		1	3				2	2	3	2	2①
41	本材木町											1										
42	界町	①																				
43	下界町																					
44	酒屋町																					
45	桜町																				①	①

慶安				承応			明暦			万治			寛文										
元	2	3	4	元	2	3	元	2	3	元	2	3	元	2	3	4	5	6	7	8	9	計	合同
													1						①			3	①
	1		2	1								2			3	3				①	1	13	③
											1								1	①		8	③
①		1		①											1		2		1			5	②
2		3	9	1	①	4			2	①		2					1①	2	①	1	①	36	⑥
1			1	①	4	3	1										3①	1	①			26	⑤
							1															1	
																						1	
	4			2				1	1	3				3					2①	2		20	②
		1			2		2		1			1	4			4				1		18	
						1																1	
		1							1	2	6		2			1					5	18	
①				1		①			1	1	2										2	7	③
	3			1		1	1		1		2	2	5		1		1	3	③	①	①	24	⑤
							1															1	
1			1	1		2①		2	1①	2①				2	2		3	①		2		21	⑤
					1																	1	
	2																					2	
①			2			3	1			1		3			3				①	4	3	27	②
													1		1			①				2	①
		6		3①	1							1		3								17	①
4		3	3	①	2	②				2		4		5		1	2		3①	1	1	33	⑥
					2		5		①	2		1		3	5		1	①				19	③
												1										9	①
	2		1	3	2①	1	2	3		1		1		12			1	1				33	③
					4				1									①				5	①
1		1	4	1	①		2①	6			1		3					1①	2①	②		35	⑨
																1						1	
	2	1		6①		2	1							2	1							17	②
																	1	①		1	3	7	①
	8				6		1	2	2		1	1		1							5	38	
					4									2	2			①	①		1	10	④
	2					①		1							1	②	1			3	3	17	③
	1																					13	②
									1	3			2				3		①			12	①
		2	5	1③	4①	③		11	①		11	5	1	7	3	2	3	1	4	6①	①	75	⑫
①	1		1			①	1			1	3			3	4				3	1		19	②
			9										1	16	3	1	2	1		1	6	43	
						1①							1	2		4			1		3①	13	②
													2		1							4	
			4			1				2		2	1				1					11	
1			4	①			1								8			3①	①			29	④
①						2①			1								1			2		7	②
3	1	7②						2②	17③	5②	23⑦	1	1			2						69	⑱
8				32	21	35	9		12	10						6	7	27	32	25	12	327	
42	58	84	82	71	94	94	53	81	70	74	73	62	51	106	88	31	60	59	63	83	71	1950	

	年号	慶長		寛永															正保			
	村名	2	15	元	6	7	9	10	11	12	13	14	15	16	17	18	19	20	元	2	3	4
46	石灰町																2					
47	本石灰町	①																			①	
48	今石灰町									1	1				4		①				①	
49	島原町																					
50	下町	1																			8	①
51	白銀町								2					1		1	2①		6			①
52	新高麗町																					
53	新御座町												1									
54	新町										1	1									①	
55	諏訪町													2								
56	大工町																					
57	本大工町																					
58	新大工町																					①
59	築町									2	1											
60	本築町																					
61	筑後町									①	2											
62	出島町																					
63	寺町																					
64	磨屋町									2										1	2	2
65	内中町																					
66	本中町	3																				
67	西中町																			1①	1	①
68	東中町																					①
69	博多町	2				1		5	①													
70	本博多町																2①			1①		
71	今博多町																					
72	濱町										3	1	1		2	1	3		2①		②	
73	東町																					
74	引地町														1				①	1		
75	平戸町	2																				
76	袋町															5	2		1	1	2	
77	舟大工町																			①	1①	
78	舟津町											2	3		1							
79	向舟津町									4①			1			3		3		1①		
80	古町																	2		1		
81	古川町				2														①	1	2	4①
82	豊後町																					1
83	外浦町																			1	1	1
84	堀町																			1		
85	丸山町																					1
86	八百屋町																					
87	寄合町	4							①							4		1	2		1	
88	炉粕町															1						
89	長崎衆			1												1			1	1	1	2②
90	町合同	5							1	3					4		7	3	4	13	16	35
91	合計	26	4	1	2	1	1	8	4	12	12	8	8	12	16	28	24	17	34	36	68	78

一同国同郡　同所本しっくい町　さかい町　本紺屋町衆　五人

という具合に、複数の町で同行した場合は参宮人数が合計数で記されている。そうするとこの例で言えば本灰石町・界町・本紺屋町の三カ町で五人となり、一町での参宮人数を割り出すのは不可能である。このような場合は他町との合同参宮の回数を①②という具合に、○で括って表示した。

表（3）によると長崎市中八十八カ町より伊勢参宮がおこなわれた。慶長期には同二年に二十六人、同十五年に四人と断片的に知られる程度であるが、寛永年間に入ると同六年（一六二九）からは継続的に長崎町衆の参宮が確認される。しかしまだこの時期は低調であり、年間参宮者数で見ると寛永十八年（一六四一）の二十八人が最多であった。しかし正保三年（一六四六）ごろを契機として五十人を越える状況に変化する。なかでも寛文二年（一六六二）の参宮者数は百六人に達した。記録が残る四十三年間での参宮者総数は千九百五十人を数えた。

町別に見ると、五十人を越す伊勢参宮があったのは、古川町（七十五人）、材木町（六十八人）、恵比寿町（六十四人）、本紺屋町（六十一人）、油屋町（五十五人）の五カ町である。

このようになぜ、寛永期から町衆の間に伊勢参宮の気運が生じたのか、また町によってなぜこれほどの参宮人数の差が生じたのか、その原因となったものは長崎町衆の営みのなかにあったはずである。以下この点について検討する。

四　キリシタン禁教と神社の建立

空転び者が神社造営を妨害

前述のように慶長十九年（一六一四）には長崎市中の十一の教会が焼かれ、キリシタン信仰の一掃が進んでいく一方では、市中に神社仏閣が建立されていく。その様子を『長崎実録大成』は次のように伝えている[10]。

去ル天正年中ヨリ邪宗門発興シテ、長崎地内ノ神社佛閣残ラス破却セリ、依之慶長ノ頃ヨリ諸宗ノ僧徒ヲ招キ、佛寺数ヶ所開創有テ、宗門改ノ證文ヲ出サシム

慶長年間から僧侶を招聘し、寺院の建立と同時に宗門改めを始めたという。しかし町衆の三十年間にわたるキリシタン信仰の体験は容易に排除する事ができず、その一掃にはより強固な施策が必要であった。『長崎実録大成』には続けて次のように記す。

地下人ノ内表ニハ改宗ノ證文ヲ出スト云ヘトモ内心ニ猶邪執ヲ離レス、空轉スル者共、神社造營ノ事ヲ妨ル者間々多カリシト也、爰ニ寛永十一甲戌年御奉行榊原氏神尾氏惣町中ニ御觸事アリ、年來邪宗門ノ御禁制嚴重ナリト云ヘトモ、市中ニ於テ實ニ改宗セシ者ト空轉シタル者トノ差別分明ニ相知兼ル事ナレハ、町外ノ地ニ柵ヲ張リ外廻リヲ稠シク警固セシメ、一人モ残ラス柵中ニテ焼殺シ、市町ニハ他國ノ商人等ヲ招集メテ、我朝ノ神徳ヲ崇メ鎮守ノ祭禮

等ヲ修セシムヘシト急度被相觸ケレハ、諸人共ニ恐怖ヲ成シ、是迄外道ノ魔術ニ迷ヒ來リシ罪科悔テモ猶餘リ有、何トソ御赦免有テ一命ヲ助ケラレナハ、自今以後毛頭疑惑ノ餘念無之、偏ニ正道ニ歸誠シ、御神事御祭禮ノ時地下人皆々誠心ヲ盡シ、尊奉仕タキ旨願訴ヘケリ

町衆の中にはキリシタン棄教の證文を出したものの、それは表面だけで内には依然として信仰を秘めた者もいた。そういった空転びの者が神社造営を妨害したという。寛永十一年（一六三四）には長崎奉行は禁教の触れを出し、町外れの刑場において無差別に町衆を火刑に処した。これは空転び者への見せしめであった。その一方では氏神神社の建立と祭礼の厳修を勧め、長崎町衆の間に次第に神社信仰が浸透していったという。

長崎での神社建立の記録

長崎での神社建立の柱となったのが諏訪神社であった。その建立を『長崎実録大成』は次のように伝える。

寛永ノ初年青木氏金重院當地鎮守ノ諏訪社再興有リ、（中略）於是其年諏訪大明神ノ御祭禮初リ、御輿御旅所渡御、同還御共ニ惣町中順番ヲ立、御先供ノ踊ヲ勤メ、御神楽、御湯立、流鏑馬等御神事ノ儀式無殘處相調テ、諸人全ク神徳ヲ尊敬信仰シ奉ル事ト成レリ

このように諏訪神社の建立と当神社の祭礼・おくんちの創始を記している。寛永二年（一六二五）に建立され、九年後の寛永十一年（一六三四）におくんちが始まっている。当初の鎮座地は西山郷丸山、現在の諏訪神社下の松森神社の社地に当たる。こうして長崎市中の様相は、従来のキリシタン教会に替わり諸寺院とともに、寛永年間以降多くの神社が建立されていった。その様子を寛

文年間（一六六一〜一六七三）にまで限って一覧化すると表（4）の通りである。

長崎市中には江戸末期の時点で五十六神社が鎮座したが、そのうち建立年代が判明する社は四十六社である。判明する神社の約半数が江戸時代初期の建立であり、もっとも神社建立が盛んな時期は表（4）でも分かるように寛永年間（一六二四〜一六四四）であった。

すると長崎市中での神社建立と伊勢参宮の本格的な開始は、ほぼ時期を同じくして寛永年間からであったことが分かる。神社に関わるこの一致は単なる偶然とは思われず、神社の建立によって町衆の間に神祇への信仰が芽生え、それを土台に信仰は伊勢へと広がり伊勢へ参宮するという行為にまで及んだと考えてよいだろう。

表（4）長崎市中神社建立一覧

No.	神社名	鎮座地	建立年代	西暦
1	天満神社	桜馬場	慶長12年	1607
2	諏訪神社	西山町丸山	寛永2年	1625
3	金刀比羅神社	坂本町	寛永2年	1625
4	松森神社	西山町	寛永3年	1626
5	八坂神社	八坂町	寛永3年	1625
6	天満神社	出雲町	寛永3年	1625
7	戸町神社	戸町	寛永3年	1625
8	伊勢宮	伊勢町	寛永5年	1628
9	稲佐神社	飽の浦	寛永10年	1633
10	淵神社	竹の久保町	寛永11年	1634
11	大崎神社	丸山町	寛永17年	1640
12	天満神社	今篭町	寛永18年	1641
13	愛宕神社	愛宕町	寛永20年	1643
14	稲荷神社	寄合町	寛永20年	1643
15	八幡神社	中川町	正保3年	1646
16	八幡神社	八幡町	正保3年	1646
17	松島神社	本河内町	正保3年	1646
18	水神社	本河内	承応元年	1652
19	大神宮	西坂町	万治3年	1660
20	天満神社	十人町	万治年間	1658〜61
21	八劔神社	東小島町	寛文3年	1663
22	楠稲荷神社	西小島町	寛文4年	1664
23	梅香崎神社	西小島町	寛文年間	1661〜73

註（1）『長崎市史』地誌編神社教会部上より作成した。
（2）鎮座地は昭和4年当時の町名による。

伊勢参宮の気運の高まり

その長崎市中で伊勢参宮の気運が盛りあがってきた背景には、新高麗町における伊勢宮の鎮座が深く関わっていたと思わ

れる。当神社の鎮座にあたっては、伊勢神宮の外宮長官より次のような伊勢の分霊奉斎の裁許状が下されている。(11)

肥前長崎伊勢宮

伊勢太神宮御神体鎮座為

天下泰平国土豊饒免許之畢仍如件

寛永六年卯月　日

檜垣神主

二位長官常晨（判）

長崎伊勢宮社司

南岳院法印

寛永六年（一六二九）に外宮長官の檜垣常晨《ひがきつねあき》よって、天下泰平と国土豊穣のために伊勢外宮の分霊を長崎の地に祀ることが許可された。この許状を受けたのは伊勢宮社司の南岳院法印であった。許状を出した檜垣常晨は三十六年間にわたって外宮長官の重職にあり、在職中、社殿の造営にもっとも力を注ぎ、また『豊受大神宮年中行事』、『両宮末社記』などを著し、寛文二年（一六六二）に八十一歳で没するなど、その存在が明確に確認できる人物である。

実はこの檜垣常晨からの長崎太神宮勧請の許状をめぐっ

図4　伊勢宮（長崎市伊勢町）

て、伊勢の山田奉行と伊勢の内宮・外宮との間で書状のやり取りがおこなわれている。その書状の写しは『飛神明沙汰文』(12)、『長崎大神宮之儀ニ付往復』(13)の両記録に収録され、長崎において太神宮鎮座の経緯を記す史料として極めて重要である。まず山田奉行の石川大隅守(14)から神宮の両宮に対して次のような尋ねがあった。

一筆乞申候、然者九州於長崎太神宮致勧請候様尓と長官より彼地之者共へ状を越被申候付而長崎御奉行馬場三郎左へ長官ゟ之状持参候間、勧請之儀得上意社所なとも可相渡候と我等ニ相尋被申候間、左様之儀我等不存候間、其元へ相尋返事可申旨挨拶申候、勧請有之候旨不苦候、其元皆之相談ニ而我等方へ急度状可被差越候、委細之儀両長官使玉串内記久保倉右近方ニ申渡候、恐々謹言

正保三年丙戌　　石川大隅守

正月十一日

両御長官

両神主中

内宮年寄中

外宮三方中

まずこの書状によって長崎奉行から山田奉行に対し、太神宮の長崎勧請について神宮の意向を確かめたい旨の照会があったことが分かる。その照会に基づき山田奉行はその勧請一件をどう考えるか、内宮・外宮の両宮に尋ねたのである。書状中に見える長崎奉行の元に持参された「長官ゟ之状」とは、前掲の寛永六年付で南岳院法印宛に出された外宮長官の許状のことである。

まず内宮長官よりの返書は、そのような許状を発した覚えはないとした上で、「従往古又今至迄太神宮勧請之事致制止候処ニ、今度之有様誠神慮難測」として勧請の制止を望む内容であった。太神宮勧請の許状は外宮長官から発されたものであったから、内宮の返書としては当然の内容である。

これに続いて外宮長官の返書は次の通りであった。

去十一日之御状至来拝見仕候、然者於九州長崎太神宮勧請之有様有候儀被仰聞候、従先年御法度故、左様之儀出来仕候へハ堅停止之御事御座候、今頃太神宮勧請之儀弥無勿躰御座候、証而我等方ゟ長崎へ状指遣候へ共、太神宮勧請之儀尓てハ無御座候、其段ハ自今別而様子申上候

正月十八日

外宮長官

常晨 判

石川大隅守

御状今拝見候、然者於九州長崎可致太神宮勧請之旨、長官ゟ彼地へ状被遣候之旨、被仰聞候旨長官へ相尋候処、委細者従長官可被申上候由ニテ太神宮勧請之儀、神慮無勿躰候、其上従先年其例無御座候間、弥堅停止被成候処、被仰談被下候ハヽ、可為御神忠候、恐惶謹言

正月十八日

八ー貞惟 判

七ー貞和 判

六ー集彦 判

五―常和 判
四―満彦 判
三―全彦 判
外宮二神主貞晨 判

外宮長官常晨の書状では、太神宮勧請はもったいないこととして堅く停止してきたことを述べ、長崎に出状したことは認めながらも「太神宮勧請之儀ニてハ無御座候」と明言を避けている。そして別紙において第二から第八の禰宜の連署で長崎での勧請を「被仰談被下候ハヽ、可為御神忠候」と述べ、山田奉行に寛大な対応と許可を求めている。外宮側からの返書は歯切れの悪い内容ながらも、山田奉行の態度は冒頭の書簡に「勧請有之候旨不苦候」とすでに述べているので、長崎でのこの太神宮勧請一件は山田奉行からの許しが下ったものと解釈される。

伊勢宮の造営と伊勢町の整備

こういった長崎と山田の両奉行を巻き込んで大神宮勧請の問答がおこなわれる一方、長崎の地では寛永六年の勧請許状を基に、寛永十六年(一六三九)にはすでに市中新高麗町に太神宮仮社殿が建立されている。(15) そしてその太神宮を伊勢宮と称し、町名も伊勢町と改称された。さらにその七年後の正保三年(一六四六)には長崎奉行馬場三郎左衛門・山崎権八郎より伊勢町川端に五カ所二十二間の社地を賜り、神殿・瑞垣・神門・鳥居を構えた神社の鎮座に至っている。(16) 伊勢宮の神域が整ったこの正保三年といえば、山田奉行と伊勢外宮との間で長崎・太神宮勧請一件の問答があり、それが解決した年でもあった。山田奉行が伊勢両宮に宛てた尋ね状の中に、長崎奉行の中

し分として、

長官より彼地之者共へ状を越被申候付而長崎御奉行馬場三郎左へ長官ゟ之状持参候間、勧請之儀得上意社所なとも可相渡候と我等ニ相尋被申候間

とあって、長崎奉行に外宮長官の許状を持参した者は、神社建立のための社地をも奉行に求めていると記す。そしてこの問答が決着した正保三年（一六四六）には、長崎奉行によって太神宮（伊勢宮）の社地が用意されて大神宮の創建に至っている。

このような長崎市中での寛永六年（一六二九）からの太神宮勧請の動きと、伊勢参宮の実情とを表（3）の長崎町衆年毎参宮状況によって照合してみると興味深い結果が得られる。

外宮長官より太神宮を祀る許可が下った年と、長崎市中に伊勢参宮が継続的に始まった年とが、奇しくも寛永六年と一致しているのである。これは単なる偶然とは思われない。伊勢宮の社史によれば寛永六年に南岳院法印自らが伊勢に赴き、外宮長官の檜垣常晨に拝謁して太神宮を祀る許状を得たと伝えている[17]。橋村文書の『御参宮人抜書』によれば、たしかに寛永六年「二月十六日長崎古河町衆　二人」とあり、この年に古河町町衆二人が伊勢に赴いている。おそらくこの二人が南岳院法印一行に当たる可能性が極めて高い。

加えて表（3）によると正保年間に入り、特に正保三年には六十八人と参宮者数が急増している。この年は、再三、触れてきたように長崎での伊勢太神宮の勧請が正式に認められ、伊勢宮の神社としての構えも整った年であった。

伊勢宮の勧請と長崎町衆の伊勢参宮が重なっていることから、伊勢宮の鎮座は長崎の人々に遠く離れた伊勢神宮を認識させ、さらには伊勢参宮をも誘発していったと考えてよいだろう。

いままで述べた長崎での太神宮勧請のことは、伊勢神宮の記録である『飛神明沙汰文』の中に記録されている。飛神明とは伊勢神宮への信仰が伝播していくひとつのかたちであるが、神明（伊勢神宮の祭神）が飛んで来たと称して、そこに神明社（大神宮）を建立し崇敬するというものであった。古くは伊勢神宮の古記録である『大神宮諸雑記』の宝亀十年（七七九）の条、また延暦二十年（八〇一）の条に伊勢大神宮の正殿が焼亡したときに、正殿また左右相殿の神躰が猛火の中から飛び出し、光明を放ちながら神前の松の木に飛来したとの記述がある。室町時代の中期ごろにはこの飛神明の思想が広く流布し、伊勢の神が飛来したとして神明社、大神宮を祀ることが各地で多く見られた。中でも延徳元年（一四八九）に伊勢皇大神宮の神器が、吉田神社が鎮座する京都吉田山に光とともに降臨したとする飛神明はもっとも著名なものである。

このように飛神明は伊勢の大神が他所へ飛来して鎮座するという信仰・思想である。長崎市中に勧請された太神宮、即ち伊勢宮の鎮座は、『飛神明沙汰文』に記されることから伊勢の側では飛神明と理解されていた。

それには事情があった。先に長崎奉行からの尋ねを仲介した山田奉行と神宮両宮との往復文書において、寛永六年の伊勢宮勧請の許可状をめぐって内宮側はそういったものは発給していないと言い、外宮側は発給はしたものの、勧請を許可したものではないと歯切れの悪い回答であった。こういった事情があり神宮側から許した勧請ではないが、長崎の地に伊勢の神明が飛来して鎮座に至ったという飛神明信仰で、この一件を処理しようとしたのである。

五　町別による参宮の諸相

町ごとの伊勢参宮者の数が物語るもの

表（3）に基づき長崎の町を伊勢参宮者の多い順に一覧化してみると、表（5）の通りである。町毎の参宮者数の多少は、その町のもつ人口・経済力などと深く関わっていたと思われる。

例えば、寛文三年（一六六三）の時点で百五十四軒と、市中でももっとも家持ち軒数の多かった古川町（No.1）は、その軒数を反映してか、参宮者数は七十五人と筆頭を数えている。同様に第三番目の軒数があった恵美須町（No.3）も、参宮者においても六十四人と三番目に位置している。ところが家持ち軒数が多い町が、それに正比例して必ずしも参宮者も多いとは限らない。同百二十四軒あった上町（No.16）は参宮者では三十三人と十六番目であり決して上位ではない。同様に筑後町（No.26）（百二十七軒）、新大工町（No.58）（百五十一軒）、今石灰町（No.55）（九十軒）の各区町は大所帯の町でありながら、参宮者は二十一人、七人、八人と決して多くはない。これとは逆に材木町（No.2）はわずか十七軒でありながら、六十八人と二番目に参宮者の多い町であった。

こう見ていくと、町内の家持ち軒数のみが参宮者の多少を決定づけるものではなかった。伊勢参宮には長崎から往復で約三十日の期間がかかり、当然それに伴う経済的負担が必要であった。長崎市中に伊勢参宮の気運が生じたことは、単に信仰のみの問題ではなく、参宮を実現させるだ

表(5)長崎町別伊勢参宮者数一覧(慶長2年～寛文9年　1597～1669)

No.	町名	参宮者数	合同回数	軒数	No.	町名	参宮者数	合同回数	軒数	No.	町名	参宮者数	合同回数	軒数
1	古川町	75	10	154	31	豊後町	19	2	25	61	界町	7	1	
2	材木町	(68)	3	17	32	酒屋町	19		31	62	平戸町	7	1	26
3	恵比寿町	64	5	130	33	諏訪町	18		44	63	興善町	7		
4	本紺屋町	61	19	28	34	本大工町	⑱		(53)	64	島原町	5	2	21
5	油屋町	55	6	60	35	舟津町	17	3	29	65	今博多町	5	1	52
6	後興善町	50	6	36	36	引地町	17	2	25	66	金屋町	4		31
7	本興善町	44	6	19	37	本紙屋町	17	1	35	67	下界町	4		
8	榎津町	44	4	69	38	本中町	17	1	13	68	丸山町	4		52
9	外浦町	43		22	39	桶屋町	16	5	55	69	石灰町	3	1	
10	袋町	38		33	40	今鍛冶屋町	16	5	66	70	皮屋町	3		
11	五嶋町	37	1		41	勝山町	16	2	31	71	新紙屋町	3		
12	下町	36	6	41	42	小川町	15	6	37	72	内中町	2	1	48
13	今魚町	36	2	48	43	今町	15	2	47	73	本篭町	2	1	43
14	濱町	35	9	83	44	本石灰町	13	3	58	74	寺町	2		
15	西中町	33	6		45	堀町	13	2	28	75	今古賀町	1		
16	上町	33	3	124	46	向舟津町	13	2		76	大井手町	1		
17	本博多町	33	3	28	47	古町	12	1	42	77	鍛冶屋町	1		
18	樺島町	31	1	29	48	八百屋町	11		47	78	新御座町	1		
19	今篭町	30	3	32	49	紙漉町	10	2		79	新高麗町	1	35	
20	寄合町	29	4	47	50	紙屋町	10	2		80	大工町	1		
21	磨屋町	27	2	48	51	船大工町	10	4	46	81	出島町	1		25
22	大村町	27	1	29	52	本五嶋町	10	1	39	82	東町	1		
23	白銀町	26	5	45	53	毛皮屋町	10		26	83	前濾町	1		
24	築町	24	5	63	54	博多町	9	1		84	本築町	1		
25	今紺屋町	22	5	80	55	今石灰町	8	3	90	85	本材木町	1		
26	筑後町	21	5	127	56	馬町	8	2	90	86	紺屋町		1	
27	新町	20	2	27	57	魚町	8	1	48	87	下紺屋町		1	
28	江戸町	19	4	16	58	新大工町	7	3	151	88	本紙屋町		1	
29	桜町	19	3	31	59	本鍛冶屋町	7	2		89	長崎衆	69		
30	東中町	19	3	68	60	炉粕町	7	2	24	90	町合同	327		
											合計	1950		

註1·「合同回数」とは数ヶ町合同での場合、その総人数が記録され、一カ町毎の人数は把握困難の為に合同での参宮回数を記した。

註2·「軒数」は『寛文日記』より寛文3年(1663)の大火時の家持軒数を記した。

けの経済的余裕が町衆の中に蓄積されたことを意味している。従ってその町の世帯数の規模に加えて、町衆の経済力が参宮者の多少を決定づけたもうひとつの要因であったと考えられる。

長崎八十町の区画整理と貿易の仕組み

寛文十二年（一六七二）に区画整理された長崎の町は八十町の成立をみるが、その町名が発生した型はほぼ三つに分類することができる。ひとつには同一職業者が住みその職種が町名となった町（甲型）、また移住者により形成されその出身地名に由来する町（乙型）、町がつくられた地理的条件、形成された時期に由来する町（丙型）、この三型にほぼ分類できる。

（乙）・（丙）型の町は、町衆の職種は様々に異なるから、その職種より町の経済力を判断することは困難である。しかし（甲）型の同業者町は一見してその町の職種が分かる。ただそのような同業者町も時代の経過に伴い、転職や新居者の入り込みが進み、必ずしも町名由来の業種のみの町ではなくなっていく。しかしいま、検討の時期としている江戸初期のころは、まだ町名が示す同業者町であったと思われる。

この（甲）型の町の職種と参宮者数との関係を見ると、材木町、本紺屋町、油屋町、榎津町(18)というように、職種の中でも商業的機能をもった町が多くの参宮者を数えている。これに対し大工町、桶屋町、鍛冶屋町、紙屋町といった職人町は、どちらかといえば下位の方に位置している。商人町が上位に、職人町が下位とは一概には言えないが、ほぼこういう傾向にあり、商人たちの方が伊勢参宮を可能にする経済的余裕があったように思われる。

ところで、当時の長崎は国内唯一の海外貿易港であったために、町衆はその貿易からの多大な

経済的恩恵を受けていた。『長崎実録大成』には「唐人船宿並宿町附町之事」として、その恩恵を次のように記している。(19)

一、唐船入津ノ節長崎市中ノ者、家宅ヲ船宿トシテ一船ノ唐人ヲ寄宿セシメ、其船積渡ル端物、薬種、諸品ニ口銭ヲ掛ケ、其宿主ノ得分トセシム、依之唐船入津ヲ見掛ル時、市中船宿ノ者小船ニテ迎ニ出テ、我方ニ船宿ノ約諾ヲ成ス、唐人方ヨリモ何町誰某方ニ船宿スヘキノ書付ヲ差出ス、是ヲ差宿ト云習セリ

一、入津ノ内船宿ノ心當無之者、或ハ唐人書付ニ町名苗字等相違ノ節、又漂着船ノ分振船ト名付ケ、惣町割ヲ定メ置順番ニ町宿セシム、是ヲ宿町ト云、其後寛文六年差宿ヲ相止シメ、入津ノ船不殘宿町附町ノ順番ヲ定メ、其町ノ乙名居宅ニ船頭役者ヲ宿セシメ、其餘ハ家々ニ在留セシメ、其町中ニ口銭ヲ取セ、其外惣町中ニ令配分ラル

元禄二年（一六八九）に現在の館内町に唐人屋敷が設置されるまでは、貿易のために長崎に入津した唐人達は、知人或いは縁故のある町衆の家に投宿し取引した。その宿が前の史料中に見える差宿である。差宿はその唐人の取引高に応じて口銭（手数料）を取ることができた。その割合は元和元年（一六一五）には端物一反に付き銀一匁、荒物は価格の一割と定められている。しかしその後寛永十年（一六三三）には半減され、さらに寛永十八年（一六四一）には宿主は口銭の内から銀三貫目を取り、あとの残りは宿町中で配分するように改められた。

このように差宿を勧めると巨額の収入があったために、唐船が入港すると長崎町衆は競って小船を出し、差宿の指名を積極的に働きかけたのである。ただ唐人の貿易商人の中でまったくの知人・縁故をもたない場合、また唐人が差宿を記して提出した書付と実際の町名・宿名が相違した

場合、そして漂着唐船の場合等は、市中全町に順番を付けて均等に船宿が割り振りされる仕組みであった。この順番に当たった町を宿町、次に当たる町を附町と言い、この制度を振船制と呼んだ。宿町には当然のことながら口銭が入ったのである。

一個人の家が船宿となる差宿の制度は、先の史料にあるように寛文六年（一六六六）には廃止され、それ以後は前述のように長崎内町・外町の全町が順番で担当する振船制に改められる。従って本論で検討している時期は、寛永六年（一六二九）から寛文九年（一六六九）までの期間であり、そのほとんどが差宿制がおこなわれていた時期に該当する。

この差宿を務めることによって得られる経済的利益について、『長崎市史』地誌編名所舊蹟部には「一艘の仲介をなせば親子三人位は一生楽に暮らすことが出来たとさえ伝えられた」と記し[20]、その巨額のほどが知られるのである。

伊勢参宮に経済的負担が伴ったことを思い起こすと、伊勢参宮者の多い町の経済力と唐船貿易の差宿との関係は考えられないだろうか。差宿制が敷かれたことは前掲の史料によっても確認されるものの、実際どの町の誰が差宿を務めたのか、それを記す史料は現存しない。しかしその差宿からの経済的蓄積と、伊勢参宮を可能にした経済力とは深く関わっていたとは想定できないだろうか。言い換えれば、伊勢参宮者を数多く出した町は差宿を務めた家が多く、それからの財力によって伊勢への参宮をおこなったのではなかったのか。

差宿は船員の止宿と共に貿易商品などの保管もおこなったから、唐人の側から宿主を自由に決めることが出来た差宿制のころには、荷物の搬入・搬出に便利な港周辺に差宿を求めることが多かったと推測される。現に参宮者の多い古川町・材木町・恵美須町・本紺屋町・油屋町・後興善町などの立地場所を見ると、いずれも比較的長崎港に近い所、或いは港に注ぐ河川に面した所にそれぞれ位置している。これらの町の立地から古川町以下の七カ町は差宿を務めやすい場所に位置していた。

差宿からの富の蓄積が、伊勢参宮を可能にしたと推測した。その推測を補強するのは、参宮者の多い時期と唐船が大量に入港した時期とがほぼ一致していることである。『長崎実録大成』には各年ごとの唐船入港艘数が記されるが、その艘数と参宮者数とを重ねてグラフ化したのが表（6）である。

まず参宮者が急激に増加するのは正保三、四年（一六四六、一六四七）ころからである。また各年の唐船の入港艘は『長崎実録大成』による限り、その一、二年後の慶安元年（一六四八）からしか判明しない。次頁の表（6）グラフによると、数年のずれはあるものの参宮者数と入港艘数との上昇時期、また下降時期がほぼ一致している。すなわち参宮者が多い年は唐船入港艘数も多く、逆に参宮人数が減少した年には艘数も少なく、両者の数はほぼ正比例し、グラフ線は同じ形状をなしている。この点からも伊勢参宮数と唐船入港艘数（差宿の数）とは相互に深い関連があるように思われるのである。入港した船数が多ければそれに応じて差宿の数も多く、そうなれば町衆が潤うわけである。そうして手にした財力が伊勢参宮を可能にしたと思われる。

本馬貞夫氏も長崎貿易と町の営みは深く関わっていたとする。[21]氏は丸山花街の盛衰を中国・オランダ貿易との視点から考察し、宝暦三年（一七五三）の出島行き遊女の揚げ代が大幅に下がっていることや、また弘化三年（一八四六）に丸山の遊女屋敷が減少しているのは、唐蘭貿易の不振に伴うものだという。唐船・蘭船の入港が多いと、それだけ長崎に入る貿易商人も増えて景気もよ

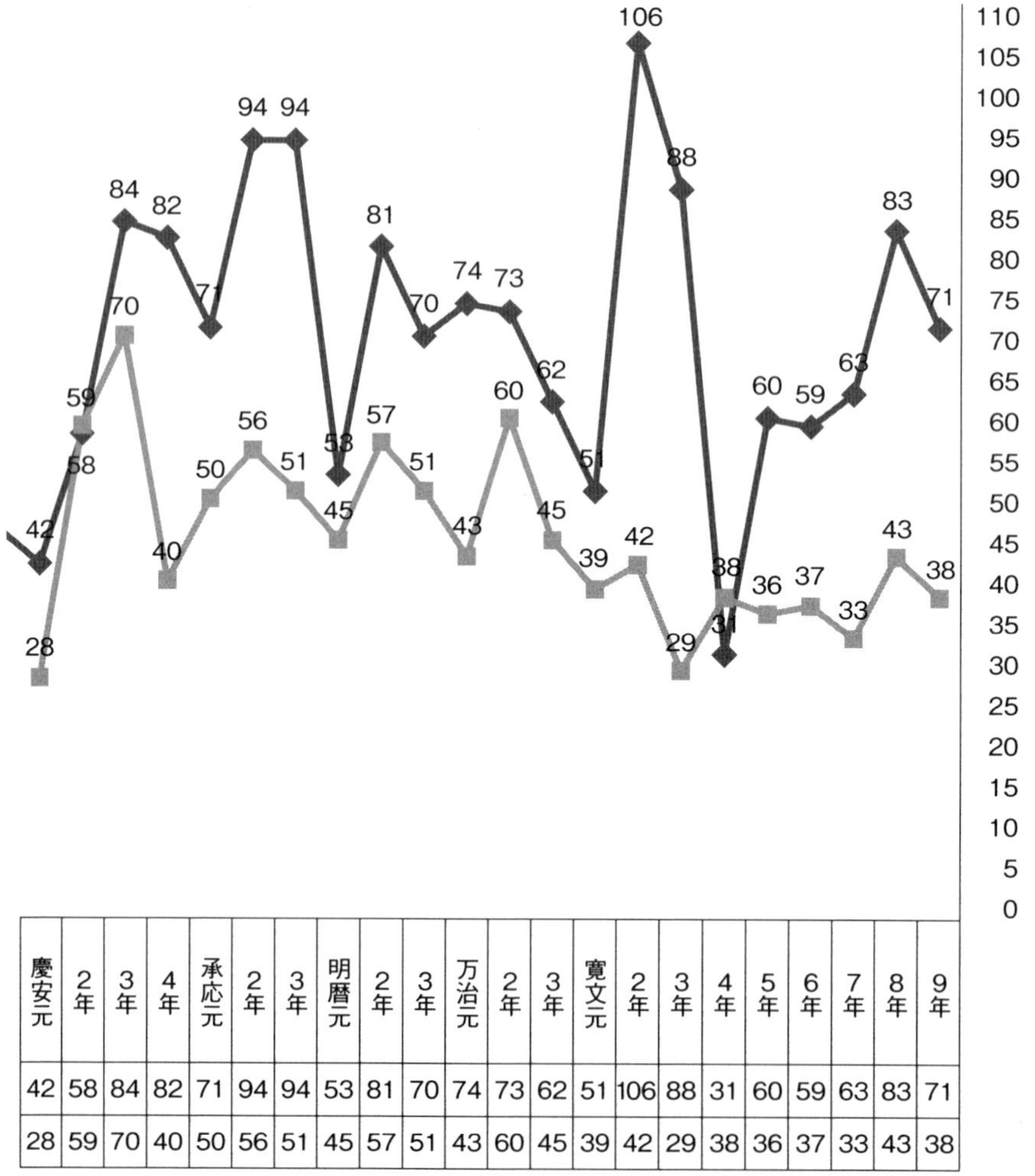

慶安元	2年	3年	4年	承応元	2年	3年	明暦元	2年	3年	万治元	2年	3年	寛文元	2年	3年	4年	5年	6年	7年	8年	9年
42	58	84	82	71	94	94	53	81	70	74	73	62	51	106	88	31	60	59	63	83	71
28	59	70	40	50	56	51	45	57	51	43	60	45	39	42	29	38	36	37	33	43	38

表(6)長崎町衆の伊勢参宮数と唐船入港隻数との関係

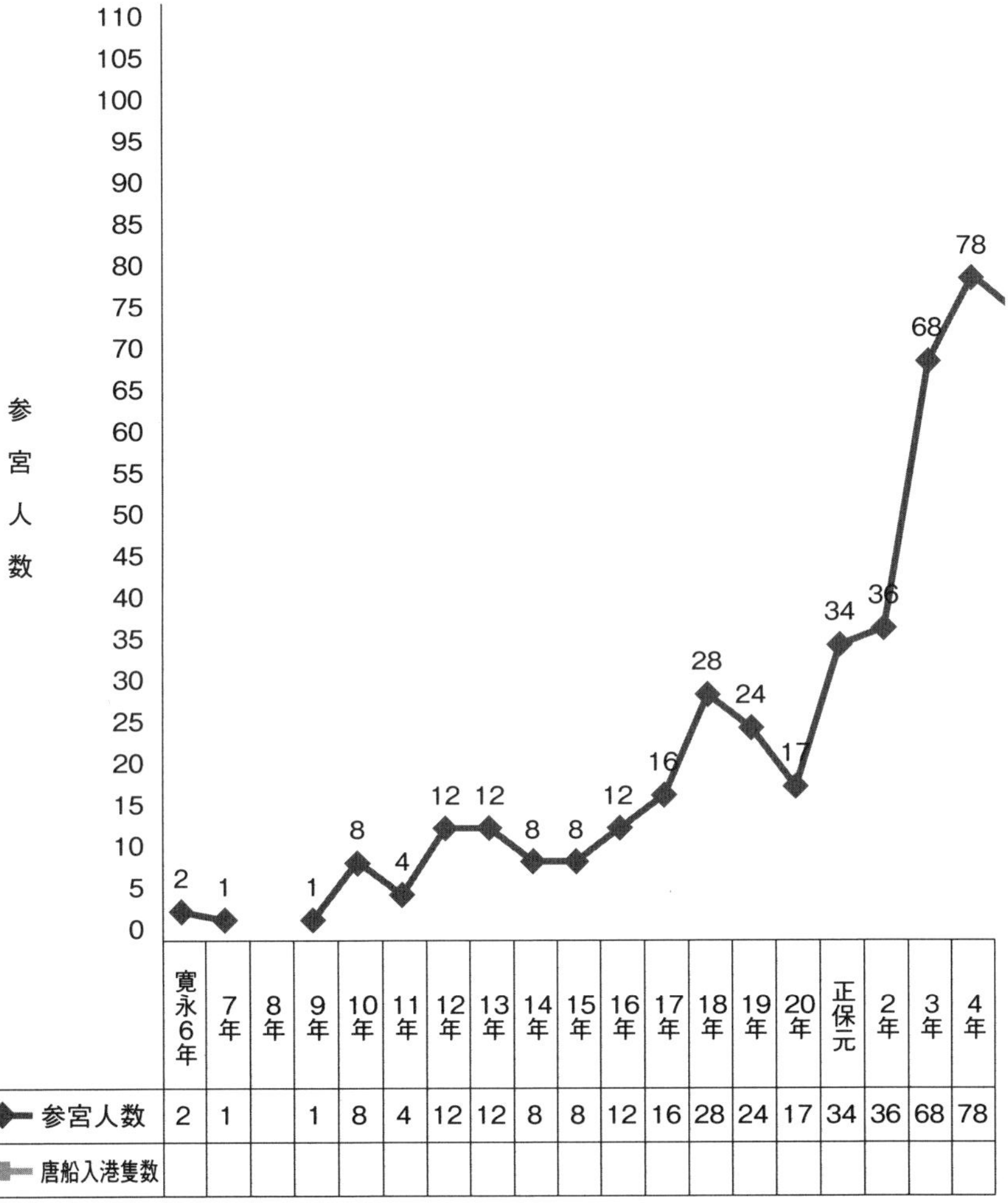

	寛永6年	7年	8年	9年	10年	11年	12年	13年	14年	15年	16年	17年	18年	19年	20年	正保元	2年	3年	4年
参宮人数	2	1		1	8	4	12	12	8	8	12	16	28	24	17	34	36	68	78
唐船入港隻数																			

くなり、必然的に丸山花街も潤うことになると指摘する。

このような諸点から、伊勢参宮者を数多く出した町のその背景には、町の世帯数・人口、また商人町・職人町という職種に伴う町衆の経済力等が、伊勢参宮者の多少を決定づけた基本的な要因であったと思われる。それに加えて唐船貿易の差宿を務めることによって得られた経済力が伊勢参宮を支え、差宿を多く務めた町が結果として多くの参宮者を数えたと考えられる。長崎町衆の伊勢参宮の背景には、海外貿易からの恩恵という長崎ならではの事情があったのである。

こういった唐船貿易・差宿からの財力と伊勢参宮を関連づけた私説に対して、赤瀬浩氏から宗教行動には個人差があり、経済力があるからといって誰もが伊勢参宮をおこなうとは限らない、逆に貧しくても借金でおこなった者もあるだろう、参宮者の多い町・少ない町となった背景には「町の気分」・「流行」に左右されることもあり、一概に結論づけることはできないとの指摘を受けた(22)。

氏の指摘の通り長崎貿易から経済力をつけた長崎町衆の総てが、伊勢参宮を望んだとは私も思っていない。伊勢への願望があった場合、それを実現するだけの地力を長崎貿易を通じて町衆が保有していたと推測したのである。

赤瀬氏は「町の気分」・「流行」も伊勢参宮を促した要因とされるが、気分とか流行だけでは三十日余の伊勢までの旅は不可能なのである。たとえば伊勢参宮流行の代表例であるお陰参りの第一回目は、慶安三年（一六五〇）に起こっている。この年の長崎町衆の参宮者は八十四人であり、その前後の年の数と比較すると前年が五十八人、後年が八十二人と決して流行にのって飛躍的に伸びたという数ではない。少なくともいま検討の対象としている江戸初期の寛文年間までは、気分・流行が作用して伊勢参宮を大きな波として動かしたとは思われない。

六　長崎寛文大火と伊勢参宮

前掲の表（6）「長崎町衆参宮者数と唐船入港隻数関係グラフ」を見ると、年ごとの参宮状況が一目瞭然である。ことに寛文二年（一六六二）は百六人と最も多い参宮者を数えながら、翌三年は八十八人に、さらに同四年は三十一人と、伊勢参宮が本格化した正保年間以降最低の人数に落ち込んでいる。

この当時の長崎市中の状況を眺めると、寛文三年（一六六三）には長崎の町に未曾有の大火災が発生していた。世に言う寛文大火である。『長崎実録大成』はその惨状を次のように伝える[23]。

今年（寛文三年）三月八日筑後町樋口惣右衛門ト云者亂心ニ成リ、近所ノ者ヲ殺害シ、己カ家ニ火ヲ掛自害ス、折節烈シキ大風ニテ諸方ニ燒通リ、未刻ヨリ其夜中翌日巳刻ニ静マル、両奉行御屋敷ヲ始、惣町ノ内五拾七町全ク燒亡、六町半分殘、一町出島燒殘ル、寺社ノ内三拾三ヶ所類燒ス

寛文三年三月八日の午後、筑後町住人・樋口惣右衛門の乱心から起こった火災は、折からの強風に煽られまたたく間に市中広くに延焼し、翌四日の午前中まで燃え続けた。そのために長崎の町は壊滅状態となった。その被災状況は次の表（7）の通りである。

六十六カ町の内、被災を免れたのはわずかに今町・金屋町・出島町の三カ町に過ぎず、内町・

表（7）長崎寛文大火被災状況

	町数（単位・町）				家数（単位・軒）			不焼町名
	全焼	半焼	不焼	合計	焼失	不焼	合計	今町
内町	19	2	2	23	616	109	725	金屋町
外町	38	4	1	43	2,311	255	2,566	出島町
合計	57	6	3	66	2,927	364	3,291	

表（8）寛文3年長崎衆参宮者月別人数（単位・人）

月	1月	2月	3月	4月	5月	6月	7月	8月	9月	10月	11月	12月	合計
人数	5	32	39	4	2	4	0	0	0	1	0	1	88

外町家持ち軒数の三千二百九十一軒の内、その八十九パーセントに当たる二千九百二十七軒が全焼・半焼の被害状況であった。

火災の年の参宮者数は八十八人と被災の割には多い感じもする。この年の参宮状況を月別に集計してみると、表（8）の通りである。八十八人の内に七十六人までが一月から三月の間に集中しており、四月以降はわずかに十二人である。大火は三月八日に発生した。当時、長崎周辺から伊勢まで約十日ないし十五日の日数がかかっている。従って三月八日の火災直前に長崎を出発しても、伊勢の橋村氏への投宿者として記録されるのは、三月二十日前後のことになる。火災が発生した三月の参宮者が、この年の内でももっとも多い三十九人を数えているのは、おそらく火災発生以前に長崎を出発した者達の数であろう。

当時、伊勢参宮は年間四季を通じておこなわれたわけではなく、農作業の関係により二月から四月の間に集中した。[24] ところがこの年ばかりは四月に入ると四人と極端に減少している。投宿記録でいう三月末から四月以降には、長崎での大火を認知出来る時期であるから、このころから参宮者が激減しているのは、やはり大火の被災にその原因があったことはまず間違いない。加えて翌年の寛文四年（一六六四年）には、年間の参宮者数三十一人とさらに急落し、火災からの復興が先決であり、この年も伊勢参宮をおこなう余裕がなかったことを如実に表している。
このように災害にともなう伊勢参宮者数の低迷という世情が垣間見えてくるのである。

七　『長崎御祓賦帳《おはらいくばりちょう》』に見る旦那たち

伊勢の神宮文庫には『長崎御祓賦帳』[25]という記録が残る。伊勢御師が長崎市中で伊勢大麻を配って廻ったときの帳簿であり、伊勢大麻を受けた旦那たちが町別に記載されている。前節までは長崎町衆が伊勢に赴く参宮という行為から当地の伊勢信仰を見てきた。加えてこの記録からは、町衆の中には伊勢大麻を受け祀ることによって、伊勢への信仰を抱いた者がいたことが分かるのである。

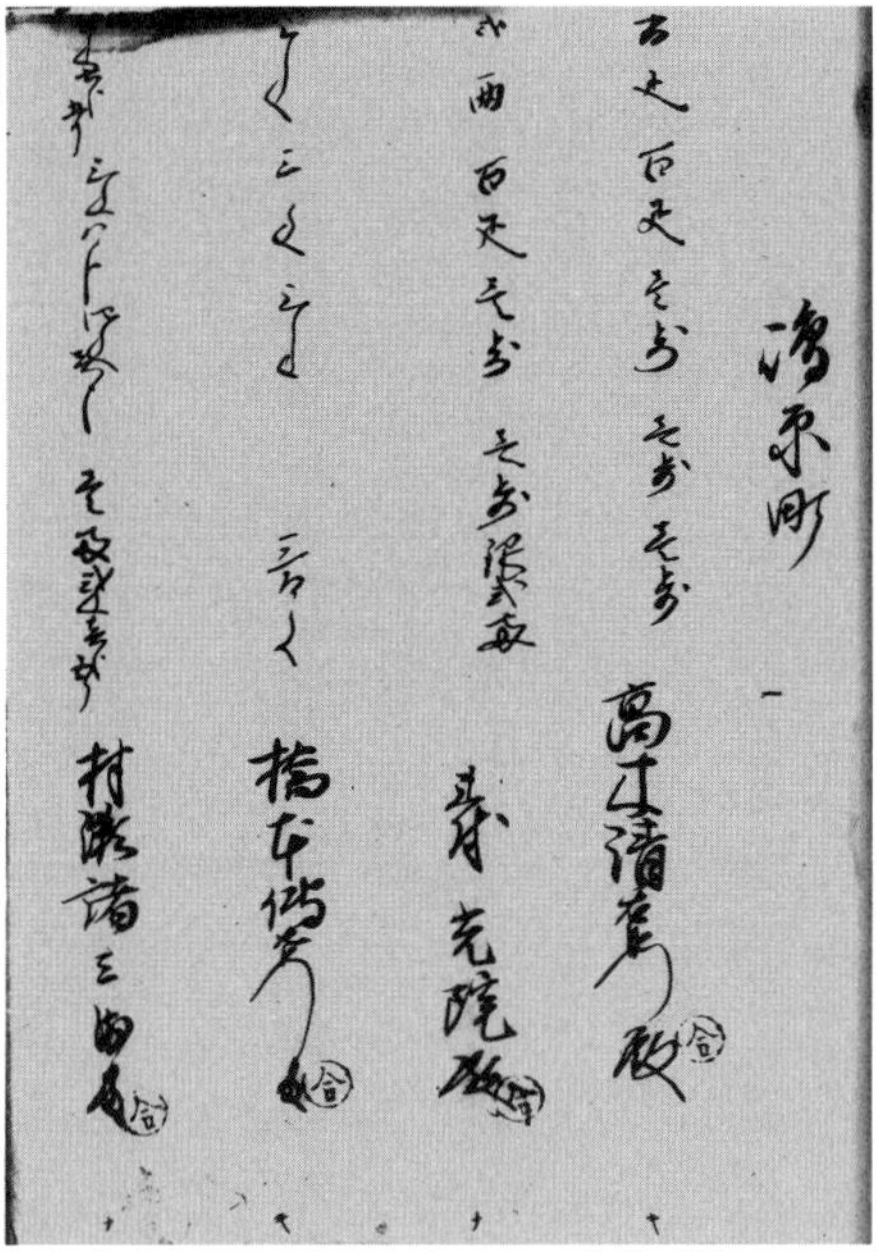
図5　『長崎御祓賦帳』島原町の分（神宮文庫所蔵）

この『長崎御祓賦帳』は作成年代・記録者の記載がなく、つくられた経緯が不明である。ただ長崎は橋村肥前大夫が受けもつ地域であったから、同御師の記録である可能性が高い。長崎独特の役目・唐通事（通訳）の記録である『唐通事会所日録』元禄六年（一六九三）十月八日の記事に、[26]

太神宮御祓、前廉唐人共方へ渡り申候由、肥前太夫ゟ累年遣候へ共（後略）

と見え、ここに唐人への伊勢大麻配りをめぐって、「肥前太夫」という人物が登場する。この御師名を名乗るのは橋村肥前大夫のみである。このように元禄期にも橋村御師の活動は確認され、江戸時代は御師と旦那との関係は安定していたから、『長崎御祓賦帳』は橋村肥前大夫の大麻配り帳としてまず間違いない。

さらにこの帳簿の作成時期は、登場する旦那衆の生存時期を照合すれば絞り込めるだろう。まず町別に旦那衆を一覧すると表（9）の通りである。

五十九カ町に二百十五人の旦那衆が確認できる。この記録の作成年代を知る手がかりとして、No.107の東海安兵衛とNo.2の本木仁大夫の存在は大きい、前者は唐通事の中でも大通事を務め、明和三年（一七六六）から文政二年（一八一九）までの時代を生きた人物である。ことに『譯司統譜』[27]に東海宗太からの改名の時期について次のように記す。

天明二寅年十月四日安兵衛ト名改、又安助ト改名

天明二年（一七八二）に「安兵衛」また「安助」に改名したとある。確かに『長崎御祓賦帳』にも「東海安兵衛」と記した脇に小さく「安助」とも書き込まれている。さらに後者の本木仁大夫は阿蘭陀通詞を務めた人物であるが、寛政六年（一七九四）に六十歳で没している。[28]とすればこの賦帳は、東海宗太が東海安兵衛と改名した天明二年（一七八二）から、本木仁大夫が没した寛政六年（一七九四）

表(9)伊勢大麻を受けた長崎町衆(『長崎御祓賦帳』)

町名	No.	旦那名	初穂	町名	No.	旦那名	初穂
外浦町	1	中村作之進	3	平戸町	37	阿賀屋武助	2
	2	本木仁大夫	5		38	藤内	
	3	浅田長兵衛			39	小嶋屋新兵衛	1
	4	平山貞平	4	椛嶋町	40	伊勢屋弥八	1
	5	吉村林平次	3		41	福松	5
	6	福田双兵衛	3		42	小柳良助	
	7	大崎文右衛門	5	本五嶋町	43	中原金左衛門	5
	8	植村徳太郎	1		44	松本冨五郎	4
	9	槙野嘉蔵			45	平次市	2
	10	松本安左衛門			46	大五郎	3
	11	濱田紋太			47	おみん	1
	12	中尾宇七	1	浦本嶋町	48	富木孫平次	3
	13	綱木圓蔵	5		49	材木屋惣八	2
	14	岡部忠助	3	船津町	50	東安兵衛	5
	15	岩右衛門	1	恵美須町	51	三根万吉	4
嶋原町	16	高木清右衛門	2		52	高尾丈助	4
	17	寿光院	5		53	山中安十郎	4
	18	橋本傳右衛門	4		54	母里幸二郎	5
	19	村瀬諸兵衛	5	今町	55	小松屋庄七	
	20	原信太郎	3		56	内藤八左衛門	5
	21	小柳良助			57	上田のふ	5
	22	堺屋文蔵	1	金屋町	58	三原周輔	5
	23	本田大蔵			59	松谷八十郎	2
	24	落合安平治	5		60	藁屋八五郎	
	25	高橋多吉	1		61	菊之助	4
	26	林三兵衛		本興善町	62	紙屋甚兵衛	5
	27	中沢安十郎	4		63	菱田治助	5
	28	傳蔵	1	新町	64	徳見茂四郎	4
	29	久富氏いり		豊後町	65	冨永長之助	2
	30	中西五郎兵衛		堀町	66	下川喜太郎	
大村町	31	稲村京哲	5		67	高川平助	
	32	泉屋小兵衛	4		68	竹右衛門	
	33	前田嘉右衛門			69	岩永宗七	2
	34	小柳和平次			70	藤田弥寿	2
平戸町	35	須吉好松	3	小川町	71	林夘三郎	
	36	宇山市太郎			72	藤村喜八	

町名	No.	旦那名	初穂	町名	No.	旦那名	初穂
小川町	73	今村文太郎	4	萬屋町	109	家村三右衛門	
	74	伊八	1		110	橋本左助	1
勝山町	75	高木菊次郎	4		111	井川半四郎	
	76	吉原武八	2		112	盛田七兵衛	
中紺屋町	77	小八	2	材木町	113	外川文蔵	1
桜町	78	松本安右衛門	5	本古川町	114	山下吉平次	5
西上町	79	具足屋万兵衛	5		115	藤井虎吉	5
東中町	80	三宅無一郎	2	今籠町	116	神代茂兵衛	3
	81	池田六兵衛	1		117	山口兵七	5
	82	藤井量八			118	山口利平次	1
南馬町	83	山崎伊兵衛	4		119	大野孫兵衛	2
	84	紺屋刀五郎	1		120	長太郎	2
北馬町	85	北嶋米之進	5	油屋町	121	大浦太平次	5
桜馬場	86	山崎宇右衛門	5	船大工町	122	山下利左衛門	4
	87	鉄蔵	1		123	藤村喜八	3
出来大工町	88	藤井庄右衛門			124	金田喜三郎	
	89	山崎佐太八	2		125	外尾善次郎	2
	90	藤井慶助		本籠町	126	大徳寺	5
	91	林三兵衛			127	江上新左衛門	5
本紙屋町	92	南長右衛門	5		128	中嶋権右衛門	5
八幡町	93	古賀茂三次	4		129	今富恒太郎	2
	94	今村兵七	5	本石灰町浜崎	130	坂本平次兵衛	1
糀屋町	95	山下吉平次		銅座	131	多田領碩	2
	96	伊惣次			132	小田半兵衛	2
古町	97	今富恒太郎			133	八田氏なる	5
桶屋町	98	竹下弥六	2	築地	134	村山庄兵衛	5
	99	田崎幸吉	1		135	東一郎右衛門	
今博多町	100	村上嘉左衛門	2		136	松本傳右衛門	1
今魚町	101	本田吉兵衛	4		137	松本民右衛門	1
	102	帯屋馬之助	4	東築町	138	芝山利十郎	2
	103	柳三兵衛	4		139	俵屋与三左衛門	4
	104	林源兵衛	4		140	堀江平助	5
	105	林久市			141	堀江平兵衛	3
本紺屋町	106	木地屋藤四郎			142	盛田七兵衛	
萬屋町	107	東海安兵衛	2		143	長門屋富吉	5
	108	正木道伯	2		144	安川嘉四郎	3

町名	No.	旦那名	初穂
東築町	145	杉山弁右衛門	
西築町	146	徳見傳助	5
	147	服部甚蔵	5
	148	長門屋重四郎	5
	149	長門屋岩右衛門	1
	150	三池吉右衛門	3
	151	野中吉右衛門	3
江戸町	152	加悦虎吉	1
舩番屋敷	153	津田惣八郎	5
	154	坂井嘉久助	5
	155	三原伴内	3
東濱町	156	山口茂兵衛	3
	157	山崎八郎兵衛	4
	158	中尾せい	1
西濱町	159	長門屋林蔵	
	160	原田浅五郎	5
今下町	161	田口甚三郎	
本下町	162	春木庄左衛門	3
	163	峯新左衛門	
	164	高尾段六	1
	165	平山新蔵	4
	166	吉水久米次	5
	167	岩國屋勘兵衛	5
	168	近五平	2
	169	庄蔵	3
	170	亀吉	
	171	小八	4
	172	いせ	
	173	甚十郎	3
	174	清吉	5
	175	与助	5
	176	善吉	4
	177	三治	2
	178	た〃	2
	179	庄助	5
	180	万吉	
本下町	181	田村市松	1
	182	高橋太吉	2
	183	つね	3
	184	えひ郎	1
	185	勘助	2
大井手町	186	中川久米之助	
	187	川本善助	
西中町	188	富畝文蔵	4
	189	濱重常三郎	
	190	岩永政之助	3
	191	佐藤利右衛門	3
	192	村田勇八	4
	193	橋本武八	4
	194	伊野清市	4
	195	紙屋弥兵衛	4
	196	惣四郎	3
	197	おくる	1
	198	藤吉	4
	199	伊吉	4
	200	新蔵	4
	201	利右衛門	3
	202	笹尾嘉兵衛	
	203	権八後家	2
下筑後町	204	木村兵大夫	4
	205	木村武八	2
	206	松尾善之進	3
	207	喜平太	1
新大工町	208	新太郎	5
	209	友次郎	1
下大工町	210	宮木和惣太	1
	211	原田重蔵	1
	212	本田久右衛門	1
渕村稲佐割石	213	有田圓蔵	1
	214	山口辰次郎	1
	215	有田忠兵	1
59カ町		215名	

までの十二年間のある時期に作成されたことになる。

もう少し年代が絞り込めないのか。桶屋町で伊勢大麻を受けた者が、田崎幸吉と竹下弥六と二人いる。この桶屋町には寛保二年（一七四二）から文久四年（一八六四）までの『桶屋町宗旨改踏絵帳』が現存し[29]、安政期の一部が欠落するものの、長期にわたり町衆の動向を追跡できる。

二人の内、№99の田崎幸吉に注目すると、先に絞り込んだ天明二年から寛政六年までの間に桶屋町には確かに田崎家は存在し、次のように記される。

天明四年　一向宗 光永寺　歳四拾五　田崎貞八
　　　　　　　　　　　　拾九 倅　　幸太郎
天明五年　一向宗 光永寺　歳弐拾　田崎幸太郎
天明八年　一向宗 光永寺　歳弐拾三　田崎幸太郎
　　　　　　　　　　　　同拾八　弟 貞次郎
　　　　　　　　　　　　　拾四　弟 政次郎
　　　　　　　　　　　　拾壱　妹　よね
　　　　　　　　　　　　四ッ　　とめ
　　　　　　　　　　　　三拾九　母

天明四年（一七八四）には田崎貞八、倅・幸太郎が記され、翌五年には倅の幸太郎が当主となって登場する。桶屋町で田崎姓を名乗るのはこの一家のみであり、御祓賦帳に記される田崎幸吉は見当たらないものの、前述のように天明五年からは田崎幸太郎という人物が当主として存在する。桶屋町に田崎姓は一軒のみとなれは、この「幸太郎」が「幸吉」に当たる人物と思われる。

桶屋町にはもう一人、竹下弥六が伊勢大麻を受けているが（No.98）、この人物名も宗旨改帳には記載がない。ただ竹下家は一家のみ存在し「竹下金四平」という人物が永年にわたって記録される。この人物は御祓賦帳と宗旨改帳から、竹下金四平弥六と名乗ったのであろう。それを賦帳は名の弥六を、宗旨改帳は字名の金四平を記録したものと思われる。

このように御祓賦帳と宗旨改帳には記録の相違はあるものの、同一人物である類例がある点から、田崎幸太郎と田崎幸吉は同一人物である可能性が高い。公的記録である宗旨改帳に残る田崎幸太郎が実名であるが、幸吉を通称としていたのか、御祓賦帳が誤記したとも思われる。

田崎幸太郎と幸吉は同一人物とすると、幸吉が同家当主として桶屋町に住んだのは、前述の天明五年（一七八五）から同八年（一七八八）の記録をもってその後は見ることはできない。宗旨改帳の名前の上には「先之林彦三郎かしや成」という付箋が付けられ、借家住まいであった田崎幸吉は翌天明九年の宗旨改帳には名前がなく、他所へ移っている。

田崎幸吉（幸太郎）の桶屋町居住時期が明らかになったことにより、この賦帳の記録時期は、天明五年（一七八五）から同八年（一七八八）までの間であったことが判明する。

記録の体裁を改めて確認すると、例えばNo.2の阿蘭陀通詞を務めた本木仁大夫の記録には、

のし　壱百疋　壱歩　壱歩　壱歩　壱歩　本木仁大夫殿
庄左衛門改

とあり、名前の上部に初穂額、最上部には伊勢土産と思われる熨斗が記される。冒頭の「のし」は伊勢大麻に付けられた伊勢土産の熨斗鮑を意味する。その下の金壱百疋・壱歩は御師に納めた大麻の初穂額と思われる。表（9）中の「初穂」の欄に示した数字は、該当の人物が初穂を何回（何年）

表（10）長崎・町別旦那数一覧（『長崎御祓賦帳』より作成）

No.	町名	旦那数	No.	町名	旦那数	No.	町名	旦那数	No.	町名	旦那数
1	本下町	19	16	金屋町	4	31	浦本嶋町	2	46	中紺屋町	1
2	西中町	16	17	小川町	4	32	本興善町町	2	47	桜町	1
3	外浦町	15	18	出来大工町	4	33	勝山町	2	48	西上町	1
4	嶋原町	15	19	船大工町	4	34	南馬町	2	49	北馬町	1
5	東築町	8	20	本籠町	4	35	桜馬場	2	50	本紙屋町	1
6	萬屋町	6	21	築町	4	36	八幡町	2	51	古町	1
7	西築町	6	22	下筑後町	4	37	糀屋町	2	52	今博多町	1
8	平戸町	5	23	椛島町	3	38	桶屋町	2	53	本紺屋町	1
9	本五嶋町	5	24	今町	3	39	本古川町	2	54	材木町	1
10	堀町	5	25	東中町	3	40	西濱町	2	55	油屋町	1
11	今魚町	5	26	銅座	3	41	大井手町	2	56	本石灰町浜崎	1
12	今籠町	5	27	船番屋敷	3	42	新大工町	2	57	江戸町	1
13	本下町	5	28	東濱町	3	43	船津町	1	58	今下町	1
14	大村町	4	29	下大工町	3	44	新町	1		合計	215
15	恵美須町	4	30	渕村稲佐割石	3	45	豊後町	1			

払ったかその回数を示している。それによると初穂額の記載がまったくない者、一回度から五回に及ぶ者と様々である。この記載の体裁から五年間にわたって使用した名簿と思われる。その年の段の部分に初穂額を書き込んでいった形跡が窺える。

御祓賦帳の作成時期の判断に大きな役割を果たした田崎幸吉は、上段二段目に「百文」とあり初穂額が一度だけ分かる。天明八年（一七八八）当時、田崎幸吉は二十三歳で当主となり、弟の貞次郎（十八歳）・政次郎（十四歳）、妹のよね（十一歳）・とめ（四歳）、それに三十九歳の母、計六人家族であった。父が四十五歳くらいで他界したために、若くして戸主となった幸吉は六人の家族を養い、伊勢大麻も受け家中の神棚に祀っていたのである。

町別に記される旦那数を多い順に整理し一覧すると表（10）の通りである。

天明五年から同八年（一七八五～一七八八）ころの二百十五人という旦那数は、当時の長崎市中の人口[30]・三万二千三百六十四人に対比すると約〇・七パーセントに過ぎず極めて低い数値である。例えば大村藩の場合、天明年間とほぼ同時期の安永六年（一七七七）の伊勢大麻配札数は、約九千五百五十体である。[31] この時期の大村藩内総戸数は約二万千軒と推測され、この内「倒者」、すなわち破産者は初めから伊勢大麻配札の対象から除外されているから、領内約五十《パーセント》の家々には大麻が配られていた。この大村藩の例と比較しても、貿易都市長崎で伊勢大麻を受ける者は極めて少なかった。

表（9）に登場する二百十五人がどのような立場の者たちであったのか、中には東海安兵衛、本木仁大夫といった中国語・オランダ語の通訳を務める通事（通詞）も含まれていた。この賦帳の作成年代と重なる天明七年『長崎地役人分限帳』[32]には、左記の九名が地役人として登場する。表（9）のNo.・人名・町名・（地役人名）を記すと次の通りである。

No.8 植村徳太郎・外浦町・（阿蘭陀内通詞見習）
No.16 高木清右衛門・嶋原町・（長崎會所調役）
No.64 徳見茂四郎・新町・（糸宿老）
No.75 高木菊次郎・勝山町・（御代官）
No.91 林三兵衛・出来大工町・（唐小通事末席）
No.138 芝山利十郎・東築町・（諸国御用聞町人 宗猪三郎 對島）
No.140 堀江平助・東築町・（諸国御用聞町人 細川和泉守 宇土）
No.146 徳見傳助・西築町・（諸国御用聞町人 毛利甲斐守 長府）
No.153 津田惣八郎・舟番屋敷・（御武具御用物見習）

ことに長崎代官の高木菊次郎（No.75）が名を連ねていることは注目される。長崎代官は地役人の筆頭であり、長崎の貢物・調租をつかさどり、唐・阿蘭陀貿易輸入貨物の検査、諸蔵の管理をおこなう重職であった。かつては村山等安・末次平蔵が長崎代官を務め、元文四年（一七三九）に高木作右衛門忠与が任命されてから、幕末までこの高木家がその職にあった[33]。ここに見える菊次郎は、高木作右衛門忠与から二代後の高木作右衛門忠任に当たる。長崎會所は勝山町（現・桜町小学校）にあり、高木菊次郎の居所が勝山町とあることと矛盾しない。

№64の徳見茂四郎は「糸宿老」、すなわち糸割符宿老であり、輸入された生糸を入札取引する糸割符仲間を統括指導する役目にあった。同職は浜武・森・徳見・林の四家が務め、権力と財力は町年寄に次ぐほどであったという。

№16の高木清右衛門は長崎會所調役とある。長崎會所は貿易額の決算・地役人の諸給与・地下配分金・幕府の上納金・市中と長崎十カ村の徴税・貿易品入札と引き渡しなど、長崎町政の会計事務と貿易業務を取り仕切った役所であった。

長崎の地役人数は、宝永五年（一七〇八）で千七百二十二人（役職百九十四）、安政五年（一八五八）で千八百八十九人（役職三百五十五）であった[34]。天明年間も大幅な違いはなかったであろう。この数に対して伊勢大麻を受けた地役人は、二人の通詞（通事）も含めて十一人に過ぎず極めて少ないのである。

そういう実情の中で、先に触れた『唐通事会所日録』元禄六年（一六九三）十月八日の唐人への伊勢大麻配りの記事は注目され、次のように記される。

西ニ而勘兵衛殿・喜平次殿御両人ニ而被仰付候ハ、太神宮御祓、前廉唐人共方へ渡り申候由、肥前太夫ゟ累年遣候へ共、近年構ニ入候故、遠慮致し遣シ不申候由、唐人共ニ申通し、請申

儀ニ候者、遣し申様ニと被仰付候故、唐人共へ申渡し候、彌當秋舟ゟ渡り申筈ニ候、乙名部
屋ニも申遣し候

伊勢大麻はかつて橋村肥前大夫によって唐人たちにも配られていた。近ごろ、唐人屋敷に集住したことに伴い大麻配りは中断している。しかし以前のように伊勢大麻を受ける気があれば、そのように手筈すると唐人たちに伝えた。結果として伊勢大麻を受けることになったので、この秋に入港する船から配ることになるだろう。こういった内容である。

唐人屋敷は元禄二年（一六八九）に完成したから、その四年後の実情である。こうして唐人屋敷に移った後も唐人たちに伊勢大麻が配られるようになった。中国貿易で栄えた港町・長崎ならではの現象であろう。さらに考えれば、長崎町衆への伊勢大麻配りが低迷であったために、橋村肥前大夫は唐人屋敷にまで大麻配札の範囲を広げたとも考えられる。

八　長崎町衆の抜け参り

『長崎建立并諸記挙要』(35)の宝永三年（一七〇六）条には、次のような伊勢参宮記事が見えている。

正月廿八日、西古川町ゟ子供拾余人旗印立伊勢へ抜参致す、夫より二、三月中迄に地子中男女子供簱印立、海陸より参宮致す、不思議の事なり、但五畿内は酉年より有之

正月二十八日に西古川町より子供十数人の伊勢への抜け参りがあり、さらに二、三月にも男女子供たちが旗印を立てて陸路・海路で伊勢参りをおこなったという。そして記録末尾には、「畿内地方では前年の酉年・宝永二年からこの現象が起こっている」と記す。これは宝永二年（一七〇五）に起こったお蔭参りのことを指している。伊勢の隣町・松阪に居た本居宣長が『玉勝間』に、閏四月上旬より五月末の人混みを三百六十二万人と記した、かの有名なお蔭参りである。その翌年に長崎市中の町から子供たちの伊勢抜け参りがあったというのは、このお蔭参りの風潮が長崎にまで及んだ結果と考えてよいだろう。

さらに同年の二、三月の男女子供の抜け参りに相当する記事が、『島原藩庁日記』[36]の宝永三年（一七〇六）三月八日の条に次のように登場する。

長崎ニ而頃日伊勢抜仕候子供年八・九歳上り十五・六歳迄之者弐千人程茂参候由、又参宮ニ而頃日町中勧進仕候子供男女共ニ大勢有之、長崎開港已来珍敷事之由、市郎左衛門方より申越

長崎では八歳から十六歳までの子供たち二千人が抜け参りをおこない、この外にも伊勢に赴くための勧進をおこなっている子供たちが大勢いるというのである。このことを伝えてきた市郎左衛門という人物はよく分からないが、この人物からの報告であった。

二千人とはあまりに多い数であり、そのまま受け止めていいのか疑問もあるが、長崎と島原でそれぞれに記された記録が符号している点から、あながち否定もできないだろう。こういった長崎市中でもお蔭参りの現象が起こったのは、伊勢御師からの情報によるものであろう。市中での伊勢大麻を受ける旦那は決して多くはなかったが、江戸時代に起こった三度目のお蔭参りの風潮はこの地にも及び、信じがたい数の子供たちが抜け参りをおこなっているのである。

また『寄合町諸事書上控帳』[37]二の天明三年（一七八三）の記事にも抜け参りがあったことを、次のように伝える。

去月以來為伊勢参宮市中之者例年与違、余斗抜出候者有之趣ニ付吟味仕候處、男女凡五百三四拾人程茂有之、隣町又親類知者之者江参宮仕候段申置罷越、又者途中ゟ申越候者も有之候ニ付、追々其町々ゟ切手取請相渡申候、勿論已来参宮様立も候而罷越候者切手申請可罷越候、切手不持越候者者欠落之御届申立、當所人別差省候段此度一町限り末々之者共迄乙名共ゟ申渡候様申付候ニ付、此段申上置候事

天明三年にも長崎市中に伊勢への抜け参りがはやり、調べてみると男女五百三十・四十人に上った。この内には隣町や親戚知り合いに告げて抜け参りに出る者、また途中から抜け参りを告げる者と様々であったが、何れも旅の往来切手を受けての伊勢行きであった。たとえ伊勢参宮とはいえ往来切手を申請すべきであり、切手を所持せず無断で伊勢詣でをおこなう者は、欠落者と見なし町の人別帳から抹消する。この旨を乙名たちから町衆によく申し聞かせるようにと諭している。

九　長与・外海の旦那衆と為替で伊勢参宮

第一章の表（1）に示したように、宮後三頭大夫文書の『肥前日記』は西肥前（現在の長崎県域）

の伊勢信仰を見るとき、もっとも古い記録であり、中世末期のこの地域を垣間見た史料であった。
長崎周辺地域の長与・外海地方で伊勢大麻を受けた旦那衆が、表（11）のように登場する。

長与では永禄十一年（一五六八）に、長与殿・同上様の二人が伊勢大麻を受けている。長与殿はこの地を治めた長与氏の当主と思われ、同上様はその室（妻）である。永禄期の長与氏の当主について確かな史料はないが、長与村『郷村記』[38]等が記す天正十四年（一五八六）に大村純忠に逆心したため、大村勢の攻撃を受け深堀に逃れた長与太郎左衛門純一の可能性が高い。

その長与殿が受けた伊勢大麻は氏名の上に「はこ祓」とあり、木箱に入った上級のお札であった。その年に神浦殿も「はこ祓」を受けており、地方の小領主クラスにはこの木箱入りお札が配られることが多かった。

もっとも深く伊勢御師と関わった地域は神浦であった。永禄四年（一五六一）に七人、永禄十年（一五六七）に五人、永禄十一年（一五六八）に九人がそれぞれ伊勢大麻を受けている。当地域を治めた神浦氏とその一族と思われるが詳細は不明である。神浦村『郷村記』の「由緒之事」によると、神浦氏は永和年間（一三七五～一三七九）に当地に転住した大串小次郎丹治俊長を祖とする。そして七代目の神浦彌平兵衛正俊は、法号を「玉鳥」と名乗り永禄九年（一五六六）には生存した。

永禄四年には神浦に「玉翁入道殿」という旦那を確認できる。先の「玉鳥」とよく似た法号を名乗っている点から玉翁入道も神浦氏一族であろうか。

永禄四年・十一年には神浦の寶積寺と法積寺、及び長福寺が伊勢大麻を受けている。神仏習合の時代には、寺院が伊勢のお札を受けることは何ら不思議ではなかった。永禄四年の「寶積寺」、また同十一年の「法積寺」は共に「ホウセキジ」と読まれ、同一寺院と思われる。どちらかが当

表（11）長与・外海の旦那衆（宮後三頭大夫文書『肥前日記』より作表）

村名	永禄四年 旦那名	永禄四年 伊勢土産	永禄四年 初穂	永禄十年 旦那名	永禄十一年 旦那名	永禄十一年 伊勢土産	永禄十一年 初穂
長与					はこ祓 長与殿	扇 帯 熨斗一把	唐木綿一反
					同上様		二百文
神浦	兵庫殿祐山入道殿	帯 墨三丁		神浦殿	はこ祓 神浦殿	扇 帯 熨斗三十本	銀四文目
	ひやうこ殿	帯 小刀		同祐山入道殿	同上様	帯	一文目
	彦左衛門尉殿			同兵庫殿	神浦掃部殿	扇 帯 熨斗二十本	三文目
	ぶぜん殿		二百文	同彦衛門殿	同新三郎殿	帯	綿
	やと 寶積寺			同豊前殿	神うら清心齋	扇 帯	三百文
	玉翁入道殿				祐山上様	帯	綿
	清心齋				宮寿様	帯	銀一文目
					宿 法積寺	扇 帯	白帷子
					長福寺	扇	綿
					地下へ御祓		
					くはり申候		
					御初穂有		
瀬戸				瀬戸殿			
				同上様			
榁					榁右馬大夫殿	扇 帯	三百文
人数計	七人			七人	十二人　その外に地下人（人数不明）		

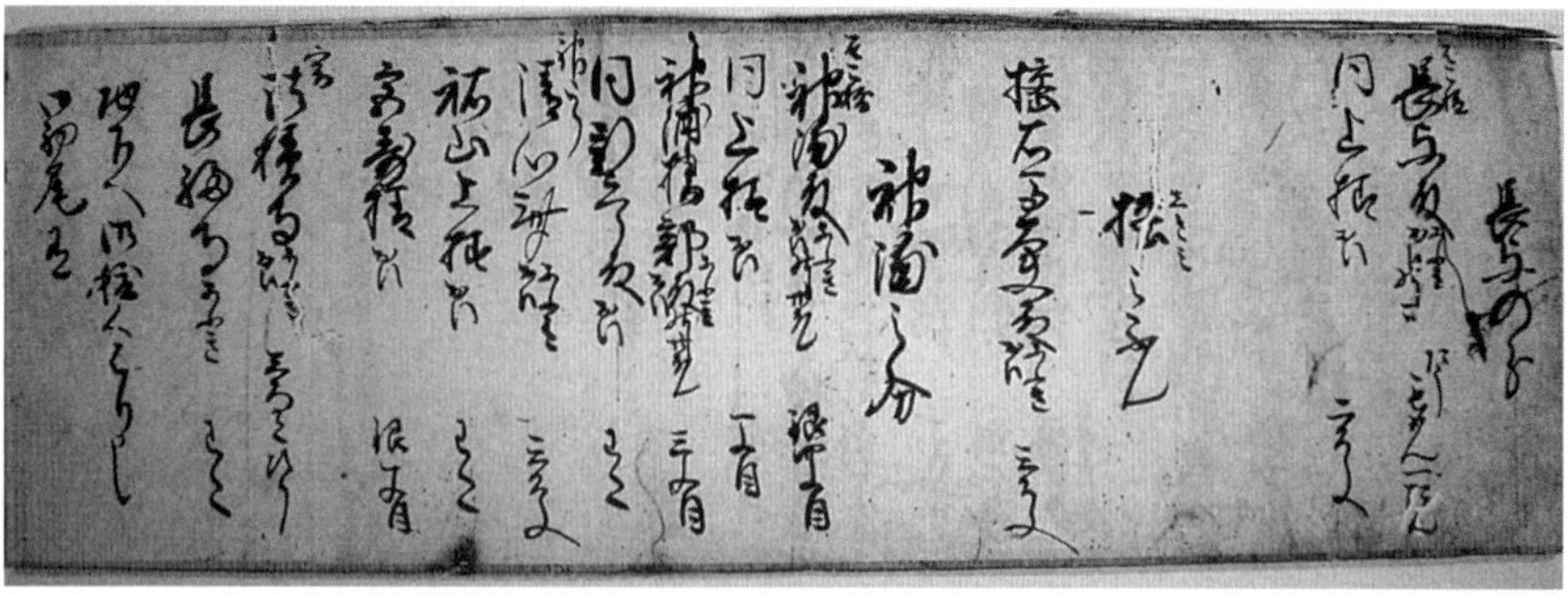

図6　永禄11年『肥前日記』長与・式見・神浦の分（神宮文庫所蔵）

て字で記されたのであろう。その寶（法）積寺の上部には「やと」（永禄四年）、「宿」（永禄十一年）と記され、宮後三頭大夫が神浦を初めとして外海地方を廻る際の常宿となっていた。この点からも同一寺院であったことに間違いない。各地の伊勢信仰の項で後述するが、御師は寺院等を宿に定め活動の拠点としていた。神浦の地に寶（法）積寺・長福寺という中世寺院が確認できたのは新事実である。

瀬戸・樒（式見）ではその地の小領主であった瀬戸氏とその室、また樒氏が大麻を受けているが、このように少数の旦那地域にも御師はこまめに足を運んでいた。

前述の御師の活動から見えてくる永禄期の長崎周辺域は、神浦が先進性をもった地域として特出している。この地では神浦氏一族や寺院のみならず、永禄十一年『肥前日記』には「地下へ御祓くはり申候、御初穂有」と書き込まれていた。地下人、すなわち庶民・農民までもが伊勢大麻を受けていた。そしてその初穂も納められていると御師は記録する。神浦では地下人までもが地力を蓄えていた。

宮後三頭大夫が長与・外海地域を巡回したのは永禄年間、それも最終年は永禄十一年（一五六八）であった。実はそれから三年後の元亀二年（一五七一）には、長崎を南蛮貿易に開港した余勢をかい、イエズス会宣教師が初めてこの外海地方の布教活動に入っている。

その様子は「一五七一年十月十六日付 パードレ・ベルショール・デ・フィゲイレドが大村から贈りし書簡[39]」に詳細に記されるが、『肥前日記』とほぼ同時期の外海地方を記した史料として重要である。タマキ（不明）から手態を巡回した後を次のように記す。

進んで式見 Xiquimi の町に赴けり。同所の殿およびその子はすでにキリシタンとなりしが、夫人はなほ異教を固執せり。その受洗するに及び、他に数人洗礼を受け、町全部の洗礼を終りたり。帰依の熱心と模範とは一つの地より他の地に及び、我等が三重の町に赴きし時、その城に属する多数の人洗礼を受けたり。（中略）

進んで神浦 Canora の町に入れり。殿は未だキリシタンとならざりしが、彼ならびに三人の伯父説教により悟を開き、臣下の重立ちたる者皆動かされ、殿の夫人およびその子、ならびに全家とともに同時に洗礼を受けたり。この時雪の浦の城より我等を迎へんため来りしが、同城は平戸の敵に最も接したる所なれば、キリシタン等はパードレの危険を冒すことを許さざりき。よりて彼等は一人のイルマンを同伴して同地に帰り、殿の夫人およびその地の者ほとんど全部に洗礼を授けたり。

我等が前に巡回せし地に再びいたりし時、残りし者の洗礼を請ひたり。これらの人々の中にナガイ Nangay の町の異教の領主あり。（中略）この殿をデウスの愛に導かんことを努めしめたり。主はこれを嘉し給ひ、彼はその長子および家臣の重なる者とともに説教を聴き、（中略）キリシタンとなる決心をなせしが。或理由により直にキリシタンとなるを得ず、暫くその長子ならびに重臣等に洗礼を受けしむべしと言へり。

ここには式見（樒）や神浦の殿が登場し、時代的に数年間の隔たりしかないので『肥前日記』

に記される榕殿、神浦殿に該当するものと思われる。神浦では殿の三人の伯父がキリスト教に入信したという。永禄十一年日記には、神浦殿に続いて神浦掃部・神浦新三郎・神浦清心齋が名を連ねるが、この三人が伯父に相当するのであろうか。

最後に記されるナガイは長与のことと思われ、その領主は異教徒と記す。永禄十一年（一五六八）に宮後三頭大夫から箱祓を受けた長与殿に当たると思われる。しかし何らかの理由で本人は直ぐにキリシタンに入信せず、長男や重臣達に入信を勧めたという。

このように見ていくと、伊勢御師とイエズス会宣教師とが巡廻した地が、榕・神浦・長与と重なっているのは興味深い。立場は異なっても自らの信仰を説き広めるための巡廻であったから、説く相手がいる場所、すなわち人口の集中した地域を選んだはずである。結果として両宗派の宗教者の目には、外海周辺の情況が同じように映り巡廻したのである。

宣教師の記録によると巡廻する先々で、多くの信者が生まれたと記す。その直前まで伊勢大麻を受けていた者も、この報告にあるように一瞬にしてキリスト教に入信したのであろうか。その前段階に伊勢信仰が広まっていたことを勘案すると、果たしてこの記録通りに解釈してよいのか慎重な検討も必要であろう。

宮後三頭大夫文書には為替史料も含まれると前述した。その『肥前国藤津郡彼杵郡高来郡御旦那證文』(40)（『御旦那證文』と略称）には、神浦衆が伊勢参宮に用いた為替の切手が二枚が貼り込まれている。二枚とも次のような内容である。

伊勢参詣順礼かわし百文

ふうくわう坊参　肥前國

かうの浦　兵庫助
丹治純俊（花押）
いせ山田宮後三頭大夫（黒印）

伊勢参宮者が「かわし」、すなわち為替額百文を伊勢で換金できることを証した為替切手である。この切手は神浦兵庫助丹治純俊によって発行されている。従って神浦兵庫助は為替額の受領や切手の発行などをおこなう替本であった。[41]この切手を伊勢での指定場所に持参し、提示すると銭百文と換金できたのである。

『御旦那證文』に収められた為替切手の多くは、御師宮後三頭大夫に宛てられ、またここが為替の換金場所でもあった。その場合の宛名は「宮後三頭大夫殿　参」と記述され「殿」「参」という敬称が付くのが普通である。しかしこの切手には「宮後三頭大夫」とだけあって殿の敬称はなく黒印が押されるのみである。さらに二行目には「ふうくわう坊 参」とあるから、この切手は「ふうくわう坊」に宛てられたものであった。

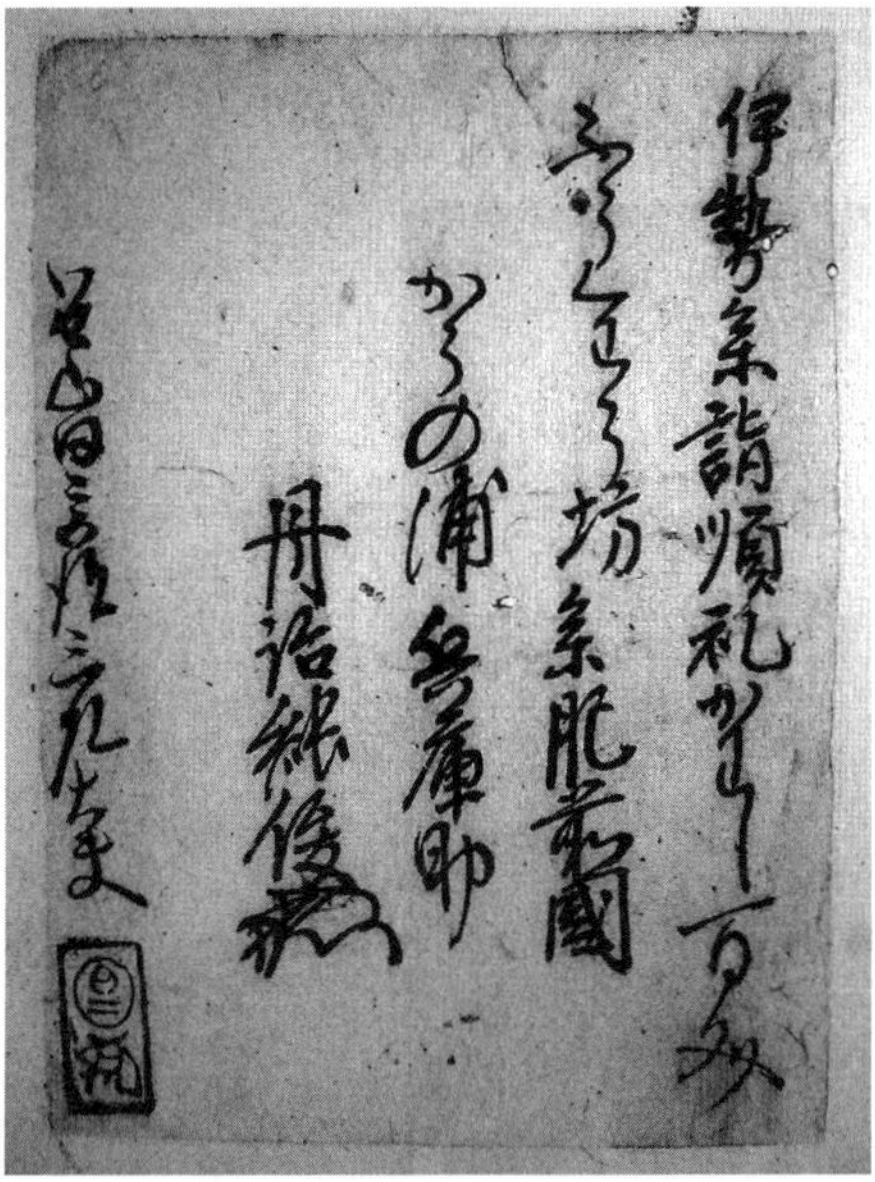
図7　神浦丹治純俊発行の伊勢為替切手
（神宮文庫所蔵）

とすれば「ふうくわう坊」と宮後三頭大夫との関係はどうなるのか。同様の例として、永禄四年（一五六一）の千々石村からの参宮者為替切手には、「伊勢ヤウタ　明鏡寺

之内 長全坊 参」とあり、伊勢山田の明鏡寺扱いの為替であった。さらに切手横の付箋には、

長全ハ宮後明鏡寺之住職也、我等曾祖父之弟也、肥前代官ニ参候

と記され、明鏡寺の長全は橋村肥前大夫の曾祖父の弟という血縁から、肥前国に派遣された御師代官として為替をも扱ったのである。この類例からすると「ふうくわう坊」も肥前国代官であったと思われる。そうすれば神浦衆の為替は、宮後三頭大夫の代官「ふうくわう坊」扱いの為替であった。

さてこの為替切手に基づき神浦衆の伊勢参宮の手順を復元してみたい。

切手が二枚現存するので神浦衆二人の参宮であった。二人は出発に先立ち替本の神浦兵庫助へ為替額銭百文を納めると、引き換えに前掲の為替切手が発行された。それを持って伊勢へ赴き、宮後三頭大夫のもとで切手と引き換えに為替額銭百文を受け取った。切手の末尾に記される「いセ山田宮後三頭大夫」の筆跡は、本文とは異なる筆跡（異筆）である。おそらく為替額の支払終了時に自らで署名し、決済完了の黒印を自署の下に押したものと思われる。

こうして神浦衆二人は為替で事前に旅費用の一部を送金にしたために、携帯する旅費用が軽くなり、旅の途中での紛失・強奪の危険性も和らいだのである。

肥前国に駐在した代官「ふうくわ坊」は、伊勢と肥前国現地との間にあって、参宮者からの初穂の管理、伊勢への送金、両地での支出の相殺等をおこなったものと思われる。

替本を勤めた神浦兵庫助丹治純俊は、永禄四年と同十年『肥前日記』に「ひやうこ殿」「同（神浦）兵庫殿」として登場し、伊勢大麻を受けた旦那でもあった。

神浦衆の伊勢詣でを伝えるこの為替切手には年代の記載がない。ただ『御旦那證文』に貼り込

まれている切手は、永禄四年（一五六一）から天正七年（一五七九）に及んでいるから、神浦衆の参宮もこの間におこなわれたのであろう。さらにこの二枚の切手が『御旦那證文』に比較的早い順番で貼り込まれていることから推測して、永禄年間（一五五八～一五六八）の早い時期であったように思われる

【補註】

（1）古賀十二郎『長崎開港史』三十一頁（古賀十二郎翁遺稿刊行会　昭和三十二年）

（2）外山幹夫『長崎史の実像』八十頁（長崎文献社　二〇一三年）

（3）天理大学付属天理図書館所蔵　架蔵番号二一〇八―イ一一一―三（10）

（4）『長崎市史』地誌編名勝舊蹟部四十一頁（長崎市　昭和五十六年）

（5）同右書九頁

（6）安野眞幸『港市論 平戸・長崎・横瀬浦』百八十二―百八十八頁（日本エディタースクール出版部　一九九二年）
従来の都市長崎の町割りの研究は、江戸時代の地誌・記録を根拠にそのまま昭和十年編纂の『長崎市史』地誌編に引き継がれて通説となっていると批判する。氏はフロイスの『日本史』のなかに町割りを読み解き、従来の岬の六丁と同時に五島町・（本）博多町・樺島町・豊後町もすでに発生していたとする。

（7）キリシタン大名有馬晴信と幕閣本多正純の家臣岡本大八との間に生じた贈収賄事件。
有馬晴信は慶長十四年（一六〇九）、長崎港外でポルトガル船を焼き打ちした。大八はこの事件の恩賞として有馬氏の旧領藤津三郡を晴信に賜るよう斡旋すると詐り、晴信から多額の賄賂を取った。その後何の沙汰もないことを不審に思った晴信が、本多正純に事の経過を糺したために事件が発覚した。同十七年に両人対決のもとに吟味がおこなわれ、大八の非が認められ投獄。しかし大八は獄中よりかつて晴信が長崎奉行長谷川左兵衛を謀殺せんとしたと訴え、再度両者の対決となったが、晴信は十分な弁明ができず、結局大八は火刑に、晴信も所領は没収され上甲州前林に配流死罪となった。この事件は単なる収賄事件のみならず、長崎貿易の仲介者であったイエズス会宣教師の政治的介入など重大な問題をはらみ、幕府

はこの事件を契機に禁教政策に踏み切った。

(8)『肥前国藤津郡彼杵郡高来郡御旦那證文』所収文書(天理大学付属天理図書館所蔵)

(9)宮後三頭大夫文書『元和八年 肥前国彼杵郡大村へ御旦那廻ニ三頭弥十郎下り申し候時 大村殿御家中御祓取越之御人数かなたち書被下候帳』(神宮文庫所蔵)によって、元和八年(一六二二)から再開された事が分かる。尚、本書第三章 大村地方の伊勢信仰 百三十五~百三十八頁参照。

(10)『長崎実録大成』正編百七十六頁(長崎文献社 昭和四十八年)

(11)『長崎市史』地誌編神社教会部上巻六百四十五頁(長崎市 昭和五十六年)

(12)神宮文庫所蔵 架蔵番号一―四四七二―一

(13)神宮文庫所蔵 架蔵番号一―九一八一

(14)石川大隅守政次 第八代山田奉行 寛永十八年(一六四一)から万治二年(一六五九)迄在任(『宇治山田市史』上巻百六十二頁 国書刊行会 昭和六十三年)

(15)『長崎市史』地誌編神社教会部上巻六百四十五頁(長崎市 昭和五十六年)

(16)同右六百四十六頁

(17)同右六百四十四~六百四十五頁

(18)筑後国榎津からの移住者によって形成された町、榎津産の家具を取り寄せて家具商を営む者が多かった。(『長崎市史』地誌編名所舊蹟部七十四頁 長崎市 昭和五十六年)

(19)前掲『長崎実録大成』正編百七十六~百七十七頁

(20)『長崎市史』地誌編名所舊蹟部十八頁(長崎市 昭和五十六年)

(21)本馬貞夫『貿易都市長崎の研究』第一章第二節丸山遊女と身売り証文九十三~九十八頁(九州大学出版会 二〇〇九年)

(22)赤瀬浩『鎖国下の長崎と町人』百六頁(長崎新聞社 平成十二年)

(23)前掲『長崎実録大成』正編三百三十九頁

(24)久田松和則『伊勢御師と旦那―伊勢信仰の開拓者たち』第一部第一章西北九州における伊勢信仰の受容と展開五十七―六十二頁(弘文堂 平成十六年)

(25)神宮文庫所蔵 架蔵番号一―一五一九九

(26)大日本近世史料『唐通事會所日録』一 四百十四頁(東京大学出版会 一九五五年)

(27)『長崎縣史』史料編第四所収（長崎縣　昭和四十三年）
(28)桑木彧雄『黎明期の日本科学』三本木の生涯及び其の時代（弘文堂書房　昭和二十二年）
(29)『桶屋町元来宗旨改踏絵帳』長崎歴史文化博物館所蔵　架蔵番号 藤一一・一―一―四一　藤一一・一―一―四二
(30)『長崎町盡し』十六頁（長崎文献社 一九八六年）
(31)神宮御師資料 外宮篇四『安永六年外宮師職諸国旦方家数改覚』五十六頁（皇學館大學出版部　昭和六十一年）
(32)長崎歴史文化博物館所蔵　架蔵番号 渡辺一三―三五〇―三
(33)簱碕好紀『長崎地役人総覧』二十七～三十二頁（長崎文献社　二〇一二年）
(34)『新長崎市史』第二巻近世編 二百八十頁（長崎市　平成二十四年）
(35)長崎歴史文化博物館所蔵 架蔵番号 へ一二―九七
(36)『伊勢神宮崇敬 島原藩日記抄』（猛島神社　昭和三十六年）
(37)長崎歴史文化博物館所蔵 架蔵番号 渡辺三二六―一三―二五五
(38)『大村郷村記』第四巻八十八頁　長与村　唖飲の古城蹟（国書刊行会　昭和五十七年）
(39)『イエズス会士日本通信』下 新異国叢書2 二百八十五～二百八十六頁（雄松堂書店　昭和五十三年）
(40)神宮文庫所蔵 架蔵番号一―一三九〇三―一
(41)宮後三頭大夫文書の『肥前国藤津郡彼杵郡高来郡御旦那證文』に貼られた為替切手の横に、例えば千々石村で為替銭を受け取り、その代償として為替切手を発行した大泉寺を指して「替本也」と記している。肥前国現地で為替を扱った所を替本と称している。

第三章　大村地方の伊勢信仰

I 中世末期、キリスト教とのはざまの中で

一 大村純前・純忠時代の伊勢信仰

大村純忠といえばキリシタン大名として著名である。永禄五年（一五六二）に横瀬浦にポルトガルとの南蛮貿易港を開いたことに伴い、翌六年にキリスト教に入信する。その大村領には数多くのイエズス会宣教師が入り、キリスト教を広めていた。後に『日本史』という膨大なイエズス会記録を残すことになるルイス・フロイス[1]や、大村駐在のアフォンソ・デ・ルセナ[2]といった宣教師たちである。

ほぼ時を同じくして大村領ではもう一人の宗教者の活動があった。前述してきた伊勢御師の宮後三頭大夫である。その活動を記した記録として永禄四年（一五六一）、十年（一五六七）、十一年（一五六八）の『肥前日記』が現存することは前述した。

この三冊の日記は御師の宮後三頭大夫が書き残した記録であるが、その一連の史料が三重県松阪市星合町（旧一志郡三雲町星合）の野田耕一郎氏宅にも所蔵されており、その中から平成十六年（二〇〇四）に『御三方江肥前之國三郡之證文共差上置候目録』と題した新史料が出現した[3]。冒頭の「御三方《ごさんぼう》」とは伊勢の外宮周辺・山田地域を治めた山田三方年寄衆という自治組織を指している。この自治会所に宮後三頭大夫家が、自家に所蔵する肥前国三郡に関する記録を報告したときの目

録である。

この目録中に確かに、

永禄四年高来郡藤津郡彼杵郡彦四郎御旦那廻仕候御祓賦帳

という記録が見える。宮後三頭大夫本人に代わって、永禄四年に手代の彦四郎が旦那廻りをした際の御祓（伊勢大麻）の賦帳《くばりちょう》とあり、現存する永禄四年『肥前日記』を指している。同様に永禄十年・十一年の賦帳もこの目録に記録されている。

この賦帳に先立ち目録の冒頭には次のような帳面があったことを記す。

天文十六年ゟ永禄四年迄高来郡藤津郡彼杵郡三郡在々所々ゟ御参宮帳之勢子を集め御書ニ仕、永禄四年ニ取々参候帳

すなわち天文十六年（一五四七）より永禄四年（一五六一）までの肥前国三郡よりの参宮者を、永禄四年に取りまとめた参宮帳が存在したのである。現在は宮後三頭大夫文書群には存在せず後世に散逸したのであろう。

この参宮帳がかつて存在したことにより、宮後三頭大夫は、すでに天文十六年の時点では肥前国の高来郡・藤津郡・彼杵郡三郡を旦那場として抱え、三郡に下向して伊勢大麻を配っていたことはほぼ間違いない。その結果として当地域からの伊勢参宮があったのである。肥前三郡のどの地域から参宮があったかは不明であるが、永禄四年の伊勢大麻賦帳の『肥前日記』に大村地方も含まれることから、当地方にも天文年間には御師の活動があり、その勧めによって伊勢参宮がおこなわれていた可能性は極めて高い。とすれば、大村地方では大村純忠の一代前、大村純前《すみあき》の時代から伊勢御師の活動があったと考えられる。

大村地方での伊勢信仰を確実に物語るのは、前述の通り永禄四年、そして五年置いて永禄十年・十一年からである。この記録の現存情況と当時の大村領の宗教事情とを勘案すると、キリスト教が入る以前の永禄四年、そして導入後の永禄十年・十一年という具合にキリシタン伝来の前後の時期にまたがっている。これは幸いなことであった。キリシタン伝来によって大村地方の宗教事情にどのような変化が生じたか、それを物語ってくれる期待がもてるからである。

『肥前日記』には永禄五年から同九年までの五年間の空白があった。先に触れた宮後三頭大夫が山田三方会所に提出した自家記録の目録にも、この五カ年間の日記は見えていない。この目録は明暦元年（一六五五）以降に作成されたものと思われるが、[4]その時点では存在しなかった。この五カ年間は伊勢大麻の配札がおこなわれなかったのか、あるいは実際はおこなわれたものの、年月の経過に伴ってその台帳は散逸したのか、どちらなのか分からない。

三カ年分の大村地方の旦那の概要は第一章に表（1）として示したが、旦那衆の名前・初穂・伊勢土産を加えて一覧化すると表（12）の通りである。

まず各年毎の伊勢大麻を受けた旦那数の推移に注目すると、永禄四年が二十三人、同十年が十四人、同十一年が十二人と、年の経過と共にその数が減少している。この原因についてまず思い起こされるのは、当時大村領内では、横瀬浦が南蛮貿易港として開港されことによりキリスト教が流入し、さらに領主・大村純忠自らが受洗するという、いまだかつて経験したことのない宗教的異変が生じていた。ちょうど、その時期が永禄四年（一五六一）の『肥前日記』が記された一年ないし二年後のことである。

そしてキリスト教が流入した後の永禄十年・十一年には、永禄四年の旦那数の約半分に減少している。こういった実状を見ると大村領へのキリシタン伝来によって、永禄四年の旦那の間にもキリシタンに改宗する者が現れ、伊勢大麻を拒否したために減少したと、キリスト教の影響がまず考えられる。

表(12) 大村地方の永禄四、十、十一年旦那一覧

永禄四年(一五六一)				永禄十年(一五六七)				永禄十一年(一五六八)				備考
No.	氏名	伊勢土産	初穂	No.	氏名	伊勢土産	初穂	No.	氏名	伊勢土産	初穂	
1	大村殿民部大輔	上の扇 墨五丁 しりかい	三貫文		大村殿	杉原一束 扇 熨斗二把	銀 二十目		大村殿	扇 熨斗二把 帯一長	絹緞 一反	大村純忠
2	大村孫兵衛右京亮	小刀 帯 扇	南京木綿 二尋程 三百文		大村右京亮	熨斗一把 帯 扇	沈香 一斤		大村右京亮	帯 扇 熨斗五十本	銀 三十文目 布一反	大村純伊三男
3	大村大和守入道	小刀 帯 扇	一貫文									
4	大村左近将監		綿数五十 紙一束									大村大和子息
5	大村刑部小輔	小刀 帯 扇	唐木綿 一反		大村刑部小輔							
6	朝長伊勢守	熨斗一把 帯三 上の扇	神馬替		朝長伊勢守	帯 扇 熨斗一把	銀 十文目		朝長伊勢守	熨斗一把 帯 扇	金襴一反	主席家老
7	朝長右衛門太夫	熨斗一把 小刀 墨三丁	唐木綿紙									伊勢守兄
8	朝長七郎左衛門											伊勢守弟

No.	永禄四年（一五六一）氏名	永禄四年 伊勢土産	永禄四年 初穂	永禄十年（一五六七）氏名	永禄十年 伊勢土産	永禄十年 初穂	永禄十一年（一五六八）氏名	永禄十一年 伊勢土産	永禄十一年 初穂	備考
9	朝長彦左衛門									伊勢守弟
10	朝長新助									伊勢守弟
11	大村伊予守宗恵入道	小刀 帯 扇	五百文	大村伊予守宗恵	帯 扇 熨斗五十本		大村伊予守	帯 扇 熨斗二十本	布一反	大村純伊 七男
12	大村太郎左衛門宗泉	墨三丁 帯 扇	二百文 布							大村純伊 九男
13	大村清阿入道			大村清河周防入道	帯 扇 熨斗三十本	五百文	大村清河入道	帯 扇 熨斗二十本	布一反 蝋一こん	大村純伊 長男 良純
14	庄式部小輔	小刀 帯 扇	一貫文							
15	大村兵部太夫	小刀 帯 扇	二百文 唐木綿二尋程							大村純伊 五男
16	大村右衛門尉	小刀 帯 扇	一貫文							
17	鈴田新三郎左馬亮	小刀 帯 扇	三百文 綿五十文目							鈴田道意孫
18	吉河彦左衛門	小刀 帯 扇	かみせん二百文 毛皮一枚							
19	葦塚掃部丞		三百三十文目	葦塚掃部丞	帯 扇					為替替本
20	まち 日光坊	帯 けにき	かわしおき申候							為替替本
21	まち 別当市野尉	小刀 帯	かわしおき申候							為替替本

No.	永禄四年（一五六一）氏名	伊勢土産	初穂	No.	永禄十年（一五六七）氏名	伊勢土産	初穂	No.	永禄十一年（一五六八）氏名	伊勢土産	初穂	備考
22	まち五郎衛門	帯扇										
23	まち四郎衛門	帯扇										
				24	大村殿御上	白粉 熨斗 けかけ すし			大村殿上様	けかけ 白粉一つ 熨斗五十	一貫文	大村純忠妻
				25	大村刑部入道	熨斗一把 帯扇	南蛮綿一斤					
				26	朝長伊勢守御上	帯 熨斗五十本	布二反		朝長伊勢守御上	帯 たかけ 熨斗三十本	布一端	朝長伊勢守妻
				27	大村庄殿							
				28	長与貞介	帯扇			長与貞介	帯扇 熨斗二十本	木綿一反	
				29	圓福寺	帯扇			圓福寺		茶碗一つ 針一疋	為替替本
				30	富松山圓満寺	帯扇			富松山圓満寺		布二反	為替替本
								31	大村宗慶入道	帯扇 熨斗一把	唐木綿一反	大村清阿（良純）長男
								32	大村刑部大夫	帯扇 熨斗五十本	五百文	大村宗慶子息
計	二十三人				十四人				十二人			

（註）一、土産品・初穂品の品名・単位を原典では仮名書きしてあるものでも、普通、漢字を用いるものはそのように改めた。

二、原典では姓を「太村」と記されるが、当地で記される「大村」に総て改めた。
三、図№が打たれた人物の屋敷は、本章第二項に掲げた図（1）『大村館小路割之図』（九十五頁）の中に同じ番号で記した。

ただ前述のように『肥前日記』が永禄四年から同十年に飛んでいるのは、この間の五年間は御師の活動が中断し、その空白が旦那衆の伊勢大麻への意識を減退させ、半減した原因とも思われる。そうであるならば、大村以外の地でも同じ現象が見られるはずである。

他地域の旦那数の推移状況は、第一章二項に表（1）として示しておいた。結果としてほとんどの地域が年を追うごとに増加する傾向にある。ただ諫早の分は永禄十年に十五人から十一人に減少するものの、永禄十一年には二十二人と復旧する。二十二地域の総数についても、百十二人・百二十九人・百七十二人と増加現象にある。全体的にこういった増加傾向の中で、ただ大村のみが減少しているのはなぜなのか。

先に御師の大麻配札活動が五年間にわたり中断したのではないか、それが旦那数半減の原因ではないかとも推測した。そうであれば、他の地域でも大村地方同様に減少する所が出るはずである。しかし現実はそうでなく、他の地域では逆に増加の傾向にあった。とすれば五年間の中断があったにせよ、それが旦那数減少の原因とはなり得ない。大村地方に限った独自の原因があったのである。それは冒頭に推測した永禄五年、六年ごろからのキリスト教の流入・浸透が、旦那衆のキリシタン改宗という現象を引き起こし、減少の原因となったと考えてまず間違いない。

二　伊勢大麻を受けた旦那たち

前掲の表（12）によると三カ年で伊勢大麻を受けた旦那は延べ人数で四十九人、実人数では三十二人を数える。大村氏が十五人、朝長氏が六人、庄・鈴田・吉川・葦塚・長与の各氏が一人ずつ計五人、寺院・坊が三寺、無姓者庶民が三人という内訳である。この三十二人はどういう立場にあった者たちであろうか。

これを知る格好の史料として『大村館小路割之図』[5]がある。大村純忠の養父・大村純前《すみあき》の居館である大村館を中心に、家臣団の屋敷を描いた小路割りの町絵である（以下、町絵と仮称する）。作製年代の記述はないが、町絵中の書き込みなどから天文十年代（一五四一〜一五五〇）の町割りを基礎に、後年の追記が加わったものと推測される。[6]そうすれば『肥前日記』の二十年程以前の記録であり、両記録はほぼ同時代の史料といってよい。

二十年ほどの隔たりであれば、『肥前日記』に登場する旦那たちをこの町絵に見いだせる可能性がある。そこで両記録を照合すると、『肥前日記』三冊に記載される旦那三十二人の内、約半数の十五人が町絵に描かれている。

『肥前日記』は前述のように、伊勢御師が廻村しながらその場で筆記した同時代史料として信憑度が極めて高い。この一級史料と大半の旦那が符合する町絵『大村館小路割之図』も、おのずと

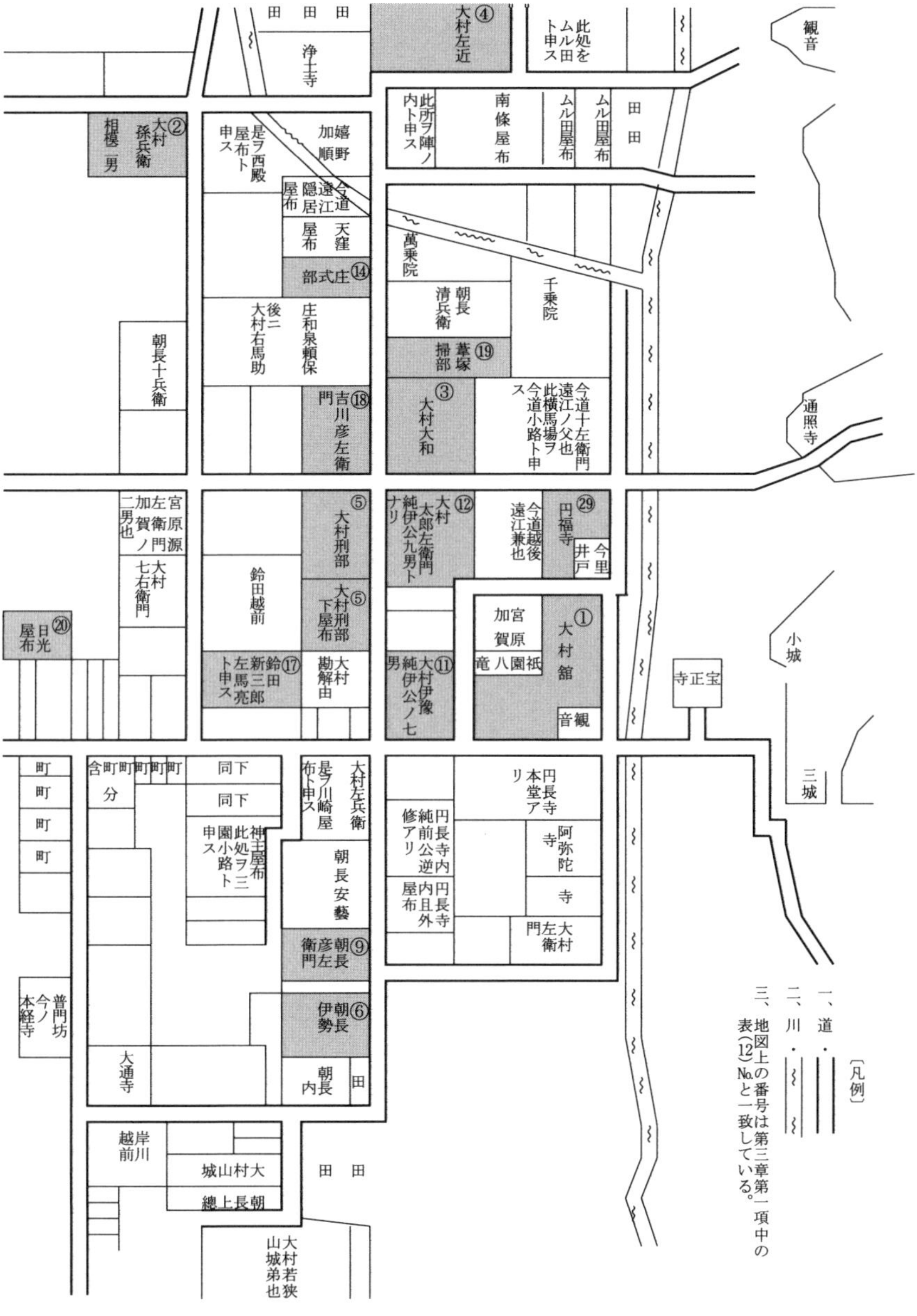

図8　『大村館小路割之図』(複製図)元禄五甲年改

史料的価値が高いといえる。この町絵（複製）を前頁に掲げたが、『肥前日記』と符号する十五人の屋敷には、旦那一覧の表（12）中の人名№を付し、さらに薄墨をかけて一見して分かるようにした。

町絵の住人が『肥前日記』にも登場することは、町絵が描かれた時代から二十年余が経過した永禄期にも依然として健在であり、その町に住み続けていた。宮後三頭大夫はその現場に入り込み、住人と相対しながら伊勢大麻を配っていたのである。

さらに旦那衆を氏族ごとに検討してみたい。

系図（1）伊勢大麻を受けた大村氏一族

（註）該当者はゴシック文字とし、表（12）の屋敷番号を付した

- 大村徳純
  - 純治 ― 純伊
    - ⑬清阿入道（良純） ― ㉛宗慶入道 ― ㉜刑部大夫
    - 丹後守純前 ― ①純忠
    - ②孫兵衛右京亮（純豊）
    - 阿音法印
    - ⑮兵部大夫（純照）
    - 尚純
    - ⑪伊予守宗恵（純貞）
    - 藤八郎
    - ⑫太郎左衛門宗泉
  - 純明 ― ③大和入道（純益） ― ④左近将監（純信）

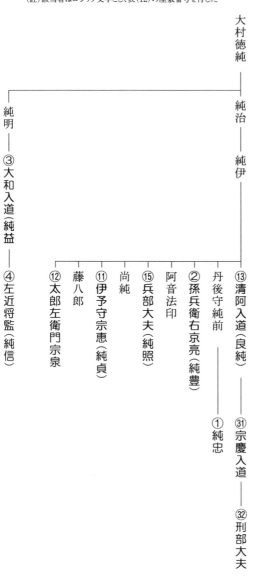

まず大村氏十五人の内十人は、領主大村氏の系譜を引くことが確認できる。該当の人物は前頁の系図（1）にゴシック太字で表示し、表（12）の人名No.を付して、表との対照ができるようにした。

まず『肥前日記』三冊の冒頭に常に記されるのが「大村殿民部大輔」（永禄四年）・「大村殿」（永禄十・十一年）である。この「大村殿」とは誰なのか。当時、民部大輔を名乗るのは大村純忠である。[7] さらに永禄四年『肥前日記』の大村民部大輔の脇には、「有馬殿しゃてい（舎弟）」との書き込みがあり、事実、大村純忠は島原有馬氏から大村家に養子に入っているから、この点からも大村純忠に間違いない。宮後御師は三カ年とも旦那の筆頭に領主大村純忠を記したのである。

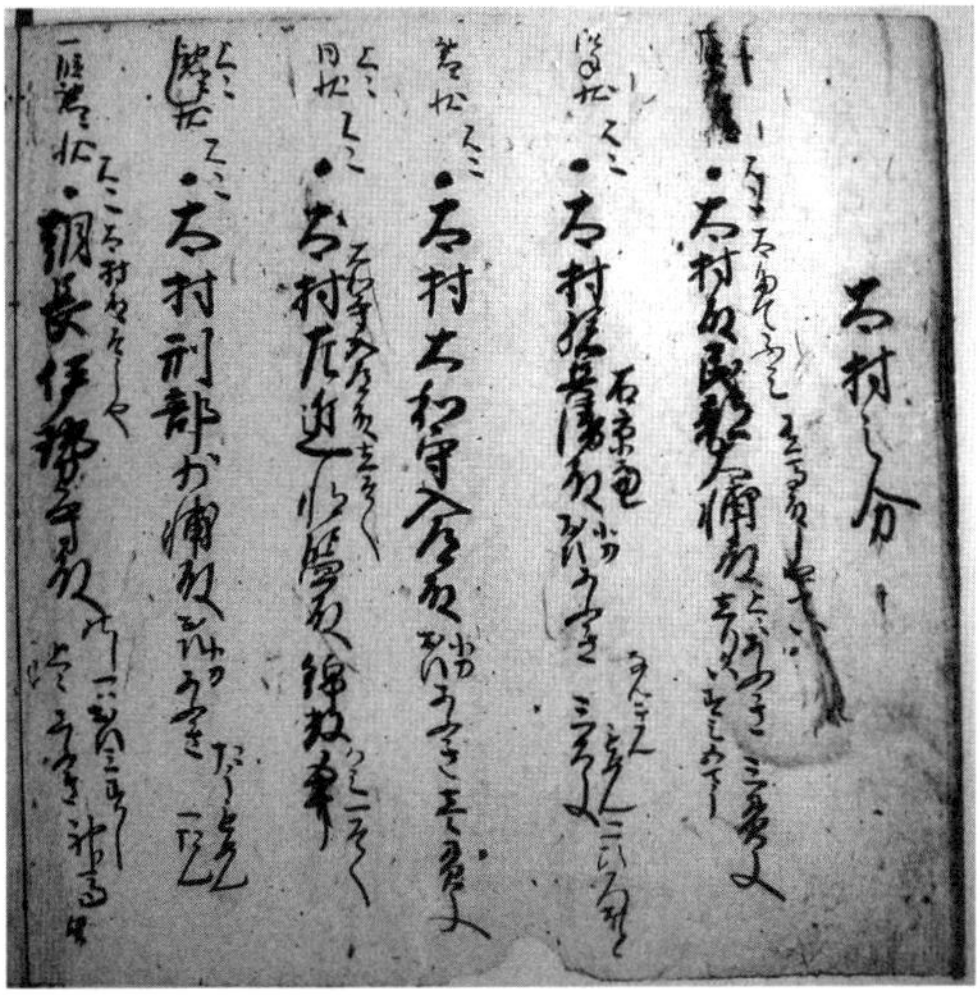
図9　永禄4年『肥前日記』大村の分（神宮文庫所蔵）

ところで町絵の左端中央部には次のような書き込みがあり、領主大村純前と互角の力をもつ大村一族が六人いたという。

純前様川端御館ニ御唑候時
殿様ニ相劣ラザル衆ハ川崎殿 伊豫殿
刑部殿兄弟 大村大和殿 大村左近殿抔ノ由

この内の「伊豫殿」「刑部殿兄弟」「大村大和殿」「大村左近殿」の四人は、『肥前日記』に旦那として登場する。

まず「伊豫殿」は表（12）ではNo.11の大村伊予守宗恵に当たり、系図（1）にも示したように領主大村純前の弟である。永禄四年、十年、十一年と続けて伊勢大麻を受け、大村館の北隣に屋敷を構えている点からも筆頭の家臣であることが分かる。

「刑部殿兄弟」の一人と思われるのが大村刑部小輔である。町絵には大村館北方の道筋を一本隔てた場所に大村刑部・下屋敷の二区画があり、兄弟隣接して居住した(No.⑤)。永禄四年・十年と大麻を受けている。

「大村大和殿」と「大村左近殿」は、表(12)ではNo.3・No.4の大村大和守入道・大村左近将監に当たる。系図(1)によると、従来の大村氏系譜では第十四代領主とされる大村徳純の二男大和守純明の子、孫に当たり、二人は親子である。大和入道は大村館に比較的近い東方の今道小路に、左近将監はさらに東方の陣の内に屋敷を構えていた。二人とも永禄四年のみ大麻を受けている。

大村氏一族はこれ以外に大村清阿入道、大村孫兵衛右京亮、大村兵部太夫、大村太郎左衛門宗泉の四人がいるが、いずれも時の領主大村純前の兄弟であり、先代の大村純伊の長男、三男、五男、九男である。また永禄十一年のみに登場する大村宗慶入道は、前掲の大村清阿入道(良純)の長男、続けて記載される大村刑部太夫は宗慶入道の長男に当たる。このように宮後三頭大夫が活動した館町には、大村純前時代からの大村氏一族が生存し、各々に伊勢大麻を受けていた。

大村氏に次ぐ家として朝長氏が六人いる。永禄十年・十一年の「朝長伊勢守御上様」は最初に記される朝長伊勢守(純利)の室であり、その他の伊勢守・右衛門太夫・七郎左衛門・彦左衛門・新助の五人は兄弟である(『新撰士系録』巻五上之上)。

筆頭の朝長伊勢守は『新撰士系録』巻五上之上によると、永禄四年より同十一年まで惣役を勤めるとある。二男であったが、長男の右衛門太夫純時が永禄七年(一五六四)の諫早西郷氏との塔峯合戦において戦死したために、朝長氏を継ぐこととなった。ルイス・フロイスの『日本史』にも、弟の朝長新助と共に次のように記録される。[8]

> ドン・ルイス・（朝長）新介殿[9]〔大村の最良のキリシタンの一人で、ドン・バルトロメウ[10]の主席家老で大いなる異教徒である伊勢守の弟〕

伊勢守が勤めた惣役とは、フロイスがいう正に主席家老であった。「大いなる異教徒」ともいっているが、他の四人の兄弟が永禄四年のみ伊勢大麻を受けているのに対して、伊勢守は三カ年とも大麻を受けてかたくなに神仏信仰を保った姿を、フロイスはこう表現したのである。

ルイス・フロイスは、横瀬浦開港以前の永禄四年（一五六一）に修道士アルメイダが開港交渉のために大村を訪ねた際、朝長兄弟と接触があったことを次のように記す。[11]

> 修道士は（中略）その家老の伊勢守殿と交渉するため、また先に（伊勢守殿）が領主の名で書状に書き寄こしたことを（事実）承認するかどうかを伺いに（彼のところに）出かけた。（中略）修道士はその地（大村）に二日間滞在した。彼は家老の兄弟の家に泊まったが、その人は修道士を大いに歓待した。（修道士ら）は、（家老の兄弟）およびその家族全員にデウスの偉大さについて説教することで彼らの歓待に報いたが、彼らはよく理解を示すとともに、デウスの教えを受け入れたいとの意向を表明した。

アルメイダは伊勢守の兄弟の家に投宿し、朝長兄弟に説教した結果、一族にはキリシタンへの入信を希望する者がいたという。その内の朝長新助は先のフロイスの記録にも「大村の最良のキリシタンの一人」とあり、洗礼名をドン・ルイスと名乗り確かにキリスト教に入信していた。しかし永禄六年（一五六三）に針尾伊賀の急襲に逢い戦死している。同様に長兄の朝長右衛門太夫も前述のように、永禄七年の塔峯合戦で戦死した。

こういった朝長五人兄弟の動向を見ると、永禄四年は総て伊勢大麻を受けながら、永禄十・十一年に旦那として残ったのは伊勢守ただ一人である。その間には長兄の右衛門太夫の戦死、末弟の新助もキリシタンに転じたものの、その後戦死という現実があった。七郎左衛門、彦左衛門の動向は分からないが、前述のアルメイダの記録からするとキリシタンに入信した可能性もある。

単独で旦那として登場する者が五人いた。その一人に大村館と陣の内の中間に屋敷を構えた庄式部小輔がいる（№14）。庄氏系図（『新撰士系録』巻之六十三所収）には該当する人物はいない。ただ『大村館小路割之図』ではその隣に庄和泉頼保が住んでいる。この頼保は庄氏系図では庄和泉入道頼甫に当たるものと思われる。和泉入道頼甫は系図事蹟に「純忠公之時列老臣」とあり、純忠の代まで老臣として仕えた。その隣に屋敷を構えた庄式部小輔は、この老臣頼甫の一族と思われ、おそらく頼甫の長男、庄氏系図にいう庄修専（主膳）にあたるものと思われる。

この修専の二男善助定保は、大村萱瀬谷入口の要衝の地・坂口を固める役に就き、後にその屋敷は大村純忠の隠居所、また臨終の場となった(12)。このように庄氏は領主大村氏に信頼篤い家系であった。

大村館北側の道向こうに居住した鈴田新三郎左馬亮（№17）は、『新撰士系録』巻之十二の鈴田家系図に登場する。その系譜によると祖父・鈴田越前守道意は大村純伊が有馬貴純の攻撃を受けた中岳合戦の際に逆心し、大村氏大敗の原因をつくった人物であった。しかし大村純伊が大村領を奪回すると、なぜか再び家臣として復帰している。次の大村純前の次代にも老臣として仕え、『大村館小路割之図』にも鈴田新三郎の東隣に「鈴田越前」屋敷が確認される。この道意の孫に当たるのが鈴田新三郎左馬亮である。

葦塚掃部丞（№19）は大村館東方に屋敷を構えた。『新撰士系録』巻之五十三の系図には、葦塚掃部として次のように記される。

代々高来郡千々石城守也、故有りて純伊公の御代に大村に来たりて寄客となり、宅地を乾馬場に賜る

かつては千々石城守であったというが、大村家の寄客となり乾馬場に屋敷を貰っている。町絵に記される葦塚屋敷はまさに乾馬場であり、両記録は一致する。

ただ一人、吉河彦左衛門（№18）の事蹟は不明であるが、町絵中にもその存在が確認できるから大村純前時代からの老臣と思われる。

このように見ていくと、『肥前日記』に記される旦那衆は、領主大村純忠を取り巻く重臣たちであった。ところが大村純忠は、永禄六年（一五六三）ころからこの重臣達へキリシタン改宗策を進めていく。ルイス・フロイスはこの策は「注目に価する」として次のように記す。[13]

すなわち、仏僧たちがもし、殿は家臣全員に洗礼を受けるように説得していると聞くならば、殿の領内には騒動や混乱が起こり得た。（そこで）それを防止するため、またその他の（幾つかの）理由から、殿は貴人たちがわずか四人とか六人ずつキリシタンになって、皆がいっしょに（受洗することが）ないようにと定めた。そして彼はそれらの人々を（中略）横瀬浦にいたコスメ・デ・トルレス師のもとに遣わして、（中略）いつも少人数ずつがたいして人目につかぬように次々にキリシタンになるようにした。それというのも、身分の高い人たちがひとたび改宗するならば、他の民衆（の改宗に）はもはやなんの支障も生じないからであった。

大村純忠は、仏教勢力からの批判を恐れて一度に大勢改宗させず、身分の高い者から順次洗礼を受けさせた。この重臣層からの入信は、多くの者の改宗を誘発するには効果的であったという。永禄四年（一五六一）の旦那衆二十三人の内十九人の有姓者は、いままで見てきたように大村純忠を取り巻く重臣揃いであった。とすれば純忠が真っ先に入信を勧めた重臣層に該当する。永禄十年には旦那として名前が消えた十二人の中には、キリシタンに入信する者がいたことは充分に考えられる。それが旦那数の減少となったのであろう。ただ朝長兄弟の二人は、永禄四年後の合戦で戦死したために『肥前日記』から姿が消えたのである。

永禄四年の旦那の中には姓をもたない市井の者達もいた。表（12）の№20〜23の日光坊・別当市野尉・五郎衛門尉・四郎衛門尉の四人である。『肥前日記』にはいずれもこの四人の名前の右上に「まち」と記され、町屋の住人という意味であろう。町絵にも確かに大村館脇の幹道を北側に下った外れに「町」とあり、この館町には町屋が発生していた。町絵ではその一画に「日光屋布」があり、永禄四年旦那の日光坊はこれにあたるものと思われる。従って先の「まち」とある四人は、この町の住人であった。

さらにこの内の日光坊と別当市野尉とは、『肥前日記』に「かわしおき申し候」と記される。「かわし」は為替のことであり、為替を取り扱う替本という業務をおこなっていた。後述するが、伊勢参宮者たちへ御師が提供した為替のシステムの一役を勤めていた。

日光坊は僧坊を構えた仏教者と思われる。また別当市野尉は「別当」とあり、ルイス・フロイスはこの別当について島原の例を次のように記す。(14)

島原の町に別当という名称をもつ人物がいた。彼の職掌は（各）町内を見廻ることであった。

また諫早の町にも別当がいるとして、「町内においてこの種のことで世話する役人を別当と称する」と報告する[15]。これによって市野尉は大村館町の外れに発生した町屋の町役人であった。ところで町絵に気にかかる屋敷がある。大村館と町屋との中間にある「神主屋布《やしき》」である。どこかの神社の神主屋敷と解釈されるが、この付近には神社は存在しない。しいて言えば三城下の富松神社があるが、中世の当社は本堂川端の富松山仙乗院の僧侶が社僧として兼帯したから、神主は存在しなかった。従って富松社の神主屋敷ではない。

神主屋布には「此処ヲ三園小路ト申ス」とも記され、この一帯は三園《みその》小路と呼ばれていた。「みその」で思い起こされるのは、伊勢神宮の所領を御厨・御園《みその》（薗）と称したことである。この神主屋敷が伊勢御師の現地での宿となっていたために、伊勢神宮と関わりのある土地という意味から御園と呼ばれたのではないか。そして御園が三園に転じたものとも思われる。

図10　今も残る御園小路（大村市水田町）

御師がこのように地方に屋敷・宿を構えた例は諫早でも見られる。宮後三頭大夫文書の『肥前国藤津郡彼杵郡高来郡御旦那證文』によると、永禄十二年（一五六九）に諫早の旦那「こん左衛門尉」と「北三郎兵衛」の二人が宮後御師に「御供田」五反を寄進するが、この供田には「屋敷付申候」とあって屋敷も付いていた。これから類推すると、三園小路の「神主屋布」も伊勢御師が大村領主から寄進を受けた宿・屋敷であった可能性が高い。

この神主屋布が記される『大村館小路割之図』は、天文十年代の館町の様子を伝えていた。一方では宮後三頭大夫文書の目録によって、同御師はすでに天文十六年（一五四七）から肥前国三郡で伊勢大麻を配り、その活動は大村地方に及んでいた可能性も高かった。とすれば宮後三頭大夫の大村地方での活動開始の時期と、神主屋敷が町絵に描かれていた時期とが、天文十年代とほぼ一致するのである。このような共合点から町絵に描かれた神主屋布は、伊勢神主の屋敷という意味で描かれたものと思われる。そうすれば宮後三頭大夫は、当地域で活動を始めたと思われる天文十六年ごろから、この屋敷を拠点に、各地での伊勢大麻配りをおこなっていたことは間違いない。このような御師の定宿を伊勢屋敷、伊勢屋、御師屋敷などと呼んだ(16)。

ところが永禄十一年『肥前日記』を見ると、圓福寺が「宿」と記され御師の定宿となっている。すると前述の神主屋布から圓福寺に宿が替わったのであろうか。恐らく永禄五・六年からのキリスト教の浸透によって旦那数が減少したように、御師の活動も徐々に狭まり、神主屋布の使用も困難になったのではないか。そのために旦那の内から圓福寺を宿に変更したものと思われる。

三　入信後も伊勢大麻を受けた大村純忠

大村地方での旦那が永禄四年（一五六一）の後、同十年、十一年と年を追うごとに減少していったのは、永禄五・六年のキリスト教の流入がその原因であったことはまず間違いない。そういう中で大村純忠に注目すると、永禄四年に伊勢大麻を受けたことは何ら不思議ではない。しかし永禄六年のキリスト教入信後の永禄十年・十一年も引き続き、伊勢大麻を受けることに変わりなかった。純忠のこの行動は唯一神への信仰を説くキリスト教の教説とは矛盾している。

大村純忠のキリスト教入信初期の心中を窺う史料として、福田文書に収録される大村純忠書状がある。[17] 文書の内容は、永禄六年七月の横瀬浦の焼き打ちにより南蛮貿易港が他所に移ることを懸念して、家臣に対して今後の貿易港を福田・戸町・口之津に誘致すべく努力せよ、との触状である。この書状を出した年の記載はなく、五月二日とのみ記される。横瀬浦焼失後の緊迫した内容から推測して、事件翌年の永禄七年五月二日の書状と思われる、大村純忠入信一年後のことである。

この純忠の書状中に極めて気にかかる一文がある。それは、

彼宗躰噂も難申事候へ共

と前置きして、前述の貿易港誘致に努めることと文意は続いていく。

この「彼の宗躰、噂も申し難き事に候へども」をどう解釈すればよいのか。「彼宗躰」すなわちキリスト教が世間で言われている風評は、言うに耐え難い程であるというのである。純忠は自らの書状にキリスト教の世間での悪評をわざわざ引用し、それに同調する態度さえ見せている。これが改宗直後の大村純忠の心中であった。従って入信と同時に従来の神仏信仰と離別し、キリシタンの信仰のみに入っていったとは考え難い。

大村純忠は入信に際してイエズス会に「有馬本家の兄・義貞に対して改宗後、直ちに神社仏閣

を焼却することは出来ない」と伝えていた[18]。有馬本家の実兄で、「異教徒」の有馬義貞への配慮、そして永年にわたり神社仏閣の勢力を支えてきた領主としての立場を考えると、純忠が入信後も伊勢大麻を受け続けたのは理解できよう。

ただ、大村純忠が伊勢大麻の初穂として納めた額は、キリスト教の入信前後では相当の開きがあり、入信に伴う伊勢への態度には変化が認められる。この点の詳細については次項で明らかにしたい。

四　伊勢大麻の初穂に銀と船来品を納める

『肥前日記』には、旦那衆が伊勢大麻の初穂（代金）として納めた貨幣や品物が記されている。表（12）には初穂の欄に明示した。

初穂として納められた貨幣にまず注目してみると、永禄十年（一五六七）を契機としてある変化が見られる。永禄四年に大村純忠は銭三貫文、また大村大和守入道は一貫文、大村伊予守宗恵入道は五百文という具合に銭を初穂としていた。ところが永禄十年には大村純忠は銀二十文目（匁）、朝長伊勢守は銀十文目（匁）、翌十一年には大村孫兵衛右京亮の銀三十文目というように銀が登場する。『肥前日記』には永禄五年から同九年までの五年間の空白があったが、その間に銀の使用が大村地方に伝わったことが窺える。

銀が貨幣として使われるのはそれほど古いことではない。大永六年（一五二六）の石見《いわみ》銀山の発見以来、銀の産出が増大していくなか、永禄五・六年（一五六二・三）頃から京都で銀が貨幣として使われ始めたと、中島圭一氏は指摘する。(19) その四・五年後の永禄十年（一五六七）には、大村地方での銀の使用が『肥前日記』によって知られるのである。

銀の貨幣化が始まった京都と大村の間で、地理的に中間地に位置する安芸国（広島県）・周防国（山口県）でも永禄七年に銀が初穂として使用されている。(20) そうすると永禄五・六年に京都、同七年には安芸国・周防国、そして永禄十年にはこの大村と、銀の使用が京都から次第に周辺部に広がっていく過程が読みとれる。永禄十年の大村領での銀の使用は、いま知り得る限り九州地方でのもっとも早い例である。(21)

前項で触れたが、大村純忠の伊勢大麻の初穂に改めて注目してみたい。前述のように入信前は銭三貫文であったが、(22) キリスト教入信後は銀二十文目（匁）と見える。当時の銀一匁は銭四十文の相場であるから、先の銀額二十文目は銭八百文と換算できる。すなわちキリスト教入信後の初穂は、入信前の銭三貫文（三千文）の三割に満たないほどに減少している。入信に伴って伊勢への関心が希薄になった純忠の心中を窺うことができよう。

初穂を品物で代納した例に注目してみよう。

永禄四年の朝長伊勢守の初穂品は「神馬　替」であった。古くより馬は神の乗り物とされてきたから、神前への祈祷に際して馬が奉納され、それを神馬《しんめ》といった。しかし生き馬は高価であるため、木彫りの型代や馬を描いた板絵を奉納することが多かった。これが後の絵馬へと代わっていく。朝長伊勢守はこういった意味をもつ神馬を納めている。ただ「神馬替」とあり、この「替」は「神馬代」を意味すると思われ、神馬相当の銭を納めたものと思われる。藤津・彼杵・高来三郡の内でも神馬代を納めた例は他にはなく、破格の初穂であった。ルイス・フロイスは「大いなる異教徒である伊勢守殿」と記していたが、この初穂にも現れているように篤い神仏信仰をもった人物であったがために、このように評したのであろう。

永禄十年（一五六七）に大村刑部入道（№25）が納めた品は極めて注目される。「なんはんわた一斤」とあり「南蛮綿」のことである。大村領横瀬浦では永禄五年（一五六二）から南蛮貿易が始まり、その後領内の福田港に移るが、大村領内では南蛮貿易が営まれていた。南蛮綿は明らかにこの貿易による舶来品である。ポルトガルとの交易によって種々の渡来品が入ったことは想像されるが、その一品が伊勢大麻の初穂として登場するのは極めて興味深い。

さらに佐賀県武雄市立図書館所蔵『永野御書キ物抜書』に収録される大村純忠書状（写）にも、「南蛮帽子」が登場し、武雄領主の後藤家信にこの南蛮物を贈っている。

大村領内では貿易品がこのように市井にも出回っていた。加えて「南蛮」という用語が市井でも使われ、伊勢御師もこの言葉を認識していたのである。

永禄十一年（一五六八）の大村純忠、及び朝長伊勢守からの奉納品として、「けんどん一反」・「きんらん一反」と見え、絹緞・金襴のことである。ポルトガル人は日本への途中、中国から大量の絹織物を仕入れて日本に持ち込んでいたから、この豪華な絹織物二品も南蛮貿易品の可能性が高い。

五　伊勢大麻に添えられた伊勢土産

御師たちは伊勢大麻に伊勢からの土産を添えて配ることが多かった。表（12）の「伊勢土産」の欄には伊勢からの様々な到来品を示した。

多く見られるのは、墨・小刀・扇・帯・熨斗《のし》などである。熨斗はいわゆる熨斗鮑《あわび》であり、伊勢神宮での重要な神饌《しんせん》（お供え物）であるが、これに由来する。この熨斗が添えられるのは、その地域の有力者に限られている。熨斗鮑は祝いの品としてことの外喜ばれた。今日の祝儀に使われる熨斗袋や熨斗紙はめでたい熨斗鮑を包んだ袋・紙に由来する。現在ではその熨斗鮑は紙片として貼られたり、印刷されたりしてその名残りを伝えている。

帯と扇はセットにして配られることが多かった。扇は伊勢神宮の神田でおこなわれるお田植え祭に使われる大きな田扇に由来し、子供が熱発したときにはこの扇であおげば、熱が下がると信じられ喜ばれた。

三カ年とも常に冒頭に記される大村民部大輔・大村殿、すなわち大村純忠への伊勢土産に注目すると、永禄四年には「しりがい」という品が見える。尻懸《しりがい》と思われ、馬の尻部に懸ける飾り布である。また永禄十年には「杉原」とあり、杉原半紙、即ち和紙を土産として贈っている。

永禄十・十一年には大村殿御上（大村純忠室）、朝長伊勢守御上（室）と女性の旦那に対しては、「白粉」・「けかけ」が贈られている。伊勢地方は当時、水銀を産出したからそれを原料にした伊勢白粉が名物であった。「けかけ」は『日蘭辞書』に Qecaqe（ケカケ）として登場する。絵や模様の間に金をあしらった着物や帯のことである。男性に帯が多く添えられた例から「けかけ帯」であったと思われる。女性には白粉・飾り帯を用意するなど、御師達の細やかな配慮ぶりが窺える。

六　伊勢御師、大村純忠屋敷などで御馳走に与る

宮後三頭大夫が永禄年間（一五五八〜一五七〇）に大村領を始めとして、諫早・有馬・外海一帯等を廻村して旦那衆に伊勢大麻を配って廻ったことは前述した。その折に伊勢御師が、旦那衆の各屋敷で馳走に与ったときの献立表が神宮文庫に現存する。(23)

饗応を受けた屋敷は、大村領では大村純忠、大村刑部入道、大村宗慶、大夫殿、有馬領では有馬義貞、桃仙院、西光寺、北岡山威徳院、遍照院、諫早領では西郷殿、諫早小法師の十一カ所である。諫早小法師を除けばいずれも永禄四年・十年・十一年の『肥前日記』に登場する面々である。

この献立表が記録された時期は不明である。馳走に与った十一人を、同時期の『肥前日記』に一同に見出すことはできない。『肥前日記』には永禄五年から同九年までの空白があるが、宮後三頭大夫はおそらく永禄四年から十一年までは連続して、伊勢大麻配りの活動はおこなっていたも

のと思われる。永禄五年から同九年の分が現存しないのは、時代の経過に伴って欠落したのであろう。ことに大村領でのキリスト教の浸透により、伊勢御師の活動が狭まっていったことを考えれば、この献立書が作成されたのは比較的早い時期、『肥前日記』が欠落している永禄五年から同九年の間の一時期ではなかったのか。

さて各屋敷での献立については、根井浄氏の先行研究があり、(24)それを参考にしながら宮後三頭大夫が舌鼓を打った献立を復元してみよう。本項ではまず大村領四家の馳走を紹介し、有馬、諫早での献立は後掲の該当章で扱う。

原文ではすべて平仮名で料理名が記されるが、（　）内に漢字を当てた。

まず大村殿、永禄四年『肥前日記』にも「大村殿」と見えるが、時の大村殿は大村純忠に違いない。次のような献立であった。

太村殿

てんしん（点心）　そうめん（素麺）

くわし（菓子）　なまくり（生栗）　みつかん（蜜柑）　かき（柿）

なまひしき（生鹿尾菜）　てんかくたうふ（田楽豆腐）

しいたけ（椎茸）

もり合　さしみ（盛合　刺身）

せり（芹）　寸（酎）　さうニ（雑煮）　たうふ一しゆ（豆腐一種）

二　三

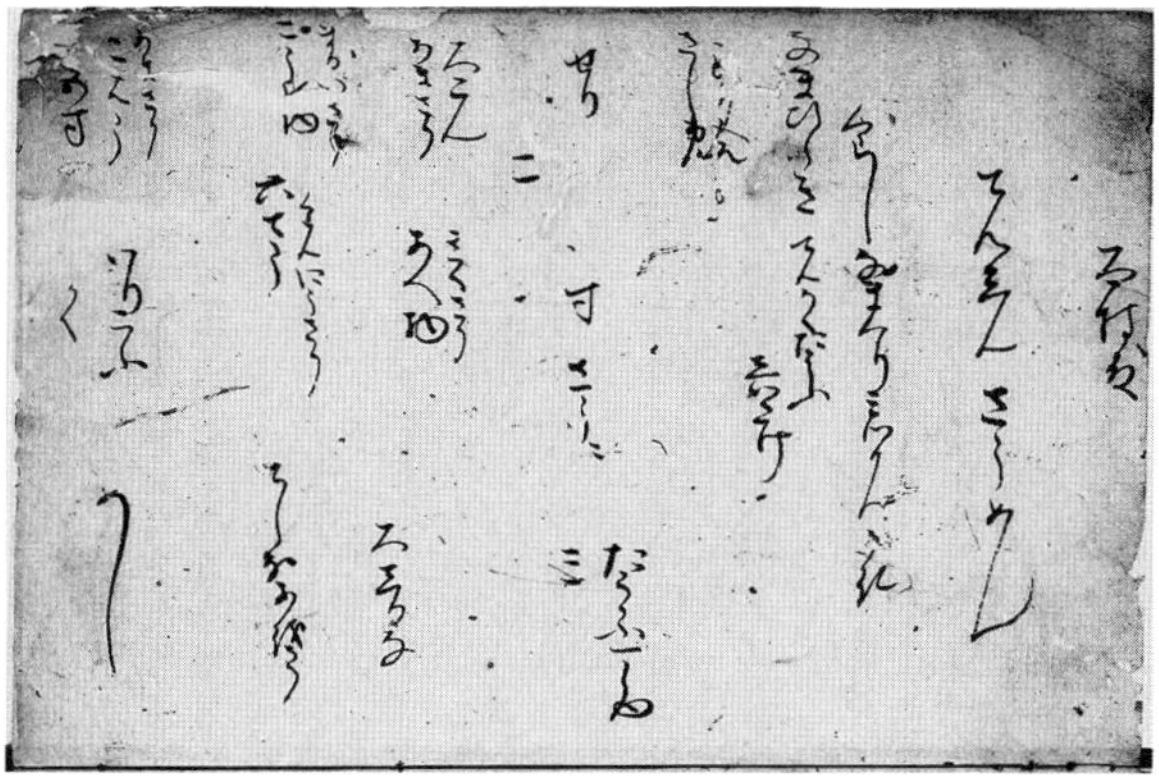

図11　大村純忠屋敷での献立書（神宮文庫所蔵）

大こん（大根）　きくさら（菊皿）
あささら（浅皿）　あへ物（和え物）　おおしるな（大汁菜）
まるいさら（丸い皿）　くわんにうさら（貫入皿）
こうの物（香の物）　六てう（六丁）　てしほあをさら（手塩青皿）
あささら（浅皿）　いりこふ（煎り昆布）
こほう（牛蒡）　かく（角）　めし（飯）
　五寸

正食の前に出る軽い食事を点心というが、その品としてまず素麺が出された。続いて菓子、当時は果物を差し、生栗・蜜柑・柿、そして生ヒジキ・田楽豆腐・椎茸の品々、さらには刺身の盛り合わせに、芹には酎が付けられ、雑煮と豆腐一種が出て一の膳が終わっている。

二の膳は浅い皿に盛られた大根、菊模様の皿に和え物、大汁菜、丸い皿の香の物（漬物）、貫入皿が六枚、青皿には手塩が盛ってあった。手塩は御膳の不浄を払うためと、手で振り掛けて味付け用でもあった。三の膳は浅皿に牛蒡、角切りの煎り昆布、それに飯が付けられている　合わせて十七品に及ぶ御馳走であった。

大村純忠に続き三人の家臣の家でも馳走に与っている。まず大村刑部入道、大村宗慶の各屋敷での献立が続く。

刑部入道は永禄十年『肥前日記』に一度登場し、伊勢大麻を受けた代償として御師に南蛮綿一斤を納めていた。当時、大村領内の横瀬浦や福田で南蛮貿易がおこなわれていたので、南蛮渡来の綿を音物として御師に納めたのである。

大村宗慶は永禄十一年『肥前日記』に「大村宗慶入道」と見え、領主大村純前の長兄・大村良純（清河入道）の子供に当たる。入道を号して当時は相当の年配であった思われる。

大村刑部入道

くわし（菓子）　みつかん（蜜柑）
ひしき（鹿尾菜）　あおふちじる（青淵汁）　山のいも一しゅ（山の芋一種）
こほう（牛蒡）　しいたけしる（椎茸汁）　おおさら（大皿）

二

大こん　大しるな（大汁菜）
ゆみそ（柚味噌）　とうふ（豆腐）
せり（芹）　めし（飯）

大村宗慶

かちくり（搗栗）
くわし（菓子）　くしかき（串柿）
ひきしる（引き汁）　いとこ（従兄弟）
ひき物　山の芋一種
せり（芹）
大しるさケいり（大汁サケ入り）
ふ（麩）

大こん　めし（飯）

大村刑部入道と大村宗慶の二屋敷で出された献立はやや簡略であった。ただ両屋敷では汁物が、青淵汁（とろろ汁）・椎茸汁・大汁菜、そして従兄弟汁・さケ入りの大汁と、一屋敷で三品・二品と出されている。ことに宗慶屋敷で出された「大汁さケ入り」の「さケ」とは何であろうか。おそらく魚の鮭のことと思われる。

『上井覚兼日記』の天正十三年（一五八五）二月二十七日の条に、有馬殿屋敷での寄合の献立が記され、白鳥・鶴と共に鮭が出されている。また昭和三十年代に長崎県平戸島の川に鮭が登ってきたのが実見されている。このような事情を勘案すると、宮後三頭大夫が御馳走に与ったこの中世のころには、九州の近海でも鮭が捕れていたものと思われる。その鮭が入った大汁が、麸・大根とともに飯に添えられたのである。

四件目の御馳走は大夫殿の屋敷であった。ただ「太ふ殿」と記されるのみである。『肥前日記』で大夫を名乗るのは、大村兵部大夫（永禄四年）と大村形部大夫（永禄十一年）の二人である。兵部大夫は大村純忠より二代前の領主・大村純伊の五男、刑部大夫は前掲の大村宗慶の子供である。

さて、その献立を見てみよう。

大ふ　殿様

さら（皿）　たうふ（豆腐）　四

さけ（酒）　さかな（魚）　こほう（牛蒡）

あへもの（和え物）　てんかく（田楽）　さうめん（素麺）　山のいも（山の芋）

てんしん（点心）　もちい（餅飯）

やまもゝ（山桃）　す大こん（酢大根）

三

ひしき（鹿尾菜）　けし　めみゝ　ひきしる（引き汁）
とつさか（鶏冠）　こんにゃく（蒟蒻）
ねり　寸　さうに（雑煮）
くわし（菓子）　なまくり（生栗）　せんへい（煎餅）　くしかき（串柿）
みつかん（蜜柑）　おこしめし（興飯）　くるみ（胡桃）　山のいも（山の芋）

二

さら（皿）　かんにゅうふち有（貫入縁有）
こほう（牛蒡）　こうの物（香の物）

大しるちさ

つくつくし　ようのいりしさら（葉の入りし皿）
ふ（麩）　てしお（手塩）
とりの子さら（鳥の子皿）　いりこふ（煎り昆布）　このわた（海鼠腸）おけ（桶）

献立の内容は大村純忠邸を上回る御馳走であった。宮後三頭大夫にことのほか愛着をもち、上位格の人物の振る舞いであったと思われる。

とすれば二人の大夫のどちらだったのか。両者の宮後三頭大夫との関係を見ると、大村兵部大夫が永禄四年に大麻を受けた際、伊勢土産は小刀・帯・扇、大麻の初穂は銭二百文と唐木綿二尋ほどであった。一方の大村刑部大夫への土産は帯·扇、熨斗五十本、初穂は銭五百文ある。こういった品物を通した三頭大夫との関係を見ると、刑部大夫への伊勢土産・熨斗鮑五十本は破格であり、また初穂も刑部大夫の方が上回っている。こう見ると、御師三頭大夫との親密度は大村刑部大夫が上であったようで、刑部大夫屋敷での献立の可能性が高い。とすれば父親の宗慶、その子供の刑部大夫の親子の屋敷で、宮後三頭大夫は馳走に与ったことになる。

改めて大夫屋敷での献立を見ると、早い時期に酒に魚・牛蒡《ごぼう》が添えられ、点心として餅飯が出ている。鶏冠・刺身・蒟蒻・雑煮と続く。その前に「めみゝ」という品が見え、根井氏は海藻類かキノコと推測する。その膳に合わせて菓子として生栗・煎餅・串柿・蜜柑・興米（おこし）・胡桃・山芋と七品が膳を飾った。

御膳の最後のころに出た「つくつくし」とは、根井氏の説に従えば土筆《つくし》のことだという。締めには桶に入った海鼠腸《このわた》に舌鼓を打ったことだろう。おそらく大村湾で捕れた海鼠《なまこ》からの副産物である。大村刑部大夫邸での御馳走は実に三十五品に及んでいる。

大村の四屋敷での接遇の時期は、献立から判断すると、生栗、柿、蜜柑などの季節の品から秋であったと思われる。御師による伊勢大麻配りは、基本的には新年を前におこなわれることが多かったから、宮後三頭大夫が御馳走に与ったのは、秋も深まった晩秋のころであろうか。ただそう考えた場合、該当しないのが春の山菜「つくつくし」（土筆）である。保存食にした土筆であったのだろうか。

七　為替を用いて伊勢参宮

残る為替切手・請文など

第一章において『肥前国藤津郡彼杵郡高来郡御旦那證文』（『御旦那證文』と略称）と『つくしノかハし日記』（『為替日記』と略称）の為替史料によって、肥前国三郡より百十二人が為替を使って伊勢参宮をおこなったことを前述した。その地域別の為替使用人数を表（2）として示し、大村地方からも永禄十年（一五六七）と元亀三年（一五七二）・同四年に十一人が含まれていた。以下、この点について詳しく述べてみたい。

『御旦那證文』には替本の宝生寺と円満寺が発行した為替切手と、参宮者が伊勢で為替切手を換金した際に記した請文（領収書）が貼られている。さらに『為替日記』には、支払った為替額や受け入れた初穂額等が克明に記録されている。この三つの為替記録により二例の為替の流れと仕組みを検討すると、まずその一例目は次の通りであった。

［為替例1］

肥前国大村之里寶生寺替本

【為替切手】元亀三年申壬正月吉日　代官十兵衛正治（花押　黒印）

伊勢山田宮後三頭太夫と御尋可有候

於國本銀三文目渡可申候也　深秀坊（花押）

←

九州肥前国住人　同行六人

元亀三年五月九日

【請文】深識坊　尭源坊　桂林　形部卿　管仙坊　深秀坊

六人分　以上十八文目　快円（花押）

五月九日　舜興（花押）

肥前国彼杵大村住人 深秀

宮後三頭太夫殿

←

さるのとし

【為替日記】十八文目銀六人　坊布施　肥前之国寶生寺かハし

十兵衛殿判有　同道六人　五月九日

前借りした初穂を為替で納める

まずこの［為替例1］から、当時の為替のシステムを見ていこう。

この為替切手は、元亀三年（一五七二）の正月吉日に大村の宝生寺が替本となり発行されたものである。同様の切手が五枚残る。この切手の振出人は「代官十兵衛正治」とあり、宮後三頭太夫の肥前国現地での代官である。切手の末尾に「伊勢山田宮後三頭太夫と御尋可有候」とあり、伊勢到着後に宮後家を尋ねて換金する旨が記される。為替額は二枚の切手に「三文目」とあり、次の請文でも「六人分　十八文目」と記されるから一人宛銀三文目（匁）であった。

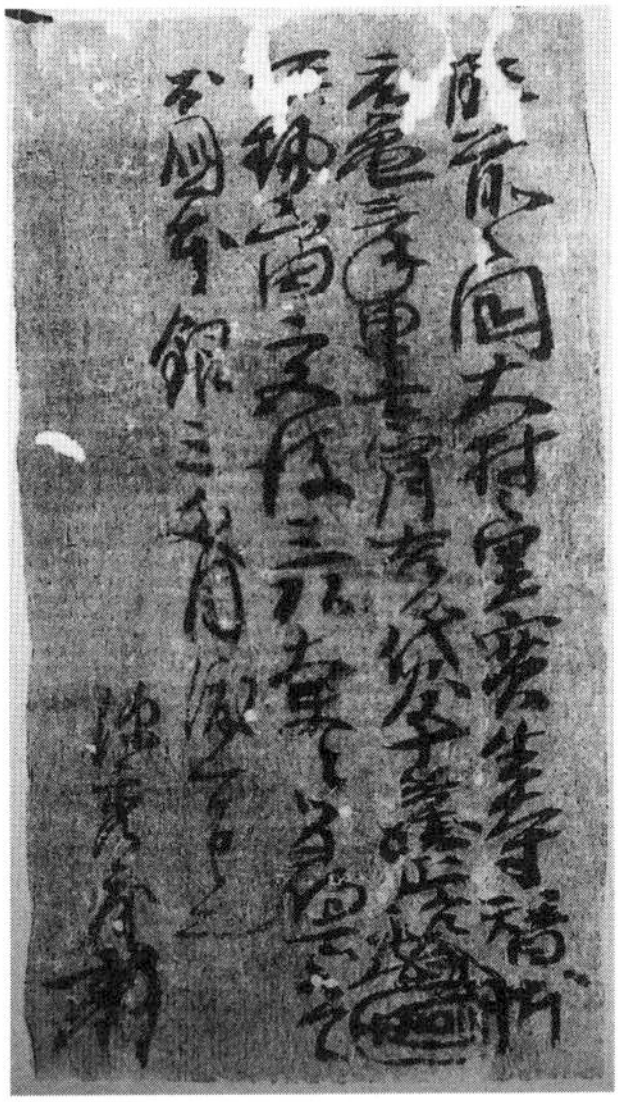

図12　宝生寺発行の伊勢為替切手
（『御旦那證文』神宮文庫所蔵）

本来ならこの銀額を伊勢に発つ前に替本の宝生寺に振り込むのが通常である。しかし切手の末尾に、「国本に於いて三文目渡し申す可く候深秀坊」とあり、なぜここに「渡し申す可く」と為替額の納付を義務づけたのだろうか。国本を発つ時に三文目を振り込んでいなかったから、帰国後に間違いなく納付すべしと記されたのである。この部分は切手本文とは筆が異なり、為替を使った深秀坊が伊勢で追記し、国本での納付を約束したことが分かる。

為替金の納付の時期は、伊勢出発前に予め替本に納入する前納と、伊勢から帰着後に納める後納の場合があった。[25] この場合は後納であり、いわば伊勢で御師から前借りして帰ったことになる。

次の請文を見ると同行の参宮者が記される。深識坊・尭源坊・桂林・形部卿・管仙坊・深秀坊の六名である。「坊」の名前が付く四人は明らかに僧侶であり、桂林もその可能性が高い。

一枚の為替切手裏書きには、

肥前国□□郡之妙高寺住僧

とあって、妙高寺の僧侶もこの一団に加わっていた。大村藩『福重村郷村記』の「古寺蹟附古蹟之事」

に、

一　妙高寺蹟　草場にあり、寺領三拾六石七斗三舛四合

と云と見え、妙高寺は福重村の草場にあった。妙高寺住僧が前の六人の内の誰に当たるのか分からないが、伊勢参宮を行った僧侶の寺院を特定できる例として注目される。

六人が受け取った銀額は、一人宛三文目の六人分で銀十八文目であった。前述のようにその十八文目は伊勢に発つ前に事前に替本に振り込まれたものではなかった。国本に帰ってから納めるという後納、すなわち前借りであったから、請書は借用書という意味をもつことになるだろう。最後の『為替日記』を見ると、請書と同日付の五月九日付けでこの銀十八文目が、宝生寺扱いの為替として正確に記帳されている。さらにそれは「坊布施」とも記される。これは何を意味するのか。

東肥前を縄張りとした御師の橋村家文書に、天正十年（一五八二）からの『御参宮人帳』が現存する。肥前国、筑後国等からの参宮者が橋村家に納めた初穂が克明に記され、その中に「艮（銀）三文目　御坊布施　古川金兵衛殿」（天正十年卯月十日）という具合に、「御坊布施」の用語が度々見られる。これは「御師への布施」を意味し、当時は御師家への初穂を、仏教語でこう表現していたのである。

そうすると『為替日記』に記された十八文目は、初穂（坊布施）として宮後御師家に入るべき収入と解釈され、六人に対する支出ではなかった。為替に組んだ額は旅費の一部に当てる場合もあれば、このように初めから御師への初穂として為替で納める場合もあったのである。[26]

この［為替例1］を整理すると、この為替は御師家へ初穂を納める便法として使われた。初穂

となる額は事前に振り込まれず、伊勢参宮が済んだ後に国本で納付する約束であったから、その時点で決済され御師の手元に入ったものと思われる。

さてこの為替を扱った替本の宝生寺はどういった寺院であったのか。

大和国西大寺の明徳二年（一三九一）『諸国末寺帳』(27)に次のように登場する。

肥前国

ソノキ大村

彼杵

寶生寺　第十五長老御時　永和元 六 二五　東室二

これによって宝生寺は西大寺の末寺であったことは明らかである。西大寺では毎年九月に光明真言会がおこなわれ、全国の末寺から多くの僧侶が集まった。その際に宝生寺の僧侶は、西大寺内の東室二に止宿することが、永和元年（一三七五）六月二十五日に定まったという。末寺帳はこのことを伝えている。

宝生寺の所在地は大村藩『郷村記』大村久原池田之部の「古寺蹟之事附由来之事」の項に見える。(28)

一寶性寺蹟

池田の里富松社の前田の中にあり、今此舊蹟に塚あり、塚上に野石の塔等鋪角石數基、且井戸の形あり、

用字が西大寺末寺帳の「寶生寺」に対して「寶性寺」と第二字目が異なるが、大村地方には他に「ほうしょうじ」という寺院は見当たらず、この二寺は同一寺院と思われる。そうすると宝生寺は『郷村記』が記すように富松社前の田圃の中にあった。さらには『大村館小路割之図』にも三城の丘

図13　伊勢古市の大五輪塔（伊勢市古市）

の北麓に、用字は異なるが「宝正寺」が確認され、『郷村記』の「富松社の前田の中にあり」との場所と一致する。富松社の北方約五百メートルの所に位置した寺院であった。すでに南北朝期には西大寺の末寺として存在し、伊勢御師が伊勢参宮の便宜として提供した為替の替本をも務めていた。

　その宝生寺が寺院でありながら、なぜ伊勢御師の為替に関わったのか。宝生寺の本寺である西大寺中興の祖は叡尊であり、この人物は伊勢神宮への篤い信仰をもった律宗僧であった。その律宗寺院と伊勢神宮とは密接な関係があったと松尾剛次氏は指摘する。[29] 明徳二年の西大寺『諸国末寺帳』でも、その末寺数は大和の四十六カ寺、山城の十九カ寺に次いで伊勢国には十七カ寺の直末寺があり、その中でも内宮から朝熊山へ向かう参道沿いにあった弘正寺は、伊勢を代表する律宗寺院であったという。

　また伊勢神宮の内宮と外宮の中間点の古市に残る大五輪塔は、松尾氏によって西大寺関係の石工の手に成る西大寺様式の五輪塔との新しい見解が示され、弘正寺僧侶が建立した可能性が高いという。

　こういった体質をもった西大寺では、毎年九月に全国の末寺僧侶を集めて光明真言会がおこなわれていた。この機会に律宗西大寺の伊勢神宮崇拝の姿勢は、末寺にも浸透していったと思われる。その光明真言会に宝生寺は寺内の東室二に止宿し参加していたから、宝生寺にも自ずと伊勢神宮崇敬の念は伝わっていただろう。宝生寺が伊勢為替の替本を務めるに至ったのは、こういった律宗と伊勢神宮との密接な関係があったためと思われる。

天正十七年『御祓賦帳』[30]によると、九州内の西大寺末寺として肥前国神埼郡田手村（現・佐賀県神埼郡吉野ヶ里町田手）に「灯明寺」という寺院が登場し、伊勢大麻を受けている。この灯明寺は東妙寺の当て字と思われ、同寺は九州内最大規模の西大寺末寺であった。やはり律宗寺院として伊勢神宮への信仰を抱いていた。律宗寺院には広く伊勢への信仰が浸透していたことが窺える。

多良岳山村衆、為替で伊勢詣で

次に［為替例2］を見ていこう。

［為替例2］

【為替切手】九州肥前国郡の大むらとミ松山円満寺　舜恵（花押）
伊勢宮後三頭太夫殿まいる

弐文目かハし　同行四人
源七郎

【請文】

九州肥前たら竹山村同行四人 ←
弐文目　与七郎
弐文目　太郎三郎
弐文目　三郎兵へ

弐文目　源三郎
かわし本大村とミ松とのへ弐文目つヽわたし申候
元亀四年七月十日
いせ三頭太夫とのへ　参

←

【為替日記】八文め　肥前大むらとミ松山円満寺かハし
同道四人　七月十日

為替切手は源七郎の分のみを挙げたが、これ以外に与七郎・太郎三郎・三郎兵衛の分を含めると四枚現存する。この四人が替本の富松山円満寺に銀二文目を振り込み為替を組んだ。円満寺僧・舜恵の名前で、為替切手が四人それぞれに発行された経緯が分かる。円満寺は大村館の脇を流れる大上戸川上流の山田地区にあった寺院である。

切手発行人の舜恵は、医王寺所蔵の『太良嶽金泉寺縁起』[31]にも次のように登場する。

太良嶽神祠僧坊悉烏有矣、法印舜恵欽寺務、軀負聖軀三尊避殃於太良窟在于嶽之西北、住已三年而天正十三年乙酉秋、假構一宇於湯江村神津倉今之醫王寺是也

太良岳の神社が天正十一年（一五八三）にキリシタンによって焼かれたとの記述の後に、この記録がある。その被災のなかに舜恵法印は多良岳の本尊三体を運び出し、太良山の西北の太良窟に三年間祀った後、天正十三年（一五八五）に湯江村の神津倉に仮の堂宇を建てた。これが今の医王寺であるという。

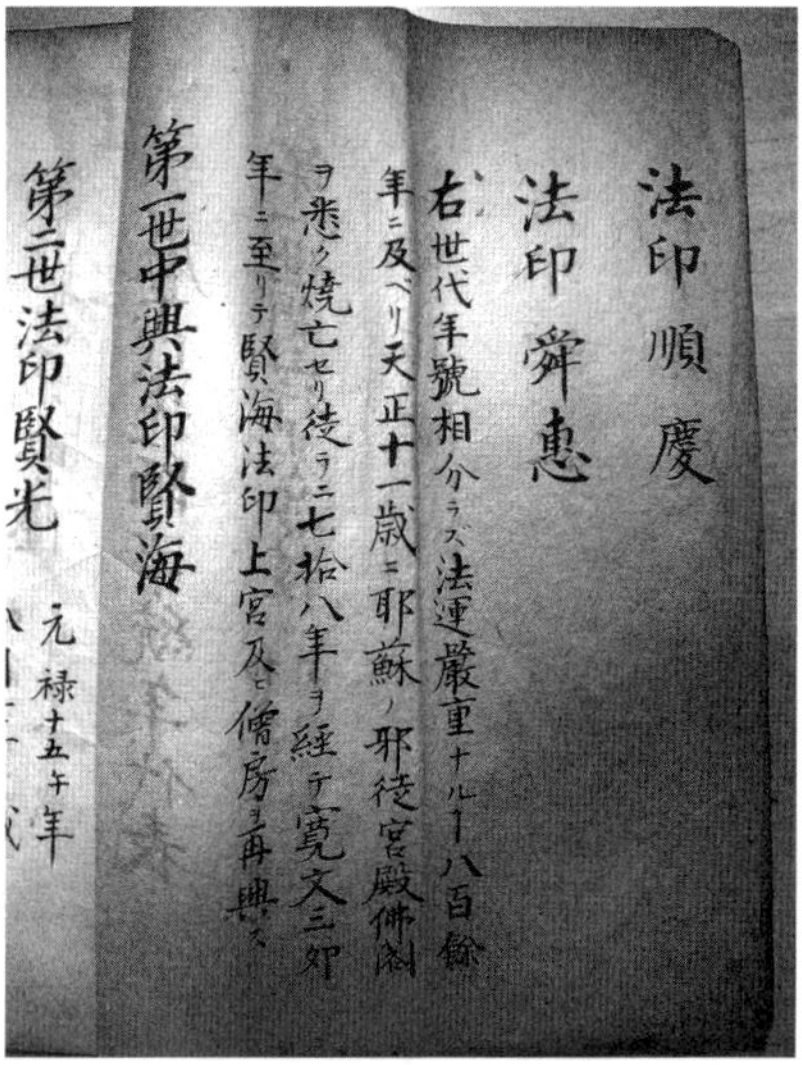

図14　金泉寺歴代先師系統年代表に記される舜恵（医王寺所蔵）

これからすると舜恵は真言宗の多良山金泉寺に関わる僧侶であった。為替切手を発行したのは、請書の年代から元亀四年（一五七三）であるが、その時点では円満寺住職であった。円満寺は金泉寺末寺で真言宗寺院であったと思われる。

しかし永禄年間からのキリスト教の浸透に伴い悲運がおとずれ、湯江村に難を逃れて太良山の麓に金泉寺（医王寺）を再建したのである。伊勢為替の替本を務めた寺院及び僧侶について、キリスト教蔓延後の行動を追跡できる史料として極めて貴重である。

次の請文によって元亀四年（一五七三）の七月十日に切手額の銀二文目ずつが換金されている。切手と請文（領収書）とに記される参宮者名は三人は一致しているが、もう一人は切手には源七郎、請書には源三郎とあって人名が異なっている。本人が伊勢で書き残した請書の名前「源三郎」が信憑性が高く、切手発行時に舜恵が間違って源七郎と記したのであろう。

四人の居所について請文に「たら竹山村同行四人」とあり、「たら竹山村（多良岳山村）」に居住する者達であった。ただ「多良岳山村」は正式な村名としては見当たらず、多良岳麓の村という意味か、そうすれば江戸期にいう萱瀬村に当たるのか。

『為替日記』を見ると、四人が為替銀を請文を受け取った七月十日と同じ日付で、四人に対して銀八文目を支払ったことが記帳されている。それが肥前大村富松山円満寺扱いの為替と記入される点でも、切手・一札の記述と一致する。

この［為替例2］の場合、替本への為替銀の納付時期については請文に、

かわし本大村とミ松とのへ弐文目つゝ、わたし申候

とある。［為替例1］の後納の場合に見えた「渡し申す可く」ではなく、「わたし申候」と記されるのは、「既にわたしている」という意味であるから、明らかに伊勢に発つ前の前納であった。

前述した二例の為替切手の形状に注目すると、［例1］の四枚は縦十三センチメートル×横四センチメートル、もう一枚が縦十二・五センチメートル×横六・七センチメートル、［例2］の四枚は縦二十五センチメートル×横六センチメートル、何れも短冊型で柿渋が引かれている。この形状からおそらく切手は紛失・盗難に遭わないよう着物の襟に縫い込んだと思われ、そのために汗や雨で切手がいたまないように、柿渋を引き防水加工をしたのであろう。

多良岳金泉寺住職、為替替本となる

以上述べた［為替例1、2］は、一件の為替使用に当たって切手・請書・金銭帳簿の三つの証書が揃っている場合であった。これ以外に『為替日記』永禄十年（一五六七）の記録に次のような為替使用の例が見える。

肥前太村

（中略）

四文めしろかね　肥前国大むらたらたけほういんかハし

甚四郎殿参宮時　一人八月廿六日

甚四郎という人物が、多良岳法印扱いの為替を使って永禄十年（一五六七）の八月二十六日に伊勢参宮をおこなったことが分かる。多良岳は当山にあった金泉寺を指すものと思われる。為替額は白金、すなわち銀四文目であった。大村純忠も大麻の初穂として、永禄十年に銀を用いていたが、ここでも同年に銀が使われたのは興味深い。

この記録に先立ち同年七月二十一日には次のような記述がある。

廿めしろかね　源存　勢源
壱貫文国銭　ほういん御初穂　肥前太村たらたけ
注文あり　う四人　七月廿一日

先の甚四郎の参宮に先立って、多良山金泉寺僧侶の源存・勢源ら四人が伊勢に参り初穂銀二十文目と、多良岳法印、すなわち金泉寺住職より預かった初穂銭一貫文（国銭）とを納めている。標高九百メートル余のほぼ多良岳山頂にあった金泉寺が、遠く隔たった伊勢神宮への信仰を抱き、そして参宮のための為替を扱う替本をも務めていたのである。先に円満寺住職の舜恵も替本を務めていた。同寺も金泉寺系の寺院であったが、同じネットワークのなかで、伊勢御師と緊密な関係をもっていたものと思われる。

さて大村地方から為替を使っての伊勢参宮は、残る記録から次の十一人が確認できた。深識坊・尭源坊・桂林・刑部卿・管仙坊・深秀坊・与七郎・太郎三郎・三郎兵衛・源三郎・甚四郎と、僧侶と姓をもたない無姓者であった。ただ刑部卿のみは有姓者でありながら、姓名が省かれたようにも思われる。限られた人数からの判断ではあるが、有姓者すなわち武士層の参宮がほとんど見られず、僧侶と市井の者たちが為替を使って、伊勢参宮をおこなっていた実態が浮かび上がってきた。
この者たちの参宮年代は永禄十年（一五六七）、元亀三、四年（一五七二、七三）であった。この時期の大村領は永禄五年（一五六二）の横瀬浦の南蛮貿易港開港、同六年の大村純忠のキリシタン入信、そして天正二年（一五七四）の領内社寺焼き打ちと、キリスト教が急速に浸透していった時代である。しかしその一方では伊勢参宮もおこなわれて、決してまだキリシタン一色の閉ざされた社会ではなかった。ただこういう事情が地域を担う武士層・有姓者には伊勢への参宮を難しくしていったのであろう。

為替額は銀二文目から四文目

為替額に注目すると、六名の僧侶衆が銀三文目、四名の無姓者が二文目、単独で詣でた甚四郎が四文目であった。この銀額がどの程度の価値があったのか、米への換算はある程度可能である。永禄十年での銀一文目に対する米高は四・七升〜五・六升、元亀二年で五・六升〜六・五升と年代によって幅がある。[32] 仮に中間値の五・六升を基準にすると、銀二文目＝米一斗一升二合、三文目＝一斗六升八合　四文目＝二斗二升四合となる。十一人の者たちが組んだ為替額を日常生活に置き換えると、このような米の量であった。

為替の使用によって現金を持ち歩くことが軽減できた。それは紛失・盗難の危険も避けられたのである。しかし為替の制度が未発達期、加えて戦国時代の混乱期にあって、参宮者には為替に組んだ金銭が果たして約束通りに伊勢で換金できるのかという不安、逆に御師にとっては為替額後納者の前貸し分が、果たして国本で回収できるのかという不安が双方にあったはずである。しかしその不安を乗り越えて為替が実際に使われている。そこには御師と旦那とは伊勢神宮への信仰によって結ばれ、信頼関係が芽生えていた。その信頼関係が為替の使用を可能にしたのであろう。いわば信仰が信用を生み、為替の制度が成立し得たといえよう。

八　キリスト教の盛況と伊勢御師の窮地

御師の宮後三頭大夫が伊勢大麻の配布、伊勢参宮の勧誘、その旅への為替の提供などの活発な活動を展開する一方で、キリスト教も非常な勢いで領内に浸透していった。その勢いはキリシタンに入信した領主大村純忠の加勢もあり、神仏信仰への破壊行為に及んでいった。

宮後三頭大夫が大村地方で関わってきたのは、まず伊勢大麻を受けた旦那たちであった。時の大村領主・大村純忠を取り巻く重臣層が初期の旦那となっていた。天文年間には大村館町に神主屋敷の名で御師屋敷の形跡が窺えた。伊勢への旅を軽便にした為替の替本は、宝生寺・円満寺・多良山金泉寺などの寺院が務め、御師との関係はことのほか密接であった。

こういった御師の地盤はキリスト教の蔓延とともに徐々になくなっていく。旦那数は半減し、大村館町時代からの御師屋敷（神主屋敷）は使用に制限がかかったのか、永禄十年からは同じ町中にあった円福寺が御師の宿と変更された。そして替本の寺院のほとんどは天正二年（一五七四）のキリシタン勢力による社寺焼き打ち・破壊によって消滅した。ただ宝生寺のみは構えが立派であったためか、破壊を免れ宣教師の住院・日本語学校に改造されている。(33) いずれにしても仏教寺院としての役割はなくなった。そして社寺焼き打ちの天正二年をもって、大村純忠は全領民へキリスト教に入信することを強要していく。

こういった事情を勘案すると宮後三頭大夫は、大村地方で引き続き活動できたのであろうか。大村純忠と同時代を生きた諫早領主の西郷純堯が、伊勢御師の宮後三頭大夫に宛てた書状が『御旦那證文』のなかに貼り込まれている。

書状の内容は、まず「其の後は音信無く相過ごし候、且つ題目無き故、且つは此の境弓箭の条自然に押し移り候、聊かも心疎く非ず候」と、ご無沙汰したことへの非礼を述べ、この頃は領内が平穏に推移している、また伊勢への思いが決して疎くなった訳ではないと述べ、その後に次のように記している。

一両年者、御使無下向候、有如何之儀候哉

ここ一、二年、宮後三頭大夫家の使いの者が当地へ下ってくることが途絶えている、何か理由があってのことだろうかと尋ねているのである。しかしこの書状には年代が記されずいつのものか分からない。

同じく『御旦那證文』の天正三年（一五七五）付の西郷純堯の書状には、「伊勢神宮に立願のため神楽料として一貫二百文を納めたい。しかしこの初穂料を持参する訳にはいかず、御師家の使いの者が当地に下って来た時に遅れることなく納める」と述べている。とすればこの書状が記された天正三年までは、御師の手代の下向は期待がもてたのである。このような事情を勘案すると、手代の下向が途絶えたことを述べた書状は、天正三年を下る数年後のものと思われる。

このころにはなぜか、宮後三頭大夫の手代が肥前地方へ下り、伊勢大麻を配ることが途絶えていたのである。おそらくその背景にはキリスト教の浸透に伴って、御師が活動の場を失ったからであろう。従って宮後三頭大夫の肥前国三郡での活動は、第六章 諫早の伊勢信仰で考察しているように天正八・九年年（一五八〇・八一）ころをもって途絶えたものと推測される。

Ⅱ　近世以降、復活した伊勢信仰

一　御師記録と藩政記録が伝える伊勢参宮の復活

大村領では天正二年（一五七四）の社寺焼き打ちによって根絶していた神仏信仰は、慶長十年（一六〇五）ころからの神社・仏閣の再興によって次第に復活していく。それは伊勢信仰においても同様であった。江戸時代に入り伊勢と大村藩との関わりを記すもっとも早い記録は、橋村家御師文書の『永禄ゟ寛文九迄　肥前藤津彼杵両郡　御参宮人抜書』(34)（『御参宮人抜書』と略称）である。大村領民の伊勢参宮が慶長期から再開したことを次のように記す。

慶長八癸卯年三月九日	肥前国彼杵郡大村衆	壱人
慶長十五庚戌年三月廿日	同国同郡大村衆	壱人
同年卯月廿一日	同国同郡宮セうし衆	壱人
慶長十六辛亥年三月廿八日	同国同郡大村内はさみ村衆	壱人
慶長十七壬子年三月八日	同国同郡大村衆	弐人
慶長十九甲寅七月十五日	肥前国彼杵郡はさみ村衆	二人
元和五己未年卯月廿六日	同国同郡大村衆	壱人
同八月十九日	同国同郡はさみ村衆	壱人
元和六年庚申八月十五日	肥前国彼杵郡大村衆	三人

すでに慶長八年（一六〇三）には「大村衆」一人の参宮があり、その後慶長十五年（一六一〇）より元和六年（一六二〇）までに領内の大村・宮小路・波佐見から計九回、十三人の伊勢参宮があったことを伝える。

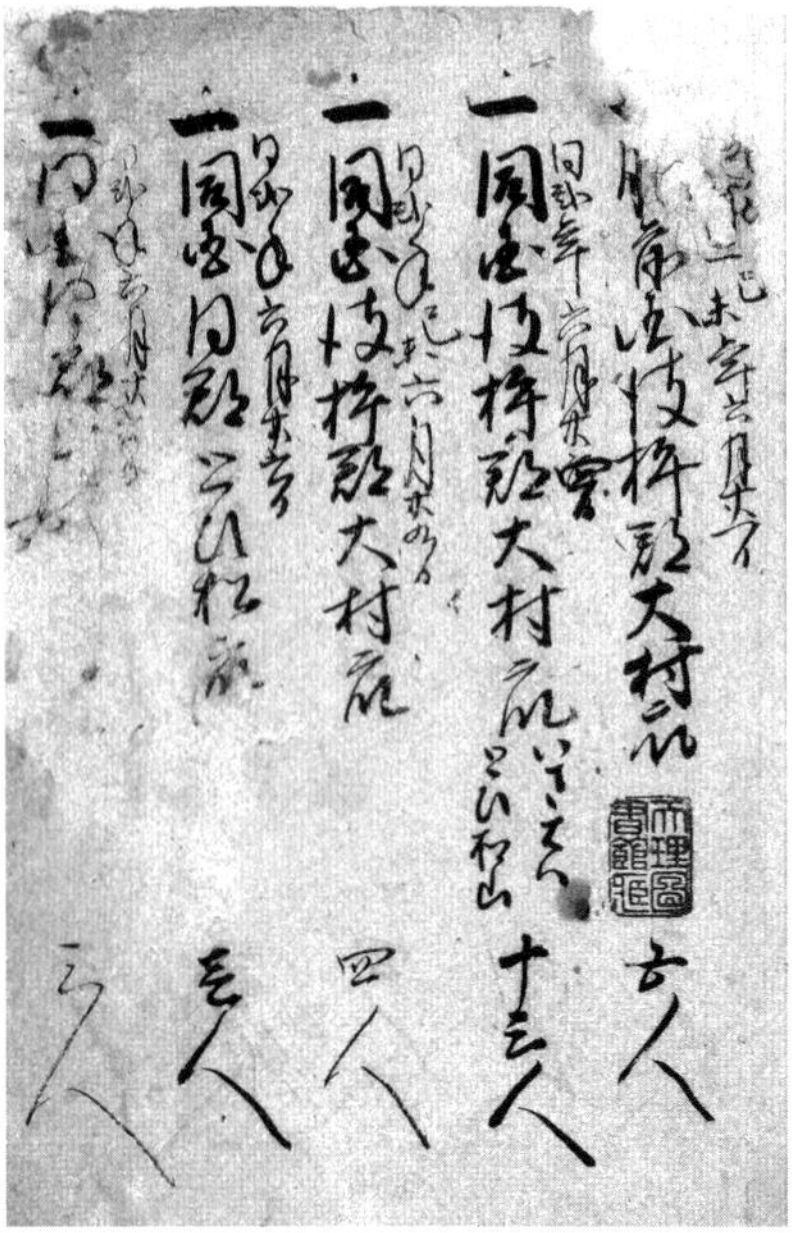

図15　大村衆の参宮も記す橋村文書
（『御参宮人抜書』天理大学天理図書館所蔵）

全領民がキリスト教への入信を強いられていた大村領から、ただ一人とはいえ慶長八年に伊勢参宮があったことは重要な意味をもつ。大村領内でのキリスト教との絶縁、及び神仏信仰復活の時期は、『日本切支丹宗門史』やフロイスの『日本史』によって慶長十年（一六〇五）頃とするのが妥当である。[35]しかしその二年前の慶長八年にはキリスト教一辺倒が緩み伊勢を望む者が出てきていた。

この十三人の参宮者が、橋村肥前大夫家の『御参宮人抜書』に記載されていることは、一行が橋村御師屋敷に投宿したことを意味している。天正年間より三十年間程、大村地方での御師の活動が中断していたために、中世来の宮後三頭大夫との師旦関係[36]は忘れ去られたのであろう。九州地方に広く旦那をもち、加えて「肥前」を名乗る橋村肥前大夫を選んで投宿したものと思われる。江戸時代初期には、完全に大村領と宮後三頭大夫との師旦関係は、人々の頭から抜け落ちていたのである。

大村藩の藩政記録で伊勢参宮の復活を記すのは、大村藩『見聞集』二十九巻に収録される次の記述である。[37]

松千代様御祈祷之事

一、伊勢江一年ニ壱度宛代参仰せ付け被れ、銀子百弐拾匁蒔銭は弐貫分宛、但し七八月之間ニテ候、代参之衆ハ一月前ゟ精進ニテ候

一、近江多賀大明神江銀子壱枚ニテ候、但し御伊勢江参い被られ候衆、多賀江茂参い被れ候、代参之衆ハ上下二人三拾日之路銭駄壱疋之代渡候

右は毎年之事候條、御失念無く成さる可く候

元和六年申十二月三日

これによると大村藩は元和六年（一六二〇）に、毎年七月から八月の間に伊勢神宮と多賀社へ藩主に代わって家臣の代参を定めている。これが出されたのはその年の十二月三日であり、代参の

時期である七、八月を過ぎているので、この元和六年に先の代参がおこなわれたかは分からない。しかし次の『見聞集』二十九巻の記事はなぜ代参が定まったのか、また当年の代参のことを次のように記す。[38]

然処松千代純信公御病気之節、伊勢・多賀江渋江吉右衛門儀、御代参相勤候処、以前之御由緒不案内ニ而、三ヶ年之間ハ肥前大夫方江参宿す、此事ヲ三頭大夫聞付け、先年之由緒申立、二ヶ年之御初穂ハ肥前大夫方ヨリ三頭大夫請取候由、其以来先年之ことく御上を始め奉り、家中惣別之御祈祷之ため年々御祓進上之する也

第三代目の藩主・大村純信が幼少の頃（幼名松千代）病気を患ったために、渋江吉右衛門が幼君の病気平癒を祈願して伊勢・多賀の両社へ代参役として遣わされている。この代参が先に掲げた元和六年十二月三日で記された「松千代様御祈祷之事」に当たるものと思われる。この病気平癒の代参を先例として両社への参宮は恒例化し、そのために冒頭の史料に見える代参時の路銀・蒔き銭・代参の時期・参詣人数等が定められたのである。

その際に渋江吉右衛門は「肥前大夫方江参宿す」とあり、伊勢では肥前大夫という御師家へ投宿している。この御師・肥前大夫とは、寛保三年（一七四三）の『山田師職名帳』[39]に見える伊勢山田上中之郷の橋村肥前大夫である。この元和六年の伊勢代参の前に、慶長八年（一六〇三）からすでに大村地方からの参宮があったことを述べた。その十三人も同じく橋村肥前大夫の屋敷に投宿していたが、元和六年（一六二〇）に至っても、かつての宮後三頭大夫との師旦関係は思い出されることはなかった。

先に『御参宮人抜書』を用いて慶長八年から九回の参宮例を挙げた。その内の元和六年の次の

記事は気にかかる。

　元和六庚申八月十五日　肥前國彼杵郡大村衆　三人

この元和六年八月十五日の大村衆三人とは、幼君の病気平癒を祈願して代参した渋江吉右衛門一行ではなかったのか。代参時期は七月、八月と定められていた。ここに見える八月十五日という日付とも矛盾しない。おそらく大村藩からの初めての伊勢代参を、橋村御師が書き留めた記事と思われる。

先に示したの『見聞集』には、なぜ大村藩からの代参者が橋村御師屋敷に投宿したのか、その理由とその後のことが記される。「以前之御由緒不案内ニ而」、すなわち以前の事情がよく判らず、三年間橋村肥前大夫の屋敷に投宿したのだという。そのうちに宮後三頭大夫から、大村領は従前より我が家の旦那地域であるとの苦情がきたために、橋村家に納められた三年分の初穂料のうち二年分は、三頭大夫家へ戻されている。初穂が戻されたのは、慶長十年の「御師職式目之條」[40]に従った措置であった。

二　宮後三頭大夫との師旦関係復活

元和六年（一六二〇）、大村藩幼君の病気平癒祈願を機に大村藩との関係が復活した宮後三頭大夫は、二年後の元和八年（一六二二）には大村地方での伊勢大麻配りを再開する。次の宮後三頭大夫文書がその再開を伝えている。[41]

元和八年

肥前國彼杵郡大村へ御旦那廻ニ三頭弥十郎下り申し候時、大村殿御家中御祓取越之御人数かなた6書被下候帳

元和八年（一六二二）に宮後御師の手代・三頭弥十郎が大村に下向し、伊勢大麻を配り始めた。ただ大村領とは三十年余疎遠となっていたために、伊勢大麻の配布先が分からず、大村藩から提出された名簿（表13）によって活動を始めたという。

この元和八年の大麻配り帳には、御師の活動復活後に最初に伊勢大麻を受けた六十五人の顔ぶれが並ぶ。冒頭には「大村万千代」と記され、第二代藩主大村純頼の早世により、元和六年（一六二〇）に三歳で大村家を継いだ大村松千代のことと思われ、後の大村純信である。

藩主に続く六十四人の藩士達はどういう立場あった者達であろうか。まず目安となるのはその者達の家禄である。この内五十一人は、『慶長十七年諸士高帳』[42]や『新撰士系録』によると、二十四石から九百七十三石取りに至る藩士達であった。一覧すると表（13）の通りである。

この元和八年ごろに二十石取り以上の藩士は何人ほどいたのか、当年より十年前の記録であるが、『慶長十七年諸士高帳』によると百五人が確認できる。この人数を十年後の元和八年の家臣数として、そのまま使えるのかという問題が残る。

大村藩では慶長十二年の「御一門払い[43]」によって大村家一門を整理し、家臣団の再編成をおこなった。その再組織後の慶長十七年（一六一二）と元和八年（一六二二）のころは、家臣団に大幅な

表（13）元和八年に伊勢大麻を受けた旦那衆と食禄（石高）

人名	食禄	人名	食禄	人名	食禄
大村万（松）千代	三代藩主純信	大村六右衛門	二五〇石	今道長兵衛	一三四石
大村善次郎	九七三石	内海茂左衛門	一八六石	今道茂右衛門	一五八石
大村右京亮	六六一石	朝長勘十郎	二〇〇石	小佐々孫作	一五五石
大村彦右衛門	四〇〇石	※福田采女正	四〇〇石	※小川元隆	不明
今里三郎四郎	七〇石	※栗田権兵衛	不明	堀内長介	一〇〇石
福田近右衛門	四七石	※永田兵内	不明	式見六之允	二三〇石
陣内長吉郎	一六二石	※佐々木理左衛門	一〇〇石	長崎惣兵衛	一〇三石
雄城久七郎	八〇石	※渋江作十郎	六〇〇石	堀内隼人	二二〇石
豊野九郎八	八五石	福田勝兵衛	四〇〇石	小佐々市右衛門	一〇八石
村津市介	九〇石	富長四郎左衛門	二六四石	長与性三郎	一二五石
内海加兵衛	一〇〇石	浅田左門	三〇〇石	宇多兵藏	一五〇石
一瀬四郎介	一四〇石	針尾道本	二四二石	折敷瀬善七	一七四石
※原八左衛門	一五〇石	※川口弥三兵衛	一五〇石	※野上孫四郎	不明
冨永姓九郎	一〇〇石	長岡半介	一二〇石	※北兵内	不明
岩長作内	一二一石	※嬉野清十郎	不明	田崎兵右衛門	四〇石
冨永治介	一五〇石	井石作左衛門	三〇〇石	※井石恵兵衛	不明
疋田弐左衛門	一〇〇石	井崎左太八	二〇二石	※林三左衛門	五〇石
※清水弥兵衛	不明	芦塚権内	二〇〇石	※福田弥太郎	不明
岩永九右衛門	二〇〇石	吉川近蔵	二〇〇石	※朝長与介	二四石
一瀬七右衛門	一五〇石	※神浦源七郎	不明	富長次左衛門	四〇石
※峯権左衛門	不明	※陣内左近亮	不明	※朝長清吉郎	不明
庄与右衛門	一〇〇石	田川弥右衛門	一六〇石	合計	六五名

（註）※印は『慶長十七年諸士高帳』に記載がない者。この二十名の食禄は『新撰士系禄』に基づいた。

入れ替えもなく安定した時期であったと思われる。現に慶長十七年の百五人の内、四十四人は元和八年の時点でも生存し伊勢大麻を受けている。そうすれば、元和八年当時の二十石以上の家臣数は、慶長十七年の数を基礎に置いてよいと思われる。

そこで慶長十七年の家臣数百五人を、一定の石高毎に分けて示すと表（14A）の通りである。

表（14）江戸初期大村藩上級家臣数と元和六年旦那衆との関係（単位・人）

	記録名＼石高	～五百石	～四百石	～三百石	～二百石	～百石	～五十石	～二十石	合計
A	慶長十七年諸士高帳	2	3	1	13	23	14	49	105
B	元和八年御祓配帳	3	3	2	10	24	5	4	51

さらに元和八年に伊勢大麻を受け石高が判明する旦那・五十一人を、表（14）に沿って石高毎に振り分けると表（14B）のようになる。A・Bの人数を比較すると、百石以上はほぼ同数である。ということは、百石以上の藩士たちのほとんどは伊勢大麻を受けていたということになる。百石未満から二十石の家臣は六十三人いたが、その内の九人が大麻を受けている。

従って御師の活動の復活に伴い最初に伊勢大麻を受けた者たちは、大村藩きっての高禄取りの上級家臣達を主に、それに続く者たちであった。再開された伊勢御師の活動は、上級家臣を対象に、さらにいえば限定して伊勢大麻配りが始まっていった。

三　キリシタン一掃と伊勢大麻配り

元和八年（一六二二）に復活した伊勢大麻の配布は、大村藩主と家臣団のごく一部の六十五人に限られていた。その後の配札について『見聞集』第二十九巻は次のような注目すべき記事を残している。(44)

元禄年中之記に伊勢御祓以前は御城并御城下奉公人中外ニ町中計ニ参候処、岩永太郎右衛門役内ゟ御領内不残、御祓参候、夫より此方凡四十七、八年程ニ相成候

伊勢大麻の配札範囲が当初は領内のごく一部の城下衆に限られていたのが、元禄年間より遡って四十七、八年前から領内各戸に配札するようになったというのである。この時期になぜ伊勢大麻の配札が拡大され、各戸の神棚に伊勢大麻を祀るようになったのであろうか。

まずその時期を明らかにしたい。元禄期より四十七、八年前と言えば、寛永十八年（一六四一）ごろから明暦三年（一六五七）ごろまでのある時期ということになる。さらに先の記事中に岩永太郎右衛門が役目を勤めた時期から領内一円に配札が始まったとあった。岩永太郎右衛門前知の事蹟は大村藩『新撰士系録』（十六巻）に次のようにある。

慶安年中継家督ノ後六石ヲ加賜二拾石ト成、勘定奉行ヲ勤後又二拾石ヲ増賜ヒ惣役人略曰惣役トナル、且五人扶持ヲ賜ハル、寛文三年六拾石加恩為百石（中略）

大神宮御祓ハ寛永年中勢州御代参再始ノ時ヨリ城下居住ノ諸士、及市中ノ者ノミ受ル、前知
　物役ヲ勤ノ時相議シ夫ヨリ統テ拝受ス

確かに太郎右衛門の惣役在任中に、御祓大麻の領内一円配布が始まったと、ここにも見えている。その在任期間は『九葉実録』巻一に寛文年間であったと記す(45)。

先に求めた寛永十八年（一六四一）から明暦三年（一六五七）までの期間に、さらにこの寛文年間（一六六一〜一六七三）を重ねると時期を絞り込むことができるはずである。ところが両年代が重なる期間はなく、求める年代は出てこない。おそらく逆算の起点の年が元禄年中、また惣役在任も寛文年間と、絞り込みに用いた年代が漠然とした年代であったからであろう。

こう考えれば、『見聞集』での最後年の明暦三年（一六五七）から、『九葉実録』にいう寛文年間の初年・寛文元年（一六六一）までの五年間、この間に大村藩では伊勢大麻を領内一円に広く配札し始めたと考えられる。

注目すべきは今求めた最初の年の明暦三年には、郡崩《こおりくず》れという大村藩を震撼させた潜伏キリシタン事件が起こり、結果として四百六人が処刑された。開藩期からのキリシタン禁教政策を一朝にして瓦解させる大事件であった。大村藩はこの事件を教訓として、村人の生活を厳しく規定した「村々制法」を定め、領民を足繁く神社寺院に参らせ神仏信仰の醸成を図っていく。その中で『見聞集』（四十三巻）の「寛文以来村横目江御達書之事(46)」に次のような内容を示して村人の監督を強めていった。読み下し文で示す。

一、御祓、諸寺諸社札守慥ニ受用候や、古札納様麁末ニこれ無き様申し付く可き事

御祓や諸社寺の御札・御守は確かに受けているか、そして古くなった札守も粗末にしていない

かと、神棚に祀る御札・御守にまで監督を村横目に命じている。ここに見える「御祓」とは、『見聞集』二十九巻に伊勢大麻を「御祓」と記していたから、同様に理解してよい。[47]とすれば神棚には伊勢大麻と鎮守神社の御札とを祀ることを義務づけている。この布達は寛文九年(一六六九)酉二月十日に出されているので、郡崩れより十二年後はこういう情況であった。

伊勢大麻の全村への配札は、その開始時期が郡崩れの直後と思われること、その後も各戸に祀ることを強いていることから、郡崩れを教訓として地元の氏神信仰は勿論、伊勢信仰をも領内に定着させることにより、潜伏キリシタンの再発に予防線を張ったものと思われる。キリシタンの根絶を計って伊勢大麻が配られるという比類のない施策であった。

潜伏キリシタンと伊勢信仰の関係について、奈倉哲三氏の興味深い研究がある。[48]正保三年(一六四六)に岡山藩でキリシタンの嫌疑で逮捕された藤原七郎右衛門の口述中に、キリシタンの身を隠すために伊勢参宮をおこなうといった気風が見え隠れすると、またキリシタン信者の不祥事件が起こった後には、なぜか「伊勢踊り」などの伊勢に関わる事象が起こっているとして、潜伏キリシタンの中には伊勢信仰を隠れ蓑として安全を保つ者がいたのではないかと指摘する。

このような大村藩の事例、また奈倉氏の指摘を勘案すると、江戸初期の時点では伊勢神宮の存在・信仰は全国広く行き渡り、地域の鎮守社・氏神社の次元を越えた存在として認識されていたのであろう。その存在を大村藩はキリシタン再発の予防策として用い、他地のキリシタンは身の潔白を証明する隠れ蓑としたのである。

四　御師による大神宮修造とその後の大麻配り

1　大神宮の修造

御師が地方に下って伊勢大麻を配って廻る際、活動の拠点となる宿をもつことが多かった。そのような宿を御師屋敷、伊勢屋といった。すでに大村地方では中世期から大村館町に、「神主屋布」として伊勢屋敷が構えられていた。

江戸時代に入り大村藩との関係が復縁した宮後三頭大夫も、大村城下にこの宿をもち、『郷村記』はそれを大神宮と記す。伊勢の内宮・外宮を祀り、宝暦四年（一七五四）に藩主大村純保によって大村城下の田町に再建されたと伝える。ただこの大神宮は古くは竹松村小路口に鎮座し、その社殿が老化したために大村純保が再建したのだという。

宝暦四年に再建された大神宮の場所は田町であった。現在の東本町、大村警察署長の官舎敷地にあたり、敷地内には「大神宮古跡」の銘をもつ記念碑が今も残る。

『郷村記』（大村部）はこの場所を「大神宮遙拝所のありし所故、伊勢屋敷と唱ふ」と記し、大神宮の建物が御師の宿を兼ねていたことが分かる。年末には宮後三頭大夫が伊勢からこの屋敷に下って来て、ここを拠点として領内の伊勢大麻配りに従事したのである。

田町に再建されてから三十七年が経過した大神宮は、老朽化したのであろうか、寛政三年

（一七九一）に再建されることとなった。実はこの作事には、宮後三頭大夫が深く関わっている。その事情を『九葉実録』同年五月六日条には次のように伝える。(49)

大神宮遙拝所ヲ裏町ニ再営セントシ銀七枚ヲ附ス、蓋シ宮後三頭大夫伊勢大廟修造ノ餘材ヲ輸送シ、以テ再営セン事ヲ請フヲ以テナリ

この度の修造は伊勢神宮の式年遷宮の余材を用いておこなうという、宮後三頭大夫からの申し出によるものであった。江戸期には古殿を解体した古材の例はあるものの、ここでは余材とある。伊勢ではこの二年前の寛政元年（一七八九）に両宮の式年遷宮がおこなわれているので、このときの余りの用材と思われる。

時代は少し遡るが宝永五年（一七〇八）の伊勢神宮『余木一件控』(50)によって、遷宮余材の使用例が分かる。神宮の別宮・瀧原宮と伊雑宮の遷宮用材として十九本の余材が準備されている。また他社への余材の受け渡しに、松木越後・松木主膳という御師が関わった節が見える。

こういう実例からすると、宮後三頭大夫も遷宮後の余材を入手したのであろう。先の記録からはその量は分からないが、文意から伊勢の余材が再建の主体を占めるように解釈されるから、それを満たすほどの材木量があったものと思われる。なお、修造費用として「銀七枚ヲ附ス」と見えていたが、金五両ほどに当たる。

寛政三年の余材による修造から二十六年が経った文化十四年（一八一七）には、『九葉実録』巻四十二巻七月二十日の条に次のような記事を見いだすことができる。

裏町の太神宮落成ス、御厨大和ヲシテ假遷宮式ヲ行ハシム、将ニ今冬宮後三頭大夫西下ノ日、真式ヲ行ハントスルナリ

大神宮完成に伴い御厨大和（春日神社神主）により、新宮に神体を遷す仮遷宮式がおこなわれたが、この冬に宮後三頭大夫が下向するので、正式な遷宮式は三頭大夫によっておこなうという。この記事により文化十四年（一八一七）から大神宮の修造があったことが分かる。

事実、宮後三頭大夫はこの年の年末には大村に下向するが、それ以降に大村藩役人との間で交わした記録が、伊勢の神宮文庫に「大村神明社御造営ニ付往復書簡並関係文書」(51)として現存する。その中に藩士貞松新左衛門に宛てた十二月二十八日付の書状には、この度の大村下向の目的を次のように述べる。

この度御神殿ご造替御座候に付、父子の内一人参領申し上ぐべく覚悟の儀、この度両人参領申し上げ候、その趣は拙官も老いに及び老年候間、近年の内に同苗中務へ代譲り致し申したく、兼ね兼ね急ぎ致し御座候に付、一向目出度くこの度御神明勤務限り代替わり致し、然るべき様親類等に続くの上を以て父子参領申し上げ候

確かに大神宮神殿の造り替えに伴う神明奉仕であったことが分かる。息子の中務を連れて下向しているが、老齢になったのでこの度の仕事を限りに引退して、息子に譲りたいとの意向であった。加えて息子以外に福戸ニ左衛門の娘・八木《やつき》と、大工の北山傳喜郎の二人も連れて来ているが、その両名を伴った理由を挙げている。まず八木の役目について次の様に述べる。

御神宝奉納第一、大御衣《おおみそ》縫留持者、御殿内之御幌御壁代等勢州ニ而取究難き寸法之御色品御座候縫針之為、猶又御殿之御戸開奉る之時、伊勢皇之古例必女役之儀御座候間召連申候、右八木儀者則家来福戸ニ左衛門娘ニ而當時拙家ニ仕候、用向相勤為申候

新しくなった神殿に御神宝を納めることは第一のことであり、祭神が身につける大御衣や御殿

内の御幌・壁代などは伊勢では準備しがたく、現地で縫製するための縫い針役がこの八木であった。さらに神殿遷座祭に当たり、伊勢神宮の古例に習って御扉開きの所役を勤めさせるのも同行した理由であった。なお八木は宮後家家来の福戸二左衛門の娘で当家に仕える者であった。

大工の北山傳喜郎を召し連れた理由は次のように述べる。

北山傳喜郎ト申ス大工召連申候、其子細者去ル寛政巳年拙官儀始而参領之砌、心得之為、御神明御殿内竊々相窺申上候所、御神寶等不行届御座候へ共、臨時ニ奉納之儀難相成不本意打廻申候、今度難有時節到来、目出度　御神寶奉納仕度奉存候、右ニ付而者御殿内ニ作工仕度儀御座候婆召連申候

宮後三頭大夫が初めて大村に下向したのは寛政巳年、すなわち寛政九年（一七九七）であった。その折に大神宮神殿の内部を内々に拝したところ、御神宝など不備があり、今度の機会に万端に御神宝を整え奉納したい、それには御殿内の作事があるので、大工の北山傳喜郎を伴ったのだという。

寛政三年（一七九一）に伊勢の余材をもって田町に建立されていたものの、神殿内の御神宝類は充分でなかったのである。

縫い子や大工を召し連れてのこの度の工事は、翌年の文政元年（一八一八）の五月ころまで懸かった模様で、前掲の「大村神明社御造営ニ付往復書簡並関係文書」の五月二日付の「宮後三頭大夫口上覚」には、次のように修造の内容を述べ、竣工遷座の日取りについて藩の意向を伺っている。

此度、御神殿白ヶ御造作、来ル十日頃江向成就可仕候、然者当中旬之中目出度、御神遷勤務仕度存候、何之日可懸哉御窺被仰上被下候、右御日取拝承仕候上、御神遷日迄之内御洗清メ、

図16　皇大神宮神殿　寛政3年の余材で造営の神殿か

其外追々勤仕之儀御座候、俗之御定日無節ら致覚悟申
度候御事

五月二日

冒頭に見える「御神殿白ヶ御造作」とは、先の「口上覚」の中に「右御正殿清鉋白ヶ上ヶ」とも見え、既存の神殿部材への鉋掛《かんなか》けによって白木に仕上げることと思われる。その工事も五月十日ころには終わるので、その後の新社殿への遷座祭の日程を尋ね、それまでに白木仕上げの神殿を洗い清めると、準備万端を期している。

その後、この大神宮は、境内が狭かったせいか不便との理由で、天保十二年（一八四二）に草場浦本町の海浜を埋め立てた場所に遷ることになる。それ以降、この一帯は伊勢町と呼ばれるようになった。現在の西本町に当たる。

新地に遷《うつ》った大神宮も伊勢御師との関わりは変わることはなかった。『郷村記』には境内の「御師屋鋪」を「在境内、伊勢御師宮後三頭大夫下向ノ時爰ニ住居」と説明する。

大村領内での伊勢信仰の拠点であることに変わりはなかった。明治八年『神社明細調帳』には、境内の模様を彩色で示すが、その図中にも社殿に向かって左手に描かれている（表紙カバー参照）。

現在も皇大神宮神社として当時の場所に鎮座するが、コンクリート製の覆い屋に収まる神殿は、茅葺きで伊勢神宮正殿をそのままに縮尺した姿である。資料的な裏付けはないが、その伊勢正宮に近似する構えから、寛政三年（一七九一）に伊勢神宮の余材をもって造られ、さらには文政元年（一八一八）に白木仕上げが施された神殿が、今日そのままに伝わっているように思われる。とすれば平成三十年（二〇一八）まで二百二十七年の歴史を積み重ねてきた神殿ということになる。今後の大きな課題として調査を進めたい。

この大神宮の社殿造営の経緯をもう一度見直すと、宝暦四年（一七五四）に竹松の小路口から田町に遷座、寛政三年（一七九一）に伊勢余材をもって造り替え、文政元年（一八一八）に神殿の白木仕上げと御神宝類の新調、さらには天保十二年（一八四一）に草場浦海浜に新社殿を造り遷座という経緯であった。その間隔は三十七年、二十七年、二十三年と短期間に修造が繰り返されている。この位の年数で果たして社殿が老朽化するのであろうか。ここには二十年ごとの伊勢式年遷宮の思想が、伊勢御師によって持ち込まれ、二十年ごとではないものの、こういった周期で修造がおこなわれたのではなかったのか。この点も今後の大きな研究課題としたい。

2　江戸中期以降の伊勢大麻の配札

元和八年（一六二二）に大村領での伊勢御師の活動が再開され、さらに明暦三年（一六五七）の郡崩れを機に領内全域での伊勢大麻の配札が図られていた。その後の領内での伊勢大麻配りの実状を見てみたい。宮後三頭大夫は大村藩に対して、安永四年（一七七五）四月五日付で次のような願いを出している。(52)

一、宮後三頭大夫願い出で候は、御領分中へ御祓配当の帳面相改め惣竈数引き当て候、餘程不足之有り在々に於いては釼先御祓にて受け来たり、箱御祓受用の者は稀に之有り候、之に依り以来一統御祓受け候儀は勿論、部屋住み且つ隠居宅等は釼先御祓申し請け、本竈の儀は惣て箱御祓・新暦受用仕り候様仕り度候、右の趣御領分一統今度仰せ付け被れ候様相願い候、併せて古来ゟ右の通り受用候は今更願いに任せ新規には仰せ付け被れ難く候、尤も在々に於いては近年相立て候新竈の内御祓申し請けざる者も数多く之有り候故、是らは残らず申し請け候条仰せ付け被れ候

当時の藩内の実状は大麻を受ける家の数が減少傾向にあった。それも剣先御祓[53]を受ける者が多く、箱御祓[54]を受けている者はごく稀であるという。これによって本家（本竈）は総て箱御祓と伊勢暦を、部屋住み・隠居宅は剣先御祓を、また新家を構えた者も必ず伊勢大麻を受けるようにとの願いであった。この申し出により、藩はそのような措置を講じている。

幸いにこの措置から二年後に藩内で配られた伊勢大麻数が分かる。『安永六年外宮師職諸国旦方家数改覚』[55]に大村領内での旦那数（伊勢大麻配札数）が次のように記録される。

藤井求馬

御祓名　宮後三頭大夫

白川宮様　大村信濃守殿　有馬大之進殿

（中略）

図17　宮後三頭大夫の伊勢大麻（長崎市松添家所蔵）

一　肥前國　九九千五百五十　大村一圓

安永六年（一七七七）の大村領での伊勢大麻配札数は約九千五百五十体であった。この当時の領内総軒数は、享保十二年（一七二七）の人口が八万四千四百九十人[56]、安政三年（一八五六）の人口が十一万六千二百七十三人、竈数二万五百十六軒[57]であり、この二つの時期の人口推移から安永六年ころの大村藩の人口は約九万六千人と思われる。さらに安政三年の人口と竈数により、一竈の平均家族員数は約四・六人と求められ、これを基準にすると安永六年の領内総軒数は約二万千軒と推測される。この軒数と対比すれば、安永六年の九千五百五十体という数は藩内全軒数の約四十五パーセントくらいに当たる。伊勢大麻を受けていた家は、領内全戸数の約半分弱に留まっていたのである。

各村『郷村記』は一竈[58]に課せられる種々の「出目銭《だしめぜに》」の一つとして、「伊勢屋鋪納」を収録する。大村城下に在った大神宮の御師屋敷に納める出目銭である。この出目銭額に応じて一定の伊勢大麻が配られたから、伊勢大麻の初穂料と考えてよい。村ごとの「伊勢屋鋪納」銭額を一覧化したのが表（15）である。松原村『郷村記』には、

　伊勢屋鋪納

　但、大神宮初穂、村浦竈之内倒者引、残竈壹軒ニ付百文より拾貳文まて出之

とあり、「倒者」、すなわち破産した潰百姓は出目の対象にはならなかった。安永六年の領内大麻配札率を約四十五パーセントと推測したが、倒者が対象外となると全体数が減少し、配札率はもう少し高い率になるだろう。

村ごとに伊勢屋敷に納める銭高にはかなりの幅がある。波佐見上村『郷村記』にはその相違を次のように記す[59]。

表（15）大村藩村別伊勢屋敷出目銭一覧（安政3年調）

村名	一竈初穂料	村高合計	村名	一竈初穂料	村高合計
大　村	100～12文	12貫182文	下　岳	200～12文	8貫910文
竹　松	200～12文	15貫720文	亀　浦	100～16文	4貫742文
福　重	200～12文	20貫642文	中　山	100～30文	5貫900文
松　原	100～12文	11貫430文	宮　浦	120～32文	4貫592文
萱　瀬	110～12文	17貫952文	白似田	80～30文	3貫50文
鈴　田	120～12文	22貫404文	八木原	150～12文	5貫914文
三　浦	100～15文	13貫645文	小　迎	200～12文	9貫684文
江　串	100～12文	11貫36文	川内浦	100～16文	13貫868文
千　綿	96～12文	17貫692文	伊ノ浦	100～50文	6貫620文
彼　杵	400～12文	33貫542文	畠下浦	96～25文	3貫300文
川　棚	400～15文	45貫130文	横瀬浦	300～25文	15貫570文
波佐見上	200～18文	45貫804文	面　高	150～50文	10貫540文
波佐見下	360～18文	20貫921文	天久保	100～12文	3貫368文
宮　村	120～16文	20貫598文	黒　口	100～12文	5貫110文
伊木力	100～12文	7貫424文	大和田	80～12文	6貫543文
佐　瀬	80～16文	3貫359文	中　浦	200～12文	10貫580文
長　与	100～14文	8貫352文	多以良	100～15文	9貫400文
幸　田	100～14文	3貫68文	七ツ釜浦	200～12文	8貫690文
時　津	2匁～1匁6文	22貫984文	瀬　戸	500～12文	29貫144文
滑　石	350～32文	8貫59文	雪　浦	96～16文	15貫712文
浦上西	96～16文	2貫824文	神　浦	100～12文	36貫789文
浦上北	96～16文	6貫62文	黒　崎	200～12文	9貫96文
浦上家野	96～16文	1貫807文	三　重	200～12文	22貫612文
浦上木場	96～16文	8貫547文	陌　苅	100～15文	9貫920文
日　並	124～12文	4貫152文	式　見	300～18文	24貫236文
西　海	100～12文	3貫642文	福　田	100～40文	30貫548文
村　松	100～12文	9貫363文	大　嶋	100～16文	6貫360文
子々川	100～50文	4貫816文	黒　瀬	120～12文	6貫956文
長　浦	80～16文	6貫300文	嘉喜浦	100～25文	7貫325文
戸　根	100～16文	3貫155文	崎戸浦	100～25文	5貫785文
形　上	100～50文	11貫850文	松　嶋	200～20文	26貫970文
尾　戸	80～16文	6貫357文	江　嶋	100～50文	8貫860文
小口浦	120～20文	1貫755文	平　嶋	100～12文	6貫100文
三町分	120～12文	7貫596文	合　計		822貫964文

但、大神宮初穂、村中惣竃之内貳百文ゟ六拾文まて納候者ハ箱御祓暦添、四拾文納候者ハ箱御祓計、拾八文納候者ハ剣先御祓計也

銭二百文から六十文は箱大麻と伊勢暦、四十文は箱大麻、十八文は剣先大麻と、出目銭の額によって配られる伊勢大麻等が三段階に分けられていた。

江戸初期に活動を復活させた伊勢御師・宮後三頭大夫は、毎年年末には大村領に下向し、伊勢大麻を配ると同時に村人たちに伊勢参宮をも勧誘して回った。この活動は明治三年まで続いた。

五　藩主大村純昌の伊勢参宮と御師の接遇

1　御師による受け入れ準備

大村藩主の伊勢参宮は、『大名参宮名寄』[60]に見える大村純富の元文六年（一七四一）四月の例を初めとして、大村純鎮の安永六年（一七七七）の二月、[61]及び享和三年（一八〇三）三月、[62]本論で扱う大村純昌《すみよし》の天保二年（一八三一）三月と計四回が確認できる。

ことに天保二年の大村純昌の参宮は、それを接遇する立場にあった御師・黒瀬主馬[63]によって記録され、『大村丹後守様御参宮諸事控』として伊勢の神宮文庫に残る。[64]以下『御参宮諸事控』と略称するが、以下この記録によって大村純昌の伊勢参宮を見ていく。

『御参宮諸事控』の冒頭は、

二月朔日出ニ而江戸詰有瀧平兵衛ゟ太守様御参宮之旨出状来ル、尤表向被仰出ニ者無之趣也

と始まり、江戸詰の大村藩士有瀧平兵衛より伊勢の黒瀬主馬の許へ、天保二年二月一日付の書状が届く。大村藩主の伊勢参宮を伝える第一報であった。これより三月十九日の参宮に至るまで、大村藩御用役と黒瀬主馬の間では頻繁に書状が交わされ、準備万端に整え大村侯の参宮に備えることになる。この第一報にも記されるが、大村純昌の伊勢参宮は江戸より帰国の途中におこなわれたものであった

第一報を受けた黒瀬主馬は、その八日後の二月九日には一統の御師仲間衆十人に対して次の様な内容の書状を廻している。(65)

この度、大村侯の伊勢参宮に当たり、仲間衆より預かっている雨垣の所に床・壁・天井を張って大村侯を迎える座敷を設けたい。ついては雨垣を崩せば後々面倒であるから、雨垣はそのまま残し用が済み次第に現状に服すると、その了解を求めている。黒瀬主馬屋敷は宮後町に在ったが、(66)その屋敷の規模はかなり狭く、大村藩主を迎えるため、雨垣の部分に座敷を設けねばならなかったのである。雨垣の構えはよく分からないが、雨除けの垣を巡らした付属的な建物であったと推測される。

そしていよいよ二月二十七日には、江戸より大村藩御蔵払役二名が黒瀬主馬の屋敷に入り、御用人及び御宿割役よりの正式な沙汰状（二月十九日付）を持参した。そこには参宮の手順が次の七項目にわたって示してあった。(67)

一、参宮の旅程は桑名・津を経由して小俣《おばた》に宿泊、その翌日、黒瀬主馬宅で潔斎の後に衣装

を召し替えて両宮参拝、参宮の後は黒瀬主馬宅には宿泊せず小俣泊。

二、参宮の諸事は享和三年（一八〇三）の大村純鎮の参宮例に倣う。

三、参宮当日、黒瀬主馬宅へ立寄りの際、邸内での親類中への接見はおこなわない。玄関・道掛かりでの会釈は仕来りに倣う。

四、参宮に先立つ潔斎・手水の仕来りがあればそれに倣う。その場合、黒瀬屋敷は先年の火災の後は仮普請と聞いている。潔斎用の風呂を新設するのならば一坪の仮屋でも良く、手水のみで済むのならば湯殿新調の必要もない。

五、大名としての参宮の定めがあると思うが、略式での参宮と心得て準備万端を望む。それなりの手当（費用）も与える。二十五人程が立ち寄るだけであるから、屋敷が狭いからといって屋敷の建て継ぎなどは不要である。

六、黒瀬屋敷での藩主着座の間は奥に障子など取り繕い、そのほかは現状のままで良い。黒瀬家の家計事情は承知しているので、格別に見苦しい所を少々直すくらいで主馬に任せる。屋敷が狭いことは我が藩主にも申し伝えておく。

七、両宮への参宮後は昼どきになり、都合の良い茶屋で弁当の手はずであるから、黒瀬家からの料理献上は不要である。この度は諸事略儀での参宮であり、出迎えや先払いも必要なく、ただ拝礼の式については御師方で取り調べ、前もって当方の宿へ手代を差し向けて伝えるよう。

この事前の連絡によって、大村藩主の参宮は一日で終了することが決まった。それを迎える黒瀬主馬の屋敷は先年の火災によって焼失し、仮普請の構えであった。大名としては略式の参宮が予定されていたことなどが分かる。

黒瀬主馬はこの指示に基づき接遇の準備を進めることになる。早速、二月二十八日には返書を送り、次の四項目を大村藩側へ伝えている。

一、両宮拝礼の後、藩主が我が屋敷へ立ち寄るに際しては、祝膳の準備がある。

二、参宮前の潔斎・手水は省略せずに、潔斎用の仮の湯殿・手水所を設ける。

三、出迎え・先拂は不要というが、享和三年の大村純鎮公のときもそうであった様に、大名の参宮にはそれなりの仕来りがあり道中の出迎えはおこなう。

四、両宮内院の拝礼について、享和三年の参宮時には玉串門拝礼、安永・寛政時は内院拝礼であった。内院拝礼の場合には両宮祢宜等への御祝儀が必要である。

こういった解決事項を伝える一方、神宮関係役職との詳細な交渉をおこない、行程は次のように決定した。

三月六日小俣着、翌七日手配した屋形船で宮川を渡り、いったん、黒瀬屋敷へ入り、外宮北御門から参入して外宮内院拝礼の後、一の鳥居へ退出。その後、内宮の内院拝礼。帰路、古市の中之地蔵で小休止して昼食。再び黒瀬屋敷に立ち寄り、その夜は小俣に宿泊。参宮前後の宿泊は小俣の野呂久兵衛の宿と決まった。

2　藩主の伊勢入り

大村藩主の三月六日到着に備え、黒瀬主馬は三月三日に伊勢を発ち、桑名まで出迎えに向かった。しかし当の三月六日になっても一行の姿はまったく見えない。実は大村藩主一行は川止めに遭っていたのである。その後の様子を次の様に記す。

> 三月十六日主馬帰宅、桑名迄御出候迎ニ罷出候處、御川支類一切振合相分リ不申候ニ付宮宿江渡、夫ゟ日々先々江立越、金谷宿迎罷越見附宿ニ而御目見へ諸事御駈合申、（中略）、夫ゟ夜通しニ而罷帰リ候、太守様御義三月十八日小俣御泊、十九日御参宮ニ相成候事

桑名で一行と出会えない主馬は、七里の渡しを経て東海道の宮宿（熱田）に出て、さらに大井川上宿の金谷宿へと向かった。途中、その六宿手前の見附宿（静岡県磐田市）でやっと出会うことができた。協議の結果、三月十八日に小俣泊、翌十九日参宮と決定した。黒瀬主馬は大井川手前の金谷宿を目指しているので、大村藩主一行は大井川で川止めに遭っていたのである。

当初の予定より十二日遅れの参宮となった。主馬はそれより夜を徹して伊勢へ戻り、帰宅したのは三月十六日、大村侯参宮の三日前であった。参宮の遅延に伴いその旨を内宮・外宮、公儀御師の春木家・山本家に届ける、そして十七日には宿割役の大村藩家臣・原鉄弥が小俣に入るなど、諸事準備に忙殺された。

いよいよ三月十九日の参宮当日、『御参宮諸事控』によると詳細は次の通りであった(68)。

黒瀬主馬は宮川渡しで出迎えの為に午前二時に中河原の綿屋で待機し、午前四時、小俣を出発した大村藩主一行を宮川で迎えた。その出迎えには、大村藩からの断りもあったが、地元宇治・山田の御師世話役三人も都合をつけて立ち会った。黒瀬主馬は挨拶が済むと早々に自家屋敷に立ち返った。

夜明け早々大村侯は黒瀬屋敷に到着、主馬は屋敷の門前で、家来衆は跪き、親類衆は玄関に着座して迎えると、大村侯より丁寧な挨拶があった。この度の接遇の為に急造した座敷に藩主を迎

え、酒・のし鮑、雑煮・吸い物・硯蓋の朝食を差し上げた。このとき、主馬は大村侯より盃を頂戴した。その後、藩主以下七人が風呂場にて潔斎を済ませ、黒瀬屋敷の一間で内宮・外宮を遙拝した。その遙拝の間の誂えは、柳材で巻いた高い案（机）の下に紙の薦《こも》を敷き、細かく切った麻をのせた小案を置いた。高案には御供え物と酒、土箸を盛りつけた。遙拝の後、大村侯は白練薄の狩衣に濃い緋袴、風折烏帽子に太刀という出で立ちで、まず外宮の参宮に向かった。

主馬は外宮北御門橋に先回りして案内を勤め、両宮参拝が無事に終了した。古市の中之地蔵の大田屋正助の茶屋で小休止、昼食をとった。膳料は一人前一匁二分、割籠（弁当）一人前七分二厘、八十人前であった。ここより小俣へは駕篭で帰路についた。この内三、四人は二見浦へ遊興ために向かった。これは事前の手続きとは異なるために内密とのことであった。

こうして三月十九日明け方からの参宮は順調に進み、「七ツ比御参宮被為済候」とあるから、午後四時ごろに無事に終了した。黒瀬主馬は小俣宿の大村侯を訪ね、参宮終了の祝詞を申し述べている。

3　大村側からの初穂と『出納勘定帳』に見る接遇

『御参宮諸事控』の巻末には、『諸入用出納勘定帳』とした大村侯接待に関わる金銭出納帳が綴られている。百一費目に及ぶ支出が記されるが、その内の主要な七十四費目(69)を抽出し、金銭面から黒瀬主馬が大村侯をどのように接遇したのか明らかにしてみたい。詳細は表（16）の通りである。

まず支出総額は表の下段に記したように、金三十七両三歩と銀五匁三分であった。単独の費用としてもっとも多額なのは、川止めのために大村藩主一行の行方を探すために東海道を下向し、

表(16)大村藩主参宮に関わる出納帳

No.	費目	金銀額	No.	費目	金銀額
1	主馬金谷行き路銀	5両3朱・10匁	23	小俣野呂	7匁
2	鞠場取繕大工賃	4両3歩2朱	24	村嶋様御家来泊り分	8匁4分3厘
3	鞠場座敷取繕大工賃	3両3歩2朱	25	遠藤主水へ鰹節・巻紙	13匁3分
4	鞠場地直し	40匁	26	本田内藏へ巻紙200枚	7匁2分
5	鞠場格子燻し	6匁8分	27	堤刑部へ鰹節・鯛・酒	24匁6分
6	惣通口燻し	2両5歩	28	久保志ん巻紙	4匁8分
7	大工座敷回り入方作料	83匁7厘	29	春木へ巻紙200枚	4匁4分
8	畳差し替え	11匁	30	中川相模へ巻紙100枚	2匁2分
9	畳表代	53匁	31	巻紙型紙	6匁6分6厘
10	庭に敷き砂代	5匁1分	32	御祈祷定紙御賃	20匁7分
11	垣直し竹	2匁2分5厘	33	御祓用木地屋	20匁4分1厘
12	殿様へ差し上げ菓子箱	6匁6分	34	役目料(31人分計)	6両2朱・11匁5分
13	御家中へ菓子代	16匁2分	35	6尺4人駕代	3歩
14	小林当町下宿祝儀	3匁	36	川金手拭木綿	11匁3分
15	中之地蔵大田屋へ祝儀	18匁	37	上下拾列	7匁3分
16	小俣人足宿入用	12匁3分	38	提灯張り替え	3匁4分
17	小林下宿源四郎の用	2匁3分	39	蝋燭	16匁
18	川崎釜竈損料	13匁	40	三本鯛	5匁3分
19	料理者九兵衛へ祝儀	2朱	41	米代	2両2歩
20	中川原主馬下宿祝儀	4匁	42	八百屋	6匁4分3厘
21	小林下宿中之地蔵茶屋	8匁5分	43	魚屋	77匁5分
22	中川原小林下宿の用	16匁6分	44	酒代	22匁4分3厘
支払惣高			金37両3歩　銀5匁3分		
大村侯祝儀惣高　家中御初穂惣高			金24両2歩　5匁7分5厘		
山本右内より借り入れ			金10両		
出納差引不足			金3両　15匁2分8厘		

金谷宿を目指したときの旅費である（№1）。金五両三朱と銀十匁がかかっている。

大村藩主を迎えるための座敷改造費が、№（2）から№（11）に当たり、金十五両と銀十四匁三分二厘、この工事費用が全経費の約四十一パーセントを占めている。この内№（4）は座敷を誂えるために鞠場（土間）の地直し費用に銀四十匁、№（8・9・10・11）の費目から畳替えがおこなわれ、庭には新たに砂が敷かれ、竹垣も直され、藩主接遇のための準備が慌ただしく進んだ様子が窺える。

№（12）から№（30）は饗応費、各所への祝儀であり、合わせて金三両二歩と銀十二匁八厘を要している。この内№（15）は藩主一行が古市の中之地蔵で昼食をとった茶屋への祝儀、№（18）は釜竈の修理費として河崎商人への支払い、№（20）は宮川近くの中河原宿の綿屋への祝儀である。『伊勢参宮名所図絵』はこの中河原宿を、「諸国の参詣人を御師より人を出し爰に迎ふ、其御師の名、講の名、組頭の姓名を書して此所家毎に招牌を出せし事竹葦のごとし」と記している。この中河原宿は参宮者が御師の出迎えを待つ茶屋・旅籠が軒を並べた所である。今夜の宿を求める参宮者と、迎えに来た御師手代が自家の看板を掲げるなど、多くの人で混雑した宿場であった。

№（23）は藩主一行の参宮前後の宿屋となった小俣の野呂久兵衛への祝儀である。

№（25）から№（30）は、遠藤・本田・堤・久保・春木・中川の各氏へ世話してもった御礼の品であり、鰹節、鯛、酒、巻紙などを贈っている。

№（32・33）は伊勢大麻を作るための紙・板の費用である。黒瀬主馬は伊勢参宮を終えた大村侯と陪従の家臣達に、「一万度御祓大麻」という丁重な御札など計十九体を進呈しているが、その御札を調るための経費であった。そのなかに「御祈祷用木地屋」という費目が見えるが、伊勢山田の町には、御札の中に納める神木や御札を入れる木箱を作る専門業者（木地屋）がいたことが分

表（17）大村藩主より各所へ初穂

	初穂宛先	初穂額	備考
1	黒瀬主馬	銀 10 枚	参詣世話料
2	黒瀬主馬	銀 10 枚	座敷・湯殿造作料
3	黒瀬主馬	銀 5 枚	川留めのため遠方出迎え路銀
4	黒瀬主馬	銀 3 枚	参詣首尾良く終了の祝儀
5	黒瀬主馬	金子 350 疋	一万度御祓 2 体・大細御祓 3 体初穂
6	親類 4 名	金子 100 疋宛	
7	家来 13 名	金子 100 疋宛	
8	山田奉行同心 2 名	金子 100 疋宛	先拂役の御礼
9	伊勢上人使者長田栄五郎	銀 1 両	途中出役の御礼
10	外宮長官	金子 100 疋	文書及び出役の御礼
11	両宮権任 4 名	金子 100 疋宛	別に銀 4 両渡し済
12	11 社	金子 1 朱宛	摂末・別宮への初穂
13	120 社	銭 1 貫 500 文	初穂、十二銅宛

かる。

No.（34・35）は接待諸役に当たった御師手代達への役目料であり、三十一人分の合計で金五両二歩二朱と銀四十三匁五分に上っている。

No.（37）の「上下《かみしも》拾列」分の七匁三分は、十一人が裃を着用して役目に就いているので、その内の裃十着分の借用料である。提灯張り替え、蝋燭、米・魚・野菜・酒の代金と支払うと、支出総額は金三十七両三歩と銀五匁三分となった。

こういった支出に対して、当然、大村藩から黒瀬主馬へ初穂が納められた。

三月十九日の参宮当日、大村藩家老の稲田又左衛門より内宮、外宮、黒瀬家を始めとする各所へ初穂が納められている。表（17）の通りである。

黒瀬主馬には全般に亘る世話料、座敷・御湯殿の造作料、川留に伴う遠方までの出迎えの路銀など、合計すると銀二十八枚となる。銀十両で一枚と換算されるから銀二百八十両、秤量にすると銀一貫二百四十匁、金に換算すると十八両三歩一朱に当たる。[70] 主馬親類衆

表（18）大村藩家臣よりの初穂と受品

<table>
<tr><th>No.</th><th>氏名</th><th>初穂額</th><th>御師より受品</th><th>No.</th><th>氏名</th><th>初穂額</th><th>御師より受品</th></tr>
<tr><td>1</td><td>原鉄治</td><td>銀3匁斗</td><td></td><td>18</td><td>岩永兵右衛門</td><td>金2朱</td><td></td></tr>
<tr><td>2</td><td>宇田主馬</td><td>銀2朱</td><td></td><td>19</td><td>池田甚左衛門</td><td>金1朱</td><td>箱御祓1</td></tr>
<tr><td>3</td><td>稲田喜一郎</td><td>金200疋</td><td>御祓2　御供直会1</td><td>20</td><td>松尾仁左衛門</td><td>金100疋</td><td></td></tr>
<tr><td>4</td><td>原九郎右衛門</td><td>金200疋</td><td>御祓2　御供直会1</td><td>21</td><td>林早苗</td><td rowspan="5">合
金100疋</td><td></td></tr>
<tr><td>5</td><td>田川直衛</td><td>金50疋</td><td></td><td>22</td><td>藤田徳太郎</td><td></td></tr>
<tr><td>6</td><td>佐々木忠右衛門</td><td rowspan="2">合
金100疋</td><td></td><td>23</td><td>深田半太郎</td><td></td></tr>
<tr><td>7</td><td>原十太郎</td><td></td><td>24</td><td>今里小四郎</td><td></td></tr>
<tr><td>8</td><td>小佐々勇馬</td><td>金50疋</td><td>箱御祓1</td><td>25</td><td>一瀬平兵衛</td><td></td></tr>
<tr><td>9</td><td>原八左衛門</td><td>金100疋</td><td>御祓大麻2</td><td>26</td><td>原口鉄藏</td><td>金1朱</td><td></td></tr>
<tr><td>10</td><td>中島戸四郎</td><td>合</td><td></td><td>27</td><td>神浦酒造</td><td>金1朱</td><td>箱御祓1</td></tr>
<tr><td>11</td><td>森七九郎</td><td>金1朱</td><td></td><td>28</td><td>宇都小十郎</td><td>金1朱</td><td>箱御祓1</td></tr>
<tr><td>12</td><td>大串儀三郎</td><td>金1朱</td><td>箱御祓1</td><td>29</td><td>朝川厳九郎</td><td>金50疋</td><td>御祓大麻1</td></tr>
<tr><td>13</td><td>黒板八郎</td><td rowspan="5">合
金100疋</td><td></td><td>30</td><td>北野道貞</td><td>金100疋</td><td>御祓大麻1</td></tr>
<tr><td>14</td><td>池田新兵衛</td><td></td><td>31</td><td>稲田又左衛門</td><td>金100疋</td><td>御祓1　御供直会1</td></tr>
<tr><td>15</td><td>中尾彦左衛門</td><td></td><td>32</td><td>朝長周平</td><td>金100疋</td><td>御祓1　御供直会1</td></tr>
<tr><td>16</td><td>朝長官藏</td><td></td><td>33</td><td>山川齢順</td><td>金100疋</td><td>御祓大麻1</td></tr>
<tr><td>17</td><td>塩見徳太郎</td><td></td><td></td><td></td><td></td><td></td></tr>
</table>

四人、家来衆十三人、山田奉行同心二人、外宮長官、両宮の権祢宜四人には金百疋（一分）ずつ、これとは別に両宮権祢宜四人には内金として一人宛銀一両が渡っている。伊勢上人、即ち中世に途絶えた式年遷宮を復活させた尼僧清順の系統を引く慶光院のことであり、その使者にも藩主参宮途中の出役祝儀として銀一両が贈られた。

また伊勢神宮の別宮十一社に対して金一朱ずつ、摂社・末社百二十社に銭一貫五百文が奉納された。その配分として「但十二銅宛」と記されるが、算定すると一社宛の初穂は、十二文五分となるから、この数値を「十二銅」と記したものと思われる。

大村藩家臣三十三人からも黒瀬主馬へ初穂が納められ、一覧すると表（18）の通りである。No.（31）の稲田又左衛門は天保二年より家老職にあり[71]、No.（14）池田新兵衛は下料理人であった[72]。江戸参府に随行した様々の面々が、そのまま伊勢参宮にも随行したことが窺える。この初穂に対して黒瀬主馬より御祓大麻などが贈られているが、その品は表（18）の「御師より受品」の欄に記した。全員に渡ったのではなく、少なくとも連名での初穂奉納者には御祓大麻は無く、例外はあるものの、金一朱、その四倍の金一分（百疋）を納めた者には御祓大麻、あるいは箱に納められた箱御祓、海産品乾物が詰められた御供直会などが贈られた。

表（16）末尾に収支を示したように、大村藩主、同家臣よりの初穂の収入金二十四両二歩・銀五匁七分五厘、支払い額が金三十七両三歩・銀五匁三分と支出が上回ったために、山本右内より金十両を借り入れている。結果、収支不足は金三両と十五匁二分八厘と減じたものの、実際の不足額は借用した十両を加えると、十三両と十五匁二分八厘となった。

これらの算定を通じて、金銀の換算は金一両＝銀六十四匁の相場でおこなわれている。

大村藩主の伊勢参宮が決定した早い時点で、黒瀬主馬は親類中への回状中に「兼而御倉金可被下候」と記し、接待に見合うほどの大村藩主からの御蔵金を期待していた節も窺える。しかし大村藩主接遇費の収支は不足を生じ、金十三両を上回るほどの手出しであった。

ことに西国大名は参勤交代の帰路に伊勢参宮をおこなうことが多かった。しかしその詳細はほとんど不明である。大村純昌の参宮は、大村地方にとっては当藩主の伊勢信仰を窺う例として貴重であるが、加えて諸大名の伊勢参宮を見ようとするとき、御師間との手続き、御師による具体的な接遇など、その雛形を提示しているといえよう。

六　現代にまで続く伊勢講

1　村の伊勢講と大神宮参り

かつての大村市伊勢町（現・大村市西本町）には皇大神宮が鎮座する。江戸時代には伊勢御師がこの境内にあった御師屋敷に滞在し、伊勢大麻を領内に配るなど、当地方の伊勢信仰の拠点となった神社である。一方、遠い伊勢まで参詣できない人々は、集落の伊勢講の代表者がこの伊勢町の皇大神宮へ参拝して御札を受ける習慣があった。その夜は講中の座元の家に集まり、床の間に掛けた「天照皇大神」の掛け軸にお参りをして御札を分け、その後は飲食をともにしてきた。

その記録が「旧正月十一日講参詣扣」として現存し、[73]昭和二年（一九二七）より平成三十年（二〇一八）まで伊勢講からの参詣と受けた御札数を記録している。ただ昭和二十五年（一九五〇）から同五十一年（一九七六）までは記録が紛失しているために、確認出来るのは五十九カ年である。その内、二十四カ年を抽出して集落ごとに受けた御札数を一覧すると表（19）の通りである。ただ一部には御札数が記されず、初穂料のみを記したのが二例ある（下伊勢町の昭和八年、南川内の昭和二十四年）。この場合はその初穂料を記した。

表（19）伊勢町皇大神宮伊勢講参り一覧（表中の数字は講参り時に受けた御札数を示す）

No. 集落名・年代	1 南川内	2 久良原	3 田下中構	4 旧田下	5 田下下組	6 田下権田	7 田下尾之上	8 上田下	9 中岳開田	10 米之山	11 宮代菅牟田	12 荒瀬下組	13 荒瀬中組	14 荒瀬辻組	15 田端	16 立小路	17 上伊勢町	18 中伊勢町	19 下伊勢町	20 下田町下組	21 箕島	22 遠目	23 千綿 朝長兼八	参詣集落数
昭2	24	11	8	27		10					24				10								2	7
昭5	27	12		27		9	9		11		24				10						13	32	1	10
昭8	29	13	9	28		8	9		10	14	24				9				1円		13	28	1	13
昭11	29		10	26	13	9	9		9	13	24				7			27	20		14	29	1	14
昭14	28	10	10	29		9	8		10	15	24				7			28	25			28	1	13
昭16	28		10		29		9	9	10	16	23				7		35		25	29	14	28	1	14
昭18	24	10	10		26	9	9		10	16					7						14	26		11
昭19	24	12	10		26		9	10		15					7						14	25		10
昭21	25	12			32		9		12	19					6						14	28		9
昭24	250円	8		31		9	10		14	20					7							28		9
昭52			13		25	1			10		33	7			7									7
昭57					27				12		36	8				9							1	5
昭60					27				12		41	9	5	8	7								1	7
昭63					26				12		39	7			7	7								6
平2					26						1	8				8								4
平5					26						3	10			7	8								5
平7					27			2			3	10	6		7	8								7
平10					28							6		6		8								4
平11					28									6		8								3
平13					28									6		8								3
平16					27									5		8								3
平19					23									5		8								3
平22					23									5		7								3
平25					20									5		7								3
平28					20									5		6								3

註・昭＝昭和、平＝平成の略

伊勢講が多く存在した地域は大村市内でも山間部の萱瀬地区である。表（19）によるとNo.（1）の南川内からNo.（14）の荒瀬辻組までが該当する。No.（15・16）の田端・立小路は竹松地区、No.（17〜20）の伊勢町三町と下田町は皇大神宮周辺に位置する。No.（21）の箕島は現在の長崎空港となった島であるが、当地区の伊勢講は独自に別の記録が現存するため次項で改めて触れる。No.（22）の遠目は東彼杵町の山間部、佐賀県嬉野市に通じる地に位置する。No.（23）の朝長兼八は個人での参詣例として示した。

伊勢講の参詣日は本来旧暦一月十一日と決まっていた。昭和十六年（一九四一）まではその通りにおこなわれていたが、昭和十七年（一九四二）からは新暦の一月十一日に変更されている。一月十一日の講参りの日に決まって参詣する人物もいた。千綿の朝長兼八である。表（19）では抽出年を省略しているために参詣は断片的に見えるが、昭和二年（一九二七）から同十六年までは毎年、戦後は永年中断したものの、昭和五十七年（一九八二）から同六十年（一九八五）まで復活しその後の参詣は見られない。復活後の「参詣扣」には「朝長氏」と記され、「兼八」の名前は見えないが、おそらく兼八の後継の家人と思われる。いまもこの朝長家の家系は千綿宿郷に続いている。

伊勢講で参詣した集落数を年ごとに見ると、昭和十四年と十六年が十四カ町ともっとも多い。昭和十九年までの戦前が比較的、講参りが多かった。しかし毎年参詣をおこなっていた南川内・久良原・田下尾之上・米之山・箕島・遠目は、戦後の昭和二十一年、二十四年ころをもって参詣が終わっている。昭和五十年代から平成五、七年ころにかけてさらに伊勢講は減少し、平成十一年からは三カ町となり今日に至っている。

図18　大村·下田下組の伊勢講（平成29年1月）

その三カ町の内、荒瀬辻組と立小路は昭和六十年、及び同五十七年から講参りが記録されるが、それ以前からこの二集落に伊勢講があったのかは不明である。

現在も伊勢講が残る下田下組は、大村市内山間地の萱瀬地区の萱瀬中学校周辺の集落である。荒瀬辻組も同萱瀬地区でも下手の荒瀬町内第四班地区、荒瀬公民館上手を通る大村レインボーロード左右に点在する。立小路は竹松地区の鬼橋公民館周辺に当たる。

伊勢講の変遷を見ると、戦後の社会の大きな変革のなかで戦前期の約半数が消滅した。さらに村落共同体という意識の低下が、伊勢講の先細りの大きな原因であったと思われる。

2　長崎空港となった箕島にも伊勢講

昭和五十年（一九七五）に海上空港となった箕島には江戸時代から人々の営みがあり、空港として開発されるときには十三戸の生活があった。蜜柑、大根などの生産をおこない、戦前には中国大陸に沢庵漬けを樽で出荷するなど、霜が降りない土地柄から良質の農産物に恵まれた。

島の中央には海の神である市杵島神社が祀られた。その氏神への信仰に加えて、島民たちの間には伊勢神宮、四国の金刀比羅神社への信仰があり、いずれも伊勢講・金比羅講といった講があり、講金を積み立てて順繰りに参詣していた。

市杵島神社が昭和四十七年（一九七二）に富松神社境内に遷座した関係から、その一連の講の記録が富松神社に所蔵されている。伊勢参りと金刀比参りはともにおこなわれることがあったので、伊勢・金刀比羅宮双方の講を通じて、箕島島民の信仰について見てきたい。

その内でもっとも古い記録は、明治四十年（一九〇七）春の「讃岐金刀比羅神社参詣帳」である。次のような定めであった。

一、廻座之事
一、代参ハ二人ヅヽニシテ鬮取ノ事
一、神酒料ハ一人宛五銭ヅヽ
一、御初穂金ハ一度ニツキ一人前金貳拾銭也
一、御守受金一度ニツキ一人前金拾銭也
　　大正十五年五月十日決定
一、講繋金一度ニツキ金三円
　　但御初穂金御守受金ハ講繋金中ニ含ム

金刀比羅講の寄合は講員十三戸の廻りもちでおこない、代参の順番は鬮《くじ》取り、すなわち籤《くじ》引きで決めていた。金刀比羅宮への納め金は右の記録にもあるように、大正十五年（一九二六）に改められたが、一戸宛て神酒料五銭、初穂料二十銭、御守料十銭と、講員十三戸分の合計は四十五円五十銭となる。このほかに代参役二人の旅費を加えると一度の代参にはかなりの出費をともなっ

た。金刀比羅講一度の繋《つな》ぎ金が三円とあって高額であるが、一回での代参の出費額からすると、これほどの繋ぎ金が必要であったのであろう。

続けて参詣帳には十三戸の戸主の名前が記され、名前の上部には、丸で囲んで「参」「座」と記された星取り表がある。これによって家ごとの座元、代参の回数が分かる。代参の順番は籤引きで決めることとなっていたが、特定の家に偏ることもなく三回～四回と万遍なく代参役を勤めている。

参詣帳の末尾には「大正十六年度参詣人名」が、大正十五年内に次のように決定し記されている。

済　一、山口勇一郎
済　二、田中好松
　　三、大島喜三
　　四、松尾一
　　五、尾崎栄作

このときには籤引きで一番目から五番まで右記の五名が選ばれ、結果として一、二番目の山口勇一郎と田中好松が金刀比羅宮へ参拝した。二名の代参と決めながらも諸事情で代参役が果たせない場合を配慮して、余裕をもって五名を選んだのである。籤引きと言いながら、こういった選定方法によって偏ることなく順番が廻ってきた。

同様に「昭和三年（一九二八）度代参人名控」にも、大島東十・大島喜三・松尾一・山口亀作・尾崎栄作の順番で記される。この決定後に五名の内から二名が選定されたものと思われる。

さらには昭和七年の「伊勢神宮　金刀比羅神社参詣帳」とした帳簿が残る。巻頭にはそれぞれ講の定めが次のように記されている。

定

一、代参　二人　籤ニテ極ムルコト

一、神座　廻リ座ノコト

一、神酒料　一戸　拾銭宛

一、講金　一戸六圓也宛

伊勢神宮

一、御神楽奉奏料　七圓也

一、剣先料　一戸　五銭宛

金刀比羅宮

一、御初穂料　弐圓也

一、御守料　一戸拾銭宛

一、御初穂料、御守料、御神楽奉奏料、剣先料ハ講金中ニ含ムモノトス

一、代参者ハ出発一週間前ニ講社中ニ通告スルコト

一、講金ハ代参出発ノ前日迄ニ代参者ノ許ニ届クルコト

若仝時刻迄ニ届ケナキ時ハ、代参者ヨリ請求ニ行クコト

代参人数や座元の廻り持ちは従前と変わらないが、時代の経過により神酒料と講金は、大正

図19　箕島の金刀比羅講・伊勢講記録（富松神社所蔵）

十五年額の二倍となり十銭と六円が集められている。

伊勢神宮の項に見える劍先料とは、劍の先の様に尖った神符の初穂料のことである。金刀比羅宮の場合は、前掲の大正十五年の初穂料とほぼ同じであり、代参出発に当たって講員への連絡、講金納め時期などが定められている。

ここに伊勢神宮と金刀比羅宮との代参が同時に記されるのは、両宮同時に参詣する事があったからである。この参詣帳に加えて「金刀比羅神社崇敬講加入名簿」、「昭和七年（一九三二）起代参帳　伊勢講中」の記録を重ねると、各年の金刀比羅宮と伊勢神宮への代参者が分かる。次の表(20)の通りである。

金刀比羅宮へは昭和五年（一九三〇）より同十八年（一九四三）まで毎年、定の通り二人ずつ代参がおこなわれた。参詣帳講員名簿の戸主が殆ど代参を勤めるが、時には息子などの家人が代わることもあった。

昭和十九年にも籤引きにより1松本祐吉・2尾崎減作・3山口亀作・4岩永秀雄・5山口万作・6山口章の代参順を記した紙片が添付されているが、この年に果たして代参があったかは不明である。大東亜戦争末期でもあり、その紙片の裏面には大きく×印がされているので中止された可能性が高い。

金刀比羅宮への代参に加えて昭和十三年（一九三八）と同十七年（一九四二）には伊勢神宮への代参があった。昭和十三年には四月十六日の金刀比羅宮参詣に続いて、伊勢へは四月十八日に詣でている。同十七年には五月二十三日の伊勢参宮を済ませた二日後に金刀比羅宮へと廻っている。

伊勢への代参がどの程度の周期でおこなわれたかは不明である。

代参のときの金刀比羅宮と伊勢での定宿も記され、金刀比羅参りには琴平山大門前の高松屋源兵衛の帍丸《とらまる》旅館であった。現在でも「とら丸旅館」として経営している。伊勢では内宮前の鮓久《すしきゅう》水月楼であった。現在も赤福直営の食事処「すし久」として健在である（図20参照）。

表（20）箕島衆金刀比羅宮・伊勢神宮代参者一覧

参詣年	参詣日	金刀比羅宮代参者		伊勢神宮代参者		伊勢参詣日
昭和5年	不明	岩永米吉	山口力松			
昭和6年	不明	尾崎栄作	山口熊次郎			
昭和7年	5月27日	尾崎栄作	大島東十			
昭和8年	4月17日	松尾一	山口亀作			
昭和9年	4月12日	山口藤造（康蔵）	山口熊次郎			
昭和10年	8月2日	山口章	山口力松			
昭和11年	12月12日	山口章	山口亀作			
昭和12年	4月25日	松本祐吉	松尾一			
昭和13年	4月16日	山口順一（勇一郎）	大島好雄（東十）	山口順一（勇一郎）	大島好雄（東十）	4月18日
昭和14年	不明	山口力松	山口熊次郎			
昭和15年	4月16日	岩永米吉	大島喜三			
昭和16年	4月13日	大島東十				
昭和17年	5月25日	山口順一（勇一郎）	大島界カ（喜三）	山口順一（勇一郎）	大島界（喜三）	5月23日
昭和18年	不明	山口藤造（康蔵）	松尾一			

（註・（　）は父親名）

図20　箕島の伊勢代参者が泊まった鮓久水月楼（昭和初期 伊勢市内宮前）

昭和二十年（一九四五）の終戦後もおこなわれたが、大村市久原二丁目に在住の山口清美は、昭和四十一年（一九六六）の中学生のときに父親の代理として伊勢代参を勤めた。いまとなっては箕島の伊勢講参りを経験した唯一の人物である。

遠隔地の金刀比羅・伊勢両宮への参詣に加えて、地元の琴平神社・皇大神宮、また鹿島の祐徳稲荷神社参詣のための講もあった。原町琴平岳の琴平神社には十月十日、旧伊勢町（現・西本町）の皇大神宮には一月十一日、祐徳稲荷神社は四月八日と十二月八日と、それぞれ代参者が参詣した。

前項で見た皇大神宮の「講参詣扣」によると、箕島からの地元皇大神宮への講参りは、昭和五年（一九三〇）から昭和二十一年（一九四六）まで確認され、昭和二十四年（一九四九）にはおこなわれていない。恐らく戦後間もなく消滅したものと思われる。

竹松今津にあった黒山神社に代参する習慣もあり、古い記録では大正十三年（一九二四）「黒山神社講参詣扣帳」が残る。四月十五日と十二月十五日の年二度の祭礼日には二人が代参し、「箕島郷代参者氏名外十二名」と記された護符を受けてくるのが慣例であった。

黒山神社は今津神社ともいわれるが、赤痢の予防神との信仰があり、西彼杵方面からの講参りも多かった。昭和三十四年（一九五九）に海上自衛隊大村航空隊の敷地となったために、現在は竹松駅通りに遷座した。

箕島衆はこういった講、及び講参りによって親睦を含め地域の絆を作り上げてきた。しかし海上空港への変容によって、昭和四十七年（一九七二）には島民総てが、島外への移転を余儀なくされ講組織も解体した。島内に祀られていた市杵島神社は富松神社境内に遷され、五月二十日と十月二十日（十月の祭礼は近い土・日曜日に変更）には島民が集まり春・秋の祭礼が続けられている。

【補注】

（1）ルイス・フロイス（一五三二～一五九七）、ポルトガルのリスボン生まれ。永禄六年（一五六三）に大村領横瀬浦に上陸。文禄二年（一五九三）まで「日本史」を記録、慶長二年（一五九七）長崎で死亡。その記録は『フロイス日本史』全十二巻（松田毅一訳　中央公論社　昭和五十二年～五十五年）として出版された

（2）アフォンソ・デ・ルセナは天正六年（一五七八）から大村駐在の宣教師となった。その年から慶長十九年（一六一四）までの回想録を記している。『大村キリシタン史料―アフォンソ・デ・ルセナの回想録』（キリシタン文化研究会　昭和五十年）として出版されている。

（3）宮後三頭大夫家に所蔵する天文十六年（一五四七）より明暦元年（一六五五）までの伊勢大麻配りの記録を箇条書きに記す。近世の記録の多くは大村藩関係である。

（4）記録巻末に「差上候帳共ハ（中略）明暦元年迄之帳共候て」と記され、目録に収録する最後の帳簿は明暦元年（一六五五）のものである。とすればこの目録は明暦元年以降に纏められたことになる。

（5）この絵図は現在四枚の写が確認され、富松神社、江頭家、土屋家、大村小学校にそれぞれ伝蔵されてきた。史料的価値が高いのは土屋家所蔵絵図である。

（6）この絵図の作成年代は、まず大村純前の時代である事には間違いない。さらに絵図中の円長寺敷地内に「純前公逆修アリ」と記され、幸いに其の逆修碑が現存する（大村市立史料館）。その銘には建立年を「天文十□□□十五日」と刻され、天

文十年（一五四一）代の建碑であったことが分かる。従ってこの建碑以降、純前が没した天文二十年までの間、すなわち大まかに天文十年代（一五四一～一五五〇）に描かれたものと思われる。

（7）『大村家譜』巻之二には大村純忠について次のように記す。
純忠　民部大輔　後改丹後守　小字勝童丸　實有馬晴純二男　實母純伊女

（8）『フロイス日本史』9　九十七頁（松田毅一訳　中央公論社　昭和五十四年）以下『日本史』の引用はこの中央公論社本による。

（9）『新撰士系録』巻五上之上に収録の朝長氏系図によると、朝長伊勢守の弟に「朝長新助純安」が確認される。従って『日本史』で訳された「新介」は新助と訂正すべきであろう。

（10）大村純忠のキリスト教洗礼名。『フロイス日本史』6に「こうして司祭は殿に洗礼を授け、ドン・バルトロメウの（教）名を授けた」とある（三百十二頁）。

（11）『フロイス日本史』6　二百九十九―三百頁

（12）萱瀬村『郷村記』には、「坂口古館」として次のように記される（藤野保篇『大村郷村記』第二巻二百四十六～二百四十七頁）。
坂口の大門の内にあり、今に館屋敷と云ふ、往古庄野頼甫居屋敷のよし、其後純忠民部大輔法名理専隠居所を構營し、遊興の地となす天正十五年純忠此館に於て卒す、春秋五十五、葬法性寺

（13）『フロイス日本史』9　九十一頁

（14）『フロイス日本史』9　百六十一頁

（15）『フロイス日本史』9　三百七十七頁

（16）橋村肥前大夫文書の文禄五年『御参宮人帳』には、「かき久いせ屋」が度々登場し（二月二十五日・四月七日・四月九日・四月二十日条）、江戸期以前から肥前国佐賀の蛎久には、橋村肥前大夫の伊勢屋敷があった。
また『郷村記』大村町之部によると、大村城下の田町に伊勢屋敷蹟が記され、さらに城下海浜の大神宮境内には御師屋敷が存在した。その役目は「伊勢御師宮後三頭大夫下向ノ時爰ニ居住」とある。

（17）外山幹夫『中世九州社会史の研究』（吉川弘文館　昭和六十一年）付録福田文書　百四十七号文書　大村純忠書状写
態令啓候、仍城番御辛労之儀、不及申候、弥入魂頼存候、将又此比南蛮船必可罷渡候、然者彼舟横瀬浦・平戸之間ニ着岸候者、豊州至伊佐早・後藤、別而可被仰談事可為一定候、殊手火箭・石火矢等敵方ニ過分ニ可罷成候、其分ニ候てハ高来此方為ニなるましく候間、何とか以才覚、彼舟福田・戸町・口之津辺ニ着岸候様ニ調法為可申、彼寄合指遣候間、長与より外浦津元迄、道之事被仰付候て可給候、彼宗躰噂も難申事候へ共、右如申、就彼一ケ条、一段機遣候間、此趣高来へも申事候、

巨細口上ニ申候間、不能重筆候、　　恐々謹言

五月二日　　　　　　　　　　　　　　純忠

(18)『フロイス日本史』6　三百十一頁
(19)中島圭一「京都における銀貨の成立」(『国立歴史民俗博物館研究報告』第百十三集　国立歴史民俗博物館　二〇〇四年)
(20)橋村肥前大夫文書『永禄七年中国九州御祓賦帳』に「白かね廿七文めと國銀壱貫二百文　宮嶋田中藤左門殿」、「白金十文目　塩田善兵衛殿」とある。(神宮文庫所蔵　架蔵番号　一門三五一六)
(21)前掲の『永禄七年中国九州御祓賦帳』には豊前・豊後・筑前での伊勢大麻配布の実績が記されるが、大麻の初穂は総てが銭に納められている。当時、この地域で銀が貨幣として使われることはなかった。
(22)宮後三頭大夫文書『国々御道者日記』の永禄十一年の記述に次のようにある。

八百文精銭　肥前国千々石大泉院かハし

しろかねにて候ハヽ、廿文目也　八人たつ　七月十五日

精銭八百文は白銀(銀)二十匁と相場を記すので、銀一匁は銭四十文と換算できる。
(23)「献立書」神宮文庫所蔵(架蔵番号　七門二八四八号)
(24)根井浄「有馬時代の食文化と茶室—伊勢御師食膳日記の世界—」(『嶽南風土記』二十一号　平成二十六年)
(25)久田松和則『伊勢御師と旦那—伊勢信仰の開拓者たち』(弘文堂　二〇〇四年)　第二章中世末期、伊勢御師の為替と流通(二百四十七〜二百五十四頁)
(26)大永五年『御道者日記』に記録される美作・備前衆の伊勢参宮時の為替使用は、総て初穂納付の手段として使われている。久田松和則「参宮をめぐる伊勢御師と美作・備前の道者達—大永五年『御道者日記』に見える初穂の納付形態—」(『近世の伊勢神宮と地域社会』所収　岩田書院　二〇一五年)
(27)松尾剛次『勧進と破壊の中世史—中世仏教の実相』所収　西大寺末寺帳(吉川弘文館　平成七年)
(28)藤野保編『大村郷村記』第一巻　百十四—百十五頁(国書刊行会　昭和五十七年)
(29)松尾剛次「新たなる伊勢中世史像の再構築—謎の楠部大五輪と楠部弘正寺・岩田円明寺—」(『皇學館史学』第二十四号所収　平成二十一年)
(30)橋村肥前大夫文書『天正十七年御祓賦帳』(天理大学図書館所蔵　架蔵番号二一〇〇八—イ一一一—四(2))
(31)諫早市高来町神津倉の太良嶽山金泉寺別院医王寺所蔵。奥書には宝永三年(一七〇六)に同寺の法印賢純によって記され、

その後宝暦十四年（一七六四）に順慶によって補筆とある。

(32) 京都大学近世物価史研究会『十五〜十七世紀における物価変動の研究—日本近世物価史研究1』（読史会　一九六二年）

(33) 久田松和則「仏教寺院のキリシタン施設転用の一例—大村純忠埋葬地・宝生寺の場合—」（『キリシタン研究』第二十五輯　吉川弘文館　昭和六十年）

(34) 橋村肥前大夫文書　天理大学図書館所蔵（架蔵番号二一〇〇八・イ一一一・三⑽）

(35) 久田松和則『キリシタン伝来地の神社と信仰』二百二〜二百四頁（富松神社再興四百年事業委員会　平成十四年）

(36) 伊勢御師は伊勢大麻を配る地域を各々に開拓していった。そしてその地域で伊勢大麻を受ける者を道者、あるいは旦那として把握した。旦那衆が伊勢参宮に来れば自らの屋敷を宿として提供し、両宮参拝や伊勢周辺の景勝地などをも案内した。こういった伊勢御師と旦那との関係を師旦関係という。

(37) 藤野保・清水紘一編『大村見聞集』四百七十頁（高科書店　一九九四年）。以降、『見聞集』の引用は同書による。

(38) 同右

(39)『瑞垣』百十二号八十七頁（神宮司廳　昭和五十二年）

(40) 大西源一『参宮の今昔』百三十六頁（神宮司廳　昭和三十一年）

(41) 神宮文庫所蔵　架蔵番号一門一三九三九号

(42) 大村市立史料館所蔵　架蔵番号　大村家史料五〇三—一一

(43) 大村藩主直轄領が約四千百七十二石に対して、大村家庶家一門（十三家）の合計知行高は約六千六百七十四石と藩主家を上回っていた。藩主権力の強化の為に庶家十五家の領地を没収した。これを御一門払いという。

(44)『大村見聞集』四百七十頁

(45) 大村史談会編『九葉実録』第一冊二十八頁（平成六年）、以降、『九葉実録』引用は同書による。

(46)『大村見聞集』七百八—七百九頁

(47)『大村見聞集』「伊勢・多賀・愛宕・彦山・大峰并諸社御由緒之事」として次のように見える（四百七十頁）。

家中惣別之御祈祷之ため年々御祓進上之する也

元禄年中之記に伊勢御祓以前は御城并御城下奉公人中外ニ町中ニ参候處（後略）

(48) 奈倉哲三「近世人と宗教」（岩波講座『日本歴史』第十二巻近世2　岩波書店　一九九四年）

(49)『九葉実録』第二冊三百十九頁

(50) 神宮文庫所蔵、架蔵番号一門一五四六号、本宮造営の余木を瀧原宮・伊雑宮の造営用材として使用することについて、宝永五年二月より四月までの外宮政所日記。

(51) 神宮文庫所蔵、「大村神明社御造営ニ付往復書簡並関係文書」架蔵番号一門一三九四五号

(52) 『九葉実録』第二冊 二百二十一頁

(53) 上部が剣の先のように尖っている御祓大麻

(54) 木箱に入った御祓大麻、大麻を神棚祀ると、大麻が入っていた御祓い箱は無用になる。「無用のもの」という意味で使われる「おはらい箱」の語源は、この御祓大麻が入っていた木箱に因む。

(55) 皇學館大學史料編纂所編『神宮御師資料』外宮篇四所収（皇學館大學出版部　昭和六十一年）

(56) 『九葉実録』第二冊　四頁（享保十二年六月八日条）に次のようにある。

八日封内人員ヲ検シ、八万四千四百九十人ヲ得タリ　男四万四千二百十九人、女四万二百七十一人

(57) 『郷村記』六十七カ村記載の各村人口を集計算出。

(58) 二世帯同居して竈を共有した場合は一竈、竈を別にした場合は二竈と数えられ、竈単位で税が課せられた。

(59) 『大村郷村記』第三巻二百六十頁

(60) 神宮文庫所蔵　表題には『関東御名代名寄　大名御参宮名寄　山田御奉行所名寄』とある。架蔵番号一門一二四〇三号

(61) 『大村家覚書』巻十三　純鎮代に次のようにある。

一勢州参宮之事　安永六年丁酉の春休暇を賜、帰邑の時勢州参宮之願書差出の處、二月廿二日板倉佐渡守附札紙以許可す、三月九日江戸を発し同廿七日勢州山田着、廿八日内外宮を拝し奉り、同日連署を以御禮を申上、四月五日石清水八幡宮へ参詣、同廿九日久嶋着城

(62) 同右書 巻十四　純鎮代 に次のようにある。

一勢州参宮奈良春日社参詣之事 同年（享和三年）三月十一日土井大炊頭へ御先手深津主水を以、今春帰邑の時勢州参宮奈良春日社江参詣の願書上総介より差出の處、同十三日大炊頭宅へ留守控を呼附札紙以許可す

一在着之事 同年三月十四日江府を発し四月廿七日小俣に至り、廿八日内外宮を拝し（後略）

(63) 御師の名称には御祓大麻に記す御祓銘と、本来の家の名前である師職名とがある。

「宮後三頭大夫」を御祓名とする御師は、江戸期に入り寛保三年（一七四三）の時点では藤井右近（『寛保三年山田師職名帳』）、安永六年（一七七七）には藤井主馬が継承している（『安永六年外宮師職諸国旦方家数改帳』）。さらに文政十二年（一八二九）以降は黒瀬家が引き継いだ（『黒瀬圖書系図』）。

(64) 神宮文庫所蔵　架蔵番号一門一三九四四号　三冊から成る

(65)書状には次のようにある。
拙者方御旦那大村上総介様此節御参宮ニ御座候、就而者御仲間ゟ御預リ申居候雨垣之處江急ゝニ座敷一間相建可申候處、(中略)右御参宮中雨垣へ床張、障子之所江板張天井等取付、当座座敷ニ致し相用申度奉存候、右雨垣破却致し候而者跡々世話も有之申候、以旁御一統於御承知者早々取斗申度奉存候、尤御参宮相済申候上者即座ニ取放し元之雨垣ニ致し返上可仕候

(66)明治十二年『旧師職總人名其他取調帳』(皇學館大學史料編纂所編資料叢書第二輯『神宮御師資料』外宮篇一所収)によると宮後町五十三番地とある。

(67)第一報で届けられた大村侯参宮の手順は次の七項目に及んだ

一、旅程と止宿
桑名ゟ津泊、津より小俣御泊ニ而御参詣、懇貴宅江立寄、御潔斎御衣装被為召直候、両宮御拝禮相済猶又貴宅江御立寄有之候、小俣御旅館江御帰、貴宅江者御止宿無御座候

二、先例に倣う
御先代信濃守様享和三亥年之御例之通諸事取調子候間、貴様御方ニ而茂右之節之御心得ニ而御取調可被成候

三、親類中の挨拶断り
当朝貴宅江御立寄之節、貴様御親類中并出役之面々江御逢之儀被成御断候、尤門前玄関前等ニ而御道懸御會釈者其御元御仕来通ニ而も可然之間、御間内ニ而者御逢者弥被成御断候

四、潔斎と手水
御潔斎之御風呂御手水等神事之御式ニも御座候ハヽ、其式ニ可成候、此節貴宅御類焼後仮普請之趣ニ相聞候間、湯殿桶等新規御取立も候ハヽ、一坪之仮屋さっと御取立可然候、手狭念入候義者必御断申候、若風呂ニ不及、御手水斗ニ而御清可相済候ハヽ、湯殿御立者御無用可成候

五、御供人数と立継不要
格別御略式之方御治定御座候間、萬端其御心得ニ而悦候、御手当可被下候、貴宅仮住居手狭と申添を以御立継有之候而者誠無宜之事ニ御座候、別両度御立寄のミニ而、其節之御供廻も御先供七人、御駕佑六七人、御先番弐三人、御家老壱人、御用人三人、其外五六人位之事ニ候間、決而御立継無之様候

六、大村侯着座の間の誂
大守様御着座之間、御奥ニ障子竪等御取繕、其外者有来ニ而不苦候、右竪御断申達候義者、貴様ニ茂近来勝手向御不

如意之趣ニ而、（中略）格別見苦場所少ヽ之御手入者勝手次第可被成候、御住居向手狭之儀者、大守様にも申上置候間、
決而御懇念被成間敷候

七、両宮拝礼後の昼食と出迎え不要

両宮御拝禮相済候頃、御昼支度之御刻ニ茂相成候ハヽ、都合宜敷場所茶屋借受御弁當被召上筈ニ御座候、依之貴様ゟハ御料理等ハ一切不及献上候、御供中江者猶更御取構無之様ニ存候、今度者諸事格外御省略ニ而御参詣之儀ニ候間、御途中江御出迎衆其外所ゝ御出役御先拂等被成御断候間、貴様ゟ其先ゝ程よく御通達御座候様存候、尤御拝禮式其外御取調御前宿へ御手代御差越可被下候

（68）参宮当日の日程は次の通りであった。

八ツ時ゟ宮川為御出迎中河原綿屋方江行、下宿七ツ時小俣發駕宮川ニ而御目見、其儘御先江駈抜候、偖宮川ニ而三方壱人同役人宇治年寄同役人御出合、御役所ゟ御駈方御案内之義者、兼大村様ゟ御断ニ付其段御役所江申上越候處、押而御出帳有之候事

明早々御着、主馬者門迄御出迎家来者扁々蹲踞、親類中者玄関ニ着座此所ニ而親類中御目見、御丁寧ニ御挨拶有之、夫ゟ此度取繕候御座之間江御入、主馬直ニ御手掛のし差上、御雑煮御酒御吸物御硯蓋差上候、御給仕御例衆也、此時主馬へ御盃頂戴、七人よ輩御潔斎其間ニ両宮御遙拝所御座之間へ相侍リ、高案を柳にて巻、其下へ切机を置紙薦を敷、切机へ麻をのせ置、高案之上ニ両宮御備御酒土箸ニ盛置候、御潔斎後寛々御遙拝畢、而白練薄御狩衣紫綾御差、豊緋単緋下袴御風折えぼし御太刀、夫より御参宮也、主馬北御門橋前へ御先ニ行、此所ゟ御案内両宮無滞相勤、御小休中之地蔵大田屋正助方也、諸事大村様請真用也、膳壱人前壱匁弐分、割籠壱人前七分弐厘ツヽ、膳救四十せん、割籠八十人前也、此所ゟ小俣江發駕也、最内分者御例三四人ニ而御歩行ニ而ニ見江御越被遊候、此儀者極内分也

（69）表（14）には四十四項目の抽出になっているが、No.34の本来個人別に記されて役目料三十一人分を一括して示したので、両項目数が異なっている。

（70）銀一両＝四匁三分で換算した。金への換算は後掲の出納勘定帳によると、金一両＝銀六十四匁の相場で算定されているのでこれに従った。

（71）大村藩『新撰士系録』第二十二巻

（72）大村藩『新撰士系録』第五十四巻

（73）皇大神宮神社（大村市西本町鎮座）所蔵

第四章　平戸・松浦地方の伊勢信仰

はじめに

佐世保市より北部の県内域を平戸松浦地方と総称することがある。このように平戸と松浦が一体として認識されているのは、江戸時代に平戸に本拠地を置いた松浦氏が治めた領土であったからである。現在は平戸松浦の概念からは外れているものの、佐世保市も江戸時代には平戸領であった。

この地域を治めた松浦氏は、その先祖は平安時代にまで遡るという家系をもち、鎌倉時代以降の中世には松浦党という同族を組織し、肥前国の松浦郡一帯に割拠していた。そのなかから一歩秀でたのは松浦隆信であった。一族の松浦相神浦氏を大智庵城、飯盛城に攻め滅ぼし、一気に領土を広げていく。結果として佐世保・日宇・早岐・指方・針尾の地域をも治めることとなった。外山幹夫氏はその時期を永禄九年（一五六六）とする。(1) この三年前の永禄六年（一五六三）には、松浦志佐地方を治めた志佐氏に娘を嫁がせ、志佐氏とも姻戚関係を結んでいた。

成長著しい松浦隆信の跡を継いだのが松浦鎮信であった。永禄十一年（一五六八）に家督を継ぎ、元亀二年（一五七一）には壱岐島をも支配下に入れ、平戸の地に居城を構えながら平戸・松浦・壱岐を治める戦国大名として成長していく。江戸時代に入ると近世大名としての地位を築き、その家系・領土は明治という新しい時代の到来まで変わることはなかった。

こういった歴史をもつ平戸・松浦に伊勢御師の活動が確認されるのは、現存する記録に基づく限り天正十七年（一五八九）からである。このころといえば、割拠する松浦一族が平戸松浦氏によって統一され、平戸・松浦という領土が形成され、天正十五年（一五八七）には豊臣秀吉から領地が安堵され平戸領六万石が確定していた。いわば平戸・松浦領が安定期に入った時期であった。

それを狙ったかのように当地方に入った伊勢御師は橋村肥前大夫であった。東肥前国（現・佐賀県全域）と筑後国（現・福岡県南部）一帯を広く旦那地域とし、九州に進出した御師のなかでは最大級の勢力を有した。実はこの橋村肥前大夫が書き残した記録が、天理大学図書館（天理市）に大量に所蔵されている。本項では主にこの橋村肥前大夫文書を用いて、平戸松浦地方の伊勢信仰を見ていくこととする。

一　天正十七年の伊勢大麻配りと旦那たち

御師たちは自分の縄張り地域で伊勢大麻を配った際に、『御祓賦帳《おはらいくばりちょう》』という記録を残している。伊勢大麻を受けてくれる旦那たちは、伊勢信仰を広める使命をもった御師にとって、心強い支援者であった。その旦那衆の名前を記した『御祓賦帳』は、いわば顧客名簿であり御師家の大きな財産といっても過言ではなかった。橋村肥前大夫は五冊の『御祓賦帳』(2)を残しているが、そのもっとも古いものが天正十七年（一五八九）の賦帳である。その表紙には次のように記される。

筑後国　天正十七年配
肥前国　御祓譲使　竹市善右衛門
肥後国　八月吉日

天正十七年に筑後・肥前・肥後の三国を廻り大麻を配った人物は、「御祓譲使」と記され竹市善右衛門であった。この人物については、佐賀鍋島家の『勝茂公御年譜』[3]に、

伊勢ノ御師橋村才右衛門正滋内、荒木田ノ神主竹市善右衛門盛安ト云者

と見える。橋村才右衛門（肥前大夫）に手代として仕える者であった。旦那地域に下って伊勢大麻を配って廻るのは、御師家当主よりむしろこういった手代たちが多かった。

この年、竹市善右衛門は、肥前国でもっとも伊勢への信仰が篤かった佐賀蛎久村から伊勢大麻を配り始め、やがてその足は下松浦地方に及ぶ。今里、有田、山代を経て、平戸松浦氏領の今福に入り平戸領諸村を廻っている。

こういった伊勢御師の活動が、平戸松浦領でいつから始まったかは不明であるが、残る記録に従う限りこの天正十七年が初例である。少なくともこの時点では、当地方の民は御師を通じて伊勢神宮を身近に認識しただろう。結果として領内で伊勢大麻を受けた者は百十三人を数えた。一覧表にして示せば表（21）の通りである（大麻に伊勢土産等が添えられた者達は、№（1）～№（16）として表前段に纏め、伊勢土産等も記した）。伊勢大麻を受けた者を、当時は「旦那」と言った。本項でもこの用語を用いる。

平戸と伊勢御師との関わりについて、文政三年（一八二〇）に橋村肥前大夫が平戸藩への尋ね書きのなかで、天正十三年（一五八五）の自家文書控に松浦宗信（隆信）・源三郎（久信）の名前があると記している。とすればこの天正十三年にはすでに橋村肥前大夫は平戸と関わっていたとも思われるが、詳細は「六、平戸藩法と御師尋ね書から見た伊勢と平戸」の項で述べる。

表(21) 平戸・松浦地方の旦那衆（天正十七年）

No.	地域別旦那名	大麻種別・伊勢土産等
【今福】2人		
1	大田治部小輔	箱祓
2	大田五郎兵衛	しそく也 当御参宮
【志佐】9人		
3	山本和泉	宿 箱祓 帯 小刀
4	月かわ山本清左衛門	
5	志佐壱岐守	千度 のし三十 帯 扇 さけを
6	同若子様	千度 のし十 帯 扇
7	若子様	杉原包 ぬさ のし 帯 扇
8	同御れう人	杉原包 ぬさ祓 のし 帯 扇

No.	地域別旦那名	大麻種別・伊勢土産等
9	新見若狭守	箱祓 帯
10	森下兵庫助	
11	宮司坊	旅籠銭なき候宿 ぬさ祓 帯 下扇
【平戸】34人		
12	松浦肥前守宗信	万度 のし百本 御供 すへひろ 小刀 両金 さけを
13	上様	
14	若子様源三郎	はこ祓 のし三十 両金
15	上様	
16	平松周防守被官二人	帯 扇 くし

No.	地域別旦那名
17	御つほね
18	おちの人
19	平松善四郎 掃部
20	平松七郎左衛門
21	古河治部左衛門
22	古河隼人佐 兵十郎
23	河内彦七
24	河内与助
25	井関源兵衛
26	谷口甚五郎
27	中山新三郎

No.	地域別旦那名
28	町田杢丞
29	賀藤源七 右兵衛
30	野崎帯刀
31	木寺右馬助
32	木寺主税助
33	大野形部小輔 源八郎
34	大野賀兵衛 美濃守
35	平松勘左衛門
36	同はゝ子
37	近藤采女
38	五島那留

No.	地域別旦那名
39	同上様
40	梅崎殿
41	中山藤五兵衛 治部丞
42	土肥金衛門
43	芥田織部丞
44	久家彦八郎 主計丞
45	佐々新八郎 左馬助
【平戸町之分】46人	
46	角田甚六 宿
47	角田新左衛門
48	かち五郎左衛門

No.	地域別旦那名
49	藤本与三左衛門
50	貞方兵衛門
51	うなかし彦五郎
52	月家杢左衛門
53	角田甚兵衛
54	石垣又五郎
55	伊藤宗左衛門
56	木村三郎左衛門
57	木村与八郎
58	大工源衛門
59	うし新兵衛

No.	地域別旦那名	No.	地域別旦那名	No.	地域別旦那名	No.	地域別旦那名
60	本山与左衛門	75	かわの河又二郎	90	くわの助二郎	102	對殿
61	忠八左衛門	76	上まち あふい おしろい三	91	清水四郎衛門	103	うなかし一人
62	安藤兵部左衛門 三郎四郎	77	助四郎	【壱岐嶋】	2人	【田平】	4人
63	梅上あふい	78	宮崎新四郎 四郎兵衛	92	おさゝ	104	桃枝貞次
64	濱田宗安杢左衛門	79	白石新三郎	93	松浦又三郎 左衛門守	105	南殿役人
65	坂本次郎左衛門	80	板や善七	【御厨】	5人	106	小佐々殿
66	中村与四衛門	81	宮前三日山	94	平松周防守	107	うなかし一人
67	本山新左衛門	82	宮前林三郎	95	桃野源三 左京亮	【あい之浦】	5人
68	山上与助	83	あぶらや新左衛門	96	田口杢允	108	平松拾右衛門
69	小田原与三左衛門	84	板やあふい	97	小田殿	109	喜多河了也
70	ときや孫左衛門	85	さきノ三郎	98	うなかし一人	110	山本右京
71	伊藤清左衛門	86	すこ二郎兵衛	【佐々】	5人	111	松浦源次郎 丹後守
72	伊藤紹清斎	87	孫左衛門内又二郎	99	紫加田殿	112	中村弥左衛門所役人
73	うなかし孫四郎	88	本山浄盛	100	藤田殿		
74	つしま屋	89	源衛門	101	一ノ瀬殿		

（註・No.1～16の旦那には大麻の種別と伊勢土産等が記録されるのでそれを記し、前十列にまとめ別欄とした）

竹市善右衛門が廻ったのは、今福に始まり志佐、平戸、平戸の町部、壱岐、御厨、佐々、田平、相浦の九地域に及んだ。その総数はNo.（16）の平松周防守被官二人を一つの欄に収めているので、表（21）最終番号の112に一人加えた百十三人となる。その内、平戸島内が八十人と全体の七十一パーセントを占め、その他八地域の合計数が三十三人と、圧倒的に平戸島の民が多い点からも、平戸の島が当時の平戸松浦の中心であったことが窺える。

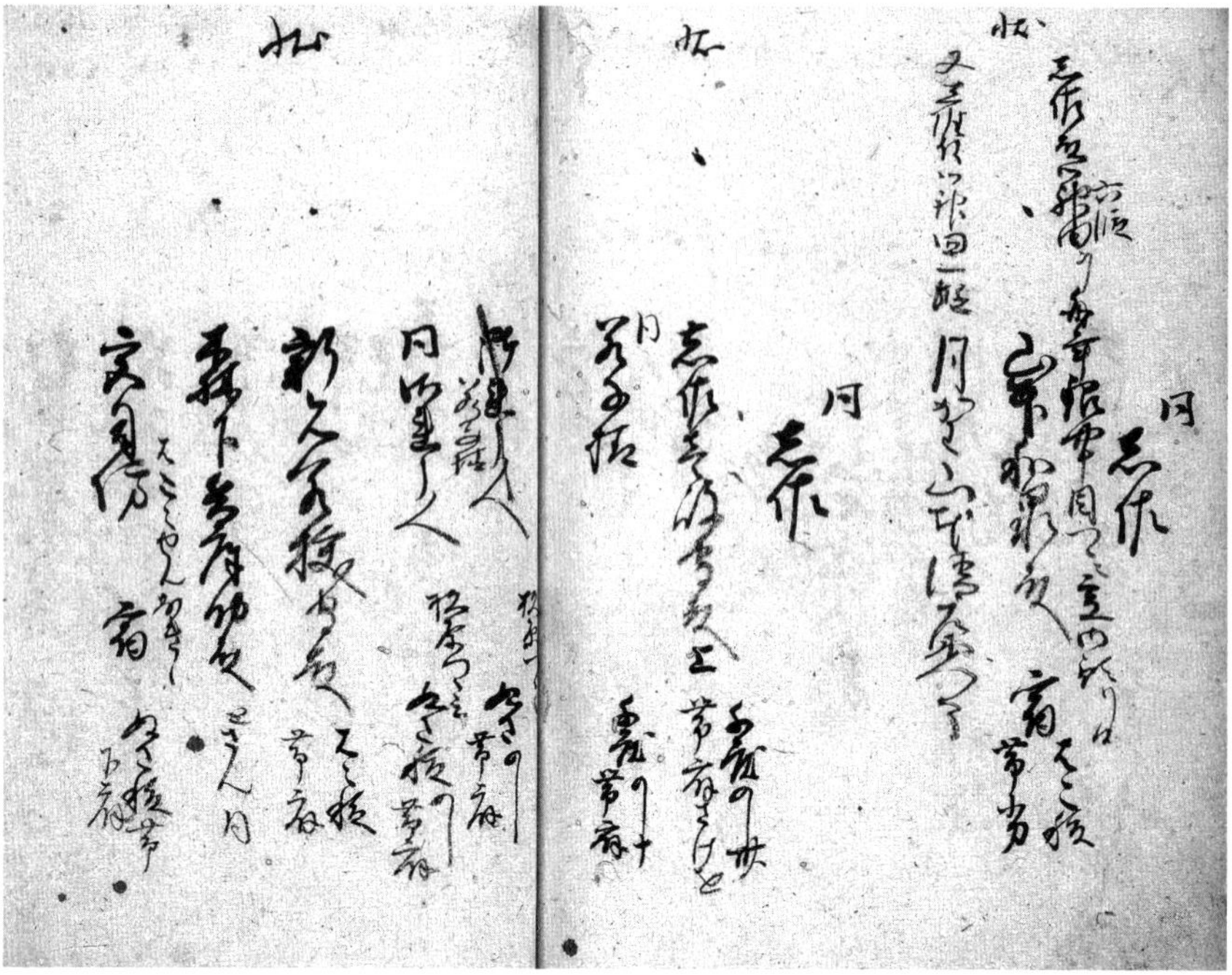

図21　天正17年御祓賦帳・志佐の分（天理大学天理図書館所蔵）

大麻を受けた旦那衆がどういう立場にあったのか、若干見ていくこととしよう。

表（21）の前十列に記した十六名（No.1〜16）の内、十人には「箱祓」「千度」「万度」「ぬさ祓」といった大麻、それに加えて、帯・扇等の伊勢土産が贈られている。御師たちは地域の有力者には、こういった伊勢土産を添えることが常であったから、この十六人は当地方切っての有力者であったと思われる。

まず平戸島の旦那から見ていこう。平戸分の冒頭は松浦肥前守宗信（No.12）である。松浦氏当主の松浦鎮信の法号を記している。鎮信は永禄十一年（一五六八）に家督を継ぎ、大麻を受けた天正十七年には領主となって既に二十一年が経っていた。その領主自らが伊勢大麻を受けている。

その領主に添えられた伊勢土産は、「万度　のし百本　御供　小刀　両金　さけを」の六品であった。この品数の多さからも御師の格別な配慮が窺える。「万度」とは大麻の一種類であるが、一万度の祓いをして作り上げた御札を万度祓、一千度の祓いをして作ったものを千度祓と、丁寧に作った最上級の大麻がこの万度祓、その外に木箱に入れた箱祓、[4]上部が剣のように尖った剣先祓があった。松浦鎮信には最上級の万度祓を贈っている。

「のし」は大村地方の伊勢信仰でも触れたが、鮑《あわび》をリンゴの皮のように剥いて干した熨斗《のし》、伊勢神宮での代表的な神饌（御供え）である。珍味として重宝がられ、それを百本添えている。両金は表裏に金箔を施した扇であり、『日葡辞書』に「リョウキンオウギ（扇）」と見える。

松浦鎮信の次に記される上様（№13）は鎮信の室（妻）、次の源三郎（№14）は鎮信の嫡男、後継者の松浦久信に当たる。鎮信・久信・隆信と続く三代はともにこの「源三郎」を襲名している。源三郎には箱入り大麻・熨斗三十本・両金と父親の鎮信の品とは差をつけている。

壱岐島の冒頭には「松浦道哥様御座候御領中也」と記される。この松浦道哥（可）は松浦鎮信の父親・松浦隆信である。[5]壱岐嶋は前述の通り元亀二年（一五七一）には平戸松浦領となっていた。先の文意からすると、永禄十一年（一五六八）に松浦鎮信に家督を譲った道可（隆信）は、この天正十七年当時は壱岐の地に居たものと思われる。壱岐ではこのほかに二名の旦那名が見えるが、その一人の松浦又三郎（№93）は道哥の二男であり、壱岐嶋を治めた日高甲斐の婿養子となっていた。松浦豊後守又三郎信實、又左衛門とも名乗った。[6]

壱岐の記録の末尾には「古河治部左衛門殿取付也」と記され、この古河治部左衛門は表（21）中の№（21）に登場する。この人物が壱岐の分は代わって取り継ぎしたと解釈される。従って橋村御師の手代竹市善右衛門は、壱岐島まで渡って大麻を配った訳ではなかった。古河氏に言付けたのである。

志佐では九人が大麻を受けている。志佐氏とその領土は天正九年（一五八一）に平戸松浦氏の支配下となるが、[7]その冒頭には山本和泉（No.3）と山本清左衛門（No.4）の二人が記される。山本和泉には箱祓、伊勢土産として帯・小刀が添えられた。加えて「宿」と記されるから、御師手代が当地方を廻村する際の宿を提供していた。

この二人の詳細は不明であるが、山本在勝によって記された『志佐物語』（元禄十年編）に山本平次という人物が登場する。寺山団助という松浦氏家臣が領内の福島を唐津領に譲ろうと企てたために、この逆心に立ち向かい寺山を成敗したのが山本平次であった。ときに天正十七年（一五八九）、十七歳であったという。天正十七年といえば、丁度、伊勢御師が当地方で大麻配りをおこなった年である。先の山本和泉と清左衛門はこの山本平次の一族であろうか。山本平次の年齢から考えると、山本和泉、あるいは清左衛門は平次の父親の世代だろうか。

志佐姓を名乗る者ではまず志佐壱岐守（No.5）がいる。志佐氏系図[8]よるとまず壱岐守を名乗るのは志佐純本であるが、永禄七年（一五六四）に亡くなっているので該当しない。この純本の二男純元（意）は松浦隆信の娘を妻として志佐氏を継ぐが、『志佐氏系図』や『志佐物語』には壱岐守と記される。[9]志佐氏系図によると天正十八年（一五九〇）十一月十七日に没しているので、天正十七年の御師の廻村のときには生存していた。とすれば志佐壱岐守はこの純元（意）にあたるものと思われる。

それに続いて志佐氏の「若子様」二人が見える（No.6・7）。壱岐守純元には二人の息子がいたが、その純高と豊寿丸を若子と記したのであろう。長男の純高は伊勢大麻を受けた三年後の天正二十年（一五九二）には、朝鮮出兵に出陣し彼の地で戦死した。二十歳であった。

志佐には御師に宿を提供する所がもう一カ所あった。（No.11）の宮司坊である。「はたこせんなき候宿（旅籠銭無き候宿）」とあり、平戸松浦地方での活動の拠点となった。当地の古社といえば淀姫神社であり、その神主家を宮司坊と称した可能性が高い。

さて再び平戸島に注目すると、「平戸」と「町之分」とに分けて記録されている。御館といわれる城（現在の松浦史料博物館一帯）周辺の武士居住区を平戸、その下手の港周辺を町之分と分けたのであろう。それぞれ三十四人と四十六人を数える。

平戸の三十四人のほとんどが苗字をもった有姓者であり、松浦氏家臣団であったと思われる。そのなかに「御つほね」（No.17）、「は丶子」（No.36）、「上様」（No.39）と姓をもたない三人が含まれている。前述のように松浦鎮信の妻、平松勘左衛門の母、五島那留の妻に当たり、女性も伊勢大麻を受けていた。

町之分は有姓者三十二人、無姓者・屋号・女性の合計が十四人である。平戸は天文十九年（一五五〇）にポルトガル船が入港して以来、港周辺には町屋が並んでいた。町屋を思わせるのは大工源兵衛（No.58）、ときや孫右衛門（No.70）、つしま屋（No.74）、あぶらや新左衛門（No.83）、板やあふい（No.84）といった職人や屋号を持った商人達である。従って町には研ぎ屋や大工、対馬屋、油屋・板屋などの職人・商家が軒を並べていた、

この平戸町衆の財力を示す史料がある。宣教師ガスパル・ヴィレラが弘治三年（一五五七）にイエズス会に宛てた書簡[10]の中に次の様に見える。

件の市は大きく、他の地方では戦いが起こっているが、そこは幾分平穏である、（中略）当市が平穏であるのは、市内の裕福な商人らが戦いの勃発を察知すると、進物をもって自ら交渉するからであり、かつて破壊されたことがない。

平戸の町には裕福な商人たちがいて、戦の気配を感じると、その商人たちが双方に進物を贈って争いを回避させていたという。商人の財力を背景とした発言力と、それに耳を傾ける領主たちの関係があった。

平戸（三十四人）と町之分（四十六人）で伊勢大麻を受けた者の数は、町の方が十二人上回っており、この点からも町衆の勢いを感じるだろう。ガスパル・ヴィレラの報告から三十二年が経過しているが、御師手代の竹市善右衛門はこの町のまっただ中に入り、伊勢大麻を配って廻ったのである。

「上まちあふい」（№76）、「板やあふい」（№84）と、ここに「あふい」という立場の者が登場する。前者の「あふい」には「おしろい三」と記され、白粉が贈られている。御師は女性には伊勢特産の白粉をよく添えているので、「あふい」は女性を示す名称であったと思われるが、詳細は不明である。

「うなかし」という名称が平戸町之分に二人（№51・73）、御厨・佐々・田平にそれぞれ一人ずつ（№98・103・107）、計五名が確認できる。[11] どういう集団であろうか。賦役などを督促する役目をもった者を「うながし」という。この時代の言葉を収録した『日葡辞書』にも、

VnagaXi　大声で触れを知らせたり人を呼び集めたりする役目の者

と見え、[12] 賦役を触れ回り督促する、そういった役目をもった者と思われる。

平戸町之分の冒頭に記される角田甚六（No.46）には「宿」と記され、伊勢御師の廻村時の宿舎を務めていた。前述したものと加えると、御師の宿は志佐の山本和泉と宮司坊、平戸町中の角田甚六と三カ所あったことになる。

御厨の六人の旦那のうち桃野源三左京亮（No.95）がいる。志佐氏系図によると志佐純次の弟・桃野兵庫助の子息が右京を名乗り、左京と右京の違いがあるが、一族であろうか。さらに桃野兵庫助の弟は桃枝姓を名乗り桃枝定治といった。田平の旦那に桃枝貞次（No.104）という人物が記録され、「定治」「貞次」と用字の違いがあるが、御師が当て字で記録した可能性が高く同一人物と思われる。また佐々の紫加田殿（No.99）は本来は「志方」と記すが、同氏系図によると志方豊久の三男・志方頼が佐々を領しているからこの人物に比定できよう。

本項での基礎史料となった『天正十七年御祓賦帳』の巻末には、「しも方浦ノ分」として大嶋・生月・くしがさき・今福・福嶋・志摩・日宇・佐世保・調川・早岐・小鹿島の地名が記されている。この内で今福での大麻の配札はおこなわれているが、その他の地域では御師が入った形跡はない。今後、伊勢大麻を配る候補地として記したものと思われる。

二　平戸松浦衆の伊勢参宮

1　参宮の実態

橋村肥前大夫は『天正十七年御祓賦帳』を書き残すと同時に、『御参宮人帳』[13]という伊勢参宮者の記録をも残している。九州からの旦那衆を自分の伊勢の屋敷に泊め、伊勢両宮の案内などを務めた。その際の旦那たちの宿泊・初穂名簿といってよい。

『御参宮人帳』によって平戸松浦地方からの伊勢参宮が確認できるのは、天正十年（一五八二）から元和十年（一六二四）までである。但しこの四十三年間の総ての『御参宮人帳』は現存せず、二十三カ年分が天理大学図書館に収蔵されている。

記録内容を具体的に示すと次の通りである（図22参照）。

四人　肥前国あいの浦

良子　三文目　　伊藤織部丞殿

良子　三文目　　同御内儀

良子　三文目　　うくの与太郎殿

良子　三文目　　中尾兵衛門尉殿

良子　壱文目五分　同父親之代ニ御初尾　同人

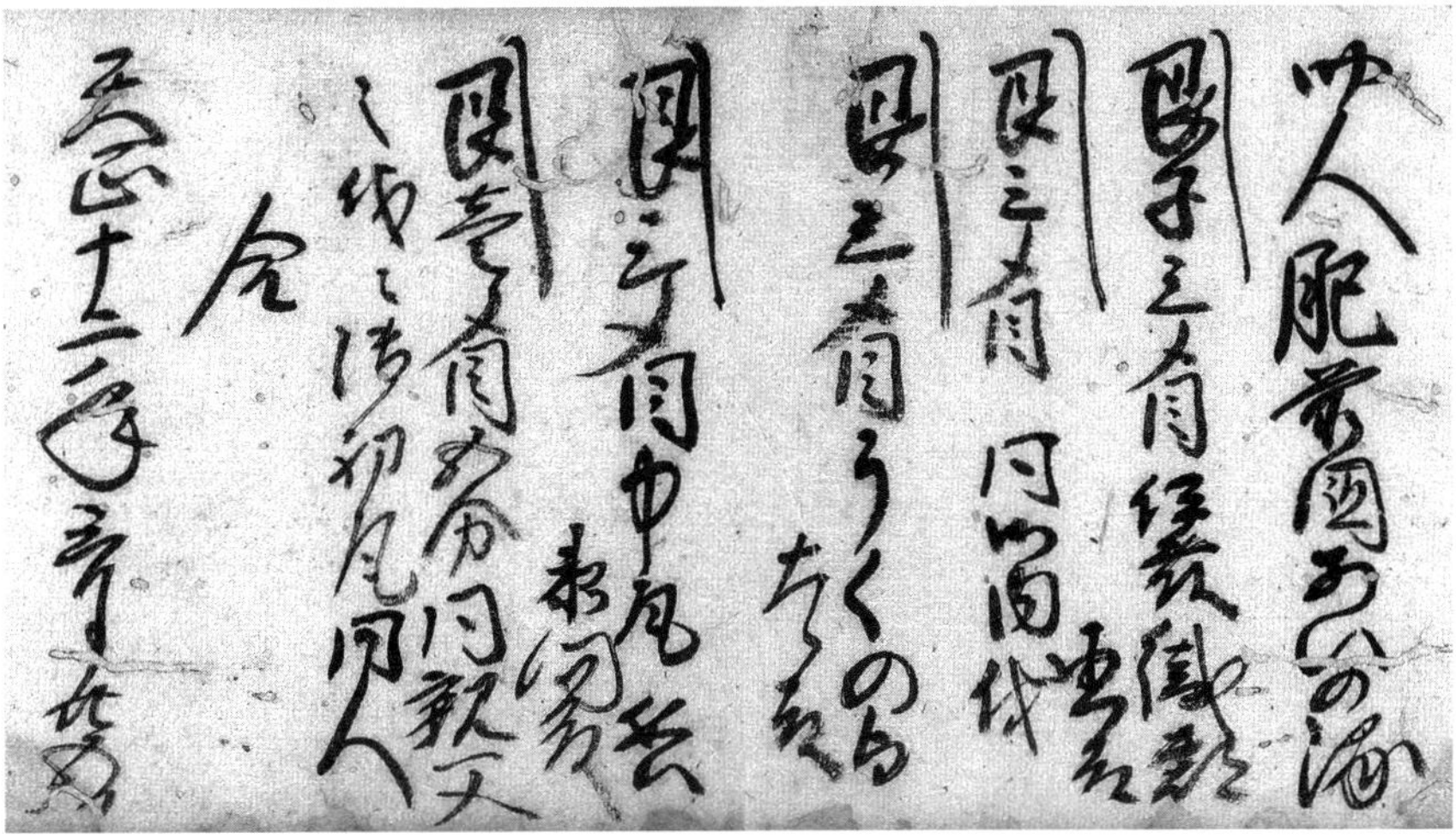

図22　天正12年相浦衆伊勢参宮（天正12年『御参宮人帳』天理大学天理図書館所蔵）

合

天正十二年三月廿五日

冒頭に一団の参宮人数、その居村が記される。ここに見える「あいの浦」は現在の佐世保市北部の相浦に当たる。冒頭にも触れたが相神浦松浦氏の本拠地であったが、松浦隆信によって攻められ平戸松浦氏の勢力に組み入れられた地域であった。

その相浦からの参宮者の名前、御師に納めた初穂料が記され、初穂料に「艮子」とあるのは、「銀子」を意味し、「艮」は銀の略字である。この略字は天正期の『御参宮人帳』によく見られる。

末尾の行に記される「同父親之代ニ初尾　同人」とあるのは、前行の中尾兵衛門尉の父親の初穂を、息子が預かって来て納めた、いわゆる言付《ことづけ》を意味している。初穂奉納者は五名記されるものの、中尾兵衛門尉は参宮をおこなっていないので、実際の参宮者は四名と冒頭に記される参宮人数と一致する。尚、この言付は記録中に「（御）言付」と記される場合が多い。

言付は伊勢参宮を希望しながらも、様々な事情によって参宮が不可能な場合は、このように縁者・知人に初穂料を言付けることがあった。参宮者と同様に伊勢の神宮に対して篤い思いをもった者として見逃し難い。また言付をする者のなかには、伊勢で御師から借りた初穂を返済する際、知人に託するのにこの手段を用いる者もいた。

　また中尾兵衛門尉が言付けた初穂は「初尾」と記されていた。これはよく見られる用例で、「はつほ」と言うより「はつお」の方が発音しやすく、日常的にそう発音されていたのであろう。そのままに「初尾」の用字を当てたのである。

　このようにして判明する平戸松浦領からの伊勢参宮者、及び言付者を現存する二十三カ年分の『御参宮人帳』から抽出すると、参宮者三百三十二人、言付者八十三人、合計四百十五人を数える。この四百十五人の名前・初穂・音物《いんもつ》（奉納品）・居村名などを参宮年月日順に一覧化すると表（22）の通りである。初穂の言付者には一覧表の「言付」欄に○印を附し、参宮者との別を示した。

表（22）平戸松浦領の伊勢参宮者と言付者

No.	名前	初穂	音物	言付	居村名	年号	年	月	日
1	神力坊　毎年参宮		唐すみ一丁		平戸町	天正	一〇	四	二一
2	金しゅ坊	二匁	布一筋		平戸町	天正	一〇	四	二一
3	長蔵七郎左衛門	五匁			平戸町	天正	一〇	四	二一
4	しゅおん坊	二匁			平戸町	天正	一〇	四	二一
5	古河隼人	十七匁	沈香		平戸くしや町	天正	一〇	六	二六
6	ひ口市の丞	六匁			平戸町	天正	一〇	六	二六
7	弥五郎	十匁			平戸町	天正	一〇	六	二六

No.	名前	初穂	音物	言付	居村名	年号	年	月	日
8	又二郎	六匁			平戸町	天正	一〇	六	二六
9	太郎衛門	三匁			平戸町	天正	一〇	六	二六
10	太郎兵衛	一匁			平戸町	天正	一〇	六	二六
11	平松甚三郎	十九匁			平戸町	天正	一〇	六	二六
12	(伊藤)又二郎	四匁			平戸くしが崎	天正	一〇	七	七
13	伊藤□□衛門尉	十二匁	ふのり		平戸くしが崎	天正	一〇	七	七
14	又左衛門尉	三匁			志佐衆	天正	一〇	七	一〇
15	又三郎	三匁			志佐衆	天正	一〇	七	一〇
16	九郎左衛門	ビタ二百文			志佐衆	天正	一〇	七	一〇
17	女房衆	ビタ二百文			志佐衆	天正	一〇	七	一〇
18	禅忠	二匁五分国へかり			志佐衆	天正	一〇	七	一〇
19	伊藤織部丞	三匁			相浦	天正	一二	三	二五
20	(伊藤織部)御内儀	三匁			相浦	天正	一二	三	二五
21	うくの与太郎	三匁			相浦	天正	一二	三	二五
22	中尾兵衛門尉	三匁			相浦	天正	一二	三	二五
23	(中尾兵衛尉)父	一匁五分		○	相浦	天正	一二	三	二五
24	南の孫衛門尉	七分			平戸さきの町	天正	一二	三	二九
25	南又四郎	二匁			平戸さきの町	天正	一二	三	二九
26	江かしら与七郎	三匁			平戸さきの町	天正	一二	三	二九
27	あみや新兵衛尉	三匁			平戸さきの町	天正	一二	三	二九
28	彦九郎	三匁			平戸さきの町	天正	一二	三	二九
29	池田孫二郎	六匁			平戸さきの町	天正	一二	三	二九
30	一安	五匁			小佐々村	天正	一二	四	二三
31	萬つや又五郎	七匁			平戸町	天正	一二	五	四
32	坂井又二郎	六匁			平戸町	天正	一二	五	四

No.	名前	初穂	音物	言付	居村名	年号	年	月	日
33	神正	ビタ二百五十文			相浦	天正	一二	七	一三
34	玄順坊	ビタ二百五十文			相浦	天正	一二	七	一三
35	古賀九郎衛門	三匁			御厨	天正	一二	七	一六
36	四郎左衛門尉	三匁			御厨	天正	一二	七	一六
37	彦衛門尉	三匁			御厨	天正	一二	七	一六
38	八左衛門尉	二匁			御厨	天正	一二	七	一六
39	清五郎	一匁			平戸舟木	天正	一二	七	二〇
40	圓田左衛門尉	三匁			相神浦	天正	一二	七	二〇
41	馬庭藤兵衛尉	二匁			相神浦	天正	一二	七	二〇
42	忠右衛門尉	二匁			相神浦	天正	一二	七	二〇
43	納所弥三郎	二匁			日宇村	天正	一二	七	二〇
44	八左衛門尉	二匁	沈香		平戸主師村	天正	一二	九	二六
45	良尊坊	ビタ二百文			御厨	天正	一四	三	三〇
46	光蔵坊	ビタ二百文			御厨	天正	一四	三	三〇
47	助右衛門	ビタ四百文			御厨	天正	一四	三	三〇
48	常州	ビタ二百文			御厨	天正	一四	三	三〇
49	長蔵	ビタ百文			御厨	天正	一四	三	三〇
50	使長	ビタ百文			御厨	天正	一四	三	三〇
51	松自	ビタ百文			御厨	天正	一四	三	三〇
52	良覚	ビタ百文			御厨	天正	一四	三	三〇
53	良賢	ビタ百文			御厨	天正	一四	三	三〇
54	三信	ビタ百文			御厨	天正	一四	三	三〇
55	良春	二匁			平戸大嶋	天正	一四	四	三
56	宗枚	一匁			平戸大嶋	天正	一四	四	三
57	ほうりん坊	五匁			田平村	天正	一六	三	一五

No.	名前	初穂	音物	言付	居村名	年号	年	月	日
58	宗才甚助	六匁			平戸町	天正	一六	三	二五
59	釜源左衛門	六匁			平戸町	天正	一六	三	二五
60	幸淳坊	六匁			平戸大嶋	天正	一六	三	二五
61	地福寺	六匁			平戸大嶋	天正	一六	三	二五
62	平松新兵衛尉	十二匁	つむぎ一反		平戸大嶋	天正	一六	三	二五
63	清水彦左衛門尉	十二匁			平戸町	天正	一六	三	二五
64	中村市助	二十匁			平戸町	天正	一六	三	二五
65	萬や又衛門尉	六匁			平戸うら町	天正	一六	三	二九
66	甚八郎	六匁			壱岐島かうの浦	天正	一六	三	二九
67	又二郎	六匁			平戸かたやまの内	天正	一六	三	二九
68	伊藤宗左衛門尉内御宮女	ビタ四百文			平戸町	天正	一六	三	二九
69	清五郎	二匁	綿少し		五頭嶋壱加	天正	一六	三	二九
70	梅崎	三匁五分			平戸町	天正	一六	四	二
71	角田甚六	八匁	糸二十巻　白布一反		平戸町	天正	一六	四	二
72	角田甚六下人共				平戸町	天正	一六	四	二
73	甚六		木綿一反	○	平戸町	天正	一六	四	二
74	さた方助十郎	六匁			平戸町	天正	一六	四	二
75	さたかた近十郎	五匁			平戸町	天正	一六	四	二
76	かわらや直衛門尉	六匁			平戸町	天正	一六	四	二三
77	白かねや二郎左衛門	一匁二分		○	平戸町	天正	一六	四	二三
78	太郎次郎	二匁		○	平戸町	天正	一六	四	二三
79	野村与三郎	ビタ七百文			平戸町	天正	一六	四	二三
80	甚九郎	ビタ三百文			平戸町	天正	一六	四	二三
81	源九郎	五匁			平戸わたし	天正	一六	五	七
82	孫衛門尉	三匁			平戸くし加崎	天正	一六	五	七

No.	名前	初穂	音物	言付	居村名	年号	年	月	日
83	まんてう	二匁八分			平戸	天正	一六	閏五	二四
84	千代姫	三匁			平戸	天正	一六	閏五	二四
85	助二郎	二匁九分			平戸	天正	一六	閏五	二四
86	田中拾衛門尉	五匁三分			いまふく村	天正	一六	六	二八
87	順源坊	二匁二分			いまふく村	天正	一六	六	二八
88	三九郎	六匁			壱岐	天正	一六	七	二六
89	小次郎	ビタ百文	永楽百文		壱岐	天正	一六	七	二六
90	内記	永楽五十文	布一反　綿二巻		壱岐	天正	一六	七	二六
91	助左衛門	三匁			壱岐	天正	一六	七	二六
92	新助	永楽五十文	綿五巻　布一ッ		壱岐	天正	一六	七	二六
93	松枝味右衛門尉	二匁			平戸	天正	一六	八	一六
94	靏崎弥三兵衛	二匁			平戸	天正	一六	八	一六
95	ふかい弥三郎		沈香五十目		平戸	天正	一六	八	一六
96	七種善三郎	五匁二分			志佐村	天正	一九	閏一	二四
97	山本宗左衛門尉	三匁			志佐村	天正	一九	閏一	二四
98	五郎右衛門尉	三匁			志佐村	天正	一九	閏一	二四
99	太郎兵衛	三匁			志佐村	天正	一九	閏一	二四
100	兵衛門尉	二匁　ビタ五十文			志佐村	天正	一九	閏一	二四
101	新見平助	二匁二分			志佐村	天正	一九	閏一	二四
102	工祐	二匁			志佐村	天正	一九	閏一	二四
103	善春	ビタ二百文			志佐村	天正	一九	閏一	二四
104	志佐源六	十匁			志佐村	天正	一九	二	一
105	立木拾右衛門尉	六匁二分			志佐村	天正	一九	二	一
106	森田久七	二匁			志佐村	天正	一九	二	一
107	甚ノ丞	三匁			志佐村	天正	一九	二	一

No.	名前	初穂	音物	言付	居村名	年号	年	月	日
108	近藤主税助	一匁		○	志佐村	天正	一九	二	一
109	内野かいの守	三匁			志佐村	天正	一九	二	九
110	兵助	十六匁六分	布一反手のこい		五藤おかだ村	天正	一九	三	二
111	ほい女おばゞ	十五匁　ビタ百文			平戸町	天正	一九	三	一四
112	小い女	四匁			平戸町	天正	一九	三	一四
113	あにふう	十四匁五分			平戸町	天正	一九	三	一四
114	森長新三郎	三匁　ビタ五十文			平戸町	天正	一九	三	一四
115	森助太郎	三匁　ビタ百文			平戸町	天正	一九	三	一四
116	金戸与衛門尉	四匁　ビタ六十六文			平戸町	天正	一九	三	一四
117	金戸彦五郎	一匁			平戸町	天正	一九	三	一四
118	藤本三八郎	四匁三分			平戸町	天正	一九	三	一九
119	山上与助	四匁三分			平戸町	天正	一九	三	一九
120	横山五右衛門尉	ビタ一貫二百文	布二反		壱岐嶋印道寺	天正	一九	三	二四
121	彦三郎	ビタ二百文	綿三羽		壱岐嶋印道寺	天正	一九	三	二四
122	兵衛門尉	ビタ百文	綿三羽		壱岐嶋印道寺	天正	一九	三	二四
123	善八郎		布二反		壱岐嶋印道寺	天正	一九	三	二四
124	彦三郎	ビタ百文			壱岐嶋印道寺	天正	一九	三	二四
125	きら藤衛門尉内方	五匁			平戸町	天正	一九	四	一四
126	原太郎左衛門尉娘	一匁国へかり			平戸町	天正	一九	四	一四
127	山本新衛門尉	二匁			平戸町	天正	一九	四	一四
128	甚助	二匁			田平村	天正	一九	四	一八
129	角田新左衛門尉娘いかしゃう女	御神楽二十目　六匁			平戸町	文禄	五	二	二八
130	角田新左衛門尉娘へこ	二匁			平戸町	文禄	五	二	二八
131	へん	一匁			平戸町	文禄	五	二	二八
132	安藤善衛門尉	五匁		○	平戸町	文禄	五	二	二八

No.	名前	初穂	音物	言付	居村名	年号	年	月	日
133	つる女	一匁			平戸町	文禄	五	二	二八
134	吉兵衛内儀	一匁		○	平戸町	文禄	五	二	二八
135	兵三郎	五分		○	平戸町	文禄	五	二	二八
136	森村又二郎	八匁	せん香一ゆい		平戸町	文禄	五	二	二八
137	新二郎	五匁			平戸町	文禄	五	二	二八
138	大貳内方	三匁			平戸うら町	文禄	五	四	一四
139	はかたや五郎左衛門尉	九分		○	平戸うら町	文禄	五	四	一四
140	又二郎内儀	一匁二分		○	平戸うら町	文禄	五	四	一四
141	藤三郎	二匁			平戸うら町	文禄	五	四	一四
142	又衛門尉女子	二匁		○	平戸うら町	文禄	五	四	一四
143	禅恵	二匁			江向村	文禄	五	五	三
144	志ぶ屋又八郎	二匁			平戸くしか崎	文禄	五	六	二三
145	与右衛門尉	一匁			平戸くしか崎	文禄	五	六	二三
146	梯与三左衛門尉	三匁			壱岐の平戸衆	文禄	五	七	七
147	源衛門尉	三匁			壱岐の平戸衆	文禄	五	七	七
148	吉三郎	一匁			壱岐の平戸衆	文禄	五	七	七
149	善三郎		綿十二羽		壱岐の平戸衆	文禄	五	七	七
150	七郎衛門尉	六匁			田ひら	文禄	五	閏七	三
151	太郎左衛門	三匁			平戸中野村	文禄	五	閏七	三
152	利藏主	二匁	木綿一反　布二反	○	平戸大嶋	文禄	五	閏七	一三
153	分慶	二匁五分			平戸大嶋	文禄	五	閏七	一三
154	吉才	二匁			平戸大嶋	文禄	五	閏七	一三
155	善左衛門尉	四匁			をしか村	文禄	五	閏七	一三
156	新五兵衛	四匁			をしか村	文禄	五	閏七	一三
157	孫右衛門	三匁			平戸くしか崎	文禄	五	閏七	一七

No.	名前	初穂	音物	言付	居村名	年号	年	月	日
158	大藏坊	二匁			田平	文禄	五	閏七	一七
159	阿厳坊	二匁			田平	文禄	五	閏七	一七
160	末永七郎左衛門尉	三匁			平戸町	慶長	二	二	二四
161	塚本孫太郎	三匁			平戸町	慶長	二	二	二四
162	塚本孫太郎内儀	三匁			平戸町	慶長	二	二	二四
163	岩松新郎		銀米一斗五升	○	平戸町	慶長	二	二	二四
164	靏弥三兵衛	六匁			日宇村	慶長	二	三	五
165	圓藏坊	一匁	布一ッ		日宇村	慶長	二	三	五
166	池田千右衛門	三匁			日宇村	慶長	二	三	五
167	あいこ九郎左衛門尉	三匁			日宇村	慶長	二	三	五
168	福田仁助	二匁五分			日宇村	慶長	二	三	五
169	中原孫七	二匁	布一反		日宇村	慶長	二	三	五
170	桃崎善八郎	九匁			平戸	慶長	二	三	一九
171	秀助	九匁			平戸	慶長	二	三	一九
172	堤善左衛門尉	四匁 永楽三百文			平戸	慶長	二	三	一九
173	五左衛門尉	五匁			平戸	慶長	二	三	一九
174	金三郎	二匁	布二反		平戸	慶長	二	三	一九
175	金三郎内儀	二匁			平戸	慶長	二	三	一九
176	秀慶	一匁			平戸	慶長	二	三	一九
177	萬屋又一郎	三匁			平戸町	慶長	二	五	二八
178	萬屋助右衛門	一匁		○	平戸町	慶長	二	五	二八
179	甚八郎	七分		○	平戸町	慶長	二	五	二八
180	牟田弥七郎	一匁			平戸衆	慶長	二	七	三
181	奥市允	四匁			平戸衆	慶長	二	七	三
182	吉田権左衛門	七匁			平戸衆	慶長	二	七	三

No.	名前	初穂	音物	言付	居村名	年号	年	月	日
183	両尊公	二匁			平戸衆海寺村	慶長	二	八	一八
184	鐘覚坊	一匁四分			平戸衆海寺村	慶長	二	八	一八
185	祐泉坊	一匁五分			平戸衆海寺村	慶長	二	八	一八
186	佐世保衆一人	不明			佐世保村	慶長	三	六	一六
187	佐世保衆二人	不明			佐世保村	慶長	三	七	二二
188	新三郎	五分		○	平戸	慶長	四	二	二三
189	新兵衛	百文			平戸	慶長	四	二	二三
190	五郎左衛門	三匁		○	平戸	慶長	四	二	二三
191	松浦式部卿法印	銀子一枚		○	平戸	慶長	四	三	七
192	名良元坊(松浦式部法印名代)				平戸	慶長	四	三	七
193	町田正右衛門	しゅす一巻			平戸	慶長	四	三	七
194	おまつ母子	五匁			平戸	慶長	四	三	七
195	町田久次	二匁			平戸	慶長	四	三	七
196	玄正坊	四匁			平戸	慶長	四	三	七
197	弥右衛門	四匁			平戸	慶長	四	三	七
198	早岐衆三人	不明			早岐村	慶長	四	三	二一
199	萬や又右衛門	六匁			平戸うら町	慶長	四	三	二八
200	萬二郎	六匁			平戸うら町	慶長	四	三	二八
201	横田猪左衛門	六匁			平戸うら町	慶長	四	三	二八
202	新六郎	一匁			平戸うら町	慶長	四	三	二八
203	清三郎	二匁		○	平戸うら町	慶長	四	三	二八
204	古江新左衛門	二匁二分			平戸うら町	慶長	四	三	二八
205	近藤兵右衛門	三匁三分		○	平戸うら町	慶長	四	三	二八
206	加う意四郎左衛門	四匁			平戸うら町	慶長	四	三	二八
207	中溝惣七郎	三匁			平戸うら町	慶長	四	三	二八

No.	名前	初穂	音物	言付	居村名	年号	年	月	日
208	下村助八	三匁			平戸うら町	慶長	四	三	二八
209	原孫二郎	三匁		○	平戸うら町	慶長	四	三	二八
210	三吉市左衛門	三匁			平戸うら町	慶長	四	三	二八
211	井筒や弥左衛門	十二匁			平戸今里村	慶長	四	閏三	五
212	谷長七郎兵衛	三匁			今里村	慶長	四	閏三	五
213	柳瀬新三郎	六匁			今里村	慶長	四	閏三	五
214	早岐衆一人	不明			早岐村	慶長	七	二	八
215	早岐衆四人	不明			早岐村	慶長	七	四	五
216	山口助左衛門	五匁			志佐	慶長	七	六	九
217	かも尾彦兵衛	三匁			志佐	慶長	七	六	九
218	安口次郎兵衛	三匁			志佐	慶長	七	六	九
219	道清入道	一匁八分			江向	慶長	七	六	一五
220	助左衛門	十七匁九分		○	平戸	慶長	八	二	二九
221	土佐(代夫)		木綿		平戸	慶長	八	二	二九
222	町田市允	三匁			平戸早木	慶長	八	二	三〇
223	田中八郎二郎	九匁			平戸早木	慶長	八	二	三〇
224	町田甚四郎	三匁			平戸早木	慶長	八	二	三〇
225	河尾酒允	六匁			平戸	慶長	八	二	三〇
226	早岐衆三人	不明			早岐村	慶長	八	二	三〇
227	隈新介	十二匁			平戸	慶長	八	三	一
228	法林坊	二匁			平戸	慶長	八	三	一
229	女房衆	三匁一分			平戸	慶長	八	三	一
230	四郎兵衛	四匁			平戸	慶長	八	三	一
231	太郎五郎	二匁	布一反		平戸	慶長	八	三	一
232	日宇衆四人	不明			日宇村	慶長	八	八	一一

No.	名前	初穂	音物	言付	居村名	年号	年	月	日
233	助左衛門	七匁三分			平戸新町	慶長	九	八	一七
234	弥一郎	四匁			平戸新町	慶長	九	八	一七
235	宗六	二匁			平戸新町	慶長	九	八	一七
236	その山大富	十二匁			平戸大河村	慶長	一〇	二	九
237	甚九郎	三匁二分		○	平戸大河村	慶長	一〇	二	九
238	平嶋市助	六匁			今里村	慶長	一〇	二	一九
239	ぬいのすけ	一匁		○	今里村	慶長	一〇	二	一九
240	作蔵	一匁		○	今里村	慶長	一〇	二	一九
241	早岐衆二人	不明			早岐村	慶長	一〇	二	二五
242	お志ほい作右衛門	六匁 国かわし			志佐	慶長	一〇	三	二
243	徳嶋弥一郎	二匁五分			早岐村	慶長	一〇	三	三
244	徳嶋与九郎	二匁四分			早岐村	慶長	一〇	三	三
245	河久保藤左衛門	八匁二分			今里村	慶長	一〇	三	七
246	ゆんしゃう坊	一匁二分		○	今里村	慶長	一〇	三	七
247	甚右衛門	二匁		○	今里村	慶長	一〇	三	七
248	七兵衛	二匁		○	今里村	慶長	一〇	三	七
249	神兵衛	五匁		○	今里村	慶長	一〇	三	七
250	藤五郎	一匁		○	今里村	慶長	一〇	三	七
251	甚三郎	一匁		○	今里村	慶長	一〇	三	七
252	甚六郎	八分		○	今里村	慶長	一〇	三	七
253	順くわん坊	三匁			今里村	慶長	一〇	三	七
254	せい坊	一匁		○	今里村	慶長	一〇	三	七
255	中橋弥六左衛門	三匁	かたな		今里村	慶長	一〇	三	七
256	杢左衛門	二匁一分		○	今里村	慶長	一〇	三	七
257	又右衛門	三匁			平戸	慶長	一二	一	一八

No.	名前	初穂	音物	言付	居村名	年号	年	月	日
258	道ゑつ斎	五匁			御厨	慶長	一二	三	七
259	孫右衛門	一匁		○	御厨	慶長	一二	三	七
260	孫右衛門	六匁			御厨	慶長	一二	三	七
261	谷吉	五匁			御厨	慶長	一二	三	七
262	ちょうかん	六匁			御厨	慶長	一二	三	七
263	又五郎	一匁		○	御厨	慶長	一二	三	七
264	明右衛門	六匁二分			御厨	慶長	一二	三	七
265	新右衛門		布二つ　わき刀一		御厨	慶長	一二	三	七
266	甚左衛門尉	六匁			平戸	慶長	一二	六	一六
267	八左衛門尉	十二匁		○	平戸	慶長	一二	六	一六
268	八兵衛	一匁二分		○	平戸	慶長	一二	六	一六
269	弥吉	二匁四分		○	平戸	慶長	一二	六	一六
270	甚左衛門	一匁		○	平戸	慶長	一二	六	一六
271	七郎兵衛	八匁六分			平戸	慶長	一二	六	一六
272	兵右衛門	一匁		○	平戸	慶長	一二	六	一六
273	弥一郎	五分		○	平戸	慶長	一二	六	一六
274	忠兵衛	一匁二分		○	平戸	慶長	一二	六	一六
275	道心斎	十三匁九分			平戸	慶長	一二	六	一六
276	五兵衛	六匁			平戸	慶長	一二	六	一六
277	志佐源蔵	十七匁		○	平戸	慶長	一二	六	二九
278	名代伊勢□	十二匁二分			平戸	慶長	一二	六	二九
279	与左衛門	三匁		○	平戸	慶長	一二	六	二九
280	宮崎源六	六匁			平戸	慶長	一二	六	二九
281	二郎太郎	二匁二分		○	平戸	慶長	一二	六	二九
282	大石宗右衛門	十二匁			平戸	慶長	一二	六	二九

No.	名前	初穂	音物	言付	居村名	年号	年	月	日
283	弥七	七匁五分			平戸	慶長	一二	六	二九
284	十郎左衛門	一匁		○	平戸	慶長	一二	六	二九
285	太郎左衛門	六匁			平戸	慶長	一二	六	二九
286	万吉	六匁			平戸	慶長	一二	六	二九
287	九左衛門	六匁			平戸	慶長	一二	六	二九
288	小記	一匁		○	平戸	慶長	一二	六	二九
289	四郎右衛門	十匁			平戸	慶長	一二	六	二九
290	与兵衛	二匁			平戸	慶長	一二	六	二九
291	拾助	八匁			平戸	慶長	一二	六	二九
292	七右衛門	十匁			平戸	慶長	一二	六	二九
293	しゃう栄	八匁			平戸	慶長	一二	六	二九
294	せのい坊（助二郎名代）				平戸	慶長	一二	八	一九
295	松浦又左衛門	十五匁		○	平戸	慶長	一二	八	一九
296	慶みつ坊（松浦又左衛門名代）				平戸	慶長	一二	八	一九
297	専助	十二匁			平戸	慶長	一二	八	一九
298	源助	六匁		○	平戸	慶長	一二	八	一九
299	くわほく坊（源助名代）				平戸	慶長	一二	八	一九
300	二郎右衛門	二匁五分		○	平戸	慶長	一二	八	一九
301	助二郎	二匁五分		○	平戸	慶長	一二	八	一九
302	女衆（せかい坊名代）	二匁五分			平戸	慶長	一二	八	一九
303	与四右衛門	三匁			平戸	慶長	一三	九	一
304	市兵衛	三匁八分			平戸	慶長	一三	九	一
305	弥五右衛門	十八匁			平戸	慶長	一三	九	二
306	与助	四匁六分			平戸	慶長	一三	九	二
307	彦左衛門	六匁			平戸	慶長	一三	九	二

No.	名前	初穂	音物	言付	居村名	年号	年	月	日
308	二郎	六匁			平戸	慶長	一三	九	二
309	五右衛門尉	九匁			平戸	慶長	一三	九	二
310	与四郎	百文			平戸	慶長	一三	九	二
311	二兵衛	百文			平戸	慶長	一三	九	二
312	善七郎	三匁			平戸	慶長	一三	九	二
313	二郎左衛門	二匁			平戸	慶長	一三	九	二
314	与八				平戸	慶長	一三	九	二
315	清内				平戸	慶長	一三	九	二
316	新八				平戸	慶長	一三	九	二
317	半右衛門				平戸	慶長	一三	九	二
318	清右衛門				平戸	慶長	一三	九	二
319	宇二郎				平戸	慶長	一三	九	二
320	文右衛門尉	六匁三分			平戸	慶長	一三	九	二
321	権右衛門	十二匁			平戸	慶長	一三	九	二
322	甚四郎	一匁			平戸	慶長	一三	九	二
323	重右衛門	一匁八分			平戸	慶長	一三	九	二
324	利右衛門	五匁二分			平戸	慶長	一三	九	二
325	理右衛門尉	十四匁		○	平戸中野町	慶長	一四	三	一
326	与五郎（理右衛門名代）	一匁四分			平戸中野町	慶長	一四	三	一
327	太郎右衛門	一匁		○	平戸中野町	慶長	一四	三	一
328	彦七	五分		○	平戸中野町	慶長	一四	三	一
329	甚介	六匁			平戸中野町	慶長	一四	三	一
330	甚介御内	六匁			平戸中野町	慶長	一四	三	一
331	又右衛門	一匁二分		○	平戸中野町	慶長	一四	三	一
332	理右衛門尉	十五匁			平戸中野町	慶長	一四	三	一

No.	名前	初穂	音物	言付	居村名	年号	年	月	日
333	藤右衛門尉	三匁		○	平戸中野町	慶長	一四	三	一
334	藤二郎	三匁		○	平戸中野町	慶長	一四	三	一
335	弥七右衛門	一匁五分		○	平戸中野町	慶長	一四	三	一
336	源左衛門	六匁			平戸中野町	慶長	一四	三	一
337	善左衛門	二匁			平戸中野町	慶長	一四	三	一
338	清長	三匁二分			平戸中野町	慶長	一四	三	一
339	孫左衛門尉	三匁			平戸中町	慶長	一四	三	五
340	松藏	九匁			平戸	慶長	一四	三	二〇
341	甚左衛門	二匁五分			平戸	慶長	一四	三	二〇
342	福春	二匁		○	平戸	慶長	一四	三	二〇
343	助十郎	六分		○	平戸	慶長	一四	三	二〇
344	今藤与四郎	五匁			平戸	慶長	一四	四	二三
345	兵左衛門	一匁二分		○	平戸	慶長	一四	四	二三
346	こもの作左衛門				平戸	慶長	一四	四	二三
347	早岐村衆三人	不明			早岐村	慶長	一六	三	四
348	日宇村衆一人	不明			日宇村	慶長	一七	三	六
349	早岐村衆二人	不明			早岐村	慶長	一七	四	一五
350	早岐村衆四人	不明			早岐村	慶長	一七	七	二八
351	日宇村衆一人	不明			日宇村	元和	三	七	二七
352	早岐村衆三人	不明			早岐村	元和	四	六	二四
353	佐世保村衆四人	不明			佐世保村	元和	七	七	一七
354	青木伊兵衛	金一部判壱ツ 銀一枚			平戸	元和	九	八	四
355	青木御内義	二匁			平戸	元和	九	八	四
356	井手平介	一匁一分	布一反		平戸	元和	九	八	四
357	ぢんの内兵左衛門尉	六匁			平戸	元和	九	八	四

No.	名前	初穂	音物	言付	居村名	年号	年	月	日
358	森兵部小輔		布一反	○	平戸	元和	九	八	四
359	田中勝右衛門	三匁五分			平戸渕村	元和	九	八	四
360	山田喜蔵	二十一匁	脇差一腰		平戸中町	元和	九	八	四
361	なを孫作	三匁		○	平戸	元和	九	八	四
362	山田長吉	一匁四分		○	平戸	元和	九	八	四
363	東嶋新三郎	一匁二分		○	平戸	元和	九	八	四
364	伊勢講中	六匁二分		○	平戸	元和	九	八	四
365	茂吉(御伴也)				平戸	元和	九	八	四
366	渕川五右衛門	十二匁			平戸	元和	九	八	四
367	徳丸藤左衛門	六匁			平戸	元和	九	八	四
368	喜蔵	一匁			平戸	元和	九	八	四
369	ふか見与太右衛門	五匁四分		○	平戸松浦	元和	九	八	一〇
370	賀藤真清斎	五匁		○	平戸松浦	元和	九	八	一〇
371	川尻左馬介	二匁		○	平戸松浦	元和	九	八	一〇
372	不動院(川尻左馬介名代)	一匁			平戸松浦	元和	九	八	一〇
373	近藤兵作	一匁		○	平戸松浦	元和	九	八	一〇
374	中尾次郎作	六匁二分			平戸松浦	元和	九	八	一〇
375	中尾次郎作母	七匁			平戸松浦	元和	九	八	一〇
376	中尾久三郎	四分		○	平戸松浦	元和	九	八	一〇
377	山口清三郎	一匁二分		○	平戸松浦	元和	九	八	一〇
378	江口甚右衛門	四分		○	平戸松浦	元和	九	八	一〇
379	五郎左衛門	一匁九分		○	平戸松浦	元和	九	八	一〇
380	作兵衛	一匁二分			平戸松浦	元和	九	八	一〇
381	野中市右衛門	一匁四分		○	平戸松浦	元和	九	八	一〇
382	唐人かひたん	十二匁		○	平戸木引田	元和	九	九	四

No.	名前	初穂	音物	言付	居村名	年号	年	月	日
383	喜右衛門尉（唐人かひたん名代）				平戸木引田	元和	九	九	四
384	松浦源太郎	銀子一枚		○	平戸	元和	九	九	一五
385	坂本十助（松浦源太郎名代）	七匁			平戸	元和	九	九	一五
386	松本助右衛門	一匁		○	平戸	元和	九	九	一五
387	梅かへ女	一匁五分		○	平戸	元和	九	九	一五
388	新三郎	一匁三分		○	平戸	元和	九	九	一五
389	尾崎諸左衛門尉	十二匁		○	平戸	元和	九	九	一五
390	満四郎（尾崎諸左衛門名代）	一匁三分			平戸	元和	九	九	一五
391	三右衛門尉	一匁		○	平戸	元和	九	九	一五
392	早岐村衆一人	不明			早岐村	元和	一〇	七	九

2　参宮者の階層

表（22）に従うと、平戸松浦領からの伊勢参宮は天正十年（一五八二）から確認することができる。この年の四月二十一日に平戸町から神力坊、金しゅ坊、長藏七郎左衛門、しゅおん坊の四人が参宮したことに始まる。それぞれ初穂・音物《いんもつ》（奉納品）として唐墨一丁・銀二匁（二件）・布一反・銀五匁を御師の橋村肥前大夫に納めている。

平戸松浦地方での伊勢大麻配りは、前掲の天正十七年賦帳が残っていることから、これを初例としたが、一方の伊勢参宮はその七年前の天正十年（一五八二）から始まっているので、この年にはすでに伊勢大麻の配札が平戸領で始まっていた可能性が高い。その大麻配りを通じて御師たちは参宮を勧め、伊勢参宮時の宿は我が屋敷を提供することなどを約束し、伊勢と地方とを繋げていった。

表(23)平戸松浦領伊勢参宮者階層別人数

		参宮者						言付者					
No.	村名	有姓者	僧侶	無姓者	女性	不明	小計	有姓者	僧侶	無姓者	女性	小計	合計
1	相浦	3	2	1			6	1				1	7
2	相神浦	2		1			3						3
3	壱岐	1		8			9						9
4	壱岐印道寺	1		4			5						5
5	壱岐神浦			1			1						1
6	今里村	6	1				7		2	9		11	18
7	今福村	1	1				2						2
8	江向村		1	1			2						2
9	小佐々村						0	1				1	1
10	五頭島（五島）			2			2						2
11	五島岡田村			1			1						1
12	佐世保村					5	5						5
13	志佐村	11	2	8	1		22	1				1	23
14	田平村		3	2			5						5
15	早岐村	5				26	31						31
16	日宇村	6	1			8	15						15
17	平戸	21	10	52	5		88	10	1	22	1	34	122
18	平戸町	26	4	6	10		46	4		4	1	9	55
19	平戸うら町	10		2			12	3		1	2	6	18
20	平戸大河村	1					1			1		1	2
21	平戸片山の内			1			1						1
22	平戸木引田			1			1			1(唐人)		1	2
23	平戸くしが崎	3		3			6						6
24	平戸くし屋町	1					1						1
25	平戸さきの町	5		1			6						6
26	平戸主師村			1			1						1
27	平戸新町			3			3						3
28	平戸中町	1					1						1
29	平戸中野町			7	1		8			7		7	15
30	平戸中野村			1			1						1
31	平戸渕村	1					1						1
32	平戸舟木村			1			1						1
33	平戸わたし			1			1						1
34	平戸海寺村	1	2				3						3
35	平戸大嶋	1	5	1			7			1		1	8
36	平戸松浦	2	1	1	1		5	8				8	13
37	御厨	1	8	11			20			2		2	22
38	をしか村			2			2						2
	合計	110	41	124	18	39	332	28	3	48	4	83	415

参宮者の顔ぶれも様々であった。表(22)に基づいて有姓者(武士)、無姓者(農民・庶民)、僧侶、女性の分類を設けて村ごとに集計したのが表(23)である。表中では実際に参宮をおこなった者と、その参宮者に初穂などを預けた言付者《ことづけしゃ》とに分けて集計した。

まず参宮者の社会層・地域について概観してみよう。

階層別の数は階層不明が三十九人あるものの、有姓者(百十人)・僧侶(四十一人)・無姓者(百二十三人)・女性(十八人)の順であり、農民・庶民が武士層を上回っているのは予想外である。

中世末期の天正十年(一五八二)から江戸初期の元和十年(一六二四)までの間に、平戸松浦地方より三百三十二人の参宮者があった。その内に平戸島内(No.17~32)から百七十七人、松浦諸村より百五十五人と、平戸島内からの参宮者が約五十三パーセントを占めている。先に触れた平戸島内で伊勢大麻を受けた旦那率も七十一パーセントにも上っていた。領主の在地であり政治経済の中心地であった平戸島が、伊勢信仰という分野でも他の地域に抜きん出ていた。

三　参宮の諸相

1　言付《ことづけ》

自らは伊勢に赴かず、知人・縁者に初穂料または音物を言付けて代参を願う者もいた。文書中には「（御）言付」と明記されることは前述した。伊勢参宮は実現できなかったものの、伊勢への篤い思いを抱いた者たちであり、伊勢信仰を考えるときに決して放置できない存在である。言付の理由として、伊勢までの旅には経済的な負担と長期間の日数が必要であり、武士ならば長期間の留守に伴う役目への支障、農民ならば農繁期に旅することの困難、様々な事情が考えられる。いずれにしても参宮に余裕がない者たちは知人縁者へ初穂を託して、伊勢への信仰を実現したのである。

言付の時代的推移を示すと表（24）の通りである。欠落した年はあるが天正十年（一五八二）から元和十年（一六二四）までの間に、初穂等を言付けた者は八十三人を数える。表（23）によるとその内訳は、有姓者二十八人、僧侶三人、無姓者四十八人、女性四人であり、実際の参宮者数もそうであったが、ここでも無姓者（農民庶民）が有姓者（武士）の数を超えている。

時代的な推移は、二十三カ年の内に十一カ年しか言付の事例が確認できないので、明確な動向には言及できないが、慶長期以降になると参宮者に対して言付の率が高くなる傾向にある。慶長十年には参宮者十人に対して言付十二件、同十二年には二十七人

表（24）平戸領言付者数一覧

年号	言付者数	参宮者数
天正 10	0	16
天正 12	2	25
天正 14	0	12
天正 16	3	36
天正 19	1	32
文禄 5	7	24
慶長 2	3	26
慶長 3	0	3
慶長 4	6	21
慶長 7	0	9
慶長 8	1	17
慶長 9	0	3
慶長 10	12	10
慶長 12	18	27
慶長 13	0	22
慶長 14	10	12
慶長 16	0	3
慶長 17	0	8
元和 3	0	1
元和 4	0	3
元和 7	0	4
元和 9	20	17
元和 10	0	1
合計	83	332

に対して言付十八件、元和九年には言付二十件と参宮者十七人を上回っている。

言付の初穂料は後掲の表（27）に示しているが、初穂を納めた八十人の内に一匁とそれ以下が四十三人、二匁が十三人、三匁が八人と、この範囲の初穂額で全体の八割を占めている。実際の参宮者よりやや低い額である。しかしそういう中でも高額の初穂を託した者もいる。慶長四年（一五九九）三月二十一日に登場する松浦式部卿法印（No.191）は、銀子一枚の言付であった。江戸幕府は慶長六年から貨幣制度を整えるが、この制度下では銀一枚四十三匁である。その二年前に松浦式部卿が言付けた銀子一枚がどれほどあたるか不明だが、ほぼ近い額と考えてよいだろう。

さてこれほどの高額を言付けた松浦式部卿法印とは誰なのか。実はときの平戸領主松浦鎮信であり、平戸藩の成立によって初代藩主となった人物である。この松浦鎮信は『天正十七年御祓大麻賦帳』にも松浦肥前守宗信として名前が見えていた。とすれば鎮信は伊勢大麻も受け、伊勢に赴くことはなかったが、高額の初穂を名代の多良元坊に託して伊勢御師の許に納めている。

同様に銀子一枚を言付けた者がもう一人いる。元和九年（一六二三）九月十五日に記される松浦源太郎（No.384）である。平戸三代藩主松浦隆信の弟に当たる。平戸藩の旧記『壺陽録』にこの人物は登場し、藩主の弟であったために人質として江戸住まいであった。その妻に大村喜前の娘・春姫を迎える手はずであったが、あまりの美人のほどに、兄の藩主隆信が側室として迎えることとなった。憤懣やる方ない源太郎は兄参勤の折、東海道の興津宿で兄への面会を求めたが拒否され、それどころが人質の身でありながら江戸を離れたことを咎められ、駿河国三保の江浄寺に走り込み自害するに至った。寛永元年（一六二四）五月二十四日のことであり、源太郎二十五歳であった。初穂を言付けたのは自害する前年であり、その時には国元の平戸に居たことになる。

表(25)伊勢大麻も受け伊勢参宮も行った者たち

No.	参宮者名	居地	参宮年月日	初穂	御祓賦帳記載名
5	古河隼人	平戸くし屋町	天正10年6月26日	12匁	古河隼人佐
68	伊藤宗左衛門尉内御宮女	平戸町	天正16年3月29日	ビタ300文	伊藤宗左衛門
71	角田甚六	平戸町	天正16年4月2日	8匁 糸 白布	角田甚六
119	山上与助	平戸町	天正19年3月19日	4匁3分	山上与助
128	角田新左衛門尉娘いかしやう女	平戸町	文禄5年2月28日	神楽料200目 6匁	角田新左衛門
129	角田新左衛門尉娘へこ	平戸町	文禄5年2月28日	2匁	角田新左衛門

その他の言付高額者は、平戸の助左衛門(No.220 十七匁九分)、平戸中野町の理右衛門尉(No.325 十四匁)などが挙げられる。実は参宮者たちは伊勢の橋村肥前大夫屋敷へ投宿し様々な饗応・案内を受けた。納めた初穂は御師への奉賛と同時に宿料であり、饗応・案内に対する代償という意味合いも含まれていた。ところが言付者には初穂や音物を言付けても、御師から直接の供益があった訳でもない。何もないが故に言付者の純粋な伊勢への信仰が読み取れるのである。

高額の言付を行った四人の銀額が、当時の米相場でどのくらいの量になるのか、この点については後掲の「四　参宮・言付の初穂と音物」で具体的に述べる。

2　重ねる信仰—大麻も受けて伊勢参宮・二度の参宮

第一項で『天正十七年御祓賦帳』を挙げ、百十三人が伊勢大麻を受けていたことが分かった(表21)。もう一方では天正十年からの伊勢参宮者三百三十二人も分かってきた(表22)。そうすれば伊勢大麻も受け、その上に伊勢参宮もおこなった者がいたことも予想される。表(21)と(22)とを照合すると六人の者が浮かび上がってくる。その六人は表(25)として示した。

いずれも平戸島居住の者たちである。御祓賦帳に登場する伊藤宗左右

表(26)二度の参宮·言付者一覧

No.	参宮·言付者名	居地	参宮年名月日	西暦	初穂料	言付
65	萬や又衛門尉	平戸うら町	天正16年3月29日	1588	6匁	
85	助二郎	平戸	天正16年閏5月24日	1588	2匁2分	
177	萬屋又一郎	平戸	慶長2年5月28日	1597	1匁	
178	萬屋助右衛門	平戸	慶長2年5月28日	1597	3匁	○
188	新三郎	平戸	慶長4年2月22日	1599	5分	○
199	萬や又右衛門	平戸うら町	慶長4年3月28日	1599	6匁	
266	甚左衛門尉	平戸	慶長12年6月16日	1607	6匁	
301	助二郎	平戸	慶長12年8月19日	1607	2匁5分	○
341	甚左衛門	平戸	慶長14年3月20日	1609	2匁5分	
388	新三郎	平戸	元和9年9月15日	1623	1匁3分	○

衛門と角田新左衛門は、本人自身の参宮ではないが、その妻と娘たちの参宮であった。ことに角田新左衛門に至っては、その娘衆二人が連れだって伊勢に赴いている。平戸松浦領からの女性の参宮例は、表(23)によると十八人を確認できたが、その内の二人はこの娘たちであった。

残る古川隼人は『天正十七年御祓賦帳』には古河隼人佐と記されるが、ほぼ同時期に平戸島に生存するから同一人物と考えて間違いない。天正十年(一五八二)六月二十六日に平戸町居住の者七人とともに参宮している。一行の冒頭に名前が記され、初穂も十七匁と一行の中ではもっとも高額であるから、この古川隼人が五人を率いての参宮であったと思われる。

角田甚六は天正十六年(一五八八)に参宮し、翌十七年には伊勢大麻を受けている。この人物は表(21)にも示したが、平戸領町之分の冒頭に記され、御師橋村氏による大麻配りの際の宿を務めていた。そういう立場から伊勢御師との関係は誰にもまして濃密であっただろう。先に登場した角田新左衛門と同姓であり一族であろう。この角田一族は、娘二人が揃って参宮、甚六は伊勢にも赴き、御師の宿も務めるなど、伊勢との関わりを深くもった家であったことに違いない。

山上与助は平戸町の住人として伊勢大麻を受け、二年後の天正十九年(一五九一)三月十九日に藤本三八郎とともに参宮している。初穂料は二人とも四匁三分と同額であり、申し合わせたのであろうか。

江戸時代に入ると「一生に一度は伊勢詣で」という流行言葉があるように、人々は生涯にせめて一度の伊勢詣でを願望した。その江戸期以前に生涯に四十四度の伊勢参宮をおこなったという伝説的な人物がいる。肥前国神埼郡田手村(現・佐賀県神埼郡吉野ヶ里町田手)に住んだ杉野隼人である。天文年間(一五三二〜一五五五)以降、十八歳から五十三歳の間に実に四十四回も伊勢に赴いたという。事実、橋村肥前大夫文書の『御参宮人帳』に度々登場し、頻繁な参宮の様子が確認できる。[14]

平戸松浦領から複数回伊勢に赴いた者がいないのか、言付も含めて表(22)によって検証すると十件の名前が挙がってくる。表(26)に示したが、新三郎、甚左衛門、助二郎といった人物は二度登場する。いずれも平戸島居住である。この三人の名はことさらに特徴のある名前ではないから、たまたま名前が同一で実は異なる人物かもしれない。甚左衛門も慶長十二年と二年後の同十四年と接近した時期に登場する。最初の参宮が再度参宮を誘発したと考えれば、同一人物の可能性が高い。新三郎は慶長四年と元和九年の二度の言付であり、その間は二十四年の隔たりがある。助二郎は天正十六年(一五八八)の参宮と慶長十二年の言付であり、十九年の空白がある。この二人については、一度目から二度目の参宮(言付)に及ぶ間が長期間のために、果たして同一人物なのか、慎重に考えねばならない。

萬屋を名乗る者が四人登場する。萬屋又衛門尉と萬屋又右衛門はともに「又」の名を名乗って平戸うら町に住み、天正十六年(一五八八)と慶長四年(一五九九)に参宮している。十一年の隔たりがあるので、おそらく親子であろうか。平戸町の萬屋助右衛門と同又一郎は、両者とも慶長二年（一五九七）五月二十八日に伊勢に赴いた。行動をともにしていることからも同族の関係にある者と思われる。

気に掛かるのは四人とも萬屋を名乗りながら、居地が平戸うら町・平戸町と記されることである。ただ後者の平戸町という町名は存在せず、「平戸の町」を意味し、その中に「うら町」が含まれていた。そうであれば萬屋の四人は、天正十六年ごろより慶長初期ごろまでの同家・同族の者たちであったのであろう。萬屋を屋号とする商家であったと思われ、この家から三度の伊勢参宮と一度の言付がおこなわれたことになる。

萬屋が居を構えた「うら町」は現在でも「浦の町」として存在し、南蛮貿易のポルトガル船、その後のオランダ船・イギリス船が入港した平戸港に面した町であり、海外貿易の拠点として栄えた商業区域であった。萬屋はその地域で商売を営み、家人が引き続き遠隔地の伊勢まで赴くほどの財力を有した商家であったと思われる。

3　伊勢講参り

積み立てた講金を使い講員が順繰りに伊勢詣でをおこなうことは、江戸時代にはよく見られたことであった。いわゆる伊勢講参りである。延宝九年（一六八一）に定められた平戸藩の「冠婚葬祭之御教法[15]」に伊勢講の規定があり、江戸初期のこの当時には平戸領内にも伊勢講が発生していたことは窺える。今まで見てきた天正・慶長年間には、果たして領内に伊勢講があったのであろうか。橋村文書の『御参宮人帳』を通じて伊勢講が知られるのはわずか二例である。

まず元和九年（一六二三）『御参宮人帳』の八月四日条には、平戸衆十一人の参宮者のなかに伊勢講があったことを次のように伝える。

拾壱人　　肥前国枩浦平戸

（前略）

銀子弐拾壱匁　　　　山田喜藏殿
銀子三匁　　御言伝　なを孫作ゟ
同　壱匁四分　同　　山田長吉殿
同　壱匁弐分　同　　東嶋新三郎殿ゟ
同　六匁弐分　同　　伊勢講中ゟ
同　三匁　但右之御伴也　茂吉殿
同　拾弐匁　　　　　渕川五右衛門尉殿
銀　六匁　　　　　　徳丸藤左衛門尉殿
同一匁　　御言伝　　善藏殿ゟ

ここの五件目に「伊勢講中」が登場し、平戸にはすでに元和九年（一六二三）には伊勢講が発生していた。一般的には伊勢講代参といわれるように、その講を代表して数人の者が参詣することが多かった。ところがこの場合は講員の参詣があったわけではなく、初穂六匁二分を冒頭の山田喜藏へ言付けて御師の許へ納めている。伊勢講からの直接の参詣はなかったものの、この時点で伊勢講があった。加えて「伊勢講ゟ」の次に記される「茂吉」は、名前右肩に「但右之御伴也」とあって、三者の「御言傳」を託された山田喜藏の随伴者として伊勢に赴いている。

伊勢講の記録は二例と前述したが、もう一例は慶長九年（一六〇四）二月一日に、佐賀郡蛎久村から十四人の伊勢講参りがあっている。[16] 伊勢講の二例の内のひとつが平戸島で確認できるのは、この地域での伊勢信仰の定着を物語っている。伊勢講が見られるもう一方の蛎久村は、橋村肥前大夫の宿である御師屋敷が置かれるなど、肥前国での伊勢信仰の拠点であり、村人の信仰も同国内で最たるものであった。

平戸領での伊勢講の初見を、今、元和九年としたが、慶長十二年（一六〇七）に伊勢講と思われる記述がある。同年六月二十九日に平戸衆十一人が参宮した中に、「同（銀）十二匁二分　名代伊勢□」と見える。「伊勢」に続く第三文字が摩耗して判読不明であるが、「伊勢講」ではないかと思われる。とすれば慶長十二年（一六〇七）の時点ではすでに平戸には伊勢講が発生していた可能性が高い。

4　唐人の伊勢詣で

平戸は海外貿易港という特殊な歴史を保有してきた地域であった。その歴史を背景に次のような特異な伊勢参宮の例を挙げることができる（表22 No.382）。

一人　肥前之国枩浦平戸木引田
　　銀拾弐匁　　唐人加ひたん与
　　　　　名代　　喜右衛門尉殿
元和九（マヽ）月四日

参宮の年月日が「元和」と年号が記されるのみで、何年との記載がない。ただこれは『元和九

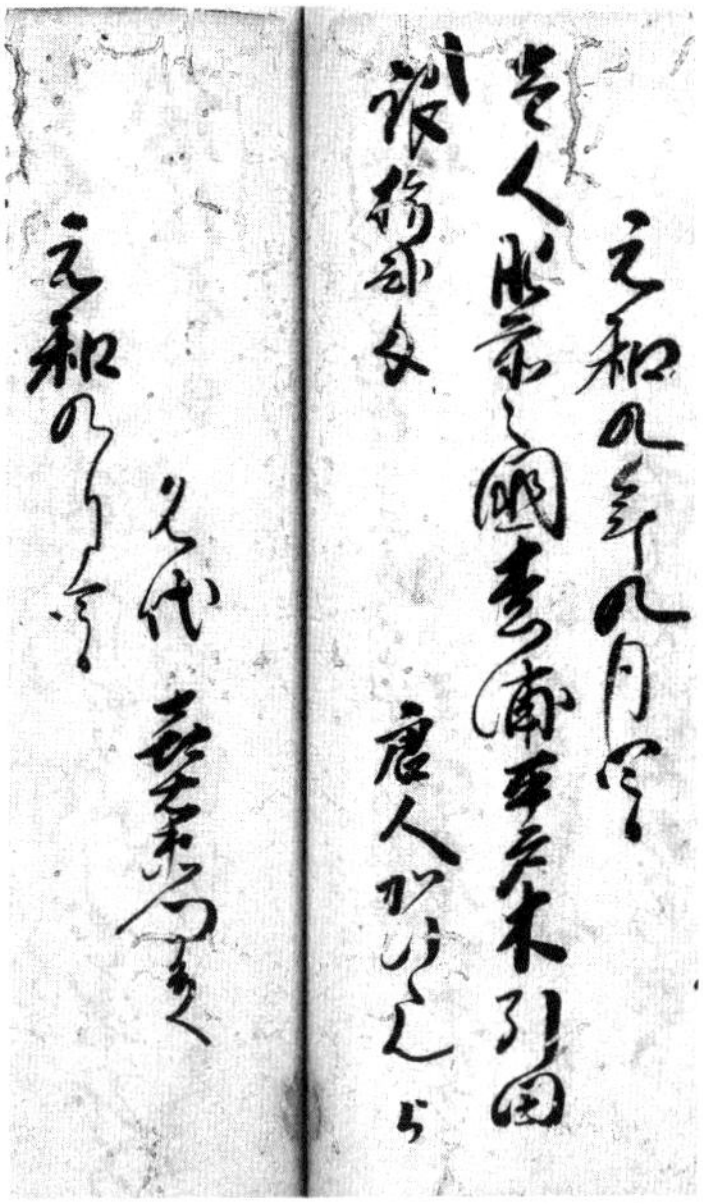

図23　唐人かぴたん名代伊勢参宮
（天理大学天理図書館所蔵）

年肥前筑後御参宮人帳』に記されるから、当年の元和九年（一六二三）九月四日の参宮であることに違いない。

喜右衛門尉が名代として伊勢に赴いているが、本来の参宮立願者は喜右衛門尉の前に記される「唐人加ひたん」である。「加ひたん」はカピタンのことと思われる。十七世紀初頭に前後して平戸に設置されたオランダ、イギリスの各商館長のことをカピタンと呼んだし、後に長崎の出島に移されたオランダ商館長のこともこう呼んだ。しかしこの場合は唐人カピタンとある。この呼称は松浦宗陽（隆信）の書状を纏めた『宗陽公以来之物』[17]のなかに次のように見える。

とう人かひたんニたのミ候て、こうちざとうのきつざとうのくろざとうを給度候間、少所望候てくれ候へ、手前ニなく候ハヽ、長崎ニて調候様に申付候へ　以上

肥前守より

山覚右衛門参

平戸領主松浦隆信が「とう人かひたん」を介して、砂糖の調達をおこなうように山覚右衛門に命じている。また『買人安武六左衛門旧記』[18]にも、「唐人かひたん」に将軍より拝領の反物を贈る旨を記した松浦隆信の書状が収録されている。

このように「唐人かひたん」の呼称は、平戸側の史料にも散見される。唐人カピタンは、日本

と中国間で私的な交易を営んでいた中国人貿易商人の頭人という意味で用いられていた。参宮人帳に見られる元和九年当時の唐人カピタンは李旦《りたん》という人物であった。その李旦は平戸の木引田町に屋敷を構え、寛永二年（一六二五）に没している。

「唐人かひたん」が伊勢に名代を遣わした元和九年（一六二三）が、李旦の生存時期であり、加えてその居所も木引田町と一致することから、参宮人帳に記される「唐人かひたん」はこの中国人李旦と考えてまず間違いない。

唐人カピタン李旦の名代として伊勢に赴いたのは、喜右衛門尉という人物であった。この喜右衛門もめぐって『イギリス商館長日記』[19]の元和七年（一六二一）八月十九日の条に、次のような極めて興味深い記事を見出すことができる。

私はバルク船の船主キエモン殿に、目方二九匁四分の丁銀一枚を水夫たちの内金として手渡した。

ここにQuiemon Donすなわち「喜右衛門殿」という人物が登場し、喜右衛門はイギリス商館の船頭を務めた人物であった。そのイギリス商館と唐人カピタン李旦の居所は、ともに木引田町にあった。元和九年に唐人カピタンの伊勢代参役を務めたのも喜右衛門尉であり、同じく木引田町に住んだ。このような共通点からこの双方の喜右衛門は同一人物と思われる。

『イギリス商館長日記』には、商館長が李旦から天鵞絨を一枚貰った（一六一七年八月十七日条）、キャプテン二人とともに李旦の家に招待された（一六二一年五月十七日）、イギリス船の修理のために李旦の持ち船を借用した（一六二一年八月十一日）などと、イギリス商館と李旦との関係は極めて密接なのである。

イギリス商館と李旦の居所が同じ町にあり、加えて両者の関係が密接であることから考えると、李旦はイギリス商館より船頭の喜右衛門を代参役として雇い入れ、伊勢に遣わしたのではなかったのか。あるいは船頭喜右衛門は、本来は李旦の許で中国貿易に携わっていた人物かもしれない。イギリス商館と李旦が密接な関係であったために、イギリス商館の船頭も兼ねていたとも考えられる。むしろ後者の立場ではなかったのか。

いずれにしても、唐人カピタンの李旦が伊勢に名代を遣わしたことは、異国人の範囲にまで伊勢を意識させたという点で、平戸領での伊勢信仰の定着具合を推し測る事例として特筆すべきであろう。

ここで触れたのは元和九年（一六二三）という江戸期の中国人の伊勢信仰であったが、鹿尾敏夫氏は早く中世末期に中国人による伊勢参宮があったことを指摘する。[20] 天正十七年（一五八九）には「ゑんはい」「けんさん」、同十九年には「ふくまん」「月山」という豊後府内の唐人町に住む中国人が伊勢参宮をおこなったという。さらに中国人居住区の唐人町には日本人も住みつき、そして伊勢参宮も中国人単独ではなく、近隣の町人と連れだって赴いている。唐人たちは決して孤立した存在ではなかった。近隣の町と同化するなかで日本の生活様式・文化信仰になじみ、そのなかから伊勢参宮に赴く者もあったのである。

5　初穂を「国かわし」で納める

慶長十年（一六〇五）伊勢参宮を行った「お志ほい作右衛門」について、同年の『御参宮人帳』には次のように記される（表22 №242）。

一人　肥前松浦郡平戸志佐
但国かわし
艮子六匁　お志ほい作右衛門殿
合
慶長拾年三月二日

平戸領志佐村に住むこの人物は銀子六匁の初穂を納めているが、その額の脇に「但国かわし」と注記がある。同様の例は肥前国三根郡中津隈の参宮者にも次のように見られる。

八人　肥前国三根郡中津隈村
（中略）
艮三匁　徳尾源左衛門殿
ナシ　是ハ国かわし
艮三匁二分　同　源左衛門殿
（中略）
ナシ　但国かわし
艮三匁二分　久哲坊
（中略）
慶長十年二月廿五日

源左衛門と久哲坊の初穂の脇にも「国かわし」と記され、さらにその上部には「ナシ」ともある。「かわし」は為替を意味し、従って「国かわし」は国為替と言い換えることができる。この経緯から分かるように、「国かわし」は参宮者が伊勢に発つ前に、初穂を為替で予め納める方法であった。従ってこの二人からは参宮投宿日には初穂の納付はなかったから、「ナシ」と記されたのである。

橋村肥前大夫は初穂を納める方法として為替のシステムをもっていた。この方法は慶長十年（一六〇五）から見られるが、[21]先に示した平戸の「お志ほい作右衛門」と中津隈村の二人が用いたのも慶長十年であり、その走りの時代である。平戸松浦領での為替の使用はこの「お志ほい作右衛門」の一例のみであるが、肥前国全体では慶長十二・十三・十五年に十一件・十件・十六件と合計三十七件の使用例が認められる。[22]

国為替の以前に天正期から慶長初期の時代には、「国へかり」というシステムがあった。天正十二年、十六年、慶長二年に百二十一件の使用がある。文字通り参宮者が初穂を伊勢では納めず国に借りて帰り、参宮に出向く知人に言付けて返済したり、借りた本人が次の参宮のときに返済するという方法である。[23]平戸松浦領でも天正十年（一五八二）に志佐の禅忠（№18）が二匁五分、天正十九年（一五九一）には平戸町の原太郎左衛門尉娘（№126）が一匁と、それぞれに「国へかり」、すなわち初穂を国元に借りて帰っている

慶長十年を境にこの「国へかり」から国為替に替わっていく。おそらく前述のような自主的な返済方法では初穂の回収が思うように進まなかったのであろう。参宮に先立って払い込む国為替に移行したものと思われる。肥前国内に為替扱い所を設け、予め初穂をそこに振り込むシステムであった。為替扱い所は佐賀郡蛎久にあった伊勢屋敷が務めていた。

志佐から蛎久までは遠隔の地であるため、志佐の「お志ほい作右衛門」が蛎久の伊勢屋敷で国為替を組んだかは不明である。橋村御師が伊勢大麻配りに肥前に下向した際に為替の手続きをし

たとも考えられる。

四　参宮・言付の初穂と音物

1　銀、銭で納められた初穂

『御参宮人帳』には参宮者及び言付者が、伊勢御師に納めた初穂額や音物《いんもつ》が記されていることは前述し、その額面や品名は表（22）中の初穂・音物欄に収録しておいた。この初穂と音物は参宮者にとっては経済的出費であり、受ける側の御師にとっては経済的収入となり、両面からしても見逃し難い数値である。本節では参宮者・言付者がどれほどの初穂を、どのような音物を納めたのか、この点に注目したい。

天正十年（一五八二）から知られる初穂はほとんどが銀で納められている。銀が貨幣として使われ始めたのは、京都において永禄五、六年（一五六二、一五六三）ごろからであり[24]、九州での銀の初めての使用は、今のところ永禄十年（一五六七）に大村領主・大村純忠が伊勢大麻の初穂を銀二十匁で納めたのを始めとして[25]、この年から西肥前の各地で銀の使用が見られる。それから十五年が経過した天正十年ごろになると、平戸松浦領でも銀の使用が広範囲に広がっている。これに対して銭での初穂は三十三例に過ぎず、銀が通貨の主体となっていたことが分かる。

表（27）初穂銀額別人数一覧（単位・人）

初穂額	有姓者	僧侶	無姓者	女性	言付者	合計
43匁	1				2	3
～21匁	2			1		3
～16匁			2		2	4
～12匁	12	1	3	1	5	22
～11匁						
～10匁	1		3			4
～9匁	2		3			5
～8匁	3	1	2			6
～7匁	3		2	1		6
～6匁	21	3	17	1	2	44
～5匁	6	2	5	1	4	18
～4匁	7	1	7	1		16
～3匁	26	2	24	2	8	62
～2匁	14	11	16	5	13	59
～1匁	4	5	12	3	34	58
9分					1	1
8分					1	1
7分	1				1	2
6分					1	1
5分					4	4
4分	1				1	2
合計人数	104	26	96	16	79	321
参宮者実数	110	41	124	18	83	376

（註）参宮者実数には階層不明の39名は含まれていない。

表（22）に基づいて銀の初穂額については、参宮者を有姓者・僧侶・無姓者・女性・言付者に分けて銀高ごとに人数を集計したのが表（27）である。銭の初穂については表（30）として年代順に人名・銭高・居村、参宮・参宮年月日を記した。

まず銀の初穂について見よう。社会層が判明する二百九十三人の参宮者の内、銀で初穂を納めたのは二百四十二人である。言付においても八十三件の内に七十九件までが銀が預けられている。

参宮者の各階層によって銀額の傾向に差異が見られるが、基本的には一匁・二匁・三匁が圧倒的に多い。有姓者層はこれに次いで六匁に二十一人、さらに十二人の者は十二匁という高額に及んでいる。僧侶は二匁と一匁に集中し低額であるが、天正期から慶長期の近世初期にかけて、僧侶・寺院の置かれた経済的立場を推し測る数値と考えられる。

無姓者は有姓者とほぼ同じ傾向にあるが、七匁以上の高額に及ぶことは少なく、逆に一匁に

表(28)銀1匁の米相場と各初穂額の米高

年代	米相場
天正3年	5.8升～6.4升
天正11年	6.5升
慶長4年	6.6升～7.2升
初穂料	米量
20匁	1石3斗
15匁	9斗7升5合
10匁	6斗5升
8匁	5斗2升
5匁	3斗2升5合
3匁	1斗9升5合
2匁	1斗3升
1匁	6升5合

十二人を数え、一匁から三匁の低額に集中している。女性の参宮人数は十八人と少ないが一匁から三匁が多い。

言付者の初穂は一匁・二匁・三匁に集中し、そのような中でも松浦鎮信と松浦源太郎は、銀一枚＝四十三匁を言付けていたことは前述した。

さてこれらの初穂額がどの程度の価値があったのか、米高に換算することはある程度可能である。天正・慶長期の銀一匁の米相場[26]に基づいて、銀一匁の米相場を表(28)として提示できる。年代によって米相場が変動し、また年内でも一定の幅があるが、表に示した三時期の銀一匁の米相場は、天正十一年(一五八三)の六、五升を共通の米量として提示できる。この銀一匁＝米六、五升を一応の基準として、初穂額ごとの米高を早見表として表(28)の下段に示した。

参宮者の初穂が集中する二匁・三匁に相当する米高は、一斗三升から約二斗となり、かなりの米高となる。米一石、及びそれ以上に相当する銀十五匁を越す初穂奉納者は、表(29)に示した十四人である。この中には言付でありながら、高額を託した者もいた。

中でも青木伊兵衛(№354)は金一部判(一分半)と銀一枚を納めているが、これは平戸松浦領で唯一の金の使用例である。江戸幕府は慶長十四年(一六〇九)に金一両＝銀五十匁＝銭四貫の金・銀・銭相場を定めている。青木伊兵衛の金の使用時期は元和九年(一六二三)であるからこの相場が適用され、金銀の合計を銀高にすると六十一匁七分五厘となり[27]、米高にすると四石三斗九升ほどに

表(29)初穂高額者一覧

No.	氏名	初穂額・音物	居村	参宮年		月	日	言付
5	古河隼人	17匁	平戸町	天正	10	6	26	
11	平松甚三郎	19匁	平戸町	天正	10	6	26	
64	中村市助	21匁	平戸町	天正	16	3	25	
110	兵助	16匁6分　布1反　手ノコイ	五藤おかだ村	天正	19	3	12	
111	ほい女おばゞ	15匁　ビタ100文	平戸町	天正	19	3	14	
191	松浦式部卿法印	銀子1枚	平戸	慶長	4	3	7	○
220	助左衛門	17匁9分	平戸	慶長	8	2	29	
277	志佐源蔵	17匁	平戸	慶長	12	6	29	○
295	松浦又左衛門	15匁	平戸	慶長	12	8	19	○
305	弥五右衛門	18匁	平戸	慶長	13	9	2	
332	理右衛門尉	15匁	平戸中野町	慶長	14	3	1	
354	青木伊兵衛	金1部判壱ッ　銀1枚	平戸	元和	9	8	4	
360	山田喜藏	21匁　脇差1腰	平戸中町	元和	9	8	4	
384	松浦源太郎	銀子1枚	平戸	元和	9	9	15	○

あたり破格の額である。浦部知之氏の「貿易時代の平戸家臣団[28]」によると、この青木伊兵衛は二百石取りの馬廻衆であった。

松浦式部卿法印と松浦源太郎が言付けた銀一枚は四十三匁として取引されているので、米高に換算して約二石八斗に当たる。青木伊兵衛を含んだこの三者は群を抜いた初穂額であった。

表(29)の高額者の中には無姓者四人と女性一人も含まれている。無姓者四人の内の兵助(No.110)は「五藤おかだ村」とあり、五藤は五島の当て字と思われ五島列島の岡田村に居住、その他の助左衛門(No.220)、弥五左衛門(No.305)、理右衛門尉(No.332)はいずれも平戸島居住である。銀十五匁から十八匁に及び、米量にして一石から一石二斗余に当たる。当時、無姓者の中にも当時相当の経済力をもった者たちがいたのである。五島の兵助については、「第七章 島の伊勢信仰」で詳述する。

銀で初穂を納める者が多い中で銭を用いた者もいた。その多くは「ビタ何文」と記録され、いわ

表(30)初穂銭納額と参宮者名

No.	氏名	初穂銭高	居村	参宮年		月	日
16	九郎左衛門	ビタ 200 文	志佐衆	天正	10	7	10
17	女房衆	ビタ 200 文	志佐衆	天正	10	7	10
33	神正	ビタ 250 文	相浦	天正	12	7	13
34	玄順坊	ビタ 250 文	相浦	天正	12	7	13
45	良尊坊	ビタ 200 文	御厨	天正	14	3	30
46	光蔵坊	ビタ 200 文	御厨	天正	14	3	30
47	助左衛門	ビタ 400 文	御厨	天正	14	3	30
48	常州	ビタ 200 文	御厨	天正	14	3	30
49	長蔵	ビタ 100 文	御厨	天正	14	3	30
50	使長	ビタ 100 文	御厨	天正	14	3	30
51	松月	ビタ 100 文	御厨	天正	14	3	30
52	良覚	ビタ 100 文	御厨	天正	14	3	30
53	良賢	ビタ 100 文	御厨	天正	14	3	30
54	三信	ビタ 100 文	御厨	天正	14	3	30
68	伊藤宗左衛門女尉内御宮女	ビタ 300 文	平戸町	天正	16	3	29
79	野村与三郎	ビタ 700 文	平戸町	天正	16	4	22
80	甚九郎	ビタ 300 文	平戸町	天正	16	4	22
89	小次郎	ビタ 100 文 永楽 100 文	壱岐	天正	16	7	26
90	内記	永楽 50 文	壱岐	天正	16	7	26
92	新助	永楽 50 文	壱岐	天正	16	7	26
100	兵衛門尉	2 匁　ビタ 50 文	志佐村	天正	19	閏 1	24
103	善春	ビタ 200 文	志佐村	天正	19	閏 1	24
111	ほい女おばゞ	15 匁　ビタ 100 文	平戸町	天正	19	3	14
114	森長新三郎	3 匁　ビタ 50 文	平戸町	天正	19	3	14
115	森助太郎	3 匁　ビタ 100 文	平戸町	天正	19	3	14
116	金戸与衛門尉	4 匁　ビタ 66 文	平戸町	天正	19	3	14
120	横山五右衛門尉	ビタ 1 貫 200 文	壱岐印道寺	天正	19	3	24
121	彦三郎	ビタ 200 文	壱岐印道寺	天正	19	3	24
122	兵衛門尉	ビタ 100 文	壱岐印道寺	天正	19	3	24
124	彦三郎	ビタ 100 文	壱岐印道寺	天正	19	3	24
172	堤善左衛門尉	永楽 300 文	平戸	慶長	2	3	19
310	与四郎	100 文	平戸	慶長	13	9	2
311	二兵衛	100 文	平戸	慶長	13	9	2

表(31)ビタ銭100文米相場

伊勢参宮年月	該当年の『多門院』記載米相場		精銭対比のビタ銭劣化率
天正10年7月	天正10年 3月＝9升	12月＝8升	40～45％
天正12年7月	天正12年 4月＝4升	8月＝4升1合	20％
天正14年3月	天正14年 3月＝8升5合		42.50％
天正16年3･4月	天正16年 4月＝8升		40％
天正16年7月	天正16年 7月＝9升5合		47.50％

ゆる鐚銭《びたせん》と言われる悪銭である。鐚銭は中世から近世初期に用いられ、精銭に対して破損・摩耗した銭や私鋳銭をこう呼んだ。「ビタ一文もまけない」という言葉があるが、このビタはまさに鐚銭のことで、まける意志がまったくないときに現在でも使われている。

表（30）には銭の使用例を一覧化したが、三十三例の内にビタ銭の使用は二十七例、ビタ銭と永楽銭の併用が一例、永楽銭が三例、精銭が二例であり、ビタ銭の使用が圧倒的に多い。その額は壱岐印道寺の横山五右衛門尉（№120）の一貫二百文を筆頭に、平戸町の森長新三郎（№114）の銀に添えた五十文に至るまで様々である。特に百文（十二例）、二百文（七例）に集中している。銭は基本的には百文ごとに紐で通して使われ、いわゆる緡《さし》銭と言われた。表中にもほぼ百文単位で登場している。ただ五十文（二例）と六十六文と端数での使用例が見られるが、その額は銀に添えられているから、補助的に緡紐からはずして加えられたのであろう。

ビタ銭が良質な精銭に対してどの程度の価値があったのか、時代によって相場が変動し難しい問題である。千枝大志氏は伊勢で使用された天正期から慶長期のビタ銭と精銭とを比較し、ビタ銭一貫文で銀十二・三匁から十九・九匁、これに対して精銭一貫文で銀二十匁から三十八匁という数値を求めている。[29] ビタ銭は精銭の五割から六割の価値しかなかった。

また毛利一憲氏も『多門院日記』を通じてビタ銭の価値を明らかにした。[30]

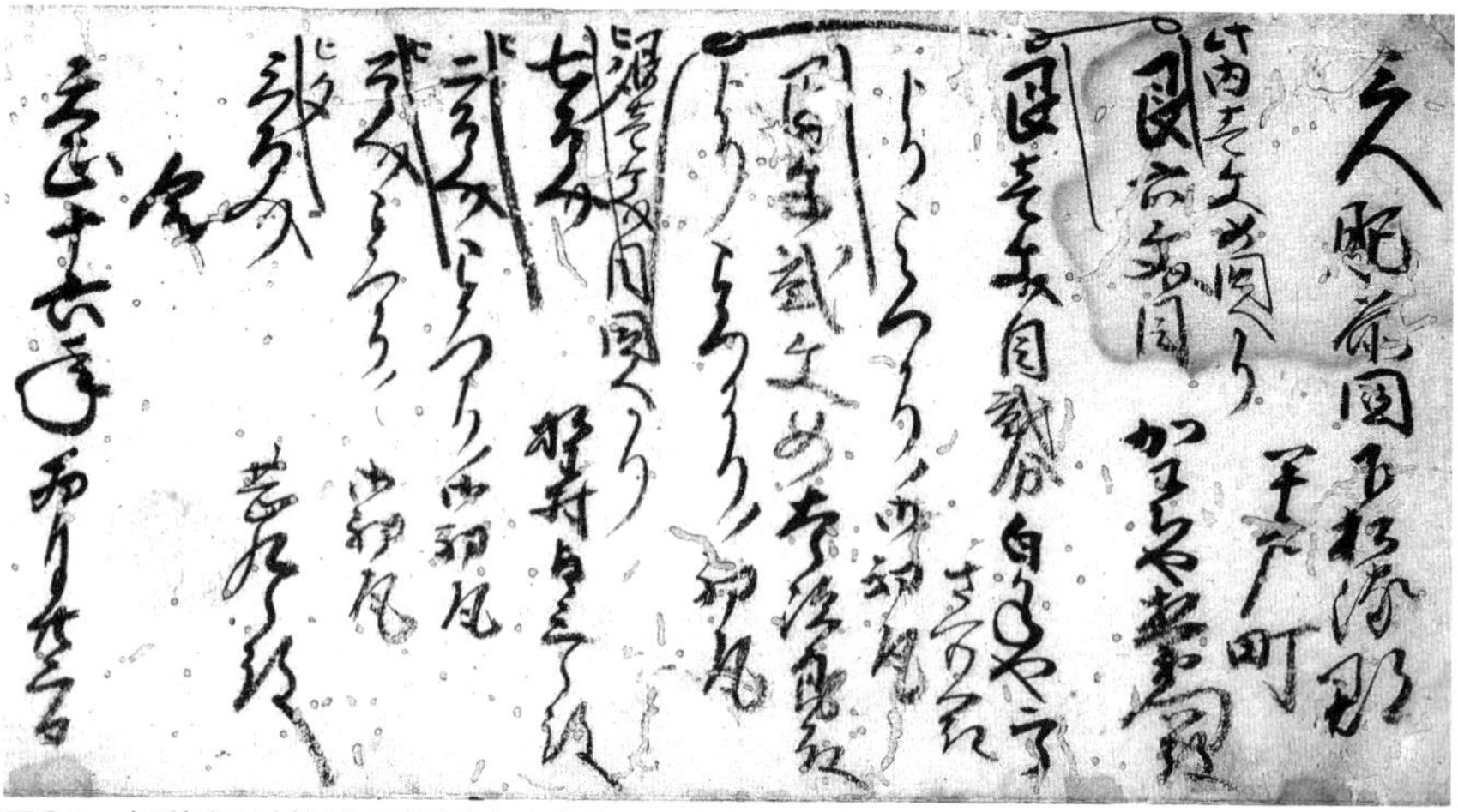

図24　初穂を言付けた平戸の白かねや（天正16年『御参宮人帳』 天理大学天理図書館所蔵）

永禄・元亀・天正年間（一五五八～一五九二）には、精銭百文＝米二斗という相場が一定していた。これに対して氏は天正四年（一五七六）から天正十七年（一五八九）までのビタ百文の米高を算定し、双方の米高を比較することによりビタ銭の価値を示している。これに従い表（31）には、ビタ銭が使用された伊勢参宮の年月に合わせてビタ銭百文の米相場を記した。

この表によると天正期のビタ銭の価値は、天正十二年が精銭の二割と極端に落ちているが、おおむね精銭の半額を切る四割から四割七分ほどの価値であった。これは興福寺多聞院があった奈良での相場である。

伊勢での相場は先の千枝氏の研究に基づけば精銭の五割から六割であり、地域によって若干相場が異なるが、この両地の事例から天正期のビタ銭はおおむね精銭の半分値ほどで流通していたことになる。

銭の一種として永楽銭の使用が三例認められ（№89・92・172）、額面は百文、五十文、三百文である。この永楽銭は東国では銭貫高制の基準銭となっていたのでよく流通したが、九州では洪武銭が尊重されあまり使われることがなかった。ここでもわずか三例の使用というのは、そういった事情を反映している。

天正十年以降の初穂料に使われた貨幣を見てきたが、参宮者二百九十三人と言付八十三件のなかで銭が使われたのはわずかに三十三件であり、残りのほとんどは銀で初穂を納めていた。天正期の銀と銭の対価相場は銀一匁＝銭五十文であるから、(31) わずか一匁（三・七五グラム）の銀で銭五十枚の価値があった。伊勢までの長旅にはかさばり重い銭を携帯するより、銀の方がはるかに軽便に旅ができたのである。

銀は秤量貨幣であるから、銀塊から一匁、二匁と重さを計り切って使った。自ずとそこには銀を計り、交換する専門業者が生まれた。計屋、白銀屋《しろがねや》と呼ばれた金融業者である。

平戸松浦領からの伊勢参宮者一覧・表（22）の天正十六年四月二十二日に、平戸町の「白かねや二郎左衛門」（№77）という人物が、初穂銀一匁二分を「かわらや直衛門尉」に言付けている（図24参照）。まさにこの人物は白銀屋であり、この屋号から銀の交換業務を専門とした商人であったと思われる。平戸領内でも銀の流通に伴い、平戸の町中にも秤量貨幣の銀を取り扱う専門業者が生まれていたのである。

2　初穂代としての音物《いんもつ》

参宮者の中には初穂を品物で納めた者もいた。布海苔《ふのり》、綿、布、糸、紬、沈香、脇差、香、銀米、唐墨、線香などである。当時はこういった進物・奉納物を音物と言った。

これらの品のなかでも平戸くしや町の古川隼人（№5）、平戸主師村の八左衛門尉（№44）、平戸のふかい弥三郎（№95）の三人が納めた沈香《じんこう》は、東南アジアのジャングルから産出し船来品として非常に高価な品であった。沈香が納められた時期はいずれも天正年間であるが、この時期は平戸での南蛮貿易は終わっていたものの、当地での王直の後継者による中国貿易から平戸に入ってきていたのであろう。

表（22）の冒頭に登場する平戸町の神力坊（No.1）は「唐すみ一丁」を納めている。先にこの「唐すみ」を鯔《ぼら》の内臓から作る珍味のカラスミと考えた[32]。しかし唐すみを音物とした例はほかにもあった。天正十年（一五八二）に筑後国三潴郡牟田口の宗鎮坊が唐墨八丁、同年には筑後の圓真坊より唐墨一丁、慶長二年（一五九七）に肥前国藤津郡三城村の大宮司使いの者が唐墨一丁を納めたことが、該当年の『御参宮人帳』に見えている。さらには宮後三頭大夫文書の『永禄十年肥前日記』には肥前国有馬の金蔵坊が、「からすミ」を伊勢大麻料として納めている。このように唐墨を贈ったのは宗鎮坊、圓真坊、大宮司使いの者、金蔵坊、そして神力坊といずれも寺院神社に関係し、日常的に墨を使用する頻度が高い者たちである。とすれば唐物の墨を保有していた可能性が高く、それを音物としたのではないか。唐墨は文字通り唐物の墨とするのが妥当のようである。

平戸町の岩松新郎（No.163）は慶長二年（一五九七）二月二十四日に「銀米一斗五升」を言付けている。この部分の記述は次のように見える。

同岩松新郎殿より銀米一斗五升　五郎八うけ取申候、うけ取被参候

米一斗五升は五郎八が受け取ったとある。この五郎八という人物は、文禄五年（一五九六）『御参宮人帳』二月二十五日の条に登場する。

銀子　拾二文目　きさノ木十郎兵衛殿　是ハいわう寺御渡候
かき久いせ屋へ五郎八ニ御わたし可有由候

きさの木十郎兵衛は「いわう寺」から預かった初穂銀十二匁を、佐賀郡蛎久にあった御師屋敷の五郎八に渡している。この人物は伊勢屋敷にあって御師の代役を勤めた者と思われる。岩松新郎が納めた銀米も伊勢に持参した訳ではなく、佐賀蛎久の伊勢屋敷五郎八に納めたのである。音物として米の量が記されるのは極めて珍しい。先に初穂額として銀二匁と三匁がもっとも多いことを示した。その額は米にして一斗三升から二斗と推測した。岩松新郎が言付けた米量一斗五升はほぼこの量にちかく、参宮者が納める銀額に倣ったものとも思われる。

五　伊勢参宮をおこなった町・村

平戸松浦領から伊勢参宮をおこなった町・村は三十八町村を数えた（表23参照）。それらの町村はどういう実態にあったのか、さらに参宮者を出すに至った背景について考えてみたい。

まず平戸島の諸町村に注目すると、地域の表記が「平戸」、「平戸町」、さらに町名を「平戸うら町」等と具体的に示した場合と三通りに記されている。「平戸」から八十八人、「平戸町」から四十六人の参宮者をそれぞれ数える。「平戸」の範囲が文字通り平戸島全体を指しているのか明確ではない。また「平戸町」の呼称も存在せず、おそらく「平戸の町」という意味であろう。平戸の町として具体的に町名が記されるのは、平戸うら町、平戸木引田町、平戸くしか崎、平戸く

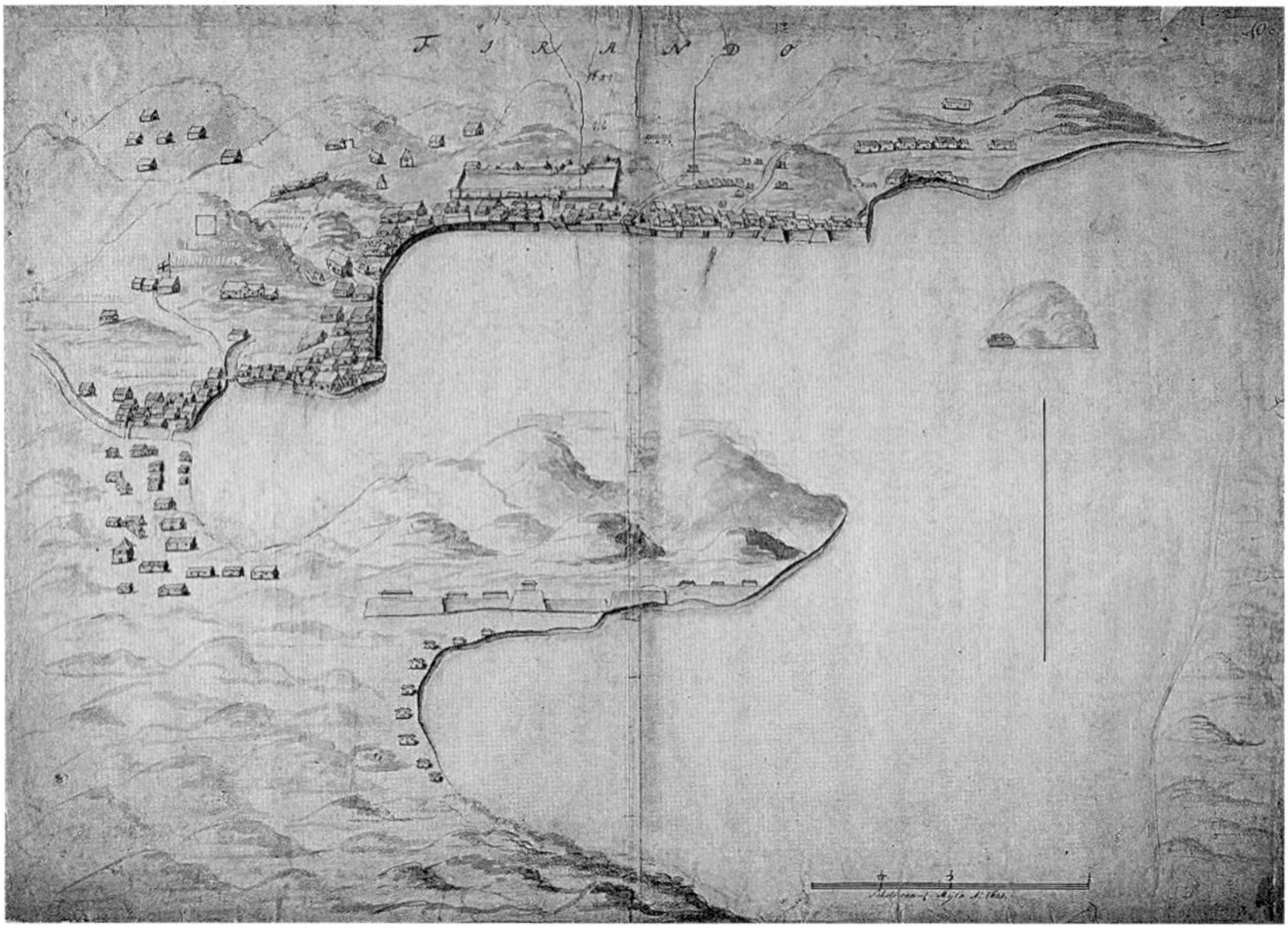

図25　1621年 平戸図（オランダ中央文書館所蔵、写真提供 平戸市）

し屋町、平戸さきの町、平戸新町、平戸中町、平戸中野町、平戸渕町の九カ町であり、三十九人の参宮者を出している。先の平戸町の四十六人を合わせると、いわゆる平戸の町衆の参宮者は八十五人に及んでいる。

平戸で町部外は大河村・山の内・主師村・中野村・舟木村の五地域からの五人に過ぎない。参宮者は平戸島全体に及んでいた訳ではなく、平戸の町部に集中していた。この傾向から推測して、単に「平戸」と記される八十八人も平戸町部の衆と考えてよいだろう。

その平戸町の発生を記すのは『壺要録[33]』である。次のように見える。

> 古町人云う、いにしえより七郎権現は潮打際の磯辺なりしが、異国船入津したれば京堺の者共多く、今の長崎のごとく不断居りけれ、彼等共町屋を広め、海を埋め今のごとく七郎宮の前広小路

に成りたり、印山道可公の御代より今の隆信公の御代御三代の間に崎方の果てまで左右の町屋続きたりと

天文十九年(一五五〇)にポルトガル船の入港以来、慶長十四年(一六〇九)にはオランダ商館、同十八年にはイギリス商館の設置によって、平戸港一帯は海外貿易港として町が発展していったことを伝える。その時代と町の範囲は、松浦道可(隆信)よりその三代後の松浦隆信(宗陽)の間に、七郎権現(七郎宮)を中心にその北側の崎方付近まで左右に町屋が並ぶほどであった。永禄四年(一五六一)にこの七郎権現の前で、平戸とポルトガル商人の間で綿布の値段をめぐって殺傷事件が起きる。いわゆる宮の前事件であり、これを機にポルトガル船は平戸を離れていく。この現場が『壺要録』にいう「七郎宮の前広小路」に当たる。

オランダ中央文書館所蔵の一六二一年(元和七年)平戸図を見ても、木引田町一帯から崎方町に至るまで町屋の密集具合が確認される(図25参照)。

伊勢参宮をおこなった者たちは、そのほとんどが港の周辺に軒を並べたこの町に住む者たちであった。それはこの地域がポルトガル貿易以前からの中国貿易を含めて、海外貿易の拠点として人口も集中し富も蓄積され、人・物の豊かさを背景に多くの伊勢参宮者を出すに至ったと考えてよいだろう。

具体的に町・村名が分かるところが十四町村あった。その町村の実態を個々に検討してみたい。「平戸さきの町」は、前述した町屋の最北部に当たる崎方町に当たるものと思われる。「平戸うら町」は崎方町の隣に位置する現在の浦の町、平戸木引田町と平戸新町は当時の町屋の最南部に位置し、現在もこの町名は健在である。「くしか崎」と「くし屋町」は古地図にも確認できないが、「くしが崎」

は寛政四年（一七九二）の六町図中に、亀岡城下手の幸橋に通じる門が串崎御門と記され、この串崎が「くしが崎」の地名を伝えているとも考えられる。そうすれば町屋とは湾を挟んだ対岸に位置したことになる。『御参宮人帳』にこの地名が見えるのは天正・文禄年間であり、現在の亀岡城址に日之岳城が築城される以前は、この串崎御門一帯には集落があり、それが「くしが崎衆」と呼ばれたのであろう。

「くし屋町」は櫛屋町と思われ、この町からの参宮は天正十年に一度だけ登場するが、近世の城下図には記されず、早い時期に消滅したのであろう。江戸期には大工町・鍛治屋町・桶屋町という職人町ができるが、その一画に中世の時期から存在した櫛屋の町であったと思われる。平戸中町は具体的な場所は分からない。

平戸町部から離れた中野町（村）から九人、大河村・片山の内・主師村・渕村・舟木村からそれぞれ一人の参宮があった。

中野町と中野村は同じ場所と思われ、江戸時代の初めに平戸の副港として栄えた河内港に近い地域である。村内の大久保免蟹田ノ辻には皇大神宮が祀られている。『中野村郷土誌』(34)によると、当地の河内港には慶長のころまで唐船が入津し、皇大神宮には領主松浦氏の信仰が篤く、朝鮮出兵に際しては武運長久を祈願し金幣を奉納したという。平戸町部から離れたこの地域から九人の参宮を数えるは、日頃から地元の大神宮を通しての信仰、また唐船の入津に伴う経済力などを背景に伊勢まで赴く者がいたのである。

大河村と舟木村は平戸島の南部、平戸瀬戸に面している。慶長十年（一六〇五）と天正十二（一五八四）にそれぞれ一人の参宮があった。大河村は紐差より東南に下った現在の大川原に当たると思われる。当地の中世の信仰遺跡として、天文十二年（一五四三）二月十二日に、「松翁□□禅門清叟妙久禅尼」の二人によって建立された六地蔵が現存する。当村の信仰の一端を窺うことができよう。

大川原から南下した所に舟木村がある。この地はすでに元亨二年（一三二二）十月十七日付の山代三郎宛の鎮西御教書[35]に登場する。山代三郎と津吉三郎紀との間で、舟木と長田の余田の百姓名をめぐって争論が起っている。この当時、舟木村は山代三郎が地頭を務める所領内に組み込まれていた。歴史的に早くから開けた村であった。

そのほかの平戸片山の内、平戸渕村は所在が分からない。

平戸島外で比較的多くの参宮者を数えたのは、志佐村二十二人、御厨二十八人、早木村（早岐）三十一人であった（表23参照）。この三村が参宮者を出すに至った素地について考えてみたい。

まず志佐の上志佐村長野免に「御伊勢原」という地名が残る。かつてこの地には大神宮が鎮座し、その後、現在の長野免の大神宮の地に遷座したと伝えられる[36]。先に引用した『天正十七年御祓賦帳』でも志佐では九人が伊勢大麻を受けていた。その賦帳の志佐の冒頭には、

志佐殿御神田六段ヲ　毎年銀四十目つゝニ定預り候　又志佐殿御神田一段

と記録される。志佐殿から御師橋村肥前大夫へ寄進された神田六反があり、そこからの収穫分として銀四十匁が、毎年、橋村肥前大夫に納められていたと解釈される。それとは別にもう一反の神田もあった。このように伊勢御師が旦那地域で土地や屋敷の寄進を受けた例は、諫早や大村でも見ることができる[37]。御師橋村氏が貰った神田とはどこにあったのか。直ぐに思い起こすのは、先に触れた御伊勢原にあった大神宮の存在である。六反の神田はこの大神宮に付属し、収穫分を

銀（四十匁）で納めていたのではないか。そしてこの大神宮が長野免の現在地に遷った後は神田のみが残り、後世にその地を御伊勢原と呼ぶようになったのではないのか。

御厨は一般的には伊勢神宮の所領を意味し、その地から贄物《にえもの》（供物）を奉納した。ただ松浦地方の御厨がそうであったとの確証はない。むしろ同地の姫神社の存在である。『肥前国下松浦郡御厨庄宮山姫大明神神社紀』[38]には鎮座の事情を次のように記す。

伊勢の度会郡《わたらいぐん》の住人で神官でもあった森川九郎は、伊勢国を出ようとの一念で天照大神の木像を作り九州へ下ってきた。やがて肥前国下松浦郡御厨の平瀬に着船して、ここに御神体を収めた木箱をいったん鎮め、近辺を廻って見定めた結果、中野の地に草社を造り姫大明神として祀ることとした。ときに康保元年（九六四）十一月のことであったという。

その後、姫神社の神主・森川内記の霊夢によって、中野よりさらに清浄な小柴原に遷座することとなった。これ以降その地を宮山と名付けた。その由来は伊勢神宮の内宮の「宮」と、内宮が鎮まる神路山の「山」の二字をとって「宮山」と呼ぶようになったという。宮山への遷座は長久元年（一〇四〇）であったと伝える。

こういった内容を伝える『姫大明神神社紀』は近世の記録であり、康保・長久年間という平安時代に遡る鎮座の記録が、どれだけ信憑性があるのか慎重に扱わねばならない。しかし社紀に伝える森川九郎が最初に着船した平瀬には船津神社があり、また森川九郎を祀った九郎社が御厨中学校裏手の森の中に鎮座する。こういった事情を勘案すると、森川内記の霊夢や鎮座年代には一部の粉飾があるとも思われるが、大筋においては史実を伝えているように思われる。とすれば御厨の地は、この姫大明神を通じて早い時期から、人々の間に伊勢が意識されていたと考えられる。

図26　海寺跡（平戸市田平・現熊野神社）

早岐《はいき》村からの参宮は、各年の『御参宮人帳』に記されるのではなく、長崎の伊勢信仰の項でも基礎史料として用いた『永禄ゟ寛文九迠肥前藤津彼杵御参宮人抜書』にそのほとんど記されている。この抜書は累年の参宮人帳を整理し纏めているために、参宮人の名前と各人からの初穂が省略され、参宮年月日と村・町単位での参宮人数が記されるのみである。当村の三十一人の内に二十六人がこの抜書に記録されている。参宮人の名前が分かるのはわずか五人である。慶長八年（一六〇三）二月三十日に伊勢に参った町田市允、同甚四郎、田中八郎二郎、慶長十年（一六〇五）三月三日の徳嶋弥一郎と徳嶋与九郎である。

早岐からの参宮は慶長四年（一五九九）三月二十一日の三人が初例であり、他村の参宮時期と比較するとやや遅れて参宮が始まった感がある。

参宮者は少数ながらも、表（23）に平戸海寺村（三人）、「をしか村」（二人）の名が見える。海寺村にはかつて瑞石山海寺があった。現在でも海寺の地名が残り平戸瀬戸を望む所に位置する（図26参照）。当村からは慶長二年（一五九七）八月十八日に、両尊公・鐘覚坊・祐泉坊の三人が参宮した。現在は廃寺となっている海寺の僧侶たちであろう。

「をしか村」からは文禄五年（一五九六）閏七月三日に、善左衛門尉と新五兵衛の二人である。

ところが「をしか村」の存在を確認できず、御厨に隣接する星鹿《ほしか》のことではなかろうか。

海を隔てた壱岐の島からも伊勢参宮があった。天正十六年（一五八八）と同十九年に「平戸より壱岐へ御越候衆」と「壱岐嶋印道寺」よりそれぞれ五人と四人を数える。「印道寺」は現在の印通寺に当たる。

橋村肥前大夫文書のなかに、『天正十五年筑後国肥前国肥後国郡之帳大方小名』という記録が含まれる。橋村肥前大夫が九州三国に下向の際に、伊勢大麻を配って廻る地名を書き留めた記録と思われる。そのなかに壱岐のことが次のように記されている。

一　松浦道賀様

今ハ壱岐嶋知行ニ参候居所領ニて候、壱岐嶋ニ御座候御供之衆、百姓なと　あまた壱岐嶋ニ居付御入候、是不及申我等御宿申候、平戸ヨリ御祓被参候

松浦道賀は松浦道可、すなわち松浦隆信に当たるが、この時代から壱岐嶋は平戸領になっている旨、島内のお供衆は百姓として居付いているので御師の我等も島内に入り、伊勢大麻は平戸より持参し配られていると伝える。また「壱岐嶋小名」として、

風はへみなと　武生津

の地名が記され、記録の末尾には「壱岐之嶋へ」としてかつもの風はへと申所　武生津嶋　ミな戸

とも記す。「風はへみなと」は「かつもの風はへと申所」と補足している。「かつもの」は勝本のことと思われる。勝本は中世には「風本」とも言った。

また武生津は、現在の郷ノ浦町の東触、本村触、片原触、庄触、永田触の一帯を中世の時期か

ら武生水村といったので、この地に当たることは間違いない。

このように天正十五年（一五八七）の大麻配りの地名簿に壱岐島内の地名が見えるのは、この年には伊勢大麻配りが平戸島を通じて勝本や武生水に及んでいたことを示している。こういった伊勢大麻配を受け祀ることによって、天正十六年には壱岐神浦の甚八郎、壱岐へ御越衆の五人、さらに天正十九年（一五九一）には印道寺衆五人など、連れだっての伊勢参宮を生んでいったのであろう。

六　平戸藩法と御師尋ね書から見た伊勢と平戸

1　平戸藩法に規定された伊勢信仰

江戸期に入ると平戸藩が発した藩法に、伊勢信仰に関わる条項を見ることができる。平戸藩が御師の活動、領民の伊勢信仰、伊勢講をどう見ていたのか垣間見たい。

延宝九年（一六八一）六月付で出された『冠婚葬祭之御教書』[39]に御師との関わりについて、

伊勢之御師英彦山之山伏愛宕多賀高野志賀之宮使僧等巡行之時、飢饉損耗之断を申奉、物例年よりも可減、附り村々ニ而の賄弥軽ク可仕事

とあり、伊勢御師を始めとする使僧たちの対応を、飢饉によって不作の旨を告げ初穂料は例年よ

り減らすこと、また村々での接待の賄いも質素にすることなどを定めている。同御教書中の壱岐国八カ浦に出された「八カ浦割」には、御師への賄いを具体的に次のように定めている。

伊勢御師使参候時、致止宿候浦ニテ上下人数次第壱人宛壱舛賄、薪野菜見合人夫相渡、外ニ酒壱舛逗留中渡シ切ニ而、入目勘定八ヶ浦割浦中家懸ニ而取立可申事

御師使者の島内投宿の際には、一人宛一升の米を人数分、薪・野菜は人数に見合う分、酒は一升渡し切り、要した費用は壱岐八カ浦の戸数で等分して負担することとしている。前述のように天正十五年（一五八七）の記録では、壱岐島内では御師の廻村はなく、伊勢大麻は平戸島を通じて配られていた。しかしこの藩法によって江戸期に入ると御師たちは壱岐嶋に渡り、浦々に宿を取りながら直接に伊勢大麻を配って廻ったことが窺える。

伊勢講については前掲の『冠婚葬祭之御教書』に、

伊勢講其外佛神講之儀、唯今迄之半分之入目ニ而仕廻候様ニ可仕事

と各人からの講積金は従来の半分の額に減じること、さらに小値賀嶋に限っては、

伊勢講其外佛神講之入目、年来之三分一の半分ニ而も減可申事

と従来の三分の一に減じた額を、さらに半分に減らすことを命じている。平戸町衆の伊勢講当日の賄い料理にまで規定は及び、次のような質素なものであった。

伊勢講其外天神講観音講出合之時、料理出候は一汁二菜たるべき事

一汁二菜と伊勢講の営みにおいても倹約が旨であった。前述のように平戸領での伊勢講の確実な初見は元和九年（一六二三）にわずか一例であった。それから五十八年が経過した延宝九年（一六八一）には、藩法に伊勢講をこのように規定していることは、各所に伊勢講が発生・組織さ

れたことを物語っている。

さて伊勢参宮については『冠婚葬祭之御教書』に、

伊勢参宮之者帰候節、さか迎道ふるまひ之儀夫ニ及間敷儀候間向後相止可申事

とあり、天保十三年（一八四二）の『衣食住仰出』には、

伊勢参宮仕候節、土産餞別は勿論送り迎酒盛停止の事

とある。双方とも伊勢参宮自体には何ら制限していないが、参宮に際しての出発・帰宅時の送迎行事・酒盛り、そして土産・餞別などを厳しく戒めている。

平戸藩法に散見される伊勢御師の接待・伊勢講・伊勢参宮に対する平戸藩の姿勢は、江戸期の価値観であった「倹約」を諭している。さらに考えるならばほとんどが「一生に一度の伊勢詣で」であったために、放置すれば華美になりすぎる傾向があり、藩は敢えて伊勢参宮に関わる習俗を戒めたものと思われる。

ただ藩法は為政者側からの規定であって、領民がそれをどれほど遵守していたかを調べる必要がある。今回はその分野には踏み込めず、今後の課題としたい。

2　御師尋ね書から見た伊勢と平戸

松浦史料博物館に『橋村肥前大夫書付』とした記録が残る。[40] 内容は内表紙に記され、

文政三年庚辰三月　橋村肥前大夫ゟ差出し候御書　并御續書　尋書等写　但　御判ハ別ニ写し置き候

とある。文政三年（一八二〇）付で橋村肥前大夫家に伝わる平戸に関係する文書を掲げ、さらに松

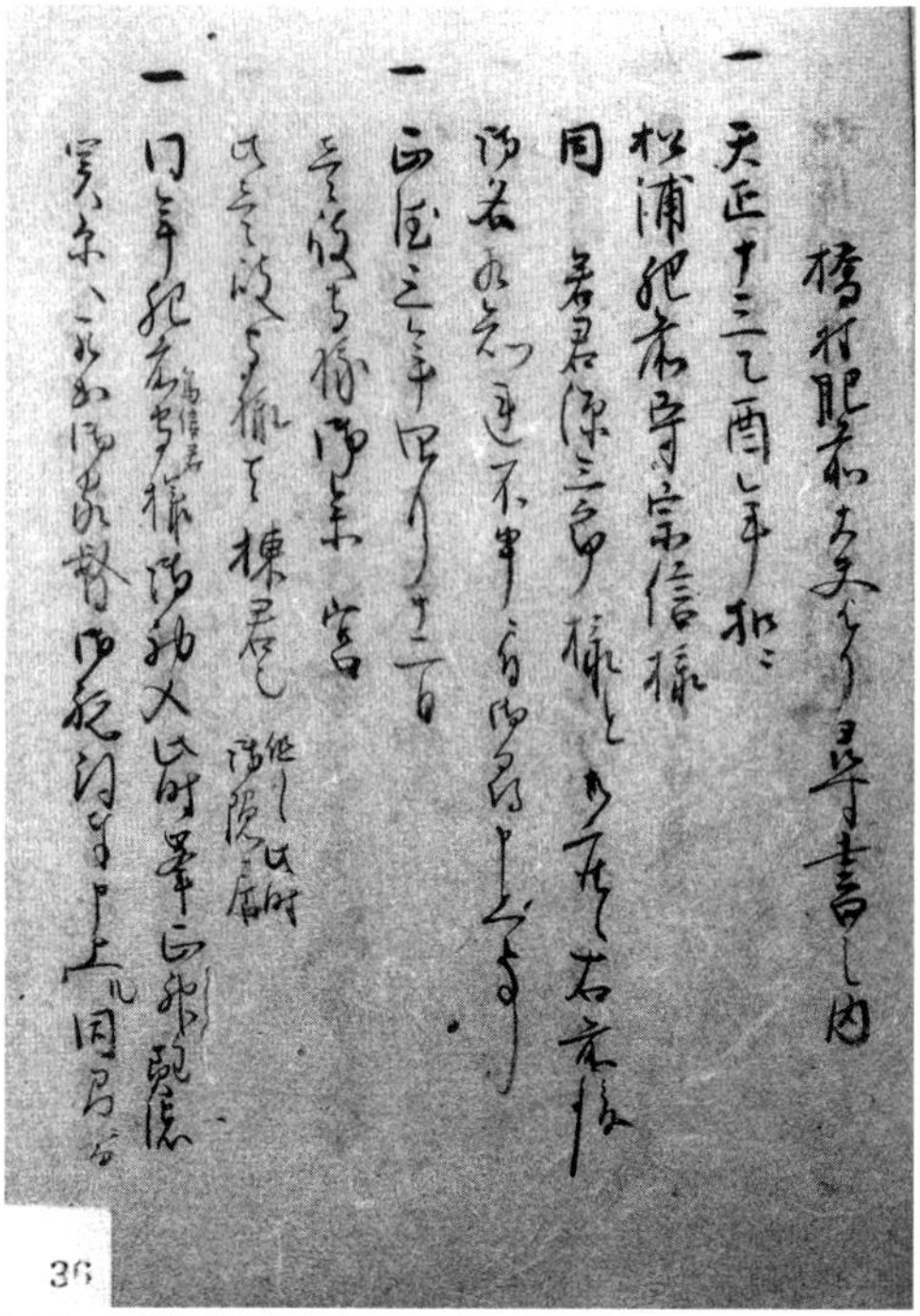

図27　橋村肥前大夫平戸藩へ御尋状（松浦史料博物館所蔵）

浦歴代藩主の名前や隠居・家督相続などを書き留めている。永年にわたって松浦家との師旦関係を結んできた御師橋村氏が、おそらく自家記録の整理をおこなうために、松浦家に種々尋ねた際の文書写しと思われる。このような記録が存在することは、平戸領と橋村肥前大夫との中世以来の関係は、江戸期においても変わることなく続いていたことを物語っている。

冒頭には橋村肥前大夫よりの新年に向けて伊勢大麻と長熨斗の進呈に対し、松浦氏からの礼状が七通納められている。松浦鎮信のが二通、松浦国松が一通、松浦源三郎が二通、松浦玄蕃が一通、松浦内記が一通である。続けて嵯峨源氏源鎮信から十代藩主松浦熈に至る松浦氏系図を収録する。御師橋村氏が永年の関係を松浦氏系図の上で確認しようとした意図が窺える。

さらには「橋村肥前大夫より尋書ノ内」として十項目が記されるが、冒頭の次の二項目は重要である。

一、天正十三乙酉年扣ニ
　　松浦肥前主宗信様

同　若君源三郎様と御座候　右前後御名前知連不申ニ付御尋申上候事

一、正徳三年四月十二日

壱岐守様御参宮

此壱岐守様者棟君也 但し此時御隠居

一項目では松浦宗信と源三郎の名前が不明として尋ねている。前述の通り宗信は初代藩主の松浦鎮信、そして源三郎はその息子で二代藩主の松浦久信である。この両名の名前が橋村家の天正十三年（一五八五）の古い文書に記されるものの、文政三年（一八二〇）のころには名前さえ分からなくなっていたのであろう。そのために尋ねたのである。

この記録は天正十三年（一五八五）の時点で、橋村肥前大夫は松浦氏を大旦那として抱え、関わりをもっていたことを伝えている。今まで両者の関係が明確に分かるのは、『天正十七年御祓賦帳』によって天正十七年（一五八九）としてきた。しかしその四年前には橋村肥前大夫と松浦氏との間には、御師と旦那という師旦関係が結ばれていたのである。

二項目の記述では正徳三年（一七一三）四月十二日に、松浦壱岐守が伊勢参宮をおこなったことが分かる。そしてその壱岐守は松浦棟《たかし》と記す。平戸藩の五代目藩主である。松浦棟は実は参宮をおこなった年の二月十一日に藩主を辞して隠居し、四月十二日に伊勢参宮に赴いた。さらにその五カ月後の九月二十二日には六十八歳で没している。この経緯から参宮時は隠居の身であり、まさに前掲の「此時御隠居」の記述と一致する。

松浦史料博物館に現存するこの『橋村肥前大夫書付』は、江戸時代に入ってからの橋村肥前大夫と、平戸藩との関わりをわずかながらも伝える史料といえよう。

天正年間から平戸松浦領に入り、旦那たちに伊勢大麻を配りながら伊勢参宮を勧誘し、その旦那たちの参宮があれば、伊勢での宿を提供し参宮の案内をも務めていた橋村肥前大夫、平戸松浦領内に何軒ほどの旦那を抱えていたのであろうか。

活動を始めた中世のころの数は未知数であるが、江戸期に入ると漠然と分かってくる。『安永六年外宮師職諸国旦方家数改覚』[41]によると、この年安永六年（一七七七）に橋村肥前大夫が有した肥前国の旦那数は約十万軒であった。橋村氏は肥前国の佐賀地方を中心に活動していたから、平戸松浦の旦那数はこの十万軒のなかに含まれており、残念ながらその内から平戸藩の実数を割り出すのは不可能である。

ただ伊勢御師の制度は明治新政府の政策により明治四年に廃止された後、明治十二年に調査された『旧師職取調簿』[42]には松浦郡として二万千七百六十八戸と記す。ほぼこの数が御師廃止時点での平戸松浦領の旦那数であったと思われる。

七　おわりに―キリシタンとの対峙

平戸松浦領において伊勢大麻の配札が実際に確認できるのは天正十七年（一五八九）、そして当地からの伊勢参宮が生じたのは天正十年（一五八二）からであった。この時期の平戸ではキリスト教が浸透した時期であった。ことに天文十九年（一五五〇）には日本にキリスト教を伝えたフランシスコ・ザビエル自身が来島して布教し、国内でももっとも早くキリシタン信仰が芽生えた地域でもある。ザビエル来島の翌年天文二十年には、領主松浦隆信に次ぐ権勢をもち、生月・度島の領主であった籠手田安経がキリスト教に入信した。安経は家臣たちに入信を強く勧めたために、籠手田氏の所領であった生月・度島を始め島内の根獅子・春日・飯良には多くのキリシタン信者が生まれていった。

前掲の表（22）の天正十年（一五八二）より元和十年（一六二四）までの間に、前述の籠手田氏所領からは伊勢参宮がおこなわれた形跡はまったく見当たらない。加えて『天正十七年御祓賦帳』の巻末には、「志も方浦分」として伊勢大麻の配札をおこなうべき地域が、十一カ村記されていることは前述した。そのなかに生月も含まれているものの、天正十七年の賦帳で見る限り、生月で伊勢大麻が配られることはなかった。籠手田氏の所領内では、伊勢御師の活動はおこなわれなかったことがわずかに知れるのである。

そういった現況下に天正十五年（一五八七）六月十九日付で、豊臣秀吉は外国人宣教師に対して二十日以内に海外への追放を命じた。いわゆるこのバテレン追放令（写）は平戸にのみに現存し（松浦史料博物館所蔵）、確実にその趣旨は平戸領に伝わっていたはずである。このバテレン追放令が御師の活動をどれほど好転させたのか、その結果については橋村肥前大夫文書中に具体的に読み取ることはできない。

【補注】

（1）外山幹夫『肥前松浦一族』百七十二頁（新人物往来社　二〇〇八年）.

（2）天理大学附属図書館所蔵の賦帳として天正十七年、慶長五年、慶長十四年、元和九年、慶安三年の五冊がある。もっとも時代が早い天正十七年賦帳は筑後・肥前・肥後の三国に及ぶ（架蔵番号 二一〇〇八―イ一二一―四（2））

（3）『勝茂公年譜』百七十九頁（佐賀県近世史料 第一編第二巻所収 佐賀県立図書館　平成六年）

（4）第三章 大村地方の伊勢信仰　掲載図（17）参照（百四十八頁）

（5）平戸松浦氏は中世末期から近世初期にかけて、左記のように同名の領主が続き、混乱を招くために注記する。

隆信（道可）―鎮信（宗信　平戸藩初代藩主）―久信―隆信（宗陽）―鎮信（天祥）

（6）山口麻太郎『壱岐国史』五百八十頁（長崎県壱岐郡町村会　昭和五十七年）

（7）『田平町史』五百二頁（田平町教育委員会　平成五年）

（8）同右書五百二頁～五百三頁

（9）『松浦市史』三百八十四頁（松浦市史編纂委員会　昭和五十年）

（10）『十六・七世紀イエズス会日本報告集』第3期第1巻二百六十七頁（松田毅一監訳　同朋舎　一九九七年）

（11）久田松和則『伊勢御師と旦那』（平成十六年　弘文堂）においてこの集団を「うなりし」と解読した（百三十一頁・表20）。改めて原典を確認検討して「うなかし」と訂正する。

（12）『日葡辞書』VnagaXi（ウナガシ）（六百九十四頁　岩波書店　一九八〇年）

（13）天理大学附属図書館所蔵、平戸松浦地方からの参宮者を記録するのは、左記の各年参宮帳である。計二十冊が現存する。

天正十・十二・十四・十六・十八年、文禄五年（慶長元）、慶長二・四・七・八・九・十・十二・十三・十四・十五・十九・二十年、元和九年、

永禄ら寛文九年

（14）久田松和則『伊勢御師と旦那』第一章 三、杉野隼人の参宮と鍋島氏の信仰　七十五頁～七十七頁（弘文堂　平成十六年）

（15）『平戸藩法令規式集成』下巻所収（山口麻太郎編　壱岐郷土史料刊行会　昭和三十三年）

（16）『慶長九年肥前肥後御参宮人帳』に次のように見える。

一人肥前国佐賀郡かき久

銀五十二匁　十四名　おいセ講衆

同二匁　国本かかり　名代　雲□

合

慶長九年二月一日
(17)松浦史料博物館所蔵(長崎県平戸市) 架蔵番号Ⅲ—一—23
(18)同右 合綴 架蔵番号Ⅲ—一二—二
(19)日本關係海外史料『イギリス商館長日記』譯文編之下 七百八十一~七百八十二頁(東京大学史料編纂所 昭和五十五年)
(20)鹿尾敏夫「戦国大名領国の国際性と海洋性」(『史学研究』第二百六十号 二〇〇八年)
(21)久田松和則「御参宮人帳に見る伊勢御師の経済—天正・慶長期を中心に」(『神道史研究』第六十一巻第二號 平成二十五年)
(22)同右論文
(23)同右論文
(24)中島圭一「京都における銀貨の成立」(『国立歴史民俗博物館研究報告』第百十三集 二〇〇四年)
(25)宮後三頭大夫文書 永禄十年『肥前日記』(神宮文庫所蔵 架蔵番号一門一三九三二—一)
(26)京都大学近世物価史研究会編『15~17世紀における物価変動の研究』(読史会 一九六二年)
(27)金一分半が銀十八匁七分五厘、銀一枚が四十三匁、合計すると銀六十一匁七分五厘となる。
(28)浦部知之「貿易時代の平戸藩家臣団」(『歴史を生かした町づくりビジョン策定報告書 歴史史料調査報告書』平戸市 平成六年)
(29)千枝大志『中近世伊勢神宮地域の貨幣と商業組織』六十五頁、及び表Ⅴ各銭貨一貫文分の銀(岩田書院 二〇一一年)
(30)毛利一憲「ビタ銭の価値変動に関する研究」上・下(『日本歴史』第三百十・三百十一号 昭和四十九年)
(31)橋村肥前大夫文書『天正十六年御参宮人帳』六月二十日に、肥前国神埼郡中津隈の兵部左衛門の初穂を「二文目代百文」と記す。「銀二匁の代価は銭百文」と解釈され、これより当時の銀銭の対価相場は銀一匁=銭五十であった。
(32)久田松前掲書 百五十九頁
(33)松浦史料博物館所蔵 架蔵番号一—一(ホ)10
(34)『中野村郷土誌』(中野観光協会 平成六年復刻)
(35)『佐賀県史料集成』古文書編第十五巻所収 四十四号文書 鎮西御教書(佐賀県立図書館 昭和四十九年)
(36)三間文五郎『平戸藩史考』(芸文堂 昭和四十九年)
(37)宮後三頭大夫文書『肥前国藤津郡彼杵郡高来郡御旦那證文』によると、永禄十二年(一五六九)に、諫早の百姓「けんこ左衛門」は「こん左衛門」と「北三郎兵衛」の二人を介して、御師の宮後三頭大夫に「御供田」五反を寄進している。この田には「屋敷付申候」とあり屋敷も付いていた。また大村領では領主大村氏から館町に「神主屋布」として御師屋敷を貰っている(『大村館小路割之図』）
（38）松浦史料博物館所蔵 合綴　架蔵番号Ⅲ―一二―二
（39）補注（15）に同じ
（40）松浦史料博物館所蔵『橋村肥前大夫書付』架蔵番号　Ⅳ二―一九
（41）皇學館大學史料編纂所編『神宮御師史料』外宮篇四所収（皇學館大學出版部　昭和六十一年）
（42）皇學館大學史料編纂所編『神宮御師史料』外宮篇二所収（皇學館大學出版部　昭和五十九年）

第五章　島原地方の伊勢信仰

Ⅰ　御師文書に見る伊勢信仰

一　永禄年間、伊勢大麻を受けた旦那衆

第一章で触れたように西肥前を旦那場として受け持った宮後三頭大夫は、島原地方にも入り、伊勢大麻を配る活動を展開していた。その際の旦那名簿に当たるのが『肥前日記』である。永禄四年（一五六一）・永禄十年（一五六七）・永禄十一年（一五六八）の日記が、伊勢の神宮文庫に現存することは前述した。年代別・地域別に旦那名・伊勢土産・初穂（音物）を一覧したのが表（32）である。

永禄四年、十年、十一年の内に、二度、三度と複数回にわたり伊勢大麻を受けた者には番号を付し、その者の指定番号とした。たとえば永禄四年の七番目に登場する「東三河守」はNo.４としたが、その人物を永禄十年、十一年と追跡するとき、その番号を確認することによって検証が容易になるからである。従って番号をもつ人物は複数回にわたって伊勢大麻を受けたことを意味し、番号がない人物は三カ年の内に一度のみ伊勢大麻を受けたことになる。

伊勢大麻には伊勢からの土産がつけられることが多かったが、その品名の多くは平仮名で記されている。表中の「伊勢土産」欄に示す場合、恒例的な品は次のように漢字に書き改めた。

あふき＝扇　おひ＝帯　すみ＝墨　のし＝熨斗　おしろい＝白粉　ちんこう＝沈香

あらおひ＝荒帯

また伊勢大麻を受けた旦那のなかには、御師が伊勢参宮者に提供した為替を扱う替本を務める者もいた。その者達には、「かわしおき申し候」との書き込みがある。表中ではその者達には、「かわし置」と省略して表示した。

表(32) 島原地方の永禄四年・十年・十一年旦那一覧（『肥前日記』より作表）

永禄四年（一五六一）

No.	氏名	伊勢土産	初穂
	有馬せんかん入道	熨斗二百本 うちくもり 三枚 両金一本	一貫文
1	同かみさま	墨五丁 帯一 白粉一	
2	有馬修理大夫	熨斗五百本 両金二本 しりかい	ふう付にて 箱旨
3	同上様	墨五丁 帯一 白粉一	
	御そはかミ様	墨五丁 帯一 白粉一	ふう付にて 箱旨

永禄十年（一五六七）

No.	氏名	伊勢土産	初穂
2	有馬修理大夫	杉原一束 両金 熨斗三把	錦一反
3	同御上様	けかけ一 白粉 熨斗一把	沈香一斤
34	有馬殿	熨斗一把 両金 杉原一束	し□う二斤
35	同御上様	けかけ 白粉 熨斗一わ	沈香一斤
1	中なこん 仙岩上様	白粉 熨斗 けかけ	二貫文 しろかね 五匁

永禄十一年（一五六八）

No.	氏名	伊勢土産	初穂
34	有馬殿	熨斗三把 両金 杉原一束	
35	同御上様	けかけ 熨斗一把 白粉一桶	
2	有馬修理大夫	杉原一束 両金 熨斗一把	
3	同上様	けかけ一 白粉一 桶 熨斗一把	
1	仙岩上様	けかけ 白粉一つ 熨斗五十本 二把	銀十文目

永禄四年（一五六一）

No.	氏名	伊勢土産	初穂
(34)	有馬太郎	両金二本 熨斗三百本 しりかい	
4	東三河守	熨斗一把 帯一 小刀	沈香三両
	大村六郎左衛門	小刀一 帯一 熨斗一把	ふう付にて 箱旨
5	尭佐入道	帯一 上扇二 熨斗百本	
6	同かみさま	けにき二 帯一	
	尭佐の子息 六郎	扇一 包丁一	
7	たはんめの子息 善九郎	墨二丁 扇一	
	林田左京斎宗也入道	帯一 上扇 熨斗一把	一貫文 胡椒三斤
	林田三河守宗慶入道	小刀一 扇一 墨三丁	沈香三両
8	林田助左衛門尉	墨三丁 小刀 帯 上扇	沈香五両
9	林田助十郎	墨三丁 帯 扇一	沈香三両
10	林田二郎左衛門	墨三丁 扇 帯一	沈香五両
11	林田左近	墨三丁 小刀 扇一	あかき 塗皿十枚
	西新助宗恕入道	扇一 帯 小刀	ふう付にて 箱旨

永禄十年（一五六七）

No.	氏名	伊勢土産	初穂
4	東三河守	熨斗一把 帯 扇	一貫文 絵一幅
36	同御上様	熨斗一 帯	
37	東彦太郎		
	大村八郎	扇 帯 熨斗一把	赤図 唐沈香 一貫文
5	尭左瑞雲軒	扇 帯 熨斗一把	赤図 唐沈香千位
6	同御上様	帯 熨斗一把	縞物一端
	尭左福左衛門尉	帯	唐沈香五百 粒
7	尭左善九郎	扇 帯	皿五つ さいかく
8	大和守 林田助左衛門	扇 帯 熨斗一把	唐沈香二百 粒 一貫文
9	林田助十郎		
10	左近大夫 林田二郎左衛門	扇 帯 熨斗一把	一貫文
11	林田左近丞	扇 帯 熨斗一把	一貫文
38	西河内守	扇 帯 熨斗一把	一貫文
39	平野但馬守	帯 扇 熨斗一把	一貫文

永禄十一年（一五六八）

No.	氏名	伊勢土産	初穂
4	東三河守	熨斗六十本 二把 扇 帯二	唐扇 一貫文 たう百粒
36	同上様	白粉 帯	皿五つ
37	東彦太郎		
8	林田大和守	熨斗五十本 帯 扇	
10	林田左近大夫	熨斗五十本 帯 扇	唐木綿一端
11	林田左近丞	熨斗五十本 帯 扇	茶碗
39	平野但馬守	熨斗五十本 帯 扇	唐木綿一反
41	谷川殿	熨斗五十 帯 扇	沈香少 愠皿十枚
40	本田殿	熨斗五十本 扇 帯	
	本田出雲守	熨斗五十本 扇 帯	
43	本田宮内小輔	熨斗五十本 扇 帯	皿十枚 一貫文
	西殿	熨斗五十本 扇 帯	一貫文
38	西河内守	熨斗五十本 扇 帯	一貫文
42	久能殿	熨斗五十本 扇 帯	木綿一端

永禄四年（一五六一）

No.	氏名	伊勢土産	初穂
	西二郎三郎	墨三丁 帯 小刀	一貫二百文
	平野与三左衛門尉	小刀 帯 扇	沈香 替
	町役人 安富三郎左衛門		
	河田与五郎	扇 帯 小刀	樟脳少 替
12	源左衛門	小刀 帯 扇	皿十枚
	平野与三左衛門尉内 源左衛門	扇 荒帯	
	四郎兵衛	荒帯	
	林田殿内 六郎左衛門	小刀 帯 扇	
13	まち別当	扇 荒帯	
14	有馬やと 善衛門	小刀 扇三 帯三	
	出玉新六	帯 扇	
	大窪太郎左衛門	帯 墨三丁 扇	胡椒一斤
	島原殿内衆 伊藤蔵助	墨三丁 扇 墨	
15	うんせん山大定院	帯 墨三丁	五百文
	【有馬寺之分】		
16	寶福寺	墨三丁 帯一 扇	一貫文
17	島原殿親類 威徳院	墨三丁 小刀 扇	一貫文

永禄十年（一五六七）

No.	氏名	伊勢土産	初穂
40	本多殿		
41	谷川殿		
42	久野殿		
43	本田宮内		
	【有馬町之分】		
44	河田主水	扇 帯 熨斗三十	
45	伊豆守 源左衛門	扇 帯	五百文
13	別当	扇 帯	
46	上町 源衛門尉	扇 帯	一貫文
47	藤二兵衛	扇 帯	布一反
48	藤六衛門尉	扇 帯	白銀三文目
49	徳知葉下斎	扇 帯	
50	四郎衛門	扇 帯	白皿十枚
14	小宿 善衛門	扇 帯	
	【有馬寺之分】		
16	寶福寺	扇 帯	一貫文 胡椒百目
17	威徳院	扇 帯	一貫文

永禄十一年（一五六八）

No.	氏名	伊勢土産	初穂
	中尾殿	熨斗三十本 扇 帯	
	瑞雲軒	熨斗一把 扇 帯	蘇香円二十目
	福屋右衛門尉	熨斗三十本 扇 帯	たき物三十貝
	福屋善介	熨斗三十本 扇 帯	牛黄円十二貝
	同御上様	帯	茶碗□□□
	大村八郎	熨斗 扇 帯	一貫文
	【有馬町衆】		
	弾正左衛門尉	扇 帯	
45	いつみ伊豆守	扇 帯	銀二文目
44	河田主水助	熨斗三十本 扇 帯	
46	うえ町 源右衛門	熨斗三十本 扇 帯	
13	別当	熨斗三十本 扇 帯	
	よこす 源左衛門	扇 帯	三百文
47	西光寺門前 藤二兵衛	熨斗二十本 扇 帯	布一端
48	下まち 六衛門尉	扇 帯	木綿一反
50	四郎衛門尉	扇 帯	三百文
	七郎左衛門	扇 帯	

永禄四年（一五六一）

No.	氏名	伊勢土産	初穂
18	龍福院	扇 帯 墨三丁	香少　替
19	ありまかすか 金蔵寺	墨三丁 扇 帯	一貫文
20	かすか 遍照院		木綿一反
	遍照院内圓意坊	墨三丁 かわし置	
21	北岡山如意坊	墨三丁 かわし置	
22	西光寺		
23	あらかわ 大法院		
	等覚院		
	たいら 村冨治郎衛門尉	かわし置	
	【嶋原之分】		
24	嶋原右衛門大夫	熨斗一把 小刀 墨五丁	香栢子　替
	嶋原弥七郎	墨二丁 扇 小刀	
25	嶋原三郎兵衛宗栄入道	墨二丁 扇 小刀	三百文
26	嶋原殿親類衆 大満坊	墨三丁 扇 帯	
27	嶋原殿親類 聖興寺	墨三丁 扇 小刀 かわし置	木綿一反
(64)	安徳殿	熨斗一把 墨三丁	沈香十両

永禄十年（一五六七）

No.	氏名	伊勢土産	初穂
18	龍福院	扇 帯	子の香炉
19	金蔵寺	扇 帯	一貫文 唐墨 唐扇
20	遍照院	扇 帯	香炉
22	西光寺	扇 帯	御□
21	北岡 如意坊	扇 帯	皿十枚 かわし本
51	桃仙寺	扇 帯	一貫文
23	荒河山大寶院	扇 帯 杉原三丁	木綿一反
52	岩との千手院	扇 帯	一貫文
53	水月庵	扇	一貫文
	【温泉之分】		
15	温泉山大定院	扇 帯	二貫文
54	愛徳院	扇 帯	一貫文
55	中輪坊	扇 帯	弐貫文
56	大刀坊	扇 帯	銀八文目
57	寶乗院	扇 帯	
58	東光坊	扇 帯	

永禄十一年（一五六八）

No.	氏名	伊勢土産	初穂
49	徳知	扇 帯	錦きれ
	立いし 嶋原隼人	熨斗三十本 扇 帯	一貫五百文
	【有馬寺之分】		
19	金蔵寺	杉原五丁 ちうけ扇 帯	銀四目五分 南蛮木綿
51	ゑけの衆 桃仙院	ちうけ扇 帯	一貫文
16	ゑけ 宝福寺	ちうけ扇 帯	一貫文
22	そうゑんけ西光寺	ちうけ扇 帯	一貫文
17	北岡山威徳院	ちうけ扇 帯	唐布一端
20	遍照院	ちうけ扇 帯	一貫文
18	北岡山竜福院	ちうけ扇 帯	一貫文
	北岡山観音院	ちうけ扇 帯	貫入皿十枚 き□□皿十枚
21	北岡山如意坊	扇 帯	あま皿十枚
23	荒河山大寶院		
52	岩殿山千手院	ちうけ扇 帯	一貫文
53	ゑけ水月庵	ちうけ扇 帯	一貫文
	【温泉山之分】		

永禄四年（一五六一）

No.	氏名	伊勢土産	初穂
	嶋原新介上野介		
28	安富左近輔 深江と申す		
	【千々石之分】		
29	千々石左衛門尉 有馬殿しゃてい	熨斗一把 上扇 墨三丁	三貫文
	有馬充朔入道	墨三丁 上扇 小刀	
30	大泉寺	墨三丁 扇 帯 かわし置	
31	千々石次郎左衛門	墨三丁 帯一 扇	
	千々石東弥左衛門尉		
	千々石西彦七郎		
32	千々石兵次郎		
	千々石兵四郎		
33	千々石小三郎		

永禄十年（一五六七）

No.	氏名	伊勢土産	初穂
	【有江之分】		
59	竹田似雲軒	熨斗一把 帯 扇	金子二文目
60	同御上様	熨斗 帯	布一反
61	宝蔵寺	扇 帯	
62	皆伊志殿		
63	安富左兵衛尉		
	【深江之分】		
	安富左近大輔	熨斗一把 帯 扇	
	同御上さま		
	【安徳之分】		
64	安徳弾正忠	扇 帯 熨斗 一把	一貫文
	同御上様		
	嶋原与三兵衛尉	扇 帯	一貫文
	【嶋原之分】		
65	嶋原殿御上様	帯 白粉	
24	嶋原右衛門大夫	熨斗一把 帯 扇	
66	同太上様		

永禄十一年（一五六八）

No.	氏名	伊勢土産	初穂
15	法印大定院	ちうけ扇 帯	一貫文 おりすし 一端
54	法印愛徳院	ちうけ扇 帯	五百文
56	法印大刀坊	ちうけ扇 帯	二文目五分
55	法印中輪坊	ちうけ扇 帯	銀二文目五分
57	寶乗院	扇 帯	五百文
58	東光坊	扇 帯	布一反
	【有家之分】		
59	竹田似雲軒	熨斗一把 扇 帯	
60	同上さま	けかけ帯	
	竹田三介	扇 帯	
	竹田殿内衆 市左衛門尉	扇 帯	
61	宝蔵寺		
62	皆吉殿		
63	安富左兵衛尉	熨斗五十本 扇 帯	
	【深江之分】		
	安徳丹後守	熨斗一把 帯扇	二貫文
	御上さま		

永禄四年（一五六一）

No.	氏名	伊勢土産	初穂

永禄十年（一五六七）

No.	氏名	伊勢土産	初穂
67	嶋原右京斎	扇 帯	長尺針 銀二文目 一分
25	嶋原宗栄入道	扇 帯	三百文 長尺針
68	嶋原伊豆守	扇 帯	
69	嶋原民部丞	扇 帯	
	【嶋原寺之分】		
27	聖興寺	扇 帯	五百文 茶碗 針
26	大満坊	扇 帯	五百文 かけ絵
70	江東寺	扇 帯	
71	さかい衆 入江殿	熨斗 帯	立願有 銀二十目
	まち衆 孫太郎	扇 帯	
	【こかの分】		
72	空閑殿	扇 帯 熨斗 一把	
	【大野之分】		
73	大野殿	熨斗一把 帯 扇	
	【神代之分】		
74	神代早侃軒	熨斗一把 帯 扇	木綿 一貫文
75	同御上様	熨斗一把 帯	布一反

永禄十一年（一五六八）

No.	氏名	伊勢土産	初穂
	【安徳之分】		
64	安徳弾正忠	熨斗五十本 帯 扇	一貫文
24	嶋原右衛門大夫	熨斗五十本 帯 扇	
	【嶋原之分】		
	嶋原殿	熨斗一把 扇 帯	一貫文
65	嶋原殿上さま	帯 白粉	五百文
66	嶋原殿大上さま	帯	三百文
68	嶋原伊豆守	扇 帯	三百文
67	嶋原右京斎	扇 帯	銀一文目五分
25	嶋原宗栄入道	扇 帯	三百文
69	嶋原民部丞	扇 帯	牛絵皿十枚
	【寺之分】		
27	聖興寺	扇 帯	三百文 皿十枚
26	宿 大満坊	ちうけ扇 帯	五百文
70	江東寺	扇 帯	
	法然寺	ちうけ扇 帯	一貫文
71	入江殿	熨斗一把 扇 帯	銀十五文目

永禄四年（一五六一）

No.	氏名	伊勢土産	初穂

永禄十年（一五六七）

No.	氏名	伊勢土産	初穂
	神代千茂寿		
76	神代藤二郎		
	草野殿		
	小柳殿		
	【千々石之分】		
29	千々石左衛門尉	杉原五丁 熨斗 扇	二貫文
77	同上様	熨斗 白粉 帯 けかけ	唐木綿一反
	同太上様	熨斗一把 白粉 けかけ	金一枚
31	千々石二郎左衛門尉	帯 扇	布一反
	千々石弥左衛門尉	帯 扇	布一反
32	千々石兵二郎		
33	千々石小三郎		
78	西七郎左衛門尉	扇 帯	皿十枚
79	千々石伊豆守	扇 帯	布一反
30	宿 かわし本 大泉寺	帯 扇	盆 壺一つ
	【小濱之分】		
80	立造寺	扇 帯	
	【山田之分】		
81	南條殿		

永禄十一年（一五六八）

No.	氏名	伊勢土産	初穂
	孫左衛門	扇 帯	
	【空閑の分】		
72	空閑殿	熨斗三十本 扇 帯	
	【大野之分】		
73	大野右近大夫	熨斗三十本 扇 帯	銀五文目
	【神代之分】		
74	神代殿	熨斗一把 帯 扇	二文目
75	同御上さま	白粉 けかけ	おい図之絵
76	神代藤二郎	熨斗三十本 扇 帯	銀五文目
	同御上さま		
	東禅寺替本	扇 帯	
	【千々石之分】		
29	千々石殿	杉原一束 熨斗一把	緞子一つ
77	同御上様	けかけ二筋 白粉	唐絹一反
	千々石安藝守	扇 帯	布一反
	千々石左京斎	扇 帯	布一反
79	千々石伊豆守	扇 帯	布一反
78	西七郎左衛門尉	帯 扇	布一反
	東筑前守	帯 扇	唐木綿一端
	東左近大夫	熨斗三十本 帯 扇	一貫文

No.	永禄四年（一五六一）氏名	伊勢土産	初穂
	合計・六十一人		

No.	永禄十年（一五六七）氏名	伊勢土産	初穂
	合計・九十二人		

No.	永禄十一年（一五六八）氏名	伊勢土産	初穂
	清心	扇	二百文
30	宿 大泉寺 替本	ちうけ扇 帯	
	【小濱の分】		
80	立造寺	扇 帯	
	きと殿		
	【山田の分】		
81	南條殿	熨斗五丁 帯 扇	木綿二端
	南條宮内大夫		
	森山殿		
	合計・百二人		

まず表（32）の全体を概観してみよう。

永禄四年の旦那数は六十一人であったが、同十年には九十二人、さらに同十一年には百二人と順次増加している。その増加の原因は、表（33）「島原地方地域別旦那数」でも分かるように、永禄四年での宮後三頭大夫が大麻を配る範囲は六地域に過ぎなかった。ところが永禄十、十一年になると十二地域に広がっている。

範囲が広がった後の永禄十年と十一年の地域毎の旦那数を比較すると、大幅な増減は見られない。ただ有馬地域に限って永禄四年の三十二人が、永禄十年と十一年には二十三人、二十五人と減少している。これは永禄四年の三十二人は、同十年・十一年には有馬町分・島原・温泉分と細分化されたために減少する結果となった。永禄四年の有馬の実数は二十一人程であった。

前述したが、『肥前日記』が永禄四年から十年に飛び、そこには五年間の空白がある。この通りに解釈すると、五年間は伊勢御師の活動が中断したと考えられるが、そうではなく、おそらくこの五年間も活動が続き『肥前日記』を書き留めたものと思われるが、永い年月の内にこの五年間の『肥前日記』は紛失したものと思われる。

いずれにしても宮後三頭大夫の活動は、永禄十年には永禄四年の六地域に加えて有家・空閑・大野・神代・小浜・山田の地域へと広がっていった。

先にこの『肥前日記』を用いて大村・長与・外海一帯の旦那衆について触れた。そしてこの後には諫早地方も検討するが、この島原地方が範囲・旦那の数においても、宮後三頭大夫の最大の旦那地域であったことが分かる。

二　フロイス『日本史』が記す永禄・天正期の島原地方

島原地方は永く有馬氏の領するところであったが、慶長十九年（一六一四）に有馬直純が日向国《ひうがのくに》に転封となり、島原における有馬氏は途絶える。その後、島原藩主は目まぐるしく交代し、特にこの永禄期の有馬時代を語る史料は少なく、表（32）に登場する旦那衆の人物像を明らかにするのは極めて困難である。

そういうなかにあって伊勢御師の活動とほぼ同時期に、当地域ではキリシタン宣教師の活動も始まる。幸いその宣教師の記録に永禄年間、及びそれ以降のさほど遠くない時期の島原地方の様子、人物の動きが克明に記されている。御師史料とは立場が異なるものの、いまから検証しようとする時代・人物を割り出すには絶好の史料といって良い。

まずこの宣教師の記録によって、永禄期ごろの島原地方の動向を見ていきたい。この分野については根井浄氏の丁寧な先行研究があり[1]、氏の研究に導かれながら進めていこう。

ルイス・フロイスの『日本史』第一部四十四章は、「島原と口之津のキリシタン宗団の端緒について」と題される[2]。その補注によると、この部分は一五六三年十一月十四日発のルイス・デ・アルメイダの書簡に基づいているという。事実、その記録中に「次の日曜日は枝の祝日」との暦が記され、この日は一五六三年四月四日（和暦・永禄六年三月十二日）に当たる[3]。すなわち永禄六年の島原・口之津の様子を報告したものである。まさに『肥前日記』の永禄四年、十年、十一年の時代と符号する。やや長文になるが、要約すれば次のような時代であった（A文と仮称する）。

永禄六年当時の有馬・島原（A文）

大村純忠（ドン・バルトロメウ）の父親・有馬仙巖と、その近親者で島原の城と市の殿であった島原氏は、大村純忠がバテレンたちに実家の有馬領でも布教をおこない、港に入港してもよいとの許可を与えたことを知り、大いに期待して使者を横瀬浦に遣わし、バテレンの有馬領訪問を願った。仙巖の後継者であった有馬義貞も同様にトルレス師に使者を送り、バテレンの有馬領での布教を望み、教会を建てたいなら許可するとの旨を伝えた。

この有馬氏からの要請を受けて、ルイス・アルメイダ修道士は二日をかけて有馬に到着した。

有馬義貞は来客中で夜分の訪問を希望し、その方がゆっくり説教を伺うことができるとの理由であった。

国主（義貞）が遣わした家臣に案内されて出かけたが、一見して国主の邸だと分かった。邸では国主が座る席に案内され、はなはだ上品に美しく飾られた夜食に与った。その内にデウスの教えと日本の宗教の違いについて両者の間で話し合った。特に修道士からは、日本の全宗派のうちで、デウスの教えに最も反した禅宗について説明があった。

翌日、国主は一反の絹と一通の書状を与えたが、書状は口之津という港に宛てられたもので、その地の者は一同にキリシタンの説教を聞くことが命じられていた。またトルレス師に宛てたもう一通の書状には、有馬全領でデウスの教えを説くことを許可する内容であった。

修道士は国主の家臣とともに乗船して、有馬義貞の義父の領地である安徳に赴いた。この地の殿・安徳氏はアルメイダ修道士が口之津に行くのを知り、その途中にある自領への立ち寄りを懇願したからである。この殿はこれより先に、義父に当たる島原殿の邸において二度も説教を聞いたことがあった。

安徳の地は極めて風光明媚で、道の両側には同じ大きさの杉が一面に植えられ、その杉並木に沿って海が開け、主立った道に沿って水が流れていた。殿は大いなる愛情をもって出迎え、茶菓が供された。ついで安徳殿の妻子親類が、非常に注意深くデウスに関する説話を傾聴した。殿も修道士に「御身は今にも当地を去っていかれるが、私は救われるために如何いたしたものであろう」と尋ねた。

その夜のうちに口之津に着いた。有馬の国主からの手紙の効果があり、もっとも身分の高い人たちや子供たちが大勢集まって来て、幾人かは家の中に入りきれないほどであった。アルメイダ修道士はこの地で二百五十人に洗礼を授け、そのなかにはこの地の殿とその妻子、及び説教を聞くにはまだ幼すぎる大勢の子供たちもいた。

先に修道士が有馬の国主（義貞）を尋ねた際に、そこに居合わせた島原殿は修道士へバテレンの派遣を要請した。アルメイダはそれは単に美辞麗句と受け止めていた。ところが島原殿は非常な力の入れようで、自分の城に帰るとシラクラ・イチノスケという人物を、横瀬浦のトルレス師のもとへ遣わし、一人の伊留満の派遣を要請してきた。しかし修道士はごく少数しかいないので、十日以内にアルメイダ修道士を遣わすと答えた。

この約束により、修道士は横瀬浦から三十里の海上を五日間かけて島原へ赴いた。島原の殿はその町の最良の家を提供し、贈り物を届けた。さらに夜の食事のもてなしに与り、殿は修道士に会えたことをはなはだ喜んだ。というのは修道士が外国人で有りながら、日本の貴人の風習や礼法にいとも精通し習熟していたからである。

島原の滞在は六、七日に及んだが、その間に殿から領内で公然と説教をすること、教会を建てることの許しを得、さらには夕食に招待された。そのときには殿と有馬の国主（義貞）夫人の姉妹に当たる殿の奥方、及び家臣全員が説教を聞いた。

殿は修道士に、なぜ自分がキリシタン宗門を受け入れないかについて弁明したが、同時に改宗する希望を与えた。この宗門をどれだけ評価しているかの証として、「一人娘をキリシタンにしたい」と語った。

丁度このとき、有馬の国主は出陣し島原の地に至り、一日、この殿の邸に泊まった。修道士がその邸を訪ねると、国主は彼に非常な好意をもって迎え、自分の側に坐らせ、デウスについて多くのことを質問した。そして「予は、横瀬浦のコスメ・デ・トルレス殿のところに使者を遣り、口之津に一人伊留満を派遣して、そこに教会を建てるようにされたい」と述べるほどであった。修道士が国主滞在の邸を辞する際には、すべての門の外まで出て見送った。

一方、島原殿より枝の祝日の日曜日に、「娘に洗礼を授けるためにお出かけ戴きたい」とのお呼びがあったために、洗礼用のよく整った華麗な祭具を携えて殿の邸に赴いた。そして先に希望があったように、殿の一人娘と、仕えていた三人の婦人たちに洗礼を授けた。その子供は三、四歳にしかなっていなかった。マリアの教名を授けたが、彼女こそが、高来においてデウスの教えを受け入れた最初の高貴の方であった。

有馬氏が治める永禄六年（一五六三）の様子はこのような状況であった。

アルメイダ修道士が会い、歩いたなかには、表(32)に登場する有馬仙巌入道、その後継者の有馬義貞、また島原殿がいた。加えて有馬殿の邸、島原殿の邸、安徳の町などが描写され、御師・宮後三頭大夫が同時期に訪れたであろう人・場所を廻っているのである。この宣教師の記録を頼りに伊勢大麻をうけた旦那衆の人物像を割り出していきたい。

さらに時代はこれよりやや下がるが、フロイス『日本史』第一部百八章の「肥前国高来の屋形義貞ドン・アンデレの改宗、及びこの人物の性格について」[4]も、時代・人物を把握する援用史料として貴重である。有馬義貞のキリスト教改宗の内容を含む点から、天正四年（一五七六）の記事であることに間違いない。御師の『肥前日記』の時代からすると、八年から十五年後の記録である。

要約して記すと左記の通りである（B文と仮称する）。

天正四年当時の有馬・島原（B文）

肥前国は大きく、その内で第一を占めているのは高来の屋形で義貞である。家臣たちは一致団結し、その人柄により多くの領民から尊敬されていた。性格は温厚で、歌すなわち日本の詩歌に造詣が深く、優れた書道家でもある。有馬仙巌の長男であり、その二番目の弟が大村純忠（ドン・バルトロメウ）に当たる。

有馬義貞の家人のなかに、彼の義兄弟、すなわち妻の兄弟の左兵（衛）殿という、懸命で博識の人物がいた。彼はかつて都地方を見物して廻った際に、一人の仏僧からキリスト教を推奨する意見を聞き、次第に彼の教えに傾倒していった。この左兵（衛）の進言もあって殿の義貞は、教会の同宿より二回、説教を聴くこととなった。これは確乎たる決心で聞いたのではなく、好奇心からであった。左兵（衛）から聞いたことと同宿の説教とが合致しているか、調べたかったからである。その結果、デウスが彼をカトリック教会の懐に入れる時期は、まだ到来していないようであった。

高来の地は肥前の国のなかでももっとも美しい地方の一つであり、特に有馬の新鮮な樹木の緑のなかに、大きく豪華な寺院がいくつもあって、そこには大勢の名望のある仏僧がおり、その地の収入を消費し、権勢を保ち、多額の収入を得ていた。これらの寺院は温泉（うんぜん）と呼ばれた。その僧侶たちは各地の殿たちと深い交わりをもち、我々が布教するための門戸や道を閉ざしたために、この地方での布教の道程は遠いものであった。

有馬の地には東殿という身分の高い代官が統治していた。この者にわずかばかりの銀子を贈り、仏僧たちから妨害がないように取り計らってもらった。

大村領内で活動していたガスパル・コエリョ士のもとへ、有馬義貞の使者から早急に口之津に来て貰いたいとの伝言があった。有馬義貞の心は不断の懸念と躊躇で揺れ動いていた。その原因のひとつは、婿である伊佐早がデウスに対して激しい憎悪と敵意をもち、義貞のキリシタン改宗を強く反対し、大村純忠が仏教へ戻ることをも強く望んでいた。

有馬の殿は代官の東氏と数人の忠臣を伴い口之津に出向き、枝の主日に洗礼を受け、教名は「アンドレ」を希望した。日本の意味では「安々と天を奪い取る人」という意味である。殿の洗礼に続いて代官の東殿、同行してきた三十人の家臣も入信した。

月曜日には殿は有家に向かって旅立った。そこには有馬から一里離れた大きい集落で、殿の保養の湯治場と庭園とがあった。

先に引用したA・Bの記事によって、永禄六年（一五六三）から天正四年（一五七六）のころの有馬氏領は、キリスト教の布教が入り込んだ時期であった。ただ有馬義貞のキリスト教受容については、A文とB文とではかなり異なっている。A文では有馬領への宣教師の派遣を乞い、当初からアルメイダ修道士などと友好的であったとする。しかしB文では、当初、義貞はキリスト教に対して懐疑的であったと記す。

永禄六年（一五六三）にキリシタンに入信した大村純忠は、改宗したからと言って直ちに領内の神社仏閣を破壊はできない、その理由は兄である有馬義貞は異教徒であり、当下においてもっと

も身分の高いひとりであると、兄への配慮から社寺の破壊を即断できなかったのである。(5)

こういった永禄六年時の有馬義貞の立場を勘案すると、A文のような当初からキリシタンに友好的であったとは決して言いがたい。B文に見えるように未だキリシタンに懐疑的であったとするのが妥当であろう。やがてその本家の有馬義貞も、一五七六年（天正四年）の枝の主日（四月十五日）にキリシタンに改宗していく。こういった時代背景のなかに、伊勢御師・宮後三頭大夫の活動がおこなわれていたのである。この現状を踏まえ、且つフロイスの記事を参考にしながら永禄年間の島原の旦那衆を見ていこう。

三　地域ごとに旦那衆を見る

表（32）を元にして地域毎に三カ年の旦那数を一覧化したのが表（33）である。この表で仕分けた地域毎に旦那衆を検討していこう。

1　有馬と町衆

（1）有馬

有馬は戦国大名有馬氏の本拠地だけに、旦那数が特出している。永禄四年の数は前述のように、

表（33）島原地方地域別旦那数（単位・人）

	地域名	永禄4年	永禄10年	永禄11年
1	有馬	32	23	25
2	有馬町衆		10	12
3	有馬寺院	10	11	12
4	温泉山寺院	1	6	6
5	有家		5	8
6	深江	1	2	2
7	安徳	1	3	2
8	島原	5	7	7
9	島原寺院	2	5	6
10	空閑		1	1
11	大野		1	1
12	神代		6	5
13	千々石	9	10	10
14	小濱		1	2
15	山田		1	3
16	合計	61	92	102

有馬とその町衆が一緒になっているために三十二人を数えるが、武家衆と町衆を分ければ、二十一人と十一人になる。

表（32）の永禄四年分の冒頭には「有馬せんかん入道」が登場する。有馬仙巌入道、すなわち有馬晴純であり、天文二十一年（一五五二）には隠居し、仙巌入道と称した。それに続く「同かみさま」（№1）とは、仙巌入道の室（妻）のことである。『肥前日記』には室のことを、このように「御上様」と記す。永禄四年には「御そばかミ様」にも伊勢大麻が届けられているが、側室のことであろう。

仙巌入道は永禄四年のみ記され、同十年、十一年には姿が見えない。実は永禄九年（一五六六）に没したからである。その室は永禄十年、十一年と「仙巌上様」として名前を連ね健在であった。大村領主・大村純伊の娘であり、仙巌に嫁いでいた。

三カ年とも「有馬修理大夫」（№2）として登場するのは、仙巌（晴純）の跡を継いだ有馬家当主の有馬義貞に外ならない。先に引用したフロイス『日本史』にたびたび登場した人物である。天正四年（一五七六）にキリスト教に入信するが、それ以前の永禄期には伊勢御師とも交流をもち、伊勢大麻を受けていたことが、この『肥前日記』によって分かる。

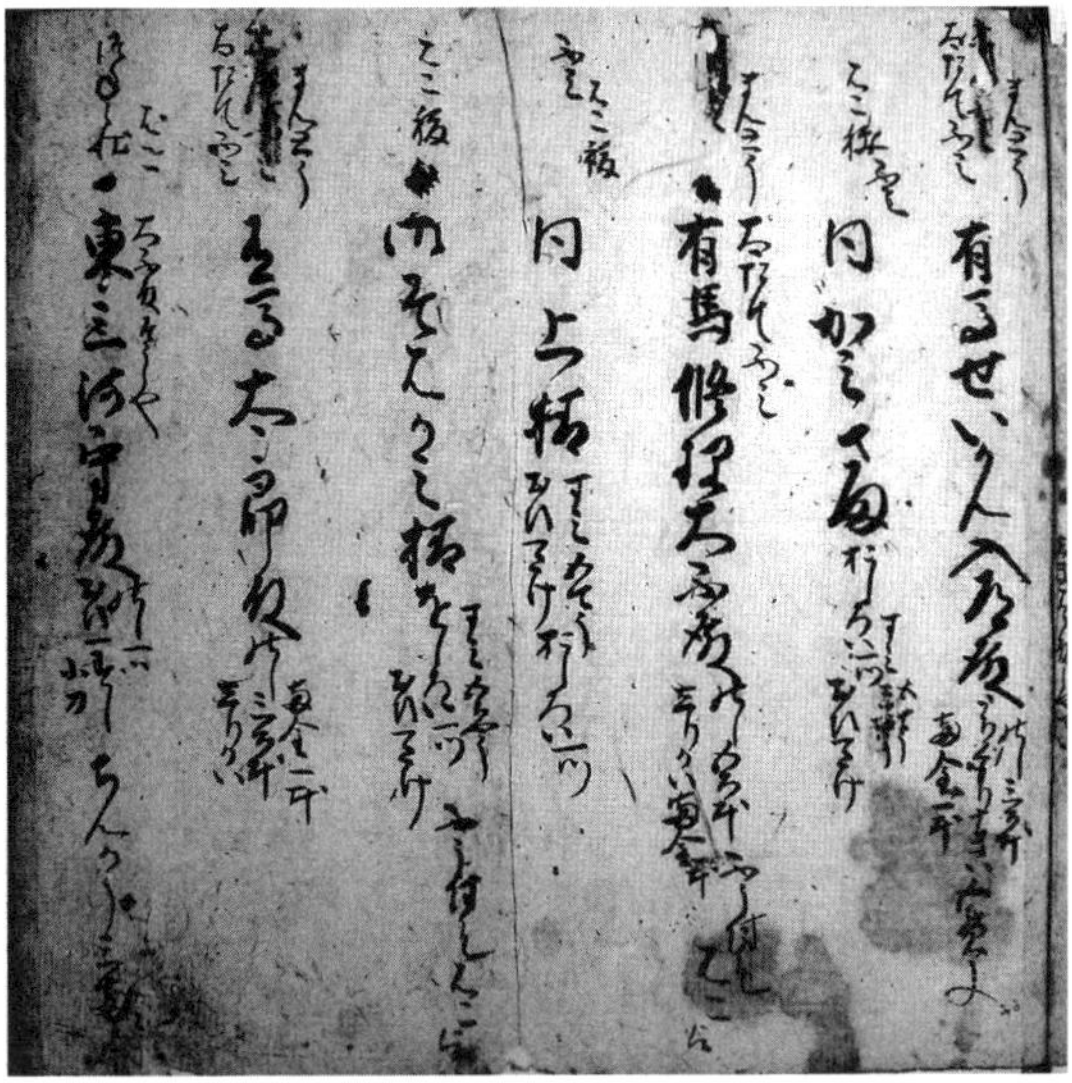

図28　永禄4年『肥前日記』有馬の分（神宮文庫所蔵）

有馬義貞の篤い伊勢信仰を語るものとして、宮後三頭大夫の手を経て伊勢の法楽舎に連歌を奉納していることである。これは早く野田精一氏によって紹介されたが[6]、次のような歌であった。

元亀二年十一月十六日
　伊勢大神宮
　　法楽
賦何連歌
　雪やいかに富士より
　うへの神路山　義貞
　月おもしろく
　さへわたる空

ここに見える神路山は、伊勢神宮の内宮が鎮まる森から後背地に広がる山である。その山にかかる雪を富士山と比べながら愛でた前段の義貞の歌に続けて、神路山の月を愛でる歌が詠まれている。

法楽舎とは神仏習合の時代にあって神社近くに建てられ、その神社の本地仏を祀る神宮寺のことである。伊勢神宮にも京都・醍醐寺僧の通海によって建治元年（一二七五）に大神宮法楽舎が建立された。中世から近世にかけてその法楽舎に和歌や連歌が盛んに奉納され、いわゆる法楽和歌、法楽連歌といわれた。こういった歌道の流行のなか、有馬義貞も伊勢法楽舎に連歌を奉納していることは、伊勢神宮への篤い信仰を窺うことができるだろう。元亀二年（一五七一）のことであった。

有馬義貞の文学的素養について、前掲のフロイス『日本史』のB文にそれを思わせる記述があった。正確に引用すると、「歌、すなわち日本の詩歌に造詣が深く、優れた書道家であり」と記され、フロイスも文学的才能を認めている。有馬義貞の法楽連歌の奉納は納得できよう。

有馬氏一族として永禄四年に有馬太郎No.(34)という人物が見えている。『藤原有馬世譜』によると、有馬義貞の嫡子でここに見えるように幼名を「太郎」といった。天文十九年（一五五〇）に有馬に生まれ、後に将軍足利義晴から「義」の一字を賜り「義純」と名乗っている。元亀元年（一五七〇）に二十一歳で家督を嗣いだ。

従って永禄四年（一五六一）に伊勢大麻を受けた時には、十二歳の若さであった。しかし家督を相続した翌年の元亀二年（一五七一）には、父義貞に先立ち突然亡くなってしまう。フロイスも「屋形有馬殿で、ドン・アンデレ」（義貞）の嫡子であった最初の息子（義純）が一人の娘を残して死去した」と伝えている。[7] そのために有馬の家督は弟の鎮純、後の晴信が嗣ぐこととなった。

永禄十年、同十一年に有馬殿（No.34）と見えるが、おそらく前掲の有馬太郎（義純）のことであろう。永禄十一年には冒頭にその名が見え、父の有馬修理大夫（義貞）に先立って記されている。通常は当主が冒頭に記載されるが、なぜ、嫡男が先に記されたのか分からない。

有馬一族に続いて東三河守（No.4）が三カ年、そして東彦太郎という人物が永禄十一年のみ伊勢大麻を受けている。この東氏についてはフロイスの前掲B文にそれと思しき人物が登場していた。

すなわち「有馬の地には、東殿という身分の高い代官が統治していた、彼は仏僧たちと親類関係にあるためにわずかの銀子を渡して、仏僧たちの怒りを抑え、キリシタンの改宗を妨害するような事があればそれを遠ざけるように頼んだ」とあった。また有馬義貞の天正四年（一五七六）のキリスト教改宗に際しては、その場に立ち合い、自らも改宗している。同行の家臣三十人もともに入信した。

フロイスが記したこの東殿は、『肥前日記』の東三河守と考えてまず間違いない。有馬の代官を勤め、領主とともにキリシタンに入信するなど、有馬義貞にもっとも近い側近であった。このことは『肥前日記』での記載順が、有馬氏に次ぐ順位であることからもうなずける。

西姓を名乗る者が三カ年とも見え、永禄四年には西新助宗恕入道、西二郎三郎、永禄十、十一年ともに西河内守（No.38）、同十一年のみに西殿がいる。この四人がどういう縁戚にあったかは不明である。ただこの西氏については、フロイス『日本史』に「有馬の最上位の代官の一人である西殿が[8]」として登場する。おそらく先の四人の西氏は、この代官を勤めた本人、またその一族であったと思われる。

前述のように有馬にはもう一人、東三河守という代官がいた。それぞれに東姓、西姓を名乗っていることから、有馬の代官として東と西に配置されたものと思われる。そしてその場所を名字としたのであろう。東の代官・東氏が三河守の官途名を名乗っていることからすれば、西氏の方では河内守の官途名をもつ西河内守が、代官の役にあった可能性が高い。

永禄十年、十一年には本多（田）殿（No.40）、谷川殿（No.41）、久野（能）殿（No.42）と殿名で三人が登場する。なかでも本田氏は同十一年には本田殿に加えて本田出雲守、本田宮内小輔（No.43）も伊勢大麻を受けている。近世大名有馬氏の下で編纂された『国乗遺文』三によると、有馬氏の領国にあって主要な家臣を国老といい、そのなかでも限られた者を老職と称した。有馬義貞時代の老職には谷川弾正左衛門、久能武蔵守賢治、本田出雲守、堀斎宮純政、土黒淡路守がいた(9)。

とすれば永禄十年に殿名で見える本田殿は本田出雲守、実際に翌十一年には本田出雲守として『肥前日記』に記される。谷川殿は谷川弾正左衛門、久野(能)殿は久能武蔵守賢治と考えて間違いない。従ってこの三人の殿は、領主有馬義貞を支えた重臣達であった。

（2）町衆

町衆に目を向けると、永禄四年の分では町衆の区分がされていないが、町役人の安富三郎左衛門からが町衆と思われ十一人を数える。有馬の町にはこの町役人に加えて町別当がいた（No.13）。三カ年とも伊勢大麻を受けている。

「第三章 大村地方の伊勢信仰」でも触れたが、大村純忠の城下にもこの別当がいたし、後述する諫早の町にも同時期に別当を確認することができる。フロイス『日本史』にも、「島原の町に別当という名称をもつ人物がいた。彼の職掌は(各)町内を見廻ることであった」と説明する(10)。邦訳『日葡辞書』にも「ある官位の名称、また頭のような人、あるいは、ある村の長である役人」と解説する。有馬の町にも町政を取り仕切るこの町別当がいたのである。御師宮後三頭大夫にとっても心強い旦那であったであろう。

永禄四年と十年にはその町中には「有馬やと」「小宿」の善衛門の屋敷があった。御師・宮後三頭大夫が有馬に滞在する際の宿である。この宿を拠点に伊勢大麻を配って廻ったのである。この宿が定着・常設化すれば御師屋敷、あるいは伊勢屋敷と呼ばれた。

有馬の町は有馬氏の居城・日野江城の麓周辺に発生していたと思われる。永禄十一年にその町で伊勢大麻を受けた者は十二人であったが、その内の五人には居所と思われる書き込みがある。「いつみ」「うえ町」「よこす」「下まち」「立いし」という地名である。これだけでは具体的な町割は分からないが、少なくとも上町と下町とに分かれていた事は間違いない。その上町には源（右）衛門（尉）（No.46）、下町には（藤）六衛門尉（No.48）が住んだ。

2　有馬の寺院

有馬で伊勢大麻を受けた寺院は、三カ年で十カ寺、十一カ寺、十二カ寺と一寺ずつ増加している。個々に寺院を見ていこう。

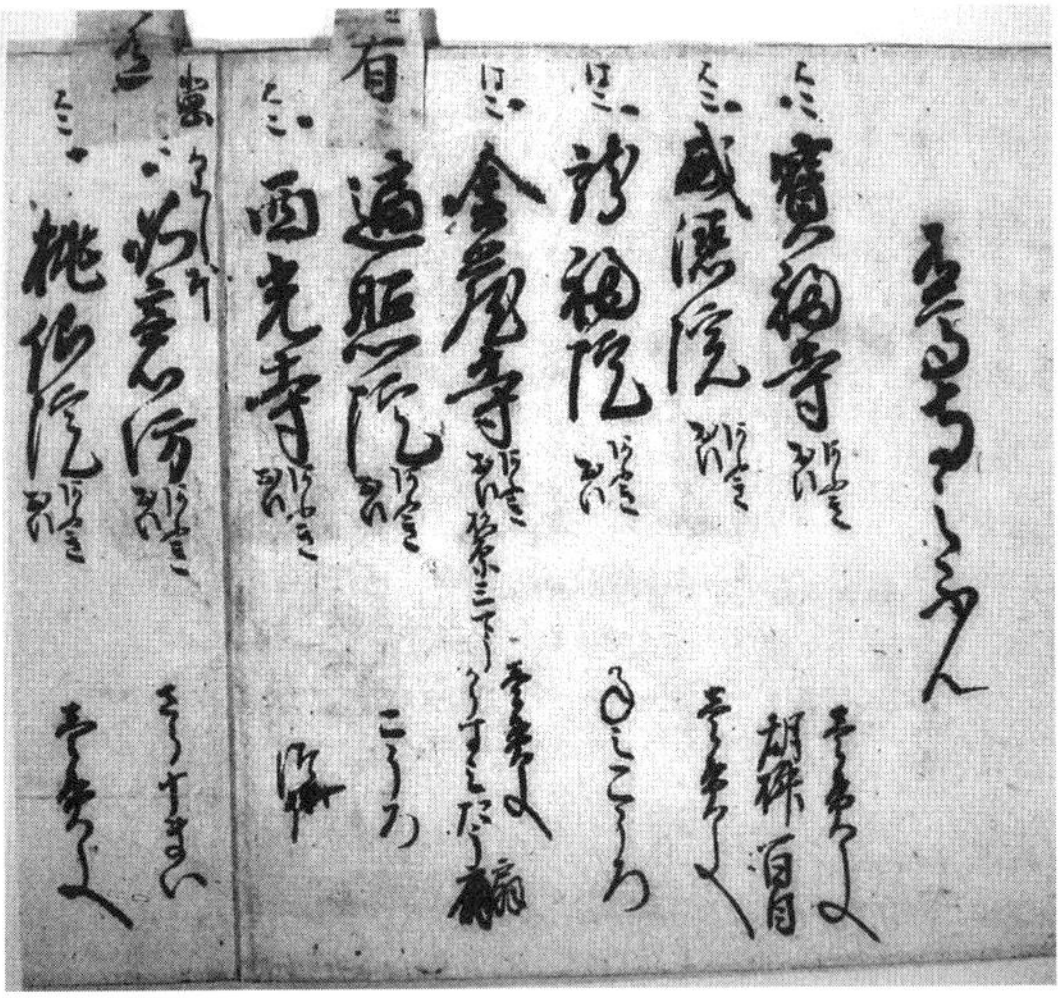

図29　永禄10年『肥前日記』有馬寺の分（神宮文庫所蔵）

有馬での最有力な寺院は、御師からの伊勢土産の品、御師への初穂・音物（初穂の代品）から勘案して金蔵寺（No.19）であったと思われる。伊勢土産に杉原（和紙）が添えられるのは、その地の最有力者であり、ことに金蔵寺が永禄十一年に納めた南蛮木綿は、口之津でおこなわれていた南蛮貿易から入った希有な品であっただろう。永禄四年の書き込みには、「ありまかすか」とあって、有馬の春日の地にあったことを伝えている。現在の南島原市北有馬町田平名の春日地区に当たり、現在でも金蔵寺という小字名が残る。[11]

この金蔵寺に続いて「ゑけの衆桃仙院」（No.51）、「ゑけ宝福寺」（No.16）、「そうゑんけ西光寺」（No.22）と三寺が続く。ここに見える「ゑけ」とは会解《えげ》・会下《えげ》のことであり、浄土宗や禅宗などで師匠に就いて修行する僧を会解僧といい、また教えを受ける場所を会解といった。

その会解のひとつ西光寺は、フロイス『日本史』にもその存在が次のように記される[12]。

> 有馬には、大勢の仏僧たちのなかに、一人、大いに学識と権威のある人がおり、その信望によって、彼らの間で慣わしとなっていることに従って高位に達していた。その仏僧はサイコウ寺という寺院の住職であった。

ここに見えるサイコウ寺が、『肥前日記』に記す西光寺（No.22）であることにまず間違いない。その西光寺の住職は学識に優れ権威もあり、僧侶達からの信望によって高位にあったという。『肥前日記』には西光寺を「そうゑんけ」（総会解）と記し、文字通りに解釈すると、某寺院の会解寺（弟子寺）の取りまとめ役という意味であろうか。しかし先のフロイスの記事を念頭に置けば、どこかの寺院の会解寺というより、この西光寺自身が会解寺をもってもおかしくない。「そうゑんけ」は会解寺の元寺・師匠寺という意味ではなかろうか。そう解釈すると西光寺の弟子寺として桃仙院・宝福寺があったことになる。

フロイス『日本史』は、この後、西光寺が辿った数奇な運命を記す。有馬義貞は師匠であった西光寺の住職にキリシタンへの改宗を勧めるが、住職はそれまでの地位と権力を保ちえないと判断し、寺に総ての家財を残したまま、数人の弟子を連れて肥後の国に逃れている。西光寺の跡には教会が建てられたという。

威徳院（No.17）、龍福院（No.18）、観音院（永禄十一年）、如意坊（No.21）には北岡山と記され、この場所は現在の南島原市南有馬町谷川名の一帯、すなわち日野江城を包んだ一帯を指すという。[13]この北岡山には少なくとも四寺院が御堂を並べていた。永禄十年の如意坊には「かわし本」と記され、後述するが宮後三頭大夫が、伊勢参宮の旅の便宜として提供した為替の替本を務めていた。同様に替本を務めた寺院として、永禄四年に記される遍照院内の圓意坊があった。こういった寺院が為替の替本としてどういった役割を果たしたのかは、後述の「六 為替を使って伊勢参宮」の項で詳しく述べる。

岩殿山千手院（No.52）は有馬の寺院として記されるものの、現在の加津佐町の普陀山厳吼寺の地にあった寺院である。本来、肥後国の著名な禅宗僧・大智禅師が、有馬直純に招聘されて正平八年（一三五三）に創建した水月庵円通寺がその前身である。古来より穴観音と呼ばれ、それがここに見える岩殿山千手院に当たる。

奇しくもフロイスは『日本史』第二章三十六章[14]に、「岩殿なる小島から取り出された偶像のこと」として、この岩殿山千手院（穴観音）のことを次のように詳細に書き残している。

口之津から半里足らずの加津佐の地には、海岸のごく近くに、幾つかの松と野生の樹木を残した、むき出しの岩石の小島があって、打ち寄せる荒波が怒濤となって絶えず岩肌に激突している。（中略）その小島の頂上に達する前に、海に向かってひとつの洞窟がある。（中略）悪魔は何年も前から、この恐ろしいぞっとするような場所を、己れを礼拝させるための格好の場として占有していた。（その洞窟は）ほぼ八ブラサの長さと五ブラサの幅で、（中略）祭壇の上には偶像が安置され、手のこんだ巧妙な造りの他のいくつかの大きい仏像も安置されていた。この祠は岩殿と呼ばれていた。

この記事は天正十年（一五八二）に書かれ、『肥前日記』の時代からすると十四年から二十一年ほど後年の記録であるが、当時の岩殿千手院のたたずまいが手に取るように分かる。現在は岩穴のなかに仏像はないが、奥行き約二十メートル、幅十二メートルの洞窟はいまにそのまま残っている。

この岩殿に続いて永禄十、十一年には水月庵（No.53）も伊勢大麻を受けていた。前述のように大智禅師が最初に岩殿の場所に創建した寺院を、水月庵円通寺といった。ここに水月庵が見えている。この庵も岩殿の一帯にあった坊と思われるが、フロイスは岩殿一帯の様子を、「その下方の水が湧き、そして楽しめる平らな場所には仏僧たちが僧院及び居宅を構えていた」と記している。そのなかのひとつにかつての水月庵円通寺の遺構が、水月庵として残っていたのであろう。

この水月庵にも「ゑけ（会解）」と記され、どこかの寺院の弟子寺であったが、おそらく隣接する岩殿千手院の元にあった庵（坊）であったと思われる。

3 溫泉山《うんぜん》の寺院

溫泉山はすでに『肥前国風土記』に「峯湯泉《みねゆのいずみ》」として記され、古代から溫泉が涌く霊山として信仰されていた。その溫泉の神は四面宮と称され、末社は島原半島山麓の山田（吾妻）、有家、千々石、諫早の各所に祀られ、麓民からの信仰を得ていた。神仏習合の風のなかにあって、四面宮の神宮寺として建立されたのが満明寺一乗院であった。そこに仕える僧侶たちは修験道の宗徒たちであり、修験道の山としても著名であった。

こういった霊山の寺院にも伊勢御師の活動が及んでいた。永禄四年の時点では、溫泉山の寺院として伊勢大麻を受けたのは大定院（No.15）のみであったが、永禄十年、十一年になると愛徳坊（No.54）、大刀坊（No.56）、中輪坊（No.55）、寶乗院（No.57）、東光坊（No.58）が加わり、六カ寺に増えている。

先のフロイス『日本史』のB文にも温泉山は登場していたが、改めて当時の温泉山の様子をみると、次のような状況であった。[15]

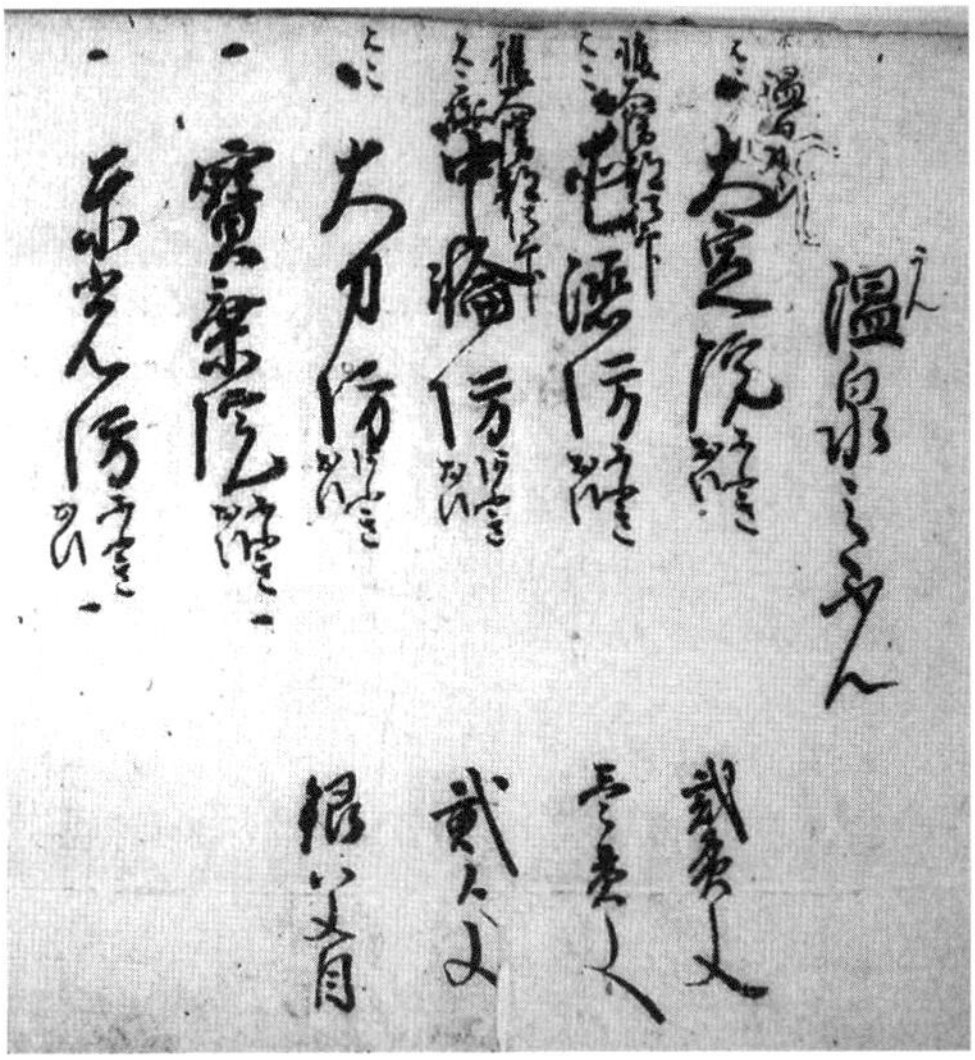

図30　永禄10年『肥前日記』溫泉山の分（神宮文庫所蔵）

高来の地は、城から三里距たって高く山が聳えている。その山には、幾つかの凹みがあって、そこから絶えず激しい勢いで種々の硫黄の熱湯が噴出している。この硫黄泉に近く、かの山の上には大いなる僧院があるが、そこには実に大勢の仏僧がおり、また（同僧院は）その肥前国全体で（他に比べて）はなはだ多額の収入を有している。ここは日本における最大、かつもっとも一般的霊場のひとつで、不断に巡礼が訪れている。これらの寺院は温泉という偶像に奉献されており、（中略）（実は）我ら（の同僚たち）が、その地に入りこむためには著しい障害であり、多大の困難をもたらすものであった。

温泉山の当時の活発な火山活動が窺われるが、そこには大きな寺院があり大勢の僧侶もいて、多額の収入を得ていたという。この記事は天正四年（一五七六）当時の状況を伝えているが、『肥前日記』の時代との隔たりは二十年ほどであり、御師・宮後三頭大夫が見た温泉山の様子もほとんど変わらなかったであろう。

温泉山には満明寺一乗院を中心とする寺院群があったことは、邦文献でもまたこのフロイスの記事からも知られるところである。それが具体的に『肥前日記』によって大定院、愛徳坊、大刀坊、中輪坊、寶乗院、東光坊としてその名が知られるのは初めてであり、貴重でもある。いずれも満明寺の末寺・末坊であったと思われる。

フロイスはこの記事中で自分らキリシタン宣教師が、温泉山に入って活動することは極めて困難であると述べている。逆にいえば温泉山での布教を強く望んでいたのである。実はそれとは対照的に、伊勢御師は温泉山での活動に成功していた。麓民からの信仰も篤かった温泉山の寺院を旦那化することによって、大麻配りを有利に進めることを願ったのであろう。

4 有家・深江・安徳

『肥前日記』で「有江」と記されるのは、現在の有家に当たることはいうまでもない。有家・深江・安徳の三地域の旦那衆は、表（33）でも分かるように決して多い数ではない。加えて各旦那の身上はほとんど明らかにできない。

ただ有家の冒頭に記される竹田似雲軒（№59）は、伊勢土産に熨斗が添えられ、また永禄十年の大麻に対する初穂は金子二文目を納めている。前述のように熨斗が添えられる旦那は、地域の最有力であった。また初穂に金を納めた例は、三カ年の延べ二百五十五人の旦那の内でこの人物のみである。後述するが肥前国では永禄十年から銀が流通し始めるが、この時期の金の使用は極めて珍しく、金を入手する何かの手段をもっていたのであろう。この人物の室（妻）も伊勢大麻を受けている点からも、有家の最有力であったことに間違いない。

島津氏の武将であった上井覚兼は、島津氏が有馬氏を援軍したことから、度々、島原半島を訪ねて天正年間の当地の様子を書き残している。その『上井覚兼日記』天正十三年（一五八五）二月二十七日に有馬晴信の屋敷で談合がおこなわれた際、上井覚兼を始め有馬新八郎、安富左兵衛尉、大村兵衛太輔といった面々のなかに、京都から下ってきた竹田定加入道という人物がいる。この人物が医者であることから似雲軒を名乗ったのかもしれない。(16)

有家の旦那として記される安富左兵衛尉（No.63）は、島津氏の武将であった上井覚兼の日記に先にも見えていたように、度々、登場する人物である。同日記の天正十年（一五八二）十二月二日、二十一日、二十三日、二十九日の条に左兵衛尉の行動が、次のように見えている。(17)

有馬氏の援軍に赴いた島津氏と龍造寺氏との対立に際して、安富左兵衛尉の兄である安富純俊等が龍造寺側についたために、島津軍はこれらを攻略しようとしたが、弟の安富左兵衛尉が難色を示したために島津軍はいったん様子を見ることとした。しかし左兵衛尉は島津の陣にも一向に出頭する気配もなく、切腹を命じる強行意見も出たが、肥後八代の島津軍の元で身柄を拘束されるはめになった。左兵衛尉が帰国を強く求めたために、いったん許可が下ったものの拘束を続けるべきとの決定がなされた。

戦国武将としてこういった行動が知られ、日記中では安富徳円とも記される。

実はこの安富左兵衛尉と思われる人物が、前掲のフロイス『日本史』B文に次のように登場していた。

彼（有馬義貞）の家人たちのなかに、彼の義兄弟、すなわち妻の兄弟の左兵（衛）殿という、賢明で博識の人物がいた。（中略）彼は当初、僧侶であった。

ここに見える左兵衛という人物が安富左兵衛尉に当たるものと思われる。とすれば有馬領主・有馬義貞の妻の兄弟であり、義貞とは義兄弟という立場にあった人物である。

ただ江戸期に入って寛政年間（一七八九〜一八〇一）に編纂された『寛政重修家譜』十二では、有馬義貞の室は安富越中入道得円の娘としている。「得円」とあるのは安富徳円のことと思われ、ここでは徳円、すなわち左兵衛尉の娘とするのである。とすればフロイスのいう安富左兵衛尉の兄弟とする記述と異なり矛盾する。

この矛盾を解決するのは、フロイス『日本史』第二部三十六章の有家に関する次の記事である。(18)

有馬から半里少々離れた有家の地には、高来のもっとも主要で高貴な人たちが住んでいる。そこには（その一人として有馬）殿の伯叔父、すなわち（殿の）母の兄弟にあたるジョアンと称する家老が居を構えている。彼はある高貴な婦人と結婚しているが、この婦人は異教徒であった時に尼僧であり、小さな僧院の上長をしていた。彼女は（今キリシタンとして）ゼロニマと呼ばれている。

この記事は天正十年（一五八二）の記述であり、有馬義貞はすでに天正四年（一五七六）に他界し、有馬家はその子の有馬晴信が嗣いでいた。従って文中に見える有馬殿は有馬晴信を指している。この文中で有家に住む「ジョアンと称する家老」は有馬晴信の母の兄弟、すなわち伯叔父に当たると述べている。そのジョアンは『日本史』第二百十九章に「ジョアン左兵（衛）という殿の伯叔父」と記されることから、安富左兵衛尉に当たることは間違いない。

整理すると安富左兵衛尉（ジョアン）は、有馬晴信の母、言い換えれば父義貞の室の兄弟ということになる。先のフロイスの見解が正しく、安富左兵衛尉の姉か妹が有馬義貞に嫁いでいた。そういう立場にあったのが安富左兵衛尉であり、領主有馬義貞の義兄弟、また家老として有馬家を支え、またかつては仏僧であった。後にキリシタンに改宗しジョアンと名乗った。深江の安富左近大輔は、先に見た有家の安富左兵衛尉と同族であろうか。

深江、安徳では安富左近大輔、安徳弾正忠（№64）が伊勢大麻を受けていた。

安徳については前掲のフロイス『日本史』A文に、その様子が次のように記されていた。アルメイダ修道士が見た安徳は、道路の両側には一面に同じ大きさの杉の木が植えられ、その杉並木の向こうには有明海が開けていた。海岸線には防風林と思われる樹木が、並木として一面に植えられ、また主立った街路に沿って水が流れていた。いままで訪ねたなかではもっとも爽快で、風光明媚なこのような町の殿の邸に着くと、殿は大歓迎をして茶菓を出してくれた。

町が非常によく整備され、道路脇には島原半島の特徴である湧水が流れていた様子が窺える。そしてアルメイダを迎えた殿が、『肥前日記』の永禄十、十一年に登場する安徳弾正忠（№64）に当たるものと思われる。また永禄四年の嶋原分として記される安徳殿も、この安徳弾正忠と同一人物の可能性が高い。

5　島原の旦那と寺院

（1）旦那

『肥前日記』では地名、氏名ともに「嶋原」と記されるのが、今日では「島原」とするのが通常であるから、ここではその標記を用いる。

永禄四年の時点から島原分として旦那が仕分けされ、島原氏がその室も含めて七、八名、伊勢大麻を受けていた。島原氏は『国乗遺文』によると有馬家の分家であり、第二代有馬朝澄の末子・純尚（島原越前守）の系譜に当たる。

フロイス『日本史』第一部四十九章[19]に、有馬仙巌（晴純）が所有していた多久城が、龍造寺氏によって脅かされたため、その警護のために肥前国でもっとも身分の高い二人、すなわち伊佐早氏と島原氏を派遣したと見える。その島原氏とは島原純茂のことであり、『藤原有馬世譜』[20]には、「島原右衛門大夫純茂」と記されている。すると『肥前日記』永禄四、十、十一年分の三カ年とも島原右衛門大夫（No.24）の名前が見えている。ただ永禄十一年には嶋原分ではなく安徳の分に記され、島原の殿・島原純茂も伊勢大麻を受けていたのである。

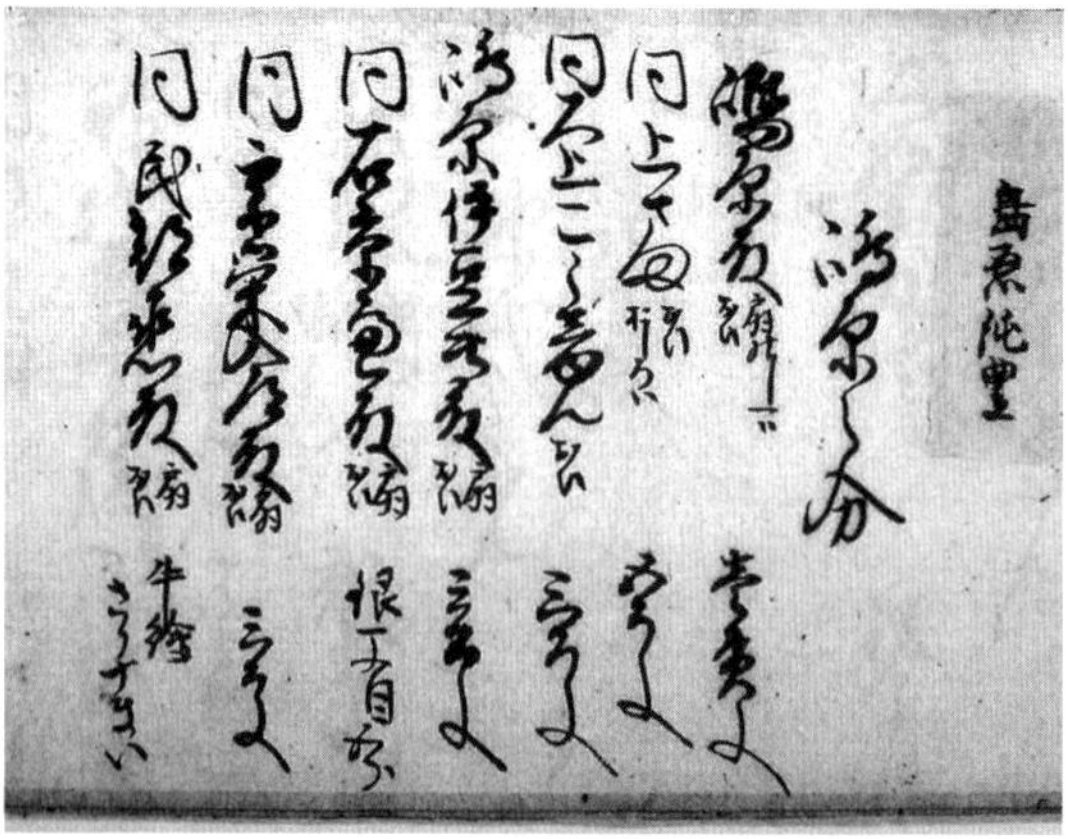
図31　永禄11年『肥前日記』島原の分（神宮文庫所蔵）

この島原純茂は前掲のフロイス『日本史』A文にも詳しく記されていた。横瀬浦のトルレス神父のもとへ宣教師の派遣を要請し、アルメイダがその役で島原に入ると、夕食に招待し、自らの妻と家臣たちに説教を聴かせ、一人娘をキリシタンにしたいとまでいった。事実、この一人娘は洗礼を受けてマリアの教名を名乗った。アルメイダはこの洗礼を、「彼女こそが、高来においてデウスの教えを受け入れた最初の高貴の方である」と記す。

この記録は前述のように永禄六年（一五六三）のものであるが、島原右衛門大夫はその二年前には宮後三頭大夫から伊勢大麻も受け入れていた。

さらにこのA文中に島原純茂の室について「有馬の国主夫人の姉妹」とある。当時の有馬国主は有馬義貞であり、その室は安富左兵衛尉の姉妹であった。その姉妹のもう一人が嶋原純茂の妻であったというのである。とすれば有馬義貞と島原純茂とは共に、安富左兵衛尉の姉妹を室にしていたことになる。従って有馬義貞と島原純茂、そして安富左兵衛尉の三人は義兄弟であった。

永禄十年と十一年に島原伊豆守（No.68）という人物が旦那となっている。この人物はフロイス『日本史』に記述がある。[21] 島原の地には収入役に相当する役人がいた。刑部殿という人物がその職にあったが、何か重大な失態をしたために処刑された。その後任として就いたのがイズ殿である。おそらくこの人物が島原伊豆守にあたるものと思われる。『日本史』は次のように伊豆守の行動を記す。

悪意において前任者を受け継ぐ人物であった。彼はトイ・ジョアンが生きている限りキリシタン宗団は消滅せぬであろうと見なしたので、仏僧たちと協議して、彼らはトイ・ジョアンをその家で殺そうとコダノ次郎左衛門という勇敢で大胆な男を遣わした。だが我らの主（なるデウス）は、キリシタンたちのもとへ、この報せが間に合って届くことを嘉し給い、彼らのある者は武器を手にして街路に立ち、またある者は戸口で、さらに別の者はトイ・ジョアン自身の家で部署についた。それゆえ彼らはその計画が挫折させられたことを知って、さしあたり（陰謀家を）放棄した。

このように島原伊豆守はキリスト教を嫌い、徹底的に対峙する態度を取っている。

永禄十一年『肥前日記』の「嶋原之分」とした前には、「島原純豊」と名前が記された付箋が貼られている（図31参照）。嶋原純茂の子息である。おそらく父・島原純茂亡き後、ときの嶋原氏当主という意味で後代に貼られたのであろう。この嶋原純豊は龍造寺隆信の有馬氏攻撃に際して、有馬氏に離反して龍造寺氏に味方した。しかし天正十二年（一五八四）三月の島原沖田畷の戦いで龍造寺隆信が討ち死にすると、島津軍に捕らえられ薩摩に連行され、その地で処刑された[22]。

さてこの島原氏の居城はどこにあったのだろうか。島原といえば、すぐに現在の島原城を想起するがこれではない。島原城は松倉重政によって寛永元年（一六二四）に完成した近世の城である。中世の島原氏が構えた城は、現在の下新町の南側・辨天町の辺りで、当時は海浜であったために「浜の城」と呼ばれた[23]。島原で伊勢大麻を受けた七、八人の者たちは、この浜の城、及びその近くに屋敷を構えていたのであろう。しかしその城や武家屋敷の跡地は、寛政四年（一七九二）に起こった地震、眉山の崩落によって埋没し跡形もない。

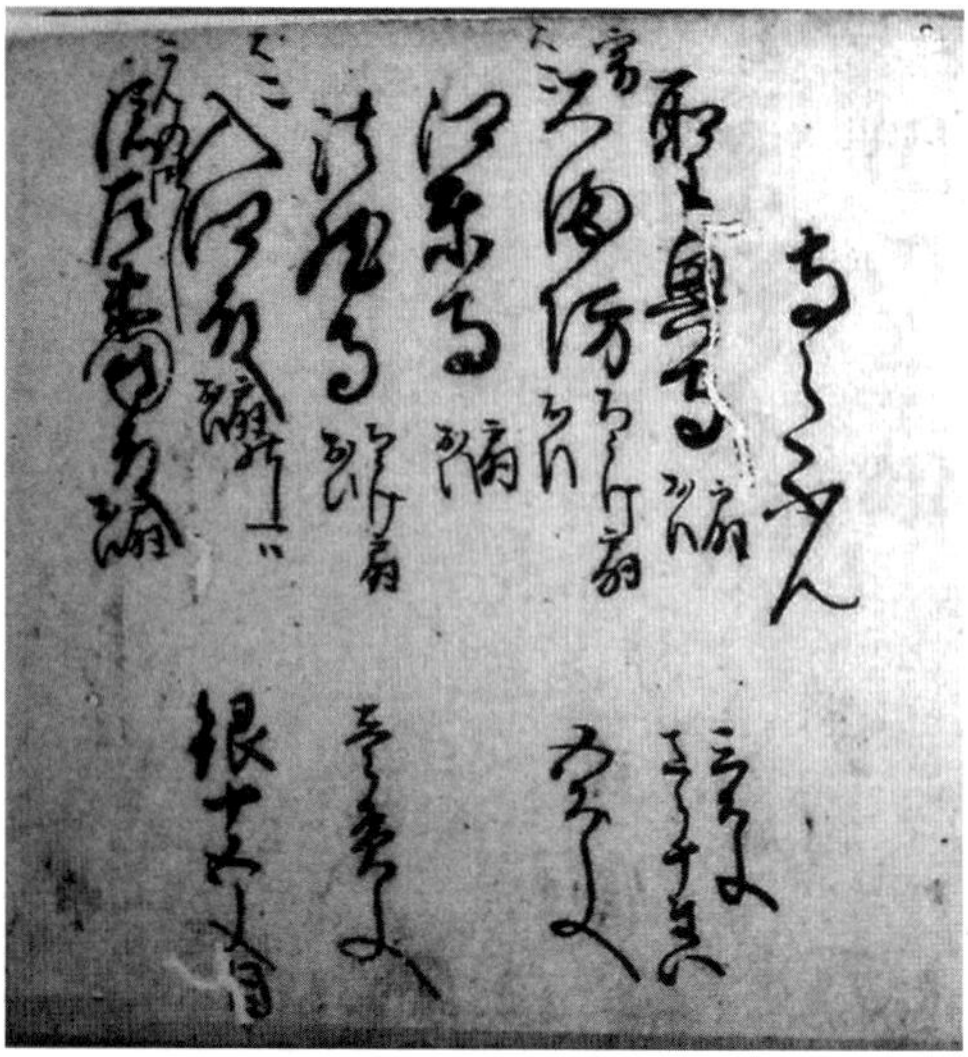
図32　永禄11年『肥前日記』島原寺の分（神宮文庫所蔵）

（2）寺院

島原の内で伊勢大麻を受けていた寺院は、永禄四年には大満坊（No.26）、聖興寺（No.27）、永禄十年には江東寺（No.70）が加わる。さらに翌十一年には前年の三カ寺に法然寺が加わっている。すなわち大満坊、聖興寺、江東寺、法然寺の四カ寺であった。
一方、フロイス『日本史』第一部四十五章には、(24)前記四カ寺の時期とほぼ同じ永禄六年（一五六三）当時の島原地方の様子が記されている。すなわち「この地には三つの大寺院があって、そのうちの一寺では、殿の伯叔父が住職を務めていた」と伝える。さらに同部四十九章にはその三大寺院について具体的に次のように記す。(25)

その地の三つの僧院、すなわちイエンゲ、ショクジ、ダイマンボウの住職たちは、島原の殿の母親でショウシュンという鬼婆と相談し、ドン・ジアンは自分たちに憎くてならないので、どうすれば彼を片づけることができようかと思案した。

これによって先の三寺院が「イエンゲ、ショクジ、ダイマンボウ」という寺院名であったことが分かる。この三寺院と伊勢大麻を受けていた前記の四寺院とを照合すると、一致する寺が出てくる。聖興寺はショクジに、大満坊はダイマンボウに比定できると思われる。
永禄四年の『肥前日記』に記録される聖興寺と大満坊とを、改めて引用すると次のように記録される。

　　　　　しまはら殿しんるい　もめん一反
一段愨　状はこ　しやうくう寺　すミ三ちゃう　かわしおき中候
　　　　　　聖興寺　あふき　小刀

　　　しまはら殿しんるい衆
同　ふミ　大満坊　すミ二ちやう

あふき　おひ

フロイスの先の記述に「三カ寺のうちひとつは、島原殿の伯叔父が住職を務めていた」とあり、当時の島原殿は島原純茂であった。前掲の聖興寺と大満坊の記録には、それぞれ「しまはら殿しんるい」、「しまはら殿しんるい衆」と記され、両寺の住職は島原純茂と親類であったことが分かる。フロイスの「島原殿の伯叔父」はまさに島原殿の親類であり、両記録は一致している。ただフロイスは嶋原殿の親類の寺はひとつとするが、『肥前日記』に従えば二カ寺であり、この点は異なる。

さて聖興寺、大満坊のどちらの住職が、島原純茂の伯叔父であったかを絞り込むのは難しい。ただ『肥前日記』に記された両寺院への嘉例状（挨拶状）、伊勢土産、伊勢大麻の種別などを比較すると、聖興寺の方が一段懇《ねんご》ろの状・大満坊が墨二丁の伊勢土産に対して聖興寺が墨三丁、箱入りの大麻といずれも優れており、高位者への敬意・配慮とも受け取れる。とすれば聖興寺の住職が島原殿の伯叔父であった可能性が高い。

先の聖興寺の記録下部には「かわしおき申候」と記されている。後述するが伊勢御師の宮後三頭大夫は、伊勢参宮者に旅費の送金方法として為替の便を提供していた。その為替を取り扱うところを替本《かえもと》といった。「かわしおき申候」とあるのは、この替本を聖興寺に置いていたという意味である。

宮後三頭大夫文書には『肥前国藤津郡彼杵郡高来郡御旦那證文』（以下『肥前国旦那證文』と略称）という、もうひとつの為替文書が含まれている。この文書中にも聖興寺に関する一紙が貼り込まれ、そこには次のように署名されている。

伊勢大神宮　　高来郡嶋原　賦帳ニ有

【付箋】

寺ノ名参帳ニモ有

此聖興寺　嶋原殿親類也

聖興寺

契忍（花押）

永禄五年　みつのへいぬ

この貼り込まれた一紙は何を意味するのか。前掲史料の付箋に「寺ノ名参帳ニモ有」とあって、聖興寺の名前は伊勢参宮者を記した参宮帳にもあるというのである。とすれば聖興寺の僧が伊勢に参宮していたことは確実であり、その際に同寺僧の契忍が書き置いた署名名札と思われる。現在でいう名刺と考えてよいだろう。

これによって当時の聖興寺の住職は契忍であり、その人物は「嶋原殿親類也」であったことも付箋によって分かる。前に聖興寺住職が島原純茂の伯叔父の可能性が高いと推測した。そうであれば、その伯叔父こそがこの契忍ということになるだろう。

この外に江東寺、法然寺が伊勢大麻を受けていた。この二寺院については根井浄氏の考察に詳しい。(26) 江東寺は現在、島原市内にある江東寺の前身の寺院と思われ、寺伝によると天正年間に北有馬町田平名に神竜山江東寺として創建され、寛永二年（一六二五）に島原に移設されたという。しかし永禄十年（一五六七）、十一年の時点で、すでに島原の寺院として伊勢大麻を受けているので、この寺伝は再考すべきであろう。

法然寺についてはフロイスも『日本史』に、永禄七年（一五六四）のこととして次のように記している。(27)

島原の町には別当という名称を持つ人物がいた。（中略）彼は殿以上にひどいキリシタンの大敵で、島原でデウスの教えが説かれだすのを見るやいなや、都の黒谷というところに行き、そこから自費でもって法然寺という仏僧を連れ帰り、かの（島原の）地で阿弥陀の教えを説かせた。そこでは都から来るということは、我ら（のキリスト教国）においては誰かがローマから来るようなものであるから、彼が都から来た（僧侶であった）から、殿及びその地の他の幾多の異教徒がその宗旨に帰依した。

また「一五六七年十一月十二日付、イルマン・ミゲル・バズが口ノ津より贈りし書簡[28]」にもこの法然寺のことが次のように見えている。

浄土宗という宗派の坊主が島原にやって来た、この地の領主と家臣立たちは従来の宗旨を捨ててこの浄土宗に入信し、たえず慰撫《いぶ》（いたわり）と威嚇をもってキリシタン達を彼の宗派に誘っている。また迫害も加えるために、島原領内ではこの僧侶に従わない者は殺されるという噂も流れている。

宣教師たちの記録では、キリスト教に対して強烈な排斥活動をおこなった浄土宗の寺院であったことが分かる。この仏僧は都の黒谷からやって来たとあるが、この黒谷について根井浄氏は法然ゆかりの地で金戒光明寺がある黒谷と推測する。現在の京都市左京区黒谷町である。

さらに根井氏は『三国名勝図絵』によって、京都から下って来て島原・法然寺の住持となったのは運譽上人であった、同上人はその後、島津義弘の計らいで肥後国に寺家を構え、さらには義弘に登用されて薩摩に移り、各地に浄土宗寺院を開創したことなどを明らかにし、日本宗教史上において、キリシタンの反駁僧・排耶僧として先駆的役割を果たした僧侶と位置づけている。[29]

『上井覚兼日記』天正十三年（一五八五）九月二十一日条にも次のように登場する。

嶋原之法然寺、爰元へ寺家被賜候祝礼とて被來候、織筋一被持來候前に運誉上人が島津義弘の計らいで肥後に寺家を構えたことを、根井氏が明らかにされたが、そのことに関して法然寺の運譽がお礼を込めて上井覚兼を訪ね、織物一つを贈っている。おそらく運譽と島津義弘の間を取り成したのが、上井覚兼であったからであろう。

宮後三頭大夫から伊勢大麻を受けた旦那衆の内には、こういったキリシタンに真っ向から対抗する僧侶もいたのである。

永禄十年の島原の寺院の中に、「さかい衆入江殿」（№71）という気に掛かる人物がいる。同十一年にも入江殿として登場し、引き続き大麻を受けている。有馬・島原地方には「さかい」という地名は見当たらず、一般的に考えれば泉州堺の衆という意味だろうか。

堺衆と伊勢御師との関係については、御師が参宮者に提供した為替の仲介業者として堺衆が度々登場する。大永五年（一五二五）に備前国の牛窓から伊勢参宮をおこなった七人は、事前に初穂を為替で伊勢に送金しているが、その際に為替の仲介をおこなったのは、堺の伊勢屋彦左衛門という人物であった。また享禄五年（一五三二）の周防国の参宮者が用いた為替の場合は、堺助六という業者が中に入っている。九州からの為替を用いた参宮に際しても、永禄七年（一五六四）には堺ことき屋、元亀元年（一五七〇）には堺ひのへ屋、堺ゑびす屋という為替業者が知られる。[30]

ただこれらの堺衆は、地方にいたわけではなく堺に居住した。しかし堺衆が広範囲に活動していたことは、例えば『上井覚兼日記』にも散見される。天正十二年（一五八四）三月二十三日には、肥後国佐敷に滞在していた上井覚兼のもとへ堺の船頭・六之介という人物が酒樽をもって訪れている。[31] その二日後の二十五日にも堺の船頭が訪ねている。[32] 天正十四年（一五八六）正月二十日には、上井覚兼も会した鹿児島での茶会に堺者の宗除という人物が同席している。[33]

中世の商業都市として栄えた堺の者たちは、当時の貨幣流通に深く関わり、活動も広範囲に及んでいた。このような堺衆の活発な行動を見ると、永禄十年日記の寺院分に記される「さかい衆入江殿」は、文字通り泉州堺より下って来た者ではなかったのか。それを補強するのは、この人物が伊勢大麻の初穂として銀二十文目（永禄十年）、銀十五文目（永禄十一年）という破格の額を納めていることである。堺の商人としての経済力を思わせるのである。

しかしなぜ堺衆が島原にいたのか。その存在が初めて知られる永禄十年（一五六七）といえば、島原半島南端の口之津で南蛮貿易が始まった年である。この南蛮貿易に関わって堺衆が当地方に下って来ていた可能性も考えられる。

6　千々石

島原半島の北部の方で一定の旦那を保ったのは千々石であった。永禄四年が九人、永禄十、十一年がそれぞれ十人の旦那数を数えている。

その冒頭に記される千々石左衛門尉は、永禄四年日記の書き込みに「有馬殿しゃてい」、すなわち有馬殿の舎弟とある。本稿でもたびたび登場した有馬仙厳（晴純）には四人の息子がいた。長男の義貞は有馬家を嗣ぎ、二男の純忠は大村家、三男の直員は千々石家、四男の盛は松浦家、五男の諸経は天草の志岐家へと、それぞれ養子として入っている。従って有馬本家義貞の弟の直員《なおかず》が千々石家の養子であったから、そこには「有馬殿しゃてい（舎弟）」と注記されたのである。

これによって伊勢大麻を受けた千々石左衛門尉は、千々石直員にあたることは間違いない。天正遣欧使節の千々石ミゲル、後の千々石清左衛門の父親に当たる人物である。この千々石左

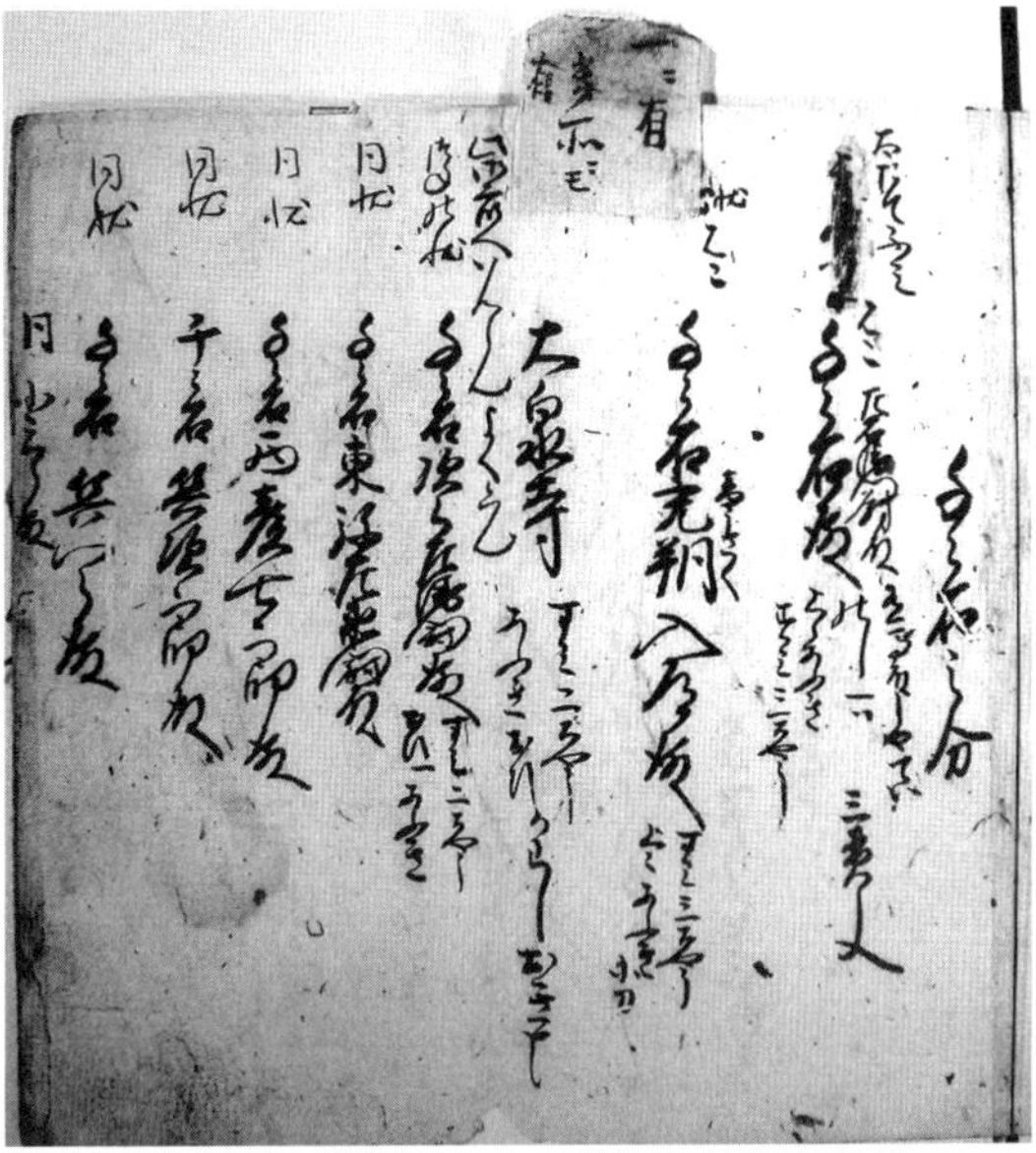

図33　永禄4年『肥前日記』千々石の分（神宮文庫所蔵）

衛門尉に続いて三カ年で千々石姓を名乗る者を延べ十五人確認することができるか、直員の一族と思われるものの、史料に恵まれず明らかになし得ない。

『有馬晴信記』によると、元亀二年（一五七一）二月に千々石城代の千々石淡路守という人物が、龍造寺隆信との合戦に小城郡丹坂の石切谷に三千人の兵を率いて出陣するが、討ち死にしたと記す。この千々石淡路守が千々石左衛門尉（直員）に当たるものと思われ、そうすれば永禄十一年（一五六八）に伊勢大麻を受けたその三年後には戦死したことになる。

千々石で伊勢御師と深い関わりをもった寺院として、大泉寺（No.30）の存在を忘れてはならない。勿論、三カ年とも伊勢大麻を受けている。現在、千々石町野田名にその跡地が伝わっており、敷地に隣接してこんこんと湧き出る泉がある。この湧水が大泉寺の寺名の由来とも考えられる。またその湧水近くには明応十年（一五〇一）の銘をもつ十三仏塔が残り、おそらく大泉寺の存在を今日に伝える石造物と考えてよい。

後述するがこの大泉寺は為替の替本を務め、何人もの参宮者が同寺扱いの為替を用いて伊勢詣でをおこなった。その為替文書が『肥前国旦那證文』として現存することを前述したが、この證文記録は次のように大泉寺の記述で始まる。

肥前州高来郡千々石大泉寺住梵周（花押）

永禄四年辛酉霜月五日　長全坊

善五郎殿御両人参

【付箋】　此大泉寺宿也　替本也　賦帳ニ有

此寺ノ名参帳ニモ有

前述の島原の聖興寺と同様に、大泉寺に関る内容を記した一紙が台紙に貼り込まれている。おそらく聖興寺と同じように大泉寺の住持・梵周が伊勢参宮をおこない、その際に御師屋敷に書き置いた名札、今日でいう名刺と考えてよいだろう。

その脇には大泉寺のことを注記した付箋が貼られており、これによって同寺が御師の大麻配りの際の宿、及び為替の替本を務めていたことが分かる。さらにこの寺の名前は参宮帳にも有りと記されるから、伊勢参宮をおこなっていたことは間違いない。それが冒頭の名札に記される永禄四年（一五六一）の霜月（十一月）五日であり、そのときに書き残したのがこの名札であったのだろう。この名札によると、当時の大泉寺住持は梵周という人物であった。

大泉寺は御師の宿、替本を務め、後述する為替の扱い件数などからすると、相当の勢力をもった寺院であったと思われる。しかし地元史料にも記録されず、従来、全く知られることもなかった。宮後三頭大夫文書の『肥前日記』、『肥前国旦那證文』によって、初めてその存在が明らかになったのである。千々石の地になぜこのような有力寺院が存在したのか、その詳細は不明である。

千々石から温泉山に登る途中の千々石町木場名榎殿には、女人堂の跡が残る。温泉山は女人禁制であったために、登拝を望む女性たちがここまで登ってきて籠もる御堂である。ここをさらに進むと温泉山に至るひとつの登り口があった。現に上井覚兼も天正十二年（一五八四）五月一日に温泉山に登った様子を、

朔日早朝打立候て、温泉山為一見参候、新武同道申候、千々石のことく廻候て参候

と記し[34]、新武、すなわち新納忠元を同行して千々石に廻って、ここから温泉山に登っている。千々石が温泉山登り口のひとつであったことは、女人堂の存在、また上井覚兼の行動からも明らかであろう。登り口に位置した大泉寺は、温泉山満明寺に付属する寺院であったとも思われる。ただその住持の梵周が永禄四年に伊勢参宮をおこなうなど、ことさらに伊勢信仰を助長する行動が見られることから、何か別の伊勢に関わるネットワークのなかにあったとも考えられる。この点については、「六 為替を使って伊勢参宮」の項目で触れてみたい。

四　旦那衆への伊勢土産と伊勢大麻の初穂

1　伊勢土産

表（32）には伊勢大麻を受けた旦那衆の名前に加えて、伊勢土産・初穂という欄を設けて品名、

銭額・銀額を記した。伊勢土産は御師達が伊勢で調達して持参したが、ほぼ定番の品が多いなかで珍しい物も散見される。伊勢大麻の代償として御師へ初穂が納められているが、銭、銀、音物《いんもつ》（品物）など様々であるが、永禄年間という時代を語るものとして貴重である。

まず伊勢土産から見ていこう。

ほぼ定番として添えられた品は帯・扇・小刀などであり、地域の有力者には熨斗蚫の熨斗、和紙の杉原などの品を贈ることが多かった。ことに永禄四年の冒頭に記される有馬仙巌入道（晴純）には「うちくもり三枚」、すなわち内曇であり、上下に雲形を漉きだした鳥子紙である。

また有馬修理大夫（義貞）（No.2）や有馬太郎には両金という品が見え、表裏に金箔を施した扇であり、キリシタン時代の語句を収録した『日葡辞書』にも「両金の扇」として収録されている。また両者には「しりかい」ともあり、馬にかける飾り具の尻懸のことである。永禄四年には家臣たち、また寺院には墨が贈られことが多かったが、同十年、十一年になると墨は姿を消している。

領主やその家系の女房衆は「御上様」として登場するが、その女性たちには化粧具の白粉《おしろい》が決まって贈られ、「けかけ」という品も添えられることが多かった。これは大村地方の女性、旦那への土産としても見られた。模様の間に金をあしらった帯のことであり、女性好みの品であった。

永禄十一年のみに登場するのは、島原之寺分以降に続出する「ちうけ扇」である。いわゆる中啓《ちょうけい》と言われ、親骨の上端を外へそらし、たたんでも半ば開いている扇である。主に儀式用として使われ、現に「ちうけ扇」を貰ったのは全て寺院である。僧侶たちが懐に差し法会用として使ったのである。

このように見ていくと、伊勢土産は領主、家臣層、女房衆、僧侶、庶民とそれぞれの立場に相応しい品物が添えられていたことが分かる。

2　初穂・音物

次は伊勢大麻の代償として納められた初穂、音物を見ていこう。

まず銭・銀といった貨幣に注目すると、永禄四年には有馬仙巌を始め九人の者たちが銭一貫（千文）、五百文、三百文を納めている。ところが永禄十年、十一年には白銀、すなわち銀を初穂とする傾向が始まる。同十年では銀が三件、金が二件使用されている。同十一年なると銀の使用は九件に及ぶ。

大村の伊勢信仰の項でも述べたが、銀を貨幣として使用し始めるのは永禄五、六年（一五六二、一五六三）ごろから京都で始まる。それは次第に普及し、大村純忠が永禄十年に銀二十文目を伊勢大麻の初穂としているのは、九州地方での銀使用の早い例として紹介した。これは永禄十年には大村地方に銀の使用が伝播していたことを物語っている。実はそれは大村地方に留まらず島原地方にも及んでいたのである。

銀で納めた顔ぶれを見ると、有馬仙巌の室（No.1）、有馬町衆の藤六衛門尉（No.48）・いつみ伊豆守（No.45）、金蔵寺（No.19）、大刀坊（No.56）、中輪坊（No.55）、嶋原右京斎（No.67）、入江殿（No.71）、大野右近大夫（No.73）、神代藤二郎（No.76）の面々である。入江殿は「さかい衆」と記され、泉州堺の者と推測した人物である。入江殿の初穂銀は二十文目、十五文目ともっとも高額であり、当時、未亡人となっていた有馬仙巌の室の十文目をしのぐ額であった。

舶来の品である沈香が三カ年を通じて十四例ある。東南アジアなどの密林の香木から時を経て産出される貴重な香である。永禄十一年に金蔵寺（№19）が納めた物は南蛮木綿であった。前年の永禄十年から口之津で南蛮貿易が始まっていたから、ポルトガル人が中継地の東南アジアで仕入れてきた品々であったと思われる。

珍しい物から見ていくと、永禄十年の尭左善九郎（№7）は、皿五つに加えて「さいかく」という品を納めている。犀の角から作った妙薬・犀角《さいかく》と思われ、解熱・沈静・解毒の効果があり重宝された漢方薬である。同様の薬種類は永禄十一年の有馬分に登場する瑞雲軒が蘇香円二十目、その二人後に記される福屋善介が牛黄円十二貝と見える。気付け薬の蘇香円、万能薬として重宝された牛黄円が音物して準備されている。牛黄円の単位は「貝」とあり、貝殻に入ったものが十二個と大量であった。

永禄四年に嶋原右衛門大夫、すなわち時の島原領主純茂は伊勢大麻の代償として「香栢子」（香柏子）を音物としている。尾張藩薬草園の薬草を記した『御薬園之図』に「香柏子」と見え、これは杭柏止という薬草だという。[35] このことから「香栢（栢）子」は漢方薬と思われる。

千々石の村人の伊勢信仰を支えた大泉寺は、永禄十年には盆と壺一つ、同十一年には緞子《どんす》一つを納めた。緞子は絹織物で地厚く光沢のある高価な品であり、『日葡辞書』にもDonsuとして収録され、「ダマスク織、シナの織物」と説明する。[36] 南蛮貿易船が中国で仕入れてもたらした舶来品である。

緞子の使用例として、天正四年（一五七六）に有馬義貞（ドン・アンドレ）が亡くなった際に、フロイスは葬儀を営む教会の飾り付けを、「教会の中に、領主にふさわしい柩を作らせ、楯と武器を上方に吊し、教会は一面、そこにあった緞子や絹布で飾られた」と記している。[37] 有馬領主義貞の葬儀には、教会一面の壁が緞子と絹布とで飾られたのである。

その他の音物を列挙すると、絵、布、香炉、皿、長尺針、茶碗、唐木綿、木綿、樟脳、縞物、唐扇、貫入皿などが伊勢大麻の代償として御師へ納められた。

五　伊勢御師、有馬殿屋形などで御馳走に与る

本稿の基礎史料として用いている宮後三頭大夫文書には、『肥前日記』、『肥前国旦那證文』に加えて、無題ながら食膳書とも言うべき記録が神宮文庫に伝わっている。『神宮文庫増加圖書目録』第五冊には『献立書』（架蔵番号第七門二八四八）と標記されている。

昭和五十一年に宮後三頭大夫文書を調査したとき、筆者はこの『献立書』を見落としていた。その後、この記録を紹介されたのは根井浄氏であった[38]。有馬・諫早・大村地方の有力旦那の屋敷で、宮後三頭大夫が御馳走に与った際の献立を根井氏は克明に解説する。その大村の分については、「第三章　大村地方の伊勢信仰」の項で「六　伊勢御師、大村純忠屋敷などで御馳走に与る」として紹介しておいた。

ここでは有馬領五カ所での御師接遇の献立について見ていこう。

五カ所とは記録される順に□仙院、西光□、北岡山威徳院、遍照院、義貞である。記録の一丁

と二丁には破損があり□仙院、西光□と二字が欠落しているが、『肥前日記』の三カ年分と照合すると、前者は永禄十年と同十一年『肥前日記』に登場する桃仙院、後者は『肥前日記』三カ年分全てに記される西光寺と考えてまず間違いないだろう。最後の義貞とあるのは、時の有馬領主・有馬義貞である。

永禄四年以降の永禄年間（一五六一～一五七〇）に、宮後三頭大夫が前記の五カ所に伊勢大麻を届けた際、御馳走に与った献立である。品名はすべて平仮名で記されるが、（　）内に漢字を補った。一品名が二行に記された場合、理解しやすいように一行に改めた。

根井氏の先行研究に導かれながら、記録される順番に献立から見ていこう。まず桃仙院の献立である。

桃仙院

くわし（菓子）三種

てんしんもちい（点心餅飯）

さらきく（皿菊）

せり（芹）　いとこひき引しる（従兄弟引汁）

さらおおさら　山いも一しゆ（皿大皿　山芋一種）

しかくやう入さら二（四角葉入皿二）大こん（大根）　三

二

こはう（牛蒡）　たうふ（豆腐）　こふ小合（昆布小合）

六かくのこふしきろう二（六角の瘤食籠二）　かいをすり（貝を摺り）
大しる　いとこ（大汁　従兄弟）
てしお（手塩）　もつかうさら（木工皿）
あし付（脚付）　きくらのり（木耳海苔）　さんしよう（山椒）
おしき（折敷）　かいしゆの（皆朱の）　めし（飯）

最初に出された菓子は、当時は果物を意味し、その三種、軽く腹をもたせる点心として蒸したご飯から献立が始まる。菊模様の皿には芹、根菜や豆を入れた従兄弟汁《いとこじる》、大皿に盛られた山芋一種、四角の皿には大根というのが一膳目であった。

続けて牛蒡、豆腐に昆布少しが添えられ、六角の漆塗の食籠には貝の擂り身、大ぶりの椀に再び従兄弟汁、木工皿には御膳を清め味付けともなる手塩が盛られていた。締めに折敷の上の飯は漆塗の椀に盛られ、食が進む木耳《きくらげ》入りの海苔と山椒が添えられていた。菓子三種が具体的に分からないが十七品ほどの献立であった。

西光寺
くわし七種（菓子七種）
てんしん二けしもちい（点心二芥子餅飯）
きくさら（菊皿）　はす（蓮）　ひきしる（引き汁）
とつさか（鶏冠）

こんにやく（蒟蒻）
さしミ（刺身）　さう二（雑煮）　山のいも一しゆ（山の芋一種）
なまちやさ（生ちやさ）
さらきく（皿菊）　寸　せり（芹）　三
二
五寸もり　木さら（木皿）こほう（牛蒡）　きけうさら（桔梗皿）大こん（大根）
おおしるな（大汁菜）
ゆみそ（柚味噌）　かんにゅうさら（貫入皿）たうふ（豆腐）
さらハ木（皿は木）なまひしき（生ヒジキ）
きけうさら（桔梗皿）こうのもの（香の物）　めし（飯）
五寸もり（五寸盛り）

この献立を用意した西光寺は有馬の寺院の項でも触れたが、フロイスは同寺住持を有馬領きっての学識と権威をもった僧侶と記し、それが故にキリスト教の浸透に伴い全ての家財を放置し、弟子を連れて肥後国に逃れたと記していた。その寺での献立である。

初めに出された菓子は七種、点心には芥子の実が入った蒸しご飯、蓮の汁物、海藻の鶏冠、蒟蒻《こんにゃく》、そして刺身、雑煮、生ちやさ、菊模様の皿には酢で味付けした芹が一膳目であった。このなかで「生ちやさ」はどういう品が分からない。ただ後述の有馬義貞邸での料理に、「かわちさ」（川萵苣）という品が見えており、川端に生え葉っぱが食用となるこの萵苣《ちさ》ではなかっただろうか。

二膳目は木皿に盛られた牛蒡、桔梗紋の皿には大根、大腕での菜物入りの汁、柚味噌、貫入皿には豆腐がのっていた。最後の飯には木皿に盛られた生ヒジキ、桔梗文様の皿には香の物（漬物）が添えられた。ここでは刺身が初めて登場し、菓子七種の品名が分からないものの全部で三十品であった。

北岡山威徳院

こはう（牛蒡）

さかな（魚）　めたい（目鯛）

もちい（餅飯）

てんしん（点心）　くわし（菓子）

かき（柿）

けし（芥子）　くり（栗）

こふ（昆布）　くるみ（胡桃）

ミつかん（蜜柑）

せんへい（煎餅）

三

てんかくたうふ（田楽豆腐）

あへ物（和え物）　山のいも（山の芋）

もりませ

さしミ
寸大こん（酢大根） さうに（雑煮）
二
なまひしき（生ヒジキ） こうの物（香の物） 大しるいとこ（大汁従兄弟）
まめ（豆） ふ（麩） てしほ（手塩）
セり（芹）

この威徳院は北岡山と記され、現在の南有馬町谷川名にあった。永禄四年『肥前日記』には島原殿親類とも記されるから、当時、島原の浜の城に居を構えた島原純茂の縁故の者が住持を勤めていた。

牛蒡と目鯛が最初に出された。魚は刺身とは記されないので、牛蒡とともに煮たものであろうか。点心として蒸しご飯、芥子の実と昆布、菓子として柿・栗・胡桃・蜜柑・煎餅の五品。

次の膳には田楽豆腐、刺身に和え物を添えた一品、山芋、酢大根、雑煮、締めの膳は生ヒジキ、香の物（漬物）、大腕の従兄弟汁、豆、麩、手塩、芹の品々、二十四品が出ている。

遍照院
てんしん（点心） さうめん（素麺）
くわしほんニもりませ（菓子盆に盛り混ぜ）
大こんつけ□（大根漬け）

たうふ（豆腐）
たけの子つけ（竹の子漬け）
三
あへ物（和え物）　めみみしる（木耳汁）
とつさか（鶏冠）　ふ（麩）
なまめ（生海布）　さしみ（刺身）
こんにゃく（蒟蒻）
けし（芥子）　二　さうに（雑煮）
こはう（牛蒡）　せり（芹）
こうの物（香の物）　たうふ（豆腐）
にこふ（煮昆布）　山もゝ付

くわし（菓子）
せんへい（煎餅）
くしかき（串柿）
あられ（霰）
なまくり（生栗）
ミつかん（蜜柑）
大しるさか□り
てしほ（手塩）

遍照院は永禄四年『肥前日記』に院名の右脇に「かすか」と記され、現在の北有馬町田平名の春日神社付近にあった。

最初の点心として素麺が出された。次の「くわしほんニもりませ」とは「菓子盆に盛り混ぜ」であり、次の下部に記される菓子の煎餅・串柿・霰《あられ》・生栗・蜜柑の五品が盛り合わせて出された。次に大根漬け、豆腐、竹の子漬け。本膳は和え物、木耳の汁物、鶏冠、生の海藻と刺身の盛り合わせ、蒟蒻、芥子の実、雑煮であった。更に牛蒡、香の物、豆腐、手塩、煮昆布、山桃、汁物の「大しるさか□けり」は大汁酒入りで有ろうか。二十六品での接待であった。

義貞

さかな（魚）　山の芋
けいらん（鶏卵）
さうめん（素麺）
てんしん（点心）

こふのり（昆布海苔）
なつとうまめ（納豆豆）
なまめ（生海布）　なましいたけ（生椎茸）
三のせん（三の膳）
せり（芹）
わらひ（蕨）
こんにゃく（蒟蒻）
とつさか（鶏冠）
さしミ（刺身）
かわちさ（川萵苣）　さうに（雑煮）
あへ物

くわし（菓子）
おこしめし（興飯）
ミつかん（蜜柑）
せんへい（煎餅）
きんかん（金柑）
なまくり（生栗）
ひきほし（引干）
くしかき（串柿）
くるみ（胡桃）

あふらあけ（油揚）

二のせん（二の膳）

餢　こはう（牛蒡）　てんかくとうふ（田楽豆腐）

大しるふき（大汁蕗）

こうの物（香の物）　ふ（麸）　てしお（手塩）

さかな有（魚有）

このわた（海鼠腸）

□□□□　おけ（桶）

有馬領主義貞の接待は破格であり、三十四品が用意されている。

点心として魚と山芋の煮物から始まり、鶏卵（生卵）、素麺、昆布海苔、納豆豆、生の海藻、生椎茸と次々と出された。次の膳は芹、蒟蒻、海藻の鶏冠、刺身、葉っぱが食用となる川萵苣《かわちさ》、雑煮、和え物、そして菓子として餅米の蒸しご飯、蜜柑、金柑、生栗、干し海藻、串柿、胡桃、油揚の九品。締めの膳は牛蒡、田楽豆腐、蕗の入った大汁、香の物、手塩、魚、桶に入った海鼠腸《このわた》という献立であった。

献立のなかでことに興味深いのは「あふらあけ」、すなわ

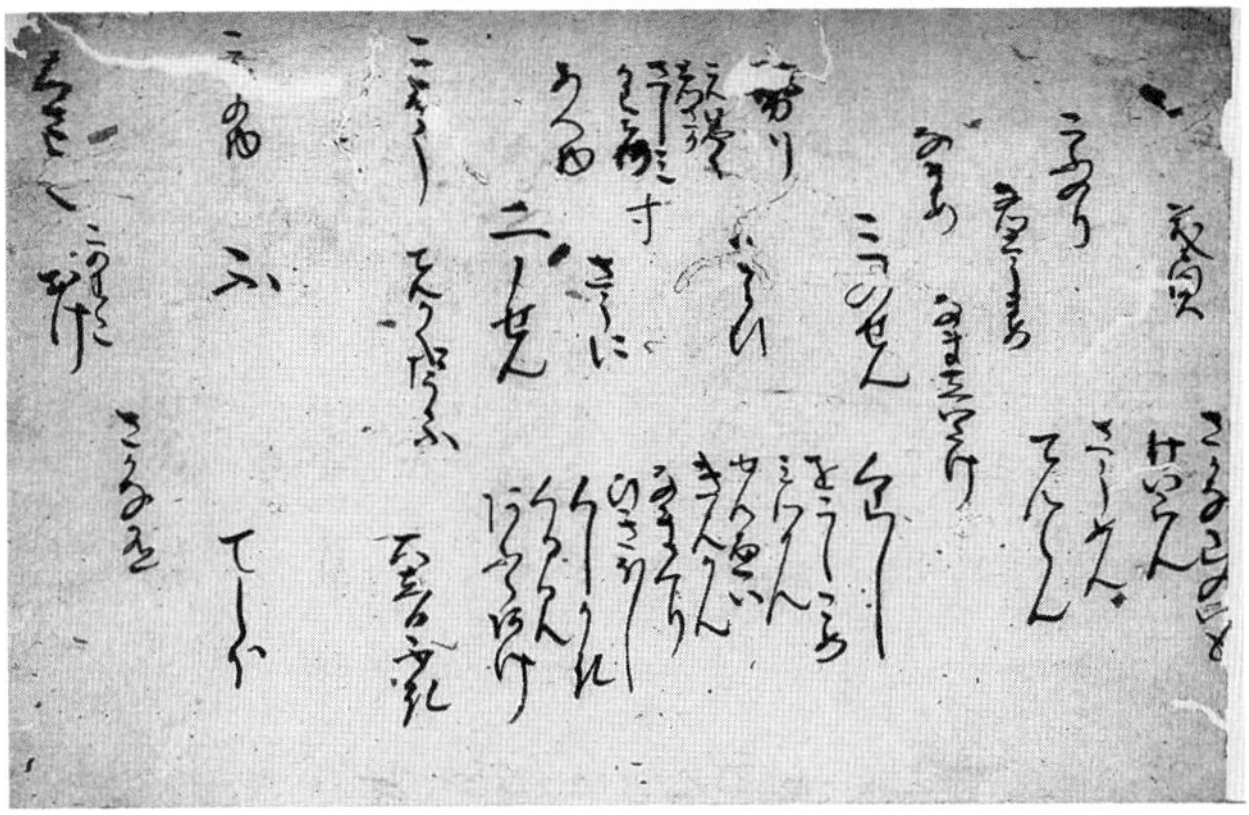

図34　有馬義貞屋敷での献立書（神宮文庫所蔵）

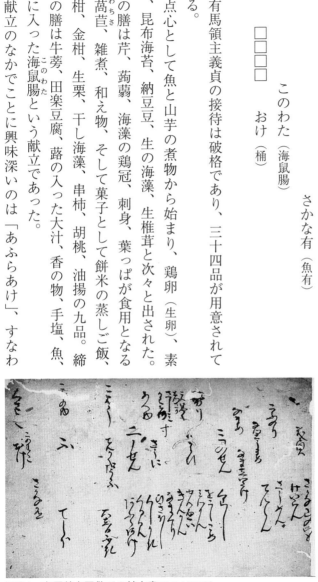

ち油揚である。当時の日本での主な料理方法は、「煮る」、「蒸す」であったと言われる。ただ油で揚げる料理方法はなかったわけではない。春日大社の古代神饌の中に餢飳《ぶと》という練った米の粉を胡麻油で揚げた品がある。また中国の影響を受けた寺院等でも油で揚げた精進料理を食することもあったが、一般的な料理方法ではなかった。

しかし南蛮貿易によって天麩羅《てんぷら》が伝わると、油で揚げる料理が普及していく。有馬の殿屋敷で出された油揚がどういった物であったのか、また南蛮貿易からの影響を受けた料理だったのか分からないが、永禄年間という早い時期に油揚が確認される例として貴重であろう。

宮後三頭大夫が有馬領の五カ所で馳走に与った時期は、生栗・蜜柑・柿の果物が季節感をよく表し、また海鼠腸が出ていることから秋・晩秋であったと思われる。

五家での献立を見ると、すべての屋敷で豆腐が出されている。当時から食膳には欠かせぬ品であったことが分かる。

六　為替を使って伊勢参宮

1　為替運用の実態

宮後三頭大夫文書には『肥前日記』と、為替関係の證文を貼り込んだ『肥前国藤津郡彼杵郡高来郡旦那證文』（以下『肥前国旦那證文』と略称）があることを何度も述べてきた。本項目ではこの為替證文を用いて島原地方からの伊勢参宮の実態を明らかにしたい。

いままで用いて来た『肥前日記』のなかにも、当地域に為替システムがあったことを窺わせる記述があった。表（32）に示した延べ人数二百五十五人の旦那の内に、「かわし置き申し候」と記された者がいた。すなわち為替額を振り込み、為替切手の発行などをおこなう替本の機能を置いたという意味である。挙げると遍照院内圓意坊・北岡山如意坊・たいら村富治部衛門尉・聖興寺・大泉寺の五カ所が替本を務めた。

この替本に為替額を振り込むと為替切手が発行され、その切手を伊勢へ持参して現金に換金し、その際には請書を認めるという手順であった。宮後文書では一札とも記され、いまでいう領収書である。『肥前国旦那證文』には、主にこの為替切手と請書一札が貼り込まれている。さらに為替をとり扱った宮後三頭大夫家では、主に為替に関わる金銭の出し入れを記入した、いわゆる金銭出納帳簿に当たる『つくしのかハし日記』（『為替日記』と略称）を書き残している。裏表紙には「大福帳」とも記す。

【為替切手】

一件の為替の使用について、幸いにも前記の為替切手・請書一札・金銭出納が完璧に残り、一連の流れが判明する。たとえば島原の楽音寺という寺院が替本となり、嶋原衆七人が伊勢参宮をおこなった場合を挙げてみよう。

肥前国嶋原楽音寺替本
元亀三年正月吉日　代官十兵衛正治（花押）（黒印）
伊勢山田宮後三頭大夫と御尋可有候

〔付箋・国本ゟ之切手也　残六枚紛失〕

【請書一札】

←

高来猶（マヽ）嶋原楽音寺
かわし之人数事
三文目　いときの法隆寺
三文目　同本田　貴介
六文目　同　大宮司
三文目　　瑞井寺
三文目　同　慶四郎
三文目　同　善五郎
三文目　　五郎次郎
元亀三年六月十九日
宮後三頭大夫殿　参

【為替日記】

←

廿一文目しろかね　高来嶋原楽音寺かハし
一人参文めつゝ　但一人六文め　大宮司殿まいらせ候
六人　六月十九日

この為替の流れを説明しておこう。

元亀三年（一五七二）の正月吉日に嶋原衆が伊勢参宮のために、替本である楽音寺に金銭を振

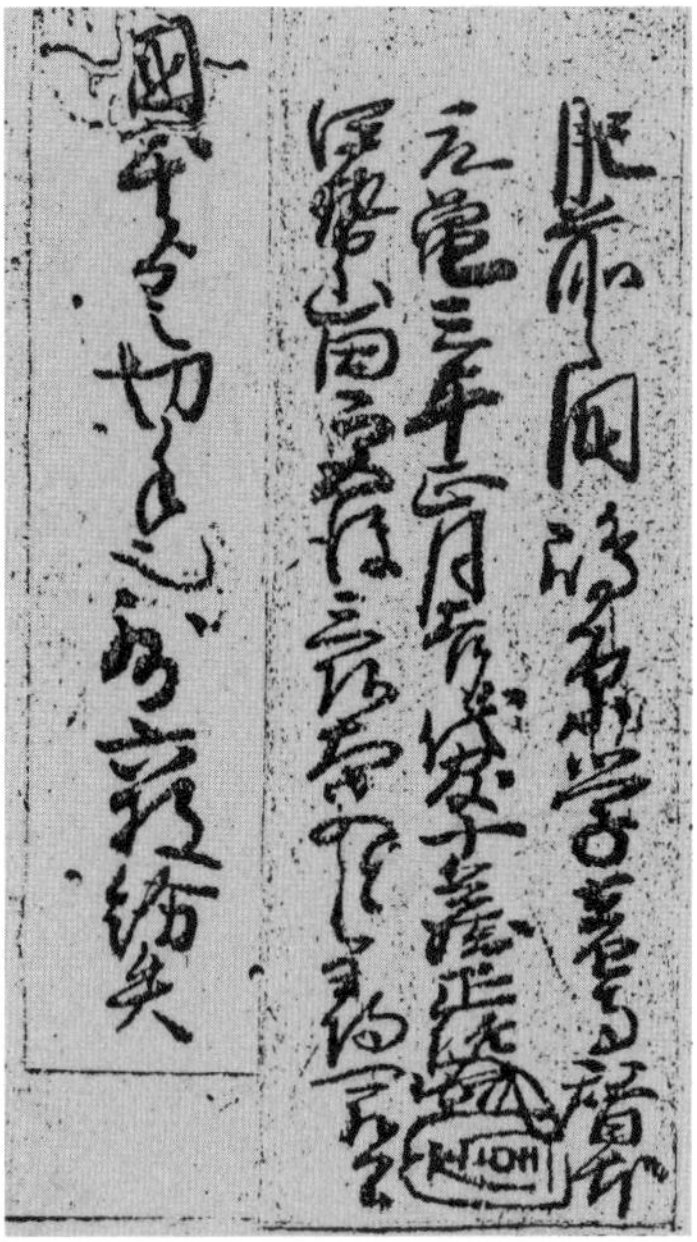
図35　島原楽音寺発行の為替切手
（神宮文庫所蔵）

り込んだ。すると宮後家の肥前国の代官である十兵衛正治より、七人の者に為替切手が発行された。切手には「伊勢山田の宮後三頭大夫と御尋ね有るべく候」とあって、為替の換金場所が伊勢の宮後家と記されている。また切手の横には「国本ち之切手也　残六枚紛失」との付箋が貼られ、残る切手は一枚であり、外の六枚は紛失したという。すると本来切手は七枚あったのであり、一人に一枚の切手が出されたことが分かる。

次の請書一札は七人が伊勢で換金したときの現金請書、すなわち領収書である。この請書によって伊勢に赴いた顔ぶれが分かる。法隆寺僧・貴介・大宮司・瑞井寺僧・慶四郎・善五郎・五郎次郎の七人であり、為替切手の数と一致する。為替額は大宮司が銀六文目、他の六人は銀三文目であった。

そしてこの為替額の支払いが、『為替日記』に島原の楽音寺扱いの為替として記されている。六人の内一人には六文目、他の五人には三文目つづ、合計二十一文目の銀を渡したと記す。実はこの算定には一人分の誤差が生じている。請書でも分かるように、銀三文目を受け取ったのは六人であり、それに一人の六文目を加えると合計二十四文目となる。三文目の誤差があり、単なる帳簿の付け間違いなのかよく分からない。

前記三記録の日付に注目すると、替本で為替を組んだのは元亀三年（一五七二）正月吉日であった。伊勢に赴き現金を受け取ったのが同年の六月十九日、そして『為替日記』にその払い出しが記されるのは同年六月十九日である。従って為替手続きを正月の内におこなって直ぐに伊勢に発った訳ではなかった。暫く猶予期間を置いて出発し、六月十九日には伊勢に到着していた。このように為替切手と請書一札の日付を照合することによって、その参宮者の行動がある程度把握できる。そして七人が換金した際の請書の日付（六月十九日）と、『為替日記』に支払い日と記される日付は完璧に一致し問題ない。

このように一件の為替使用に当たって、三つの記録が完璧に残っている場合は稀である。ただ為替切手、請書一札、『為替日記』の支払い記録、この内の一つでも残っていれば為替使用の復元は可能である。この三記録を手がかりに、島原半島内から為替を使って伊勢参宮した事例を挙げると、表（34）の通りである。

表（34）島原半島より為替を用いて伊勢参宮一覧

	種別	日付	為替額	切手振出人	替本	参宮者	宛先	振込
1	切手	永禄四・十二・吉	精銭二百五十文	千々石知紹		一人	伊勢ヤウタ 明善寺	
2	為替日記	永禄十・三・十五	国銭五百文・銀二文目		有馬北岡山	一人		
3	為替日記	永禄十一・七・十五	精銭八百文 書込「しろかねにて候ハヽ廿文目也」		千々石大泉寺	八人		
4	為替日記	永禄十一・七・十七	精銭二百文・銀三文目	大泉寺	千々石大泉寺	二人		
	請書	永禄十一・七・十八	銭二百文・銀三文目		千々石大泉寺	よさき左衛門 すけ八郎		

	種別	日付	為替額	切手振出人	替本	参宮者	宛先	振込
5	為替日記	永禄十二・五・十一	銀三文目五分		温泉山大定院	三位殿一人		
6	肥前日記	永禄十二・五・二七	銀十文目 書込「御参宮候時国にて御渡なく候由申候」			有馬の 馬渡民部少輔		後納
7	肥前日記	元亀二・七・十	銀十七文目		嶋原聖興寺	伊藤善右衛門 同仁九郎 同道四人		
8	切手	元亀三・閏正・吉		代官十兵衛正治	神代 芦塚主馬丞	一人		
9	切手		三文目（切手二枚有り） 書込「於国元三文目請取申候」	三頭大夫使長全	如意坊			前納
	請書	元亀三・三・十七	六文目		如意坊	有馬威徳院内 如意坊・空源坊	宮司三頭大夫	
10	切手	元亀三・正・吉		代官十兵衛正治	島原楽音寺		宮後三頭大夫	
	請書	元亀三・六・十九	三文目六人 六文目一人		嶋原楽音寺	法隆寺・貴介 大宮司・瑞井寺 慶四郎・善五郎 五郎次郎		
	為替日記	元亀三・六・十九	銀二十一文目 三文目五人　六文目一人		高来嶋原楽音寺			
11	切手	元亀三・三・吉		代官十兵衛正治	高来荒河大宝院			
12	請書	元亀三・七・十	三文目		千々石村大泉寺	長善坊		
	為替日記	元亀三・七・十	三文目		千々石村大泉寺	長善坊		
13	切手	元亀三・五・吉	（切手三枚有） 書込「其方百文替にて候、御使下向之時可申合候」	大泉寺	千々石村大泉寺		三頭大夫	後納
	請書	元亀三・七・十四	三文目・三文目・二文目		大泉寺	彦三郎・与三郎・重彦	御坊所三頭大夫	
	為替日記	元亀三・七・十四	八文目		千々石大泉寺	ひこ三郎　三人		

No.	種別	日付	為替額	切手振出人	替本	参宮者	宛先	振込
14	請文	元亀四・六・二十四	白金子三文目 書込「かハし白金子三文目国本にて代くわんトノへわたし可申候」			神代宝円坊宥元	三頭大夫	後納
	為替日記	元亀四・六・二十四	白銀三文目			肥前高来寶円坊		
15	切手	元亀四・五・二十三 書込「其方之百文之分にて候、使僧下向之時可申合候也」（切手二枚有）	百文	大泉寺	千々石村大泉寺		三頭大夫	
	請書	元亀四・七・六	三文目　四人 （切手二枚紛失）		千々石大泉寺	新左衛門尉 長乗坊　甚兵衛 大宝院鏡乗坊	宮後三頭大夫	後納
	為替日記	元亀四・七・六	九文目　三人　坊布施 三文目		千々石大泉寺 有馬大寶院	三人 一人		
16	請書	天正三・四・九	二文目 二文目 書込「い上四文も、大泉寺にてわたし申へく候」		大泉寺	大泉寺住すう は、ぬい之すけ	三やしり 三とたゆう	
	為替日記	天正三・卯・九	四文目		千々石大泉寺	大泉寺同宿 同ぬいの助		後納
17	請書	天正七・七・四	銀子四文目			有馬春日寺内 南鏡坊心海 中道坊定尊	宮後三頭大夫	
18	切手		書込「御使僧下向之時分可申合候」	大泉寺梵周	千々石大泉寺梵周	一人	三頭大夫	後納

2　為替の使用者と為替額

永禄四年（一五六一）から天正七年（一五七九）の間に、島原半島内より十八件、四十四人が為替を使って伊勢参宮をおこなっている。ただ表中のNo.11は高来の荒川大宝院扱いの為替切手のみが残り、参宮者人数が把握できない。切手一枚が残ることから一人の参宮は間違いないから、この数を加えると四十五人は確実である。地域別に見ると千々石・二十一人、島原・十三人、有馬・八人、神代・二人、温泉山・一人である。この内の二十九人については社会層が分かる。有姓者七人、無姓者八人、僧侶十三人、神主一人である。僧侶がもっとも多く、無姓者、すなわち庶民が有姓者・武士を上回っている。

この四十五人の者たちが為替額を換金して手にしたのは、この為替の便を提供した宮後三頭大夫の屋敷であった。と同時にこの屋敷に投宿して伊勢参宮をおこなったのである。

まず為替額に注目すると、表(34)のNo.1〜4の永禄四年(一五六一)から同十一年(一五六八)までは、主に銭が使用されている。永禄四年の精銭二百五十文、永禄十年の国銭五百文、永禄十一年の精銭二百文という具合である。銭を国元の替本に振り込み、伊勢でもこの銭額を受け取るのである。精銭とあるのは、当時、永年の使用によって摩耗したり欠けたりした銭が多く流通していた。こういう粗悪な銭を鐚銭《びたせん》といった。それに対して精銭とは破損・摩耗がない銭をこう呼んだ。国銭の意味がよく分からないが、おそらく質の悪い鐚銭にちかい銭と思われる。

この銭の使用と並行して、永禄十年(一五六七)の有馬北岡山扱いの為替では銀二文目(匁)が振り込まれ(No.2)、永禄十一年も千々石大泉寺扱いで銀三匁が使用されている(No.4)。

このころから銀が伊勢参宮の費用として使われることが常習化し、それに対して銭の使用がなくなる。この永禄十年からの銀の使用は、伊勢大麻の初穂を銀で納める時期と一致する。先に表(32)に伊勢大麻を受けた旦那衆の初穂を示したが、そのなかで永禄十年には有馬仙巌の室が銀五匁、有馬の藤六右衛門尉が銀三匁を大麻の初穂として各々納めていた。

従って島原半島内では永禄十年ころから銀の使用が始まり、その銀を一方では伊勢大麻の初穂として納め、また一方では伊勢参宮の費用として為替に組み伊勢に送金していたのである。

為替に組んだ銀額が分かるのは二十四件であるが、もっとも多い銀額は三匁で十五件を占める。他は二匁（三件）、三匁五分（一件）、四匁（二件）、六匁（二件）、十匁（一件）である。こういった銀額を伊勢で換金し、伊勢での滞在費、主に帰りの路銀にあてたものと思われる。

当時の銀と銭の換算率が『為替日記』に記されるのは注目される。表（34）の№3に示したが、

精銭八百文　しろかねにて候ハヽ、廿文目也

とあって、精銭八百文が白金すなわち銀二十文目（匁）に当った。これによって銀一匁＝銭四十文の交換相場が通用していた。これに従うと為替額でもっとも多い三匁は銭に換算すると百二十文となる。銀三匁を現代風に換算すると、一匁は三・七五グラム、現在の五円玉がこの重さに設定してあり、五円玉三枚の重さ（十一・二五グラム）が銀三匁、銭にして百二十文（百二十枚）である。現実的に表現をすると、銭百二十文を旅に持参しようとした場合、銀では現在の五円玉三枚で済んだ。参宮の旅に携帯するには、銀の方がはるかに軽便で都合が良かったのである。

さて為替の代表額ともいえる銀三匁は、当時の日常生活でどの程度の負担となったのか。「第四章 平戸松浦地方の伊勢信仰」の項で表（28）としても示したが、米に換算して一斗九升五合、米約二斗（約三十kg）程に当たる。米の消費がままならない時代に決して少ない量ではなかっただろう。

3　替本の機能

金銭を振り込み、為替の手続きをおこなう所を替本といったことはたびたび触れてきた。替本は半島内の千々石、島原、有馬、温泉山、神代に置かれ、伊勢参宮者達は最寄りの替本に金銭を

表（35）替本名と為替取扱人数（単位・人）

No.	替本名	所在	取扱人数
1	大泉寺	千々石	21
2	楽音寺	島原	7
3	聖興寺	島原	6
4	如意坊	有馬北岡山	3
5	大宝院	有馬荒河	2
6	大定院	溫泉山	1
7	芦塚主馬丞	神代	1
8	不明		4
	合計		45

振り込み、その証として為替切手を受け取り、切手を伊勢へ持参して換金したのである。こういったシステムのなかで、旦那衆の在所に置かれた替本は重要な役割を果たしていた。

表（34）によって各所に置かれた替本名と為替取扱人数を示すと、表（35）のとおりである。

為替扱いがもっとも多かったのは千々石の大泉寺である。四十五人の内の二十一人が、同寺扱いの為替で伊勢参宮をおこなっている。大泉寺は宮後三頭大夫の旦那としても、永禄年間の三カ年とも伊勢大麻を受けていた。永禄四年『肥前日記』にも「かわし置申候」とあり、同寺に為替の替本が置かれたことを記していた。

大泉寺が実際に発行した為替切手は次のような内容・形態であった。表（34）の新左衛門外三人（No.15）に発行した切手である。

彼出家一宿之義奉□（頼）候、其方へ百文之分にて候、使僧御下向之時可申合候也

（異筆）元亀四天五月廿三日

この為替切手を持参した出家者へ一宿をお願いしたい、為替の換金額は銭百文である、為替の決済は宮後家の代官が千々石に下って来たときに申し合わせ調整したい、との内容である。

実際にこの為替切手を伊勢に持参し換金したのは、新左衛門尉、長乗坊、甚兵衛の三人であった。三人が換金した際の請書（領収書）も現存し、それぞれ銀三匁ずつを受け取っている。とすれば切

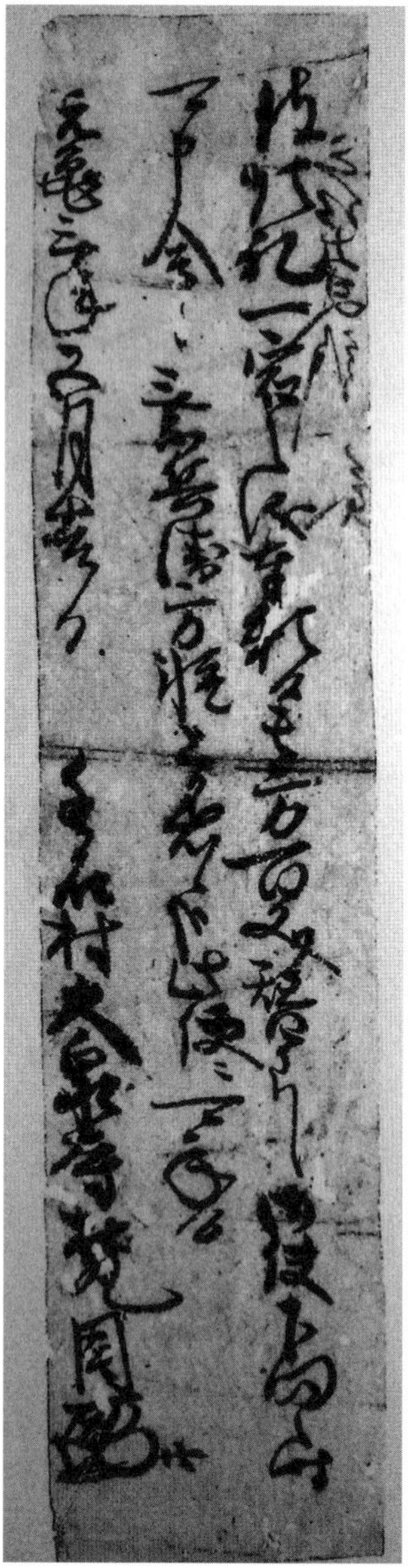

図36　千々石大泉寺発行の為替切手（神宮文庫所蔵）

手額には銭百文とありながら、実際に受け取った額は銀三匁、すなわち先の銀銭相場で銭百二十文となり、三人は二十文多く受け取っている。他の替本が扱った為替では、こういった切手額と換金額とに差異が生じることはない。為替利用者が実際に振り込んだ銀・銭高、また約束した銀・銭高を確認して切手に記入するからである。

この外に大泉寺が発行した切手は、『肥前国旦那證文』に六枚が貼り込まれて現存する。その六枚とも為替額は銭百文であり、切手の末尾には「使僧御下向之時可申合候也」との趣旨が記される。こういった実情から推測すると大泉寺の為替切手は、利用者の如何に関わらず銭百文の定額切手であったと思われる。為替利用者には銭百文定額の為替切手を発行し、伊勢ではその銭額か、場合によってはそれを越える額に換金できたのである。そこに生じた金銭の差異を解決するために、御師の代官が下って来た時に調整すると、切手の末尾にわざわざ書き込んだものと思われる。

このように考えれば、先の新左衛門尉ほか三人が、切手額を二十文も上回って銀三匁を受け取った事情が納得できる。

大泉寺の為替切手は見込額で銭百文と記され、実際の為替の決済は参宮者が千々石に戻った後に伊勢で換金した金額を納めて完了することになる。このように見込額で記された為替切手が機能し、換金の実額が間違いなく納められて決済完了という実態を見ると、宮後三頭大夫と大泉寺、及び参宮者との間には、相当の信頼関係が芽生えていたと考えるべきであろう。

その大泉寺の僧侶は実際に伊勢参宮に赴いている。表(34)のNo.16には請書に「大泉寺住すう」、為替日記に「大泉寺同宿」と見え、天正三年(一五七五)四月九日には馬場縫之助と共に伊勢の地に在った。大泉寺住持は梵周としてたびたび登場するが、ここには住僧・同宿とあるから梵周自らの参宮ではなかったようである。おそらく梵周の弟子僧であったのであろう。

さて大泉寺について温泉山への登り口の千々石に立地することから、温泉山満明寺に付属する寺院ではなかったかと本章第一節で推測しておいた。しかしこれだけの推測では、伊勢との篤い信頼関係や多くの為替取扱を説明するには不十分である。

同様に伊勢との親密な関係をもち、多くの為替切手を発行した寺院として大村の宝生寺があった。「第三章　大村地方の伊勢信仰」でも触れたが、宝生寺は永和元年(一三七五)には大和西大寺の末寺として律宗教団のなかに組み入れられていた。この律宗が伊勢神宮を崇敬する体質を有していた関係から、宝生寺も自ずと伊勢信仰に深く関わったのである。

宝生寺は西大寺の直接の末寺、すなわち直末寺であったが、松尾剛次氏はこれ以外に直末寺ではないが、住持職を西大寺の許可がなくても私的に相伝できる「私相伝」末寺の存在を指摘する。(39)想像をたくましくすれば大泉寺はこの西大寺の私相伝の寺であり、律宗教団のなかにあったのではないか。そのような立場から、伊勢との密接な信頼関係が生じたのではなかろうか。

大泉寺が発行した切手の形状に注目すると、現存する六枚の切手は幅四・五センチメートルから五センチメートル、長さは約二十五センチメートルと短冊型をしている。現状は茶色く変色しているが、それは柿渋が引かれたために経年によって変色したからである。このような形状から推測すると、為替切手は紛失・盗難に備えて参宮者の着物の襟に縫い込んで、伊勢まで持参したものと思われる。柿渋を引いたのは、道中での雨・汗による湿気を防ぐための防水加工であった。

他の替本として注目されるのは島原の聖興寺である。本章の前節でも触れたが、伊勢大麻を受けた旦那としても登場していた。その住持は島原殿親類と永禄四年『肥前日記』に記され、時の領主・島原純茂の伯叔父が住持を勤めた寺院であった。

4 為替額の振込時期

為替に組む金銭は、伊勢に発つ前に替本に降り込むのが基本であったと思われる。しかし大泉寺の為替切手のように、見込み額で銭百文と記され、実際は伊勢で受け取った額を国元に帰ってから納める場合もあった。いわゆる後納である。それ以外にも表(34)に書込として示したように、伊勢参宮から帰着した後に納める場合もあったようである。たとえば表中の次のような書込である。

No.9 於国元三文目請取申候
No.6 御参宮候時、国にて御渡なく候由申候
No.14 かハし白金子三文目国元にて代くわんトノへわたし可申候
No.16 い上四文目、大泉寺にてわたし申へく候

冒頭の№9は、替本を務めた如意坊自らが伊勢参宮をおこなった例である。切手を発行した宮後三頭大夫の代官・長全が、如意坊と空源坊の為替額三匁は国元において受け取ったと記しているので、この場合は伊勢に発つ前に国元（有馬）で振り込んだ前納の例である。

これに対して№6は、参宮の時に国元ではお渡しなく、すなわち為替額（十文目）の納付はなかったとしている。№14も為替銀三匁は国元の御師代官に納めるべしとする。№16は伊勢で現金を受け取った際の請書（領収書）に、二人分四匁は千々石の大泉寺に納めるべしと、帰国後の納付を義務づけている。

この№6、14、16の為替使用にあっては、伊勢に発つ前に国元での振り込みはなかったと解釈される。そのために、「御渡しなく」、「国元で代官へ渡すべし」、「大泉寺にて渡すべし」と、為替日記・請文に記されたのである。大泉寺の場合を除けば、替本に為替銀・銭を振り込めば為替切手の発行があった。しかし前記の三例はいずれも切手は持参していない。伊勢で御師から前借りして、帰国後に支払うという後納であった。表（34）の「振込」欄に「後納」と記したのは、そういった意味である。

大泉寺の為替扱いについて、見込み額の為替切符でそれを上回る額が換金できたのは、宮後三頭大夫と大泉寺、さらに島原半島からの参宮者との間に信頼関係が生じていたからと指摘した。加えて前記三例のように伊勢での前借り、帰国後の後納というシステムが機能し得たのも、両者間に芽生えていた信用・信頼がこの仕組みを支えたといっても過言ではないだろう。

最後に宮後御師はなぜ参宮者に為替の便を提供したのか、参宮者はなぜそのシステムを用いて伊勢に赴いたのか。それは取りも直さず、旅費用の携帯を軽便にし、路銀の紛失・盗難を回避するためであった。発行を受けた為替切手は正に旅の命の綱であり、着物の襟に縫い込んで大切に伊勢まで持参したのである。

七　キリスト教の前に宮後御師撤退、橋村御師へ

伊勢御師の旦那衆に対する役目は、自らの受けもつ地域で旦那衆へ伊勢大麻を配り、その旦那衆の伊勢参宮があるときには自らの屋敷に投宿させ、内宮・外宮を案内するというものであった。島原半島は宮後三頭大夫が受けもつ旦那場であったから、当地方からの伊勢参宮者は宮後三頭大夫屋敷に宿泊するのが原則であった。先に触れた為替を使って伊勢に赴いた四十五人も当然、宮後屋敷に宿を取り、同御師の案内によって伊勢の内宮・外宮を参詣したはずである。

ところが東肥前（佐賀地方・平戸松浦地方）から筑後国（福岡県南部）を縄張りとした、伊勢御師の橋村肥前大夫の『御参宮人帳』(40)にも、次のように島原半島からの伊勢参宮者が記されるのである。

五人　千々石村
艮六文目　久保九郎左衛門
艮二文目　萩原孫四郎
布一たん　甚田尾兵部　来年後しそく可披参由候

刀一ツ　城戸大かく
ひた百文　藤田左衛門尉

三人 肥前国たかく郡千々石村
此内二文め出候
艮六文目　大田伊予守
残四文め国へ御かり　切カミ有
三文目　二人分出申候
名御付なく候
むま
天正十年五月二十一日

この橋村肥前大夫の『御参宮人帳』は、「第四章 平戸松浦地方の伊勢信仰」の項で基本史料として用いたものである。年月日ごとに橋村肥前大夫屋敷への投宿者名と、そこへ納めた初穂額が克明に記されている。先に示した記録によると、天正十年（一五八二）五月二十一日には。千々石村から五人と三人の二組の伊勢参宮があった。

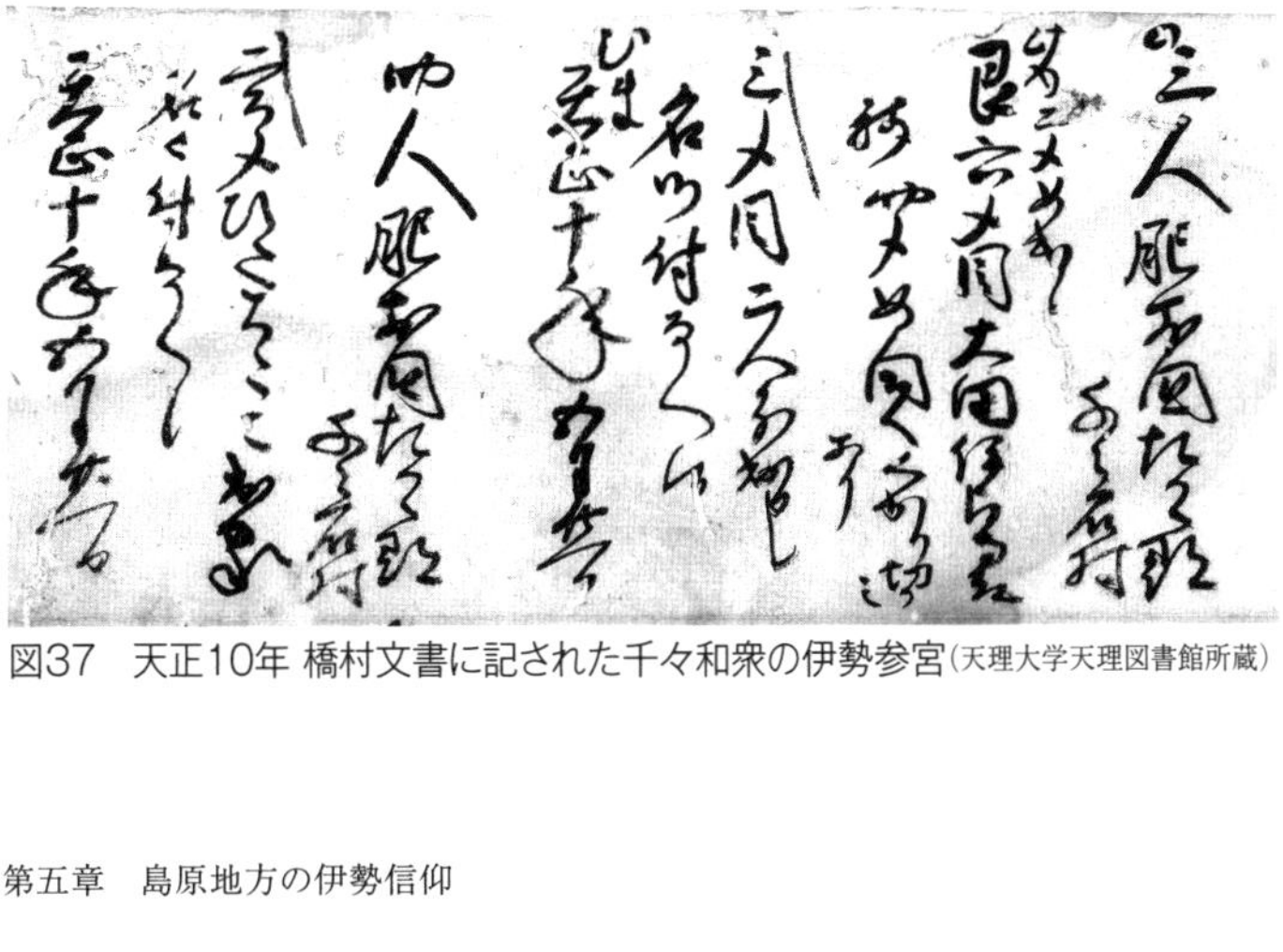
図37　天正10年 橋村文書に記された千々和衆の伊勢参宮（天理大学天理図書館所蔵）

一組目の冒頭に記される久保九郎左衛門は、この日の参宮者中でもっとも高額な初穂、銀六文目（匁）を納めた。三人目の甚田尾兵部の名前の下部には、来年天正十一年には子息が参宮との書込もある。一組目の初穂は銀・布・刀・ビタ銭（悪銭）で納められている。

二組目は三人連れだっての参宮であったが、名前が記されるのは大田伊予守のみで、あとの二人の名前は書きつけないとある。大田伊予守は初穂六匁を納めたが、その内に実際に納めたのは二匁のみで、残りの四匁は国元へ借りて帰った、その旨を記した切紙があると記す。

どういうことかといえば、初穂六匁の内の二匁のみを納め、残り四匁は国元の千々石に帰ってから納めるとの約束であった。それを「国へ御かり」と記す。そして四匁の借用の切紙（証文）を大田伊予守に書かせて、その証文は橋村御師の手許にあった。

橋村肥前大夫はこのように本来伊勢で納めるべき初穂を、国元に帰ってから納めてもよい便法をもっていた。参宮者の立場からいえば、伊勢で借金して国に帰ってから返済するという仕組みである。

さて天正・文禄・慶長期に及ぶ橋村肥前大夫文書の『御参宮人帳』より、島原半島からの参宮者名・初穂を一覧化すると表（36）の通りである。

No.7、8は二人、四人と人数のみの記入であるが、この分を含めると合計三十九人が橋村肥前大夫屋敷へ投宿して伊勢詣でをおこなっている。

この者達は、なぜ島原半島を受けもった宮後三頭大夫屋敷に投宿しなかったのか。三十九人が橋村屋敷に投宿したのは天正十年（一五八二）からであり、その後天正十四年、文禄五年、慶長十三年、十四年と続く。この当初の天正十年ころの島原半島の現状を見ると、その二年前の天正八年（一五八〇）三月に領主有馬晴信がキリスト教に入信し、ドン・プロタジオの教名を名乗っている。そしてその影響をフロイス『日本史』二部二十章[41]は次のように伝える。

表（36）橋村肥前大夫屋敷に投宿して伊勢参宮を行った島原衆　（註・匁は銀、文は銭の単位を示す）

No.	名前	初穂	奉納物	言伝	居村名	年号	年	月	日
1	久保九郎左衛門	6匁			千々石	天正	10	5	21
2	萩原孫七郎	2匁			千々石	天正	10	5	21
3	甚田尾兵部		布1反		千々石	天正	10	5	21
4	城戸大かく		刀1ッ		千々石	天正	10	5	21
5	藤田左衛門尉	ビタ100文			千々石	天正	10	5	21
6	大田伊予守	6匁・4匁国へ借り			千々石	天正	10	5	21
7	2人	300文			千々石	天正	10	5	21
8	出家4人	ビタ200文			千々石	天正	10	5	21
9	大刀坊ノ秀尊	3匁			温泉山	天正	14	3	14
10	大刀坊ノ重蔵坊	3匁			温泉山	天正	14	3	14
11	波多野殿内儀名代 形圓坊	2匁			ふかへ村	文禄	5	2	24
12	左京	2匁　ビタ110文			高来郡	文禄	5	7	25
13	村上太郎五郎	2匁　ビタ110文		○	高来郡	文禄	5	7	25
14	藤内		脇差1ッ		神代	慶長	13	9	2
15	久七	3匁			神代	慶長	13	9	2
16	清助	3匁			神代	慶長	13	9	2
17	甚助	3匁			神代	慶長	13	9	2
18	三右衛門尉	3匁			神代	慶長	13	9	2
19	兵右衛門尉	8匁1分			神代	慶長	13	9	2
20	二左衛門尉	1匁		○	神代	慶長	13	9	2
21	甚九郎	3匁		○	神代	慶長	13	9	2
22	孫七	3匁1分			神代	慶長	13	9	2
23	善二郎	3匁2分			神代	慶長	13	9	2
24	茂助		脇差1ッ		神代	慶長	13	9	2
25	岡八左衛門尉	9匁3分			神代	慶長	14	3	7
26	亀千世	12匁		○	神代	慶長	14	3	7
27	清右衛門尉	2匁		○	神代	慶長	14	3	7
28	仁介	9匁2分			神代	慶長	14	3	7
29	鍋島五介	36匁		○	神代	慶長	14	3	7
30	長田利右衛門尉	24匁		○	神代	慶長	14	3	7
31	同御つほねさま	6匁		○	神代	慶長	14	3	7
32	仁介	3匁		○	神代	慶長	14	3	7
33	五郎右衛門尉 名代又七	6匁1分		○	神代	慶長	14	3	7
34	五右衛門 名代又七	6匁2分		○	神代	慶長	14	3	7
35	二郎右衛門尉	6匁2分			神代	慶長	14	3	7

かくて（巡察）師が滞在した三ヶ月の間に、大小合わせて四十を超える神仏の社寺がことごとく破壊された。それらのなかには、日本（中）で著名な、きわめて美しい幾つかの寺院が含まれていた。仏僧たちは、そのすべてがキリシタンになるか、さもなくば、（有馬）領から去って行った。新たに受洗した人々のほか、有馬の地では七千人以上が（キリシタンの）信仰に復帰した。

有馬晴信のキリスト教入信によって、島原半島の中核をなす有馬領では宗教的な大変革が起こっていた。四十を超える社寺がキリシタンによって破壊され、仏僧さえもキリシタンになるか、有馬領を去っていった。さらには「仏僧たち結婚し、偶像を破壊し、改宗者は日ごとにふえていった」という状況でもあった。

島原半島で宮後三頭大夫の活動を支えていたのは、仏教寺院が為替の替本を勤めるなど、この仏僧たちであったし、伊勢大麻を受ける旦那衆であった。しかしその寺院が破壊され、仏僧、旦那衆のキリシタン化によって、宮後三頭大夫の伊勢御師としての活動は成り立たなくなり、遂には島原半島から撤退したのではなかったか。

それを思わせるのは、前項でも触れたが、宮後三頭大夫の為替を用いての伊勢参宮の例が、天正七年（一五七九）七月の有馬春日寺の南鏡坊心海と中道坊定尊で終わっていることである。これ以降の参宮は見当たらない。おそらくこのころから押し寄せるキリスト教の波の前に、宮後三頭大夫の活動は麻痺し、地元での伊勢信仰にも陰りが生じ始めたものと思われる。

後述するが宮後三頭大夫の活動は諫早領にも及んでいた。ときの領主・西郷純尭が宮後三頭大夫に宛てた書状中に、宮後御師の撤退を窺わせるような次の記述がある。(42)

一両年者、御使無下向候、有如何之儀候哉

ここ一、二年、宮後御師の使いの者が諫早領に下って来て、伊勢大麻を配ることが途絶えている、何か事情があっての事かと、西郷純尭が尋ねているのである。この書状には六月十九日とだけあり年号が分からないが、いずれにしても、宮後家代官の諫早への下向が途切れるという異変が生じていた。その原因は、主に有馬領・大村領でのキリシタン勢力の拡大に伴って伊勢離れが起こり、主たる旦那地域での伊勢大麻配りが困難になったためであろう。

天正七、八年以降のこういった状況下で、伊勢信仰を保ち参宮を望む者たちは、疎遠となった宮後三頭大夫に替わり、同じ肥前国を受け持った橋村肥前大夫を頼って伊勢に赴いたために、橋村家の『御参宮人帳』に島原衆が記載されたものと思われる。

その面々を見ると、千々石衆が十二人を数える。千々石では大泉寺が宮後三頭大夫と密接な関係をもち、同寺扱いの為替を用いての参宮者が二十一人を数えた。本来ならばこの宮後屋敷に投宿すべきところが、天正十年の千々石衆は橋村肥前大夫を頼っている。この時点で千々石大泉寺と宮後三頭大夫のネットワークが崩壊していたからであろう。すなわち大泉寺も破壊されていた可能性が高い。

天正十四年（一五八六）の参宮者として、温泉山の大刀坊の二僧侶が見えている。大刀坊は永禄十年と同十一年に伊勢大麻を受けた旦那でとしても登場していた。しかしこの温泉山にもキリシタンによる破壊の手は及び、フロイスは『日本史』第二部五十三章で「神殿や僧院、および神仏像は、ドン・プロタジオの改宗後に破壊されていた」と記す。大刀坊はその破壊の手から逃れていたのであろうか、キリスト教の風が吹き荒れるなか、温泉山から遙々、伊勢へと赴いていた。

表（36）によると江戸期に入り、慶長十三、十四年（一六〇八、一六〇九）には神代衆十二人が伊勢参宮をおこない、十人が伊勢に赴く者へ初穂を言付けている。『御参宮人帳』ではこの言付けのことを「言伝」と記す。慶長十三年と言えば、初代佐賀藩主の鍋島勝茂が伯父の鍋島信房に高来郡内の四カ村を与えて、佐賀藩神代領が成立した年である。

まさにその年から神代衆が、橋村肥前大夫を頼って伊勢参宮をおこなっている。佐賀領は完璧に橋村肥前大夫の受け持つ縄張りであった。天正十年（一一八二）から元和九年（一六二三）の間に佐賀の諸村から実に六千九百二十九人が、橋村肥前大夫の屋敷に投宿して伊勢参宮をおこなっている。(43) このような佐賀本藩と橋村肥前大夫との関係が佐賀領神代にも及び、早速にその年から人々は橋村肥前大夫を頼って伊勢詣でに出掛けたのである。その早さには驚くばかりである。

天正十年からの橋村御師の『御参宮人帳』に島原半島の民が見え始めるのは、伝統的に島原半島を旦那場とした宮後三頭大夫の身辺に、何かの異変が生じたと考えざるを得ない。その異変とは何か、キリスト教の浸透によって寺院、旦那衆の伊勢離れにより活動の場を失い、遂には島原地方から撤退したのであろう。その後の受け皿役となったのが橋村肥前大夫であった。

Ⅱ　藩庁日記に見る伊勢信仰

一　土井豊築による伊勢信仰記録の抽出

島原松平文庫には猛島神社の寄託記録として、『島原藩史伊勢神宮御崇敬之部』上下二冊が所蔵されている。(44) 以下、『島原藩史神宮崇敬部』と略称する。その序文によると明治十九年より島原の霊丘神社祠掌（神職）であった土井豊築が、旧島原藩記録所に所蔵された諸記録・文書を部類別に編纂し百二十一巻に纏め、その内の伊勢神宮崇敬に関わる部門がこの二冊である。編纂時期は、明治十七年二月から同二十九年の十二月である。

編纂者の土井豊築は履歴書によると、嘉永元年（一八四八）十二月二十三日に島原に生まれ、島原藩の国学者丸山作楽の高弟であった。明治二年には丸山に同行し樺太の調査もおこなっている。『島原藩史神宮崇敬部』が記録する時期は、天正六年（一五七八）から明治四年（一八七一）に及び、江戸期以前の記録は断片的ながら、江戸時代が一貫して記されている。最後の年の明治四年といえば、伊勢信仰を支えた伊勢御師の制度が、明治新政府の許で廃止された年であった。まさに伊勢信仰の最潮期から終焉期を記録し、一地域の伊勢信仰を俯瞰するのには絶好の史料といってよい。

『島原藩史神宮崇敬部』の原本となったのは主に『島原藩庁日記』であったと思われる。その藩庁日記の記録開始時期は、猛島神社所蔵分が寛文七年（一六六七）から、霊丘神社所蔵分が翌年の寛文八年からである。ところが『島原藩史神宮崇敬部』は前述の通り、天正六年から始まり文禄三年（一五九四）、元和九年（一六二三）、そして寛永二年から同八年（一六二五〜一六三一）、寛文六年（一六六六）と続き、藩庁日記以前の時代が含まれている。明らかにこれらの記録は藩庁日記に依ったものではない。

それならば何に準拠した記録なのか。その解決の糸口となるのは、元和九年（一六二三）に「忠利」という人物の伊勢参宮記事が見られることである。伊勢参宮時の忠利の「月もせに　すまん限や　五十鈴川」という一句も収めている。この忠利は、後に福知山藩主から島原藩主となった松平忠房の父・松平忠利のことと思われる。元和九年に伊勢参宮をおこなった当時の松平忠利は、三河国吉田藩主（愛知県豊橋市）であった。そして寛永九年（一六三二）五十一歳で没している。

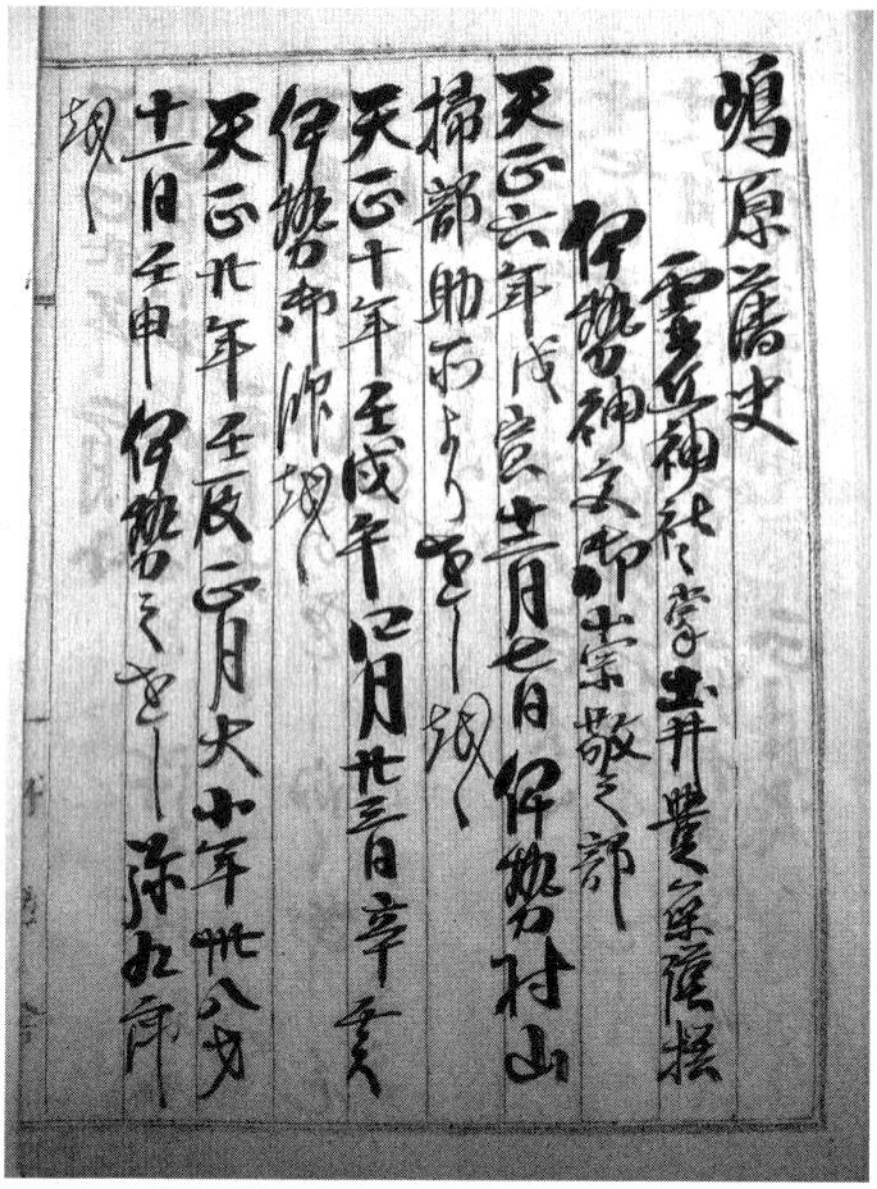

図38　島原藩史伊勢神宮御崇敬之部（松平文庫）

とすれば『島原藩史神宮崇敬部』のこの参宮記事は、松平忠利が三河国吉田に在った当時の記録である。これから類推すると『島原藩史神宮崇敬部』冒頭の天正期から松平忠房が島原藩主として入部する寛文九年

（一六六九）九月十八日以前の記録は、松平忠利の吉田藩主時代、その跡継ぎの松平忠房の福知山藩主時代のものであって、直接、島原に関わる記録ではないことが分かる。

このように深溝《ふこうづ》松平家の在所と記録時期を整理すれば、『島原藩史神宮崇敬部』の内で島原での藩庁記録として採用できるのは、松平忠房の入部より二年が経過した寛文十一年（一六七一）七月九日以降の記事とすることができる。

本論ではこの寛文十一年以降を島原藩政記録と判断し、この時点からの島原の伊勢信仰を見ていくこととしたい。

松平忠房以降の伊勢御師を介した伊勢信仰については、入江湑氏の「島原藩主松平忠房の神宮崇敬」という先行研究[45]がある。参考にして進めていた。

二　島原地方に入った伊勢御師たち

1　有馬氏と宮後三頭大夫

中世末期から島原地方を旦那地域として受けもった伊勢御師は、外宮に付属した宮後三頭大夫であった。そのことは永禄四年（一五六一）、同十年、同十一年の宮後三頭大夫文書の有馬領を含む伊勢大麻賦帳が現存することからも明らかである。しかし、ことに島原・大村地方にキリスト教が浸透するなかで、同御師は活動する場所を次第に失い、天正七、八年（一五七九、一五八〇）ごろには撤退を余儀なくされたと推測した。[46]

しかし、島原地方から撤退していた宮後三頭大夫が、慶長十八年（一六一三）には再び有馬氏領で伊勢大麻を配った節が窺える。伊勢の神宮文庫には宮後三頭大夫文書として次のような記録が残る。[47]

慶長十八年

肥前国高来郡有馬御旦那廻ニ三頭弥十郎下り候時、有馬左衛門尉殿御家中御祓頂戴之御人数あなたゟ書被下候帳

宮後三頭大夫の手代・弥十郎が有馬領で伊勢大麻を配る際に、大麻を受けてくれる旦那衆を有馬方より書き出した帳簿である。活動がしばらく途絶えたために、大麻を配る先が分からず、有馬方の役人からその名前を書き出してもらったのである。

この帳簿には有馬備中守、有馬長門守、有馬民部小輔、有馬右衛門佐という有馬一族を筆頭に百五十人の旦那名が記される。三頭弥十郎はこの名簿を頼りに、こういった面々に伊勢大麻を配って回ったはずである。

しかしこの当時の藩主有馬氏は最大の危機に陥っていた。有馬晴信は慶長十七年（一六一二）の岡本大八事件[48]に連座した罪で改易となり、その子の有馬直純は二年後の慶長十九年（一六一四）には日向（宮崎県）延岡に所替えとなった。宮後三頭大夫は有馬領での活動再開を期待して下向したものの、頼みの綱の藩主の所替えによって慶長十八年の一度限りで、有馬領での伊勢大麻配りは終わったものと思われる。

ところが有馬直純が延岡に移った後も、有馬氏と宮後三頭大夫との関係は途切れることはなかった。その関係を示すものとして、有馬氏が宮後家に宛てた寛永三年（一六二六）の土地寄進状、元禄三年（一六九〇）付の武運長久と領内安全を祈願した立願文、さらに正徳五年（一七一五）の土地寄進状が宮後三頭大夫文書として現存する。[49] なかでも寛永三年の寄進状を掲げると次の通りである。

伊勢為神領
於當地知行百石之地禮寄進畢
全可有御知行者也　仍如件
有馬左衛門佐
寛永三年三月吉日　　直純（花押）
宮後三頭大夫殿
参

これに依ると有馬直純は延岡に移ってより十二年後の寛永三年（一六二六）に、延岡の領地内に神領として百石の知行地を宮後三頭大夫に寄進している。

元禄三年の立願文は二代目の延岡藩主の有馬康純が伊勢に発しているが、その文中には「当國山陰村之一儀首尾好相整」と気掛かりな一文が見える。これは元禄三年（一六九〇）に郡代の圧政により山陰村・坪谷村で百姓一揆が起こり、翌年に一揆首謀者が処刑されるという騒動が起こった。そのことを指している。こういった政情不安が生じたために、康純は領内の安寧を伊勢神宮に立願したのである。しかし有馬康純はその一揆の責めを受けて一旦改易され、越後国（新潟県）

糸魚川藩に転封となった。

有馬氏はさらに元禄十五年（一七〇二）には、越前国丸岡藩に所替えとなる。その丸岡藩主となった有馬真純が発したのが正徳五年（一七一五）の土地寄進状である。宮後三頭大夫家に神領百石を寄進しているが、そこには「先規の如く」寄進すると述べている。

この「先規」、すなわち以前からの規則（約束）の通りという意味が、先の寛永三年の百石寄進を指しているのか、その後も寄進があってそのことを意味しているのか、よく分からない。しかしいずれにしても、有馬氏と宮後三頭大夫家の御師・旦那という関係は有馬氏の転封後も続き、その関係が「先規」という言葉で表現されたのであろう。

こうして中世末期の有馬義貞の時代から始まった有馬氏と御師宮後家の関係は、有馬氏が延岡・糸魚川・丸岡と転封になった後も変わることなく続いていたのである。

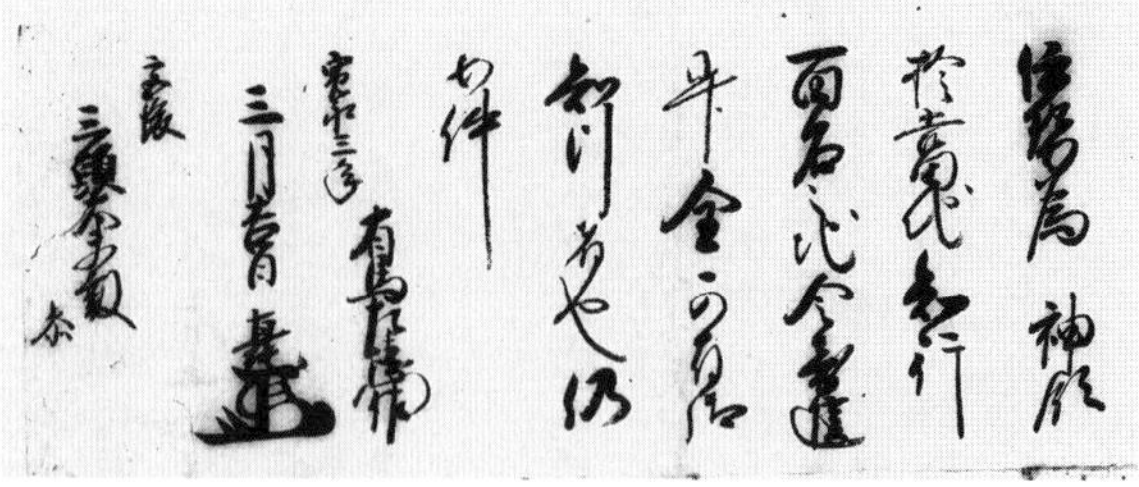

図39　有馬左衛門佐　宮後三頭大夫への土地寄進状
（神宮文庫所蔵）

しかし慶長十八年に有馬領での復活を期待して活動を開始したものの、藩主の所替えによって旧領島原地方での復活は叶わなかった。

2　七家に及んだ御師の活動

さてその後の島原地方に入った御師に話を戻そう。

有馬氏が去って以降の島原地方の政情は目まぐるしく変化する。元和二年（一六一六）には大和五条より松倉重政が所替えとなり島原藩主となるが、同氏の圧政により寛永十四年（一六三七）には島原の乱が起こり、翌年には藩主の松倉勝家はその責任を問われて斬首となった。その後も高力氏、松平氏、戸田氏、再び松平氏と度重なる藩主家の交替があった。

このように目まぐるしく藩主家が交替した島原領には、どういった御師家が入り活動したのか。まず、伊勢側の記録によって島原地方を旦那とした御師を確認しておきたい。

江戸末期の記録ではあるが慶応三年『公儀諸大名江両宮ゟ御祓納候御師　附』(50)には、国ごとに諸大名を担当した御師名が記される。島原藩は次のようにある。

島原七万石　松平主殿頭　内宮　伊藤大夫
外宮　岩出將大夫

幕末の時点では内宮と外宮の御師がそれぞれ島原藩に入っていた。すなわち内宮の伊藤大夫と外宮の岩出將大夫であった。これが御師記録によって知られる島原の実情である。

これに対して島原の地方《じかた》記録である『島原藩史神宮崇敬部』には、伊勢側の記録に記される伊藤大夫と岩出將大夫は、勿論、登場するものの、それ以外に千賀大夫、橋村肥前大夫、村山大夫、岡田大夫、喜田民部大夫という御師たちも藩庁へ出入りし、伊勢大麻を配るなど伊勢と島原とを結びつけている。

おそらく幕末の慶応三年（一八六七）の時点では、伊勢の記録が伝えるように伊藤大夫と岩出將大夫の活動に絞られたのであろうが、そこに至るまでは、合計七家の御師が島原に入り様々に活動したのである。この御師たちの活動を家ごとに年時的に纏めると、七家もの御師がどう活動したのか時系列で見ることが可能である。ただ七家の内、村山大夫、岡田大夫、喜田民部大夫の三家は活動が単発であるために、表中に専用の欄は設けず該当年に活動を記すのみに留めた（※印）。その御師毎の活動を纏めたのが表（37）の通りである。

表（37）島原藩での家別伊勢御師の活動

西暦	年号	月	岩出将大夫	千賀大夫	橋村肥前大夫	伊藤助大夫
一六七一	寛文十一	七	使者初穂米十三石賜る			
一六七二	同十二	一		使者、御祓大麻・熨斗・鰹節献上		
		五	使者馳走に与る、御祓大麻包熨斗等献上、初穂米十三石・金賜る			
一六七五	延宝三	二		使者御用人と出合い、御祓大麻・熨斗等献上		
一六七六	同　四	十			手代下向、城内参入	
一六七八	同　六	九				江戸参勤の途中伊勢代参、伊藤氏へ初穂
一六八〇	同　八	七				代理岡田大夫帰国のお暇乞い、金子一両等賜る
一六八三	天和三	三	使者御祓大麻・熨斗献上			
一六八五	貞享二	四	使者藩主にお目見え			
一六八六	同　三	十二		公方様の厄年元旦祈祷の依頼有り		
一六八七	同　四	十			例年の大麻配り許される	
一六八八	同　六	十一				願成就の大麻等飛脚で島原へ届ける
一六九〇	元禄三	十二	※伊勢御師の喜田民部大夫手代の小柳井太郎兵衛、同悴新太郎、旦那廻りの為に手形発行の願いあり、発行の許しあり			

西暦	年号	月	岩出将大夫	千賀大夫	橋村肥前大夫	伊藤助大夫
一六九一	元禄四	四	使者御祓大麻・熨斗・鰹節献上			
一六九一	同　四	九			手代の城御門出入許さる	
一六九二	同　五	一	※伊勢の村山久大夫下向あり、本光寺を介し領内旦那廻りのため御門出入りの許しを願い出る、この旨大目付に伝える			
		十	※伊勢岡田吉大夫より例年の如く御祈祷の御祓大麻・進物、飛脚を用いて献上			
一六九四	同　七	一	※伊勢御師の村山久大夫、御門通行の許しを本光寺より願い出る、許される			
一六九五	同　八	五	御祓大麻・鰹節・熨斗等献上			
一六九六	同　九	一	※伊勢の村山氏下向あり、本光寺を介し領内旦那廻りのため御門通りの手形発行の願いあり、発行の許しあり			
一六九七	同　十	二		使者西川仁左衛門馳走に与る 西川仁左衛門鳥目・初穂米を賜る		
一六九八	同　十一	一	※伊勢の村山久大夫下向あり、本光寺を介し領内旦那廻りのため御門出入りの許しを願い出る、この旨大目付に伝える			
一六九九	同　十二	十				例年の如く下向、御門出入を許される
一七〇〇	同　十三	二	※伊勢御師の村山久大夫の使者・山岡文左衛門、本光寺を介し旦那廻りの願いあり、許される			
		五	使者三の丸に御祓大麻等献上			
		十				御隠居病気平癒祈祷、初穂金を賜る
一七〇一	同　十四	五	伊勢土産の熨斗、鰹節献上、初穂米十三石、銀一枚賜る			

西暦	年号	月	岩出将大夫	千賀大夫	橋村肥前大夫	伊藤助大夫
一七〇三	元禄十六	十二	※伊勢御師喜田民部大夫の手代・新井助大夫、例年の如く旦那廻りの門中手形の発行を願い出る			
一七〇四	宝永元	一		使者大麻献上、月番と合う		
		二	※伊勢村山久大夫の手代森治兵衛、領内旦那廻りのため本光寺を介して御門出入りの許しを乞う、その旨大目付へ伝える			
		四			凶作により五穀豊穣の祈願、万度祓配りを伺う	
		十			例年の御門出入許可を乞う	
		十一				一万度御祓大麻を飛脚にて献上
一七〇六	同　三	一	※伊勢の喜田民部大夫、小豆島は自らの旦那地域を理由に、島原へ移住の小豆島百姓にも伊勢大麻の配布を乞う			
		二		使者大麻・熨斗・鰹節献上、初穂銀三枚、鳥目一貫文賜る		
一七〇七	同　四	四		使者下向、初穂銀三枚等賜る		
		五	使者下向、初穂米十三石賜る			
一七〇八	同　五	十二				使者、大麻・熨斗・伊勢暦・いの貝献上、初穂銀一両を賜る
一七〇九	同　六	三		使者大麻・熨斗・鰹節献上、初穂銀三枚・鳥目一貫文賜る		

西暦	年号	月	岩出将大夫	千賀大夫	橋村肥前大夫	伊藤助大夫
一七〇九	宝永六	五	使者大麻・熨斗・鰹節献上、初穂米十三石・銀一枚賜る			
一七一〇	同　七	三		使者下向、御門の通行を許す、初穂銀三枚・鳥目一貫文賜る		
		十一		飛脚で大麻・暦・いの貝献上		
		十二			初穂金一両を賜る	
一七一二	正徳二	四		三の丸で対面、大麻・熨斗献上、初穂銀三枚・鳥目百疋賜る		
		七	使者大広間で大麻・熨斗・鰹節献上			
		十一				代参者、伊藤家へ初穂銀・日参料持参
一七一七	享保二	二		使者の袴田與左衛門下向		
一七一八	同　三	一		使者三の丸で大麻・熨斗献上		
		二	※伊勢村山久大夫の使者親井助大夫、本光寺を介し城内出入の許しを乞、その旨横目方へ伝える			
		十二				御門の出入許可、大坂の往来手形破る
一七一九	同　四	五	使者月番に面談、大麻等献上、初穂米十三石・銀一枚・金一両賜る			

西暦	年号	月	岩出将大夫	千賀大夫	橋村肥前大夫	伊藤助大夫
一七一九	享保四	十二		使者月番に対面、大麻献上、初穂百疋賜る		若様・姫様より初穂銀各百疋賜る
一七二〇	同　五	六	使者大麻・熨斗・鰹節献上			
一七二一	同　六					殿様家より初穂新金一匁・三百疋賜る
		十二		使者大麻・熨斗・鰹節献上、初穂として新銀三枚賜る		
一七二三	同　七	六	使者三の丸で大麻献上初穂米十三石、新銀一枚賜る			
		十一		大麻献上、初穂銀三枚・銭百疋賜る		
一七二四	同　九	十			使者御門出入を願い許される	
一七二五	同　十	一	※村山久大夫の手代本光寺に下向、御門出入を願い出、許可される			
一七二七	同　十二	一				日参成就御祓大麻を献上、披露目有り
		十				使者、入江河内方へ下向有り
一七三二	同　十七	一				一万度御祓大麻・熨斗・いの貝献上、初穂金一両賜る
		五	手代一万度御祓大麻・熨斗・鰹節献上、初穂米十三石・銀一枚賜る			

西暦	年号	月	岩出将大夫	千賀大夫	橋村肥前大夫	伊藤助大夫
一七三四	享保十九	六	殿様の病気平癒祈願の依頼有り祈祷料駕籠にて送られる			殿様の病気平癒祈祷の依頼有り、銀一貫二百目を賜る
		七	殿様平癒祈祷の御祓大麻・長熨斗献上			
		十一	殿様平癒の大神楽料金五百疋賜る			殿様平癒の大神楽料銀一貫二百目余賜る
一七三六	同　二十一	七	使者の大田権右衛門登城			
一七三八	元文三	七	使者一万度大麻・熨斗・鰹節献上	使者御祓大麻・鰹節・熨斗献上、初穂米銀三枚、鳥目一貫文賜る		
一七三九	同　四	六	初穂米十三石賜る			
一七四〇	同　五	二				伊勢年籠代参者、伊藤助大夫よりの御祓大麻等預かり帰郷
		七	使者登城、銀一枚、初穂米十三石賜る			
		十一		使者御祓大麻・熨斗、鰹節献上、初穂銀三枚・鳥目一貫文賜る		使者下向、大坂菊次切手差し出す、進物、江戸にて献上、在所には無し
一七四一	同　六	六	使者下向、初穂米十三石・銀一枚賜る			
		十一		使者登城、進物献上、初穂銀三枚・鳥目一貫文賜る		一万度御祓大麻・伊勢暦・いの貝・熨斗・鮑献上、江戸の分加えて初穂二両賜る

西暦	年号	月	岩出将大夫	千賀大夫	橋村肥前大夫	伊藤助大夫
一七四二	寛保二	二				村々へ一万度御祓大麻配りを願うも、他家御師配りに付き却下
		七	使者、初穂米十三石・銀一枚賜る			
一七四三	同　三	六	使者下向、大坂の片山登切手持参、別当より当該分差し出す			
一七四五	延享二	二				日参祈祷の御祓大麻・熨斗献上、八十之助様、直三郎様より各金二百疋賜る
一七四六	同　三	二	初穂米十三石・銀一枚賜る			
一七四八	同　五	二	使者登城、一万度大麻・長熨斗・鰹節献上			
一七五一	寛延四	十二				伊勢年籠代参者へ伊藤家への日参料銀三百言付ける
一七五六	宝暦六	十二		使者御祓大麻・進物献上、江戸へ差し上げ、初穂銀一枚、仕出料理賜る		
一七五八	同　八	十一	使者冨永藤五郎旅宿へ止宿、一万度大麻・熨斗・鰹節献上、初穂米十三石、銀二枚賜る			

西暦	年号	月	岩出将大夫	千賀大夫	橋村肥前大夫	伊藤助大夫
一七五八	宝暦八	十二		使者一万度大麻・熨斗・鰹節・伊勢暦献上、初穂銀三枚・鳥目一貫文賜る		
一七六〇	同　十	十一	使者一万度大麻・鰹節・熨斗献上、初穂米十三石・銀一枚賜る			
		十二		御祓大麻献上、初穂銀三枚・仕出料理賜る		
一七六一	同　十一	十一	使者大竹曽右衛門、旅宿で一万度大麻・熨斗・鰹節献上、初穂米十三石・銀一枚賜る	御祓大麻・熨斗・鰹節・伊勢暦献上、初穂銀三枚・鳥目一貫文賜る、旅宿で仕出料理に与る		
一七六二	同　十二	十一	使者御祓大麻献上、初穂米十三石、銀一枚賜る			
一七六四	明和元	十二	使者一万度大麻・熨斗・干鰹、江戸表へ差し上げ、使者金二百疋賜る			
一七六六	同　三	十二				使者山崎清左衛門下向、吉田八大夫方へ逗留
一七七一	同　八	一		御祓大麻、今後江戸屋敷に献上、初穂も江戸より下賜と改められる		
一七七三	安永二	十二				使者万度御祓大麻・熨斗・伊勢暦献上、初穂金二百疋賜る
一七七四	同　三	十二				例の如く日参料銀三百目勘定方より送り

西暦	年号	月	岩出将大夫	千賀大夫	橋村肥前大夫	伊藤助大夫
一七七五	安永四	七		御祈祷の御祓大麻・熨斗献上		
		十二			殿様ご機嫌伺いの祝儀として熨斗鮑・扇子献上	
一七七六	同　五	二				名代下向の旨、御門頭入江河内申し出る
一七七七	同　六	二				御祓い大麻一箱、熨斗添え献上
		十二				当家への日参料銀三百目、伊勢年籠代参者へ言付け
一七八七	天明七	四				当家よりの御祓大麻・熨斗、伊勢年籠代参者言付かり帰郷
		十一				一万度御祓大麻・熨斗・伊勢暦・伊の貝献上
		十二		例の如く伊勢暦大坂蔵屋敷へ届け		
一七八八	同　八	十一				殿様在府ながら間違い、在所へ御祓大麻・いの貝・熨斗・伊勢暦献上、金二百疋の目録賜る
一七八九	寛政元	四				九月の正遷宮に付、熨斗目綿入・白無垢綿入・大紋の献上を願う
一七九〇	寛政二	四	御祓大麻・熨斗・鰹節、大坂蔵屋敷へ届け、初穂米十三石賜る			

西暦	年号	月	岩出将大夫	千賀大夫	橋村肥前大夫	伊藤助大夫
一七九二	寛政四	四				使者島原大変により流死、回向料の届け先を尋ねる、回向料金二百疋、目録を伊勢へ届ける
一七九三	同　五	十二			昨年の大変祈祷と本年分として、銀一枚賜る	万度御祓大麻・熨斗・伊勢暦・伊の貝献上
一七九八	同　十	四	御祓大麻献上の書状到来、右筆へ届ける			
一八〇四	文化元	十一	万度御祓・熨斗献上、披露有り			万度御祓大麻・熨斗蚫・伊勢暦・伊の貝献上、披露有り
一八〇五	同　二	一				当家居宅・祈祷所類焼により金二百両の拝借を願うも却下、銀十枚賜る
		十一			手代領内旦那廻りのため、御門出入許可の手形を乞う	
一八〇九	同　六	一			逗留中、剣術稽古の許しを乞う、勝手次第を許さる	
		二				正遷宮に伴い御紋付大紋・熨斗目・白無垢を願うも、政務倹約に付き大紋料として銀三枚を拝領

西暦	年号	月	岩出将大夫	千賀大夫	橋村肥前大夫	伊藤助大夫
一八一一	文化八	十一	万度御祓大麻献上			
一八一三	同 十	十二				御祓大麻・熨斗・伊の貝献上
一八一四	同 十一	三				伊勢年籠の御祓大麻・大坂詰勘定人よりの大麻、披露目状と共に届く
一八一六	同 十三	二				伊勢年籠の大坂詰片岡禎吉より御祓大麻・大熨斗届く
		九			島原の旅宿建立の件、寄進集まらず難航する	
一八一七	同 十四	十二				万度御祓大麻献上、勘定奉行へ差出御覧
一八一八	同 十五	十一				当家への日参初穂金三両、白木箱桧外箱に入れ大坂屋敷へ送る
一八一九	文政二	四				当家よりの日参祈願御祓大麻、年籠大麻・熨斗大坂屋敷より届く
		十二			十対入りの扇子献上	
一八二一	同 四	十二				御祓大麻・新暦・熨斗・伊の貝献上
一八二三	同 六	十一				伊勢年籠代参者、当家へ日参初穂金三両持参
一八二六	同 九	二				御祈祷に着用の御紋付熨斗目傷み、拝領を願う、下賜の沙汰あり

西暦	年号	月	岩出将大夫	千賀大夫	橋村肥前大夫	伊藤助大夫
一八二八	文政十一	二				伊勢年籠代参者、御祓大麻・長熨斗言付かり帰郷
一八二九	同　十二	六				正遷宮に付、先例の如く大紋拝領を願う、下賜される
一八三一	天保二	十一				勝次郎様へ万度御祓大麻・新暦献上
		十二				御祓大麻・新暦献上、熨斗・伊の貝は船中で傷む心配有り、早速に贈る
一八三二	同　三	十一				伊勢日参料金三両白木箱に入れ、伊勢年籠役の大坂詰物書へ送る
		十二				御祓大麻・新暦・伊の貝・熨斗献上
一八三七	同　八	三				当家よりの日参御祓大麻・年籠御祓大麻届く
一八三七	同　八	九				御紋付・熨斗目、先の拝領より十年余経過し着用し難く、再拝領を願い下賜さる
		十二				御門通行を願い許さる、万度御祓大麻・熨斗蚫・伊の貝献上

西暦	年号	月	岩出将大夫	千賀大夫	橋村肥前大夫	伊藤助大夫
一八三八	天保九	十一				日参料金三両白木箱に入れ、飛脚便で当家へ送る
一八三九	同　十	十一				当家への日参料金三両、飛脚便で大坂へ送る
		十二				万度御祓大麻・熨斗蚫・新暦・伊の貝献上
一八四〇	同　十一	八	借財積もり以前の如く初穂米十三石の寄進を乞うも、変更後の銀三枚下賜の返事あり			
		十一				御祓大麻、熨斗・伊の貝献上
		十一			手代二人、領内大麻配りのため御門出入を許さる	
一八四一	同　十二	二				年籠御祓大麻・日参御祓大麻・御祈祷御祓大麻・熨斗を献上
		十二			手代二人領内大麻配りのため御門通行の許しを、有馬町善郎願い出る、許可される 殿様入部の御祝儀として、扇子・長熨斗献上、白銀一枚・銀一両賜る	万度御祓大麻・熨斗蚫・新暦・伊の貝献上

西暦	年号	月	岩出将大夫	千賀大夫	橋村肥前大夫	伊藤助大夫
一八四三	天保十四	六			旅宿神前で五節句の町内安全祈祷、二日間献燈の旨を有馬町中より願い出、許される	
一八四四	弘化元	四				日参御祓大麻・年籠御祓大麻・御祈祷御祓大麻献上
一八四七	同　四	十二			殿様入部御祝儀して扇子・長熨斗献上、白銀一枚・銀一両賜る	
一八四九	嘉永二	十二	御祓大麻・正遷宮御祓大麻・御衣献上			
一八五一	同　四	十二			手代領内大麻配りのため御門出入を新町善太郎等願い出る、許される	万度御祓大麻・熨斗、新暦・伊の貝献上
一八五二	同　五	十二			手代二人、領内大麻配りのため出入御免を願い、許される	手代、例年の如く旦那廻りのため御門出入御免を願い、許される
一八五三	同　六	十二				手代、例年の如く旦那廻りに百日間の滞在を願い出で、許される 万度御祓大麻・熨斗・新暦献上
一八五四	同　七	十一	万度御祓大麻献上			御祓大麻・暦・伊の貝届ける
一八五五	安政二	三				御祓大麻・熨斗献上、大麻は御少納戸へ、熨斗は御勝手へ下す

西暦	年号	月	岩出将大夫	千賀大夫	橋村肥前大夫	伊藤助大夫
一八五六	安政三	十二	万度御祓大麻献上			万度御祓大麻・熨斗・新暦・伊の貝献上
一八五七	同　四					万度御祓大麻・熨斗・新暦・伊の貝献上
一八五八	同　五	十二				万度御祓大麻・熨斗・新暦献上
一八五九	同　六	二				御祓大麻・熨斗献上、大麻は御少納戸へ、熨斗は御勝手方へ下す
一八六〇	同　七	十一				当家へ日参料金三両送る
		十二			扇子・熨斗献上、御勝手方へ下す	
一八六二	文久二	十一				万度御祓大麻・熨斗・暦献上、御少納戸へ下す
		十二	万度御祓大麻献上、御少納戸へ下す			
一八六三	同　三	十一	御祓大麻・青貝・熨斗献上			
一八六五	元治二	十一				当家へ日参料金三両送る
一八六六	慶応二	十一				当家へ日参料金三両送飛脚で送る
		十二			手代三人、新町善兵衛方へ逗留を許す	御祓大麻・暦・熨斗献上
一八六七	同　三	十二			手代二人、例年の如く大麻配りのため森町善兵衛方へ逗留を願い出、許される	

西暦	年号	月	岩出将大夫	千賀大夫	橋村肥前大夫	伊藤助大夫
一八六八	明治元	一				手代、御祓大麻配りのため滞在を願いで、許される
一八六九	同　二	三				当家へ初穂銀二両を送る
一八七〇	同　三	十二				昨年の遷宮記念として藩中へ箱祓い・寸志の配布願い許可される、初穂料は追って沙汰あり
一八七一	同　四	二				日参御祓大麻・年籠大麻・熨斗献上

御師相互の活動は後述するとして、表（37）に基づき個別にその家格と島原での活動を見ていくこととする。

（1）岩出將大夫

岩出將大夫は『安永六年外宮師職諸国旦方家数改覚』[51]（以下『安永六年旦方家数改覚』と略称する）によると、外宮の御師として伊勢山田の岡本町に屋敷を構えた。

『島原藩史神宮崇敬部』の伊勢関係記録は、深溝松平家の系統を引く松平忠房が寛文九年（一六六九）に島原藩主に就いてから、頻繁に記されるようになる。いち早く島原領に入ったのはこの岩出將大夫であった。寛文十一年（一六七一）七月九日に初穂米十三石、銀子一枚、手代として下向した小橋三左衛門には金子一両が与えられている。岩出家から藩主への御祓大麻、伊勢土産などの献上に対する初穂であった。

表（37）によると、岩出將大夫家の島原への下向は御師本人ではなく、ほとんどがその使者、すなわち手代が務めている。下向時期は一定ではないが、寛文十二年（一六七二）から寛保三年（一七四三）ごろまでは、主に四月、五月、六月と不定期ながら五月がもっとも多く、遅いときには七月に至ったときもある。宝暦六年（一七五六）から六年間ほどは十一月、十二月の年末に下向した時期もあるが、寛政二年（一七九〇）からは四月であった。

その活動は前述の時期に島原に下向し、御祓大麻・熨斗・鰹節を藩主へ献上している。伊勢神宮の神符・御祓大麻は、毎年、新しいものを祀るのが本義であるから、岩出將大夫家は、毎年、島原へ下向し、届けたはずである。しかし『島原藩史神宮崇敬部』には毎年は記されていない。原典である「島原藩庁日記」が、將大夫の下向は毎年のこととして記述を省略したのであろう。他の御師についても、毎年の記録がないのは同様のことと思われる。

『島原藩史神宮崇敬部』に残された岩出家の活動は、藩主への大麻等の献上は頻繁に記されるものの、島原領民への大麻配りは一度も見ることはできない。実はこれが冒頭に触れた『安永六年旦方家数改覚』に「御大名方弐拾三軒」と記される理由である。これは御祓大麻などを届ける大名を二十三軒、旦那として保有していることを意味し、大名家に伊勢大麻を進上することが要務であり、領内の民に伊勢大麻を配ることはなかった。島原領もそうであったから、江戸期を通じて岩出家による領内での大麻配りの形跡は見られない。『安永六年旦方家数改覚』では岩出家が大麻を配る地域と数を、「出羽　四百六十軒、江戸九百拾九」と記す。この合計千三百七十九軒は出羽・江戸での旦那数であって、藩主への伊勢大麻献上のみであった島原は、当然ながらこの旦那数には入っていない。

岩出將大夫は毎年、島原藩主へ御祓大麻を進上すると、その代償として前述のように初穂米十三石と銀一枚を賜っている。ただ初穂米十三石について、『島原藩史神宮崇敬部』の天保十一年(一八四〇)の記事に次のように見える。

此將大夫御初穂米根元江戸持之所、安永三年より大坂持ニ相成其節ハ御初穂米拾三俵宛神納之処、文化十三子年より銀三枚之神納ニ相成、減方御改之趣意大坂ニ而ハ相分不申由(後略)

岩出將大夫に与える初穂米は、それまで島原藩江戸屋敷からの支給であったのが、安永三年(一七七三)から同藩大坂蔵屋敷からの支出に変更したと、そしてその量は十三俵であったという。ここには十三石ではなく十三俵と見えている。

さらに天保七年(一八三六)九月二十日から同年十二月十八日までの大坂蔵屋敷の日常を書き留めた『大坂詰日記』(52)にも、

伊勢岩出將大夫方御初穂米拾三俵、使者ニ参候者へ銀弐両宛被下候、当時相止、白銀二枚被下切相成候、役人対応

とあって、ここにも岩出大夫への初穂米は十三俵と見えている。『島原藩史神宮崇敬部』には十三石と記されるものの、十三俵が正しいものと思われる。土井豊築が藩庁日記を原典に『島原藩史神宮崇敬部』を編纂した際の誤写であろう。

岩出將大夫家からの御祓大麻等の献上は、文化八年(一八一一)ごろを境にしてその記述が極端に少なくなっている。岩出御師の活動は通常のこととして、藩庁日記が記さなかったためとも思われるが、天保十一年(一八四〇)の項に岩出將大夫が島原藩に宛てた口上が、次のように収録されている。冒頭には昨年より御初穂米を旧来の額に復して欲しいと頼んでいるが、何ら御沙汰も

なく、改めてお伺いするとして次のように述べている。

私儀先代より莫大之借財相山為、当時必至等難渋仕候ニ付、既諸家様方へ御助成御願申上儀仕合ニ御座候間、願之通何卒御憐察罷被下、可然御執政願上候　以上

天保のころの岩出將大夫家は先代からの借財が貯まり、相当、困窮していた。そのために島原藩へ初穂米十三俵の復活を願い出たものの、願いもむなしく初穂米の支給には至らず、藩からの返答は銀三枚であった。

文化八年ごろから『島原藩史神宮崇敬部』に岩出家の記録が減少するのは、家内の経済的困窮によって実際に活動が鈍り、途絶えがちであったと推測される。それに反してこのころから岩出家に代わって同じ外宮の御師・橋村肥前大夫の活動が頻繁に記録される。この点については橋村肥前大夫の項で後述する。

岩出家の困窮具合は御師史料にも垣間見られる。明治四年（一八七一）の御師廃止後の記録である明治十二年『旧師職總人名其他取調帳』(53)には、同僚である外宮御師の①西村三大夫と②小林清大夫に御祓大麻の配札権を譲り渡したことが次のように見える。

①近江国 野洲郡ノ内　弐拾八ヶ村

右 岩出市大夫銘大麻頒布、慶應二年三月同僚岩出市大夫ヨリ譲受

②因幡国 邑美郡ノ内　拾弐ヶ村

同　国 法美郡ノ内　廿四ヶ村

同　国 八上郡ノ内　四拾五ヶ村

同　国 八東郡ノ内　廿七ヶ村

同　国高草郡ノ内　九ヶ村
同　国知頭郡ノ内　七拾九ヶ村
右ハ小林大夫銘ヲ以配札仕来リ候、慶應三卯年二月元師職　岩出市大夫ヨリ譲リ受候

ここに見える岩出市大夫は岩出將大夫の後継者であるが、それまで近江国と因幡国で大麻を配っていた二百二十四カ村の大麻配札の権利を、慶応二年（一八六六）と同三年に同僚御師の西村・小林の二家に譲っている。当然それに見合う代償金が岩出家に入ったはずである。困窮のために永年もっていた旦那衆を手放したのである。

『島原藩史神宮崇敬部』での岩出將大夫の活動記録は文久三年（一八六三）で終わっている。

（2）千賀大夫

『島原藩史神宮崇敬部』で岩出將大夫に続いて、島原領での活動が認められるのは千賀大夫である。寛文十二年（一六七二）正月二十七日に手代の西川仁左衛門が下向し、万度御祓大麻・熨斗蚫・鰹節・白粉などを献上したことに始まる。

さてこの千賀大夫は『安永六年旦方家数改覚』によると、外宮の御師として山田上中之郷に屋敷を構え、近江・安芸・土佐・阿波・伯耆・越中・越後の七カ国に四万二千五百五十六軒の旦那を保有していた。そこには肥前国島原の地は記されていない。岩出將大夫同様に島原藩主のみに毎年、御祓大麻を持参するだけで領民へ大麻を配ることはなかったのである。

藩主への献上はほぼ御祓大麻・熨斗・鰹節であった。伊勢からのこの献上物に対して藩からの初穂は銀三枚と、持参した手代へ鳥目（銭）一貫文が贈られている。明和八年（一七七一）には千

賀大夫と島原藩との間に大きな変更が生じている。『島原藩史神宮崇敬部』は次のように記す。

明和八年正月十九日

千賀大夫差上候御祓、向後ハ江戸ニ而差上度旨願出其通相成候間、右千賀大夫へ之御初穂ハ已来江戸御積之内ニ入候様無間違、爰元勘定奉行へ可申付由申来申聞候

それまで大麻などの品は在所の島原へ持参・献上されていたが、明和八年（一七七一）には千賀大夫から江戸の島原藩邸へ届けたいとの申し出があり、そのように変更された。初穂も江戸屋敷からの支出となった。

その後の千賀大夫の行動は二度記されるのみである。大麻等は江戸藩邸に届けると改めたものの、その四年後の安永四年（一七七五）七月には島原に下向し、御祓大麻・熨斗を進上している。最後の記録は天明七年（一七八七）十二月一日に、「千賀大夫例年之通来暦大坂迠差出、今使参候」と見え、大坂蔵屋敷へ明年の伊勢暦を手代が届けている。これは「例年之通」とあるから、伊勢暦を大坂蔵屋敷に贈るのは恒例となっていた。

千賀大夫の行動が島原から江戸に変更したり、先の天明七年の記事を最後に途切れるのは、御師家としての活動に陰りが出てきた為であろうか。それを推測させるのは、明治十二年『旧師職取調簿』の千賀近島の項には千賀大夫との関係を次のように記す。(54)

但近江國安芸國越後國ハ千賀大夫銘ヲ以年間不知古来ヨリ配札致来候

外宮の御師・千賀近島は近江国・安芸国・越後国では、「千賀大夫」の名前で大麻を配っていた。それは古くからのことであり、いつから始まったかは不明だという。これは千賀大夫家が保有していた近江国以下三国での大麻配札権を、同族の千賀近島に譲ったことを意味している。また文

化八年（一八一一）には備前国の十カ村の旦那を古森大夫に譲り[55]、年代は不詳ながら檜垣貞吉にも配札権を売っている[56]。このように旦那を順次手放している実情を見ると、千賀大夫家の家勢は大分傾いていたように思われる。

そのような家の事情から、九州島原より近い江戸の島原藩邸に御祓大麻を献上するよう、改めたものと思われる。

（3）橋村肥前大夫

橋村肥前大夫は長崎や平戸領の伊勢信仰の項でも触れたように、当地方では中世の時期から馴染みの深い御師であった。その橋村家が島原地方にも活動を展開していた。『安永六年旦方家数改覚』によると。外宮御師として外宮近くの上中之郷に屋敷を構え、安永六年（一七七七）の時点では、肥前国に約十万軒の旦那を抱えていた。

『島原藩史神宮崇敬部』に初めて登場するのは、延宝四年（一六七六）十月十五日のことであり、次のように記される。

肥前大夫手代例年之通当町へ参候就き、御城内へ如例入可申旨大目付衆へ申渡候事

この日に橋村肥前大夫の手代が城下へ下向してきている。それは「例年の通り」とあるから、この時が初めてではなく、それ以前からすでに同御師の活動はおこなわれていたことが窺える。そして恒例のごとく城内にも参入している。

このときの活動内容はよく分からないが、それより十一年後の貞享四年（一六八七）正月十八日の記事によって橋村肥前大夫の活動が明らかになってくる。すなわち「肥前大夫例年参候、郷中

廻度由願出郡奉行手形出ス」とあり、島原領諸村の家を廻り伊勢大麻を配っていた。そのために領内通行の手形が郡奉行より出されたのである。

このような橋村肥前大夫の行動を見ると、前記の岩出將大夫、千賀大夫とは異なった活動をおこなっていた。前記の二御師は島原地方に下向したものの、藩主への御祓大麻及び伊勢土産を献上するのみで、領民への大麻配りはおこなっていなかった。しかし橋村肥前大夫は諸村を廻り家々へ伊勢大麻を配っていたのである。

表（37）に記される同家の記述は、特に前半期には決して多くない。しかし同御師の活動が領民と密着したものであったことを窺わせるのが、宝永元年（一七〇四）四月二十九日の次の記事である。

小崎三郎右衛門申出候、伊勢肥前大夫飛脚差越申候、町村之作毛凶年ニ付五穀成就之祈祷仕万祓旦那方へ差越申候由

橋村肥前大夫は島原藩の役人である小崎三郎右衛門に飛脚を送り、この年島原領内では凶作であるために、五穀豊穣の祈祷をした万度御祓大麻を旦那の家ごとに配ってもよいかと尋ねている。自らの旦那地域の作況を思ってのことであった。ただこの尋ねに対して島原藩の対応がどうであったか不明である。

寛政五年（一七九三）の記事も注目される。この前年の寛政四年は地震によって眉山が崩壊し山水と津波が島原城下を襲い、大被害となったいわゆる島原大変が起こった年である。この年十二月二十四日に橋村肥前大夫は藩より銀一枚を賜っているが、それは「去春大変後御祈祷差上、当年も差上候ニ付当年迠者罷下候段御沙汰」という意味を込めたものであった。すなわち橋村肥前

大夫は島原大変に際して領内の平安を祈祷した大麻を、大変の年と翌年の二年続けて献上していた。その初穂として銀一枚を賜ったのである。

断片的であるが、御師として旦那地域の凶作や災害に対応し、豊作や除災を祈念するという行動を執っている。

橋村家は天保十一年（一八四〇）ころから頻繁に登場する。前述のようにこの年の八月に同じ外宮御師・岩出將大夫は島原藩へ援助願いを出すほどに、借財が積もり困窮していた。これを機に『島原藩史神宮崇敬部』では岩出家の記録が減少し、橋村家の登場が多くなっていく。このころから島原領での外宮御師の勢力関係は、橋村肥前大夫が主流となり、岩出將大夫は困窮に伴い次第に縮小していったように思われる。

天保十四年（一八四三）六月十五日には次のような記事が目に留まる。

伊勢橋村肥前大夫旅宿於神前町内為安全、五節句弐日献燈差出申度有馬町中ゟ願出候段、町奉行差出承届候

ここに見える旅宿は橋村肥前大夫が島原に下向したときの宿であり、いわゆる御師屋敷、伊勢屋敷といわれる。有馬の町衆は御師屋敷内の神殿で領内の安全祈祷をおこなうこと、また各五節句の期間、二日間の献燈を申し出て藩からの許可を得ている。橋村肥前大夫の旅宿については、文化十三年（一八一六）に建て替えを予定しながら、寄進が集まらず難航したことが記されるが、先の様子からすると建て替えは実現したのであろう。

江戸末期の嘉永五年（一八五二）、慶応二、三年（一八六六、一八六七）には、領内での伊勢大麻配りに手代二、三人が村々を廻っている。その結果がどうであったのか。明治十二年『旧師職取調簿』[57]は、

明治四年に廃止された御師家の調査記録であるが、それに依ると橋村肥前大夫の肥前国高来郡の旦那数は千七百二十六戸であった。この数が幕末期に橋村肥前大夫家が抱えた島原領の旦那数と思われる。

（4）伊藤助大夫・岡田吉大夫

伊藤助大夫家は内宮御師であった。『安政二年九月・明治四年七月現在 旧内宮御師名』[58]には伊藤大夫と記され、「慶光院家来役人」として登場する。その慶光院の建物は現存するが、中世に慶光院清順が途絶えていた式年遷宮を復活した功績により、伊勢内宮の近くに慶光院を構え特別の待遇を受けた家である。伊藤助大夫はその慶光院家に付属し、内宮近くの浦田町に屋敷を構えていた。

この伊藤助大夫については川平敏文氏の重要な指摘がある。[59]氏は『島原藩庁日記』の延宝八年（一六八〇）七月一日の次の記事に注目する。

伊勢伊藤永運跡目、伊藤助大夫、若年之故、跡目之御礼、名代岡田吉大夫、大紋着、御書院ニ而御目見仕

伊勢に在った伊藤永運は伊藤助大夫を跡目とした。しかし助大夫が若年であったために、御師仲間の岡田吉大夫が名代として島原藩に下向し、今後、永運に代わって助大夫が跡目となり活動できることのお礼を、城内御書院で島原藩主に申し述べたというのである。

ここに登場する伊藤永運は、当時、島原藩きっての歌学・神道学者として仕官していた伊藤栄治の息子である。その伊藤栄治は承応二年（一六五三）ころより万治二年（一六五九）ころまで伊勢

に滞在し、歌学・神道学を研鑽していた。その後、栄治は寛文十二年（一六七二）に島原藩へ召し抱えられるが、息子の永運は伊勢に残り、伊勢の御師となっていた。寛文十三年（一六七三）の七月二日の『島原藩庁日記』には、伊勢御師の伊藤永運が島原藩に下向して、藩主奥方の病気平癒の祈願などをおこなったことを伝えている。

従って伊藤永運は、父親の仕官先の島原藩を受けもつ御師として活動していた。その永運も栄治隠居後の延宝七年（一六七九）十月に島原藩に仕官することとなる。そのために伊勢の御師・伊藤家の跡継ぎとして助大夫を立てることとなったのである。

このような事情を見ると、伊藤助大夫は伊藤栄治・永運親子の息が掛かった御師であり、両者の仕官先である島原藩は居心地よく活動できる場であっただろう。

明治十二年『旧師職総人名其他取調帳』(60)には内宮御師の岡田吉大夫の項に次のように見える。

肥前国　高来郡嶋原(61)

右伊藤大夫銘配□　譲受年月ハ不詳

これに依ると岡田大夫が島原で配っていた伊勢大麻には、伊藤大夫の名前が記されていたという。当時の伊勢大麻は今日と異なり御師の名前が記されおり、それを御祓銘といった。いつのころから岡田吉大夫は伊藤大夫から名義、いわゆる御祓銘を譲り受けていた。従って岡田家が伊藤大夫銘で伊勢大麻を配っていたのである。

伊藤家と岡田家の関係は、伊藤永運が助大夫を跡継ぎにした際にも、岡田吉大夫が名代として跡目お礼のために島原藩へ下向していた。『島原藩史神宮崇敬部』の延宝八年（一六八〇）七月十日条には、伊藤大夫の名代・岡田吉大夫が、その年の務めを終えて伊勢帰郷にあたり藩庁へ挨拶に登城したとも記す。このころから両家は密接な関係にあったが、いつのころに岡田吉大夫家が伊藤家の御祓銘を譲り受けたかは不明である。

その後の伊藤助大夫家の活動は、島原に入った御師七家の内で『島原藩史神宮崇敬部』にはもっとも多く記録されている。表（37）に見える活動から伊藤助大夫は、御師として三つの役目をもっていたことが分かる。

一つは岩出将大夫や千賀大夫と同じように藩主家への御祓大麻、熨斗、伊勢暦等の献上であった。当時の人々が重宝した伊勢暦の献上は伊藤家からのみである。さらに他家の献上物には見られないものとして「いの貝」がある。天保二年（一八三一）十二月二十七日の記事には、

いの貝船中ニ而傷候間、早速申差遣罷候、近く差上可申段則申出候、御少納戸へ渡ス

とあり、藩庁側では貝が痛むために早速に受け取り、近々藩主に献立として出す手はずが整えられている。この記述から「いの貝」は干し物ではなく、生貝として伊勢から持参されている。またここに「船中」とあることから、伊藤助大夫は島原への下向には船を用いていたことが分かる。

二つ目の役目は寛延四年（一七五一）十二月九日の次の記事に見える。

伊勢御年籠御台所人松下平七来十一日出立為致候ニ付、例年之通日参料銀三百目伊勢伊藤大夫方へ遣候

後述するが、島原藩からは年末から元旦にかけて伊勢神宮への年籠り、いわゆる年越し参りが毎年おこなわれている。この年は台所人の松下平七がその役目にあったが、松下平七は伊勢の伊藤助大夫方へ納める日参料銀三百目を藩庁より預かって伊勢へ持参している。この日参料は随所に記されるが、伊勢に住む伊藤助大夫が島原藩主に代わって、毎日、伊勢内宮に参拝する、いわ

ゆる日参の手当のことである。その銀価格については後述する。

この内宮日参に関わる記事として、文政九年(一八二六)二月九日と天保八年(一八三七)九月八日に、島原藩主から拝領した紋付と熨斗目が痛んできたので、再び拝領したいと願い出ている。その紋付と熨斗目は「御祈祷」を勤めるときに着用するものであった。

この経緯からすると、内宮日参とはいうものの、実際に内宮に出向くのではなく、内宮の御師ならば内宮の天照太神を祀った神楽殿を屋敷内に設けていたから、自家屋敷内の神楽殿で毎日の祈祷をおこなっていたように思われる。その祈祷に紋付・熨斗目を毎日着用するために痛んできたのである。

伊藤助大夫は旦那である島原藩主、藩領の安泰を願って、内宮に日参するのが本義であるが、自家の神楽殿で毎日の祈祷をおこなっていた可能性が高い。その手当が銀三百目であった。この初穂を年籠り役が預かって伊勢に持参することが多かったのである。その際に伊藤助大夫家はその年籠りの者を接遇する役目も負っていた。

三つめの役目は領内旦那への大麻配札であった。嘉永六年(一八五三)十二月十八日の記事には次のようにある。


伊藤大夫代正木恒次郎上下、右例年之通旦那廻り罷越候間、日数百日滞在御免罷下候様入江河内願出候由、奉行申出承届候

時代は幕末まで下がるが、旦那廻りのために百日間の滞在を願い出ている。旦那廻りは「右例年之通」とあるから恒例化していた。この年には手代の正木恒次郎と供の者二人で、嘉永六年の年末から翌年三月末ころまで領内諸村を廻り、伊勢大麻を旦那衆に配ったものと思われる。その

旦那数は具体的には把握できないが、明治十二年『旧師職総人名其他取調帳』には実名・岡田吉大夫が東京、大坂、島原で配った大麻総数を三千六百四十四体と記す。この内の一部が島原での旦那数であった。

伊藤助大夫の島原下向は毎年のことであったと思われるが、永年の内には思わぬことにも遭遇した。島原の歴史を見るとき、寛政四年（一七九二）四月一日に起こった大地震は当地方最大の災害であった。当日の酉の刻（午後七時）ころ、大音響とともに二回の大地震に見舞われ、城下の後背部に位置する眉山が半分裂けて有明海へ崩れ落ちた。同時に崩れた山肌から鉄砲水が襲い、海からは津波が押し寄せた。島原城下は壊滅状態となり、死者は九千五百三十五人にも及んだ。いわゆる島原大変である。

実はこのとき、伊藤助大夫の手代も大変の犠牲となっていた。同年の四月二十七日付で藩庁より大坂蔵屋敷に差し送った書状には次のように述べている。

右者伊藤大夫使之者、大変之節流死致候付、親類之者江為回向料罷下親類無之候へは伊藤大夫江右之趣中聞相渡候様ニ織衛江頼遣

水死した伊藤助大夫の手代に対して金二百疋の回向料を届ける手はずをとっている。吉田織衛が伊勢に持参する予定であったが、急遽取りやめになり目録を送っている。回向料は伊藤家が次に下向した際に渡したものと思われる。

この点からも島原藩と伊藤助大夫家とは、極めて親密な関係であったことが窺える。実はこの書状が発せられた当日、四月二十七日に藩主松平忠恕は災害復旧の辛労から五十一歳で亡くなった。回向料を届ける吉田織衛の伊勢行きが急遽中止になったのは、藩主急逝に依るものであろう。

伊藤助大夫家の不幸はさらに続き、伊勢の屋敷が火災に遭っていた。『島原藩史神宮崇敬部』には文化二年（一八〇五）正月二十二日に次のように伝える。

伊藤大夫先般居宅祈祷所類焼ニ付、金二百両拝借十年賦再應願候由江戸表ゟ願書差越候へ共、此時節柄之儀故右願書差戻銀拾枚罷下候段江戸表へ申遣候

文化二年の正月早々にこの記事を記すので、伊勢での火災は前年のことであったと思われる。とすれば文化元年（一八〇四）十月二十五日に、宇治浦田町から出火し百三十軒を延焼する火災が起こっている。[62]伊藤助大夫は浦田町に屋敷を構えたから、この火災によって焼失したことは間違いない。

屋敷再建のために十年年賦で金二百両の借用を願い出ているが、島原藩の「此節柄之儀故」との理由でその借用は叶わず、見舞金として銀十三枚を賜っている。金九両と銀三十一匁七分ほどの額である。伊藤家が岡田吉大夫家に御祓銘を売却したのは、この火災によって困窮したためではなかろうか。とすれば売却の時期は、文化年間（一八〇四～一八一八）の初期のころであったと思われる。

手代の水死、伊勢の屋敷の火災という痛手があったものの、表（37）に示すように伊藤助大夫家の活動は幕末、そして明治四年（一八七一）まで記される。御師の制度は明治新政府の施策により明治四年七月に廃止されるが、伊藤大夫はこの年の二月三日に自家神楽殿で毎日祈祷した御札と年籠りの御札に熨斗を添えて献上している。これが伊藤助大夫の島原での最後の勤めであった。

（5）村山久大夫・喜田民部大夫

前記五家の御師以外に断片的に島原での活動が知られる御師として、村山久大夫と喜田民部大夫がいる。表（37）にも示したように元禄期から享保年間（一六九二〜一七二五）に活動が見られる。両御師とも外宮の御師であった。

まず村山久大夫の島原領内での活動は、左記のようにほとんどが本光寺を通じて藩庁の許可を求めている。

元禄十一戊寅正月廿九日

本光寺ゟ罷仰下候、伊勢村山久大夫と申御師例年之通御城中旦那廻り申渡之由願候間、御門之御所申付候様ニと申来候、大目付衆へ申渡候

このように城中旦那への伊勢大麻配りを本光寺を介して願い出ることが多かった。なぜ本光寺を介したのであろうか。この島原の本光寺は時の藩主深溝《ふこうず》松平家の菩提寺であり、さらに松平家の本貫地であった三河国額田郡深溝（愛知県幸田町）にも本光寺があった。深溝松平家は島原に転封後も歴代藩主が亡くなると、この故郷の深溝・本光寺に遺体を埋葬した。

当寺の片山住職の御教授によると、本光寺は島原藩僧録司役という藩内寺院を取り纏める役を務めたという。そういう役柄から村山久大夫は当寺を介して藩庁の許可を得たのであろう。ただなぜ村山久大夫のみが本光寺を頼ったのか、今後の課題である。

村山久大夫は先の引用史料にも「旦那廻り申渡之由願候」と見え、旦那衆へ伊勢大麻を配っていた節が窺える。

次に喜田民部大夫は『島原藩史神宮崇敬部』の左記の記録が注目される。

図40　本光寺（島原市）

宝永三丙戌正月廿日
町奉行申出候、伊勢北民部大夫と申者参候、当村々小豆島百姓御領分罷在候、此旦那ニ而候故札持参申候由、村へ遣候儀郡方へ申渡遣候事

宝永三年（一七〇六）に喜田民部大夫が島原に下向し、領内での大麻配りを主張している。理由は島原領内に小豆島から移住した百姓たちがいる、その小豆島は自らの旦那地域であるから、移住者へ大麻を配りたいとの意向であった。

島原藩は島原の乱以降、疲弊した村々に他所からの移住者を迎え入れて村の復興策をおこなっていた。確かに喜田民部大夫が言うように南串山に小豆島からの移住があった。この地域での大麻配りを希望したのである。

喜田民部大夫は下向時には伊勢大麻を携えており、結果として藩庁はこれを許し、南串山の郡方へ御師の廻村を伝え配札を許可している。

これより七十一年後の『安永六年旦方家数改覚』には喜田民部大夫という御師の存在は見いだせない。ただ伊勢山田の二俣町に喜田淡路大夫の存在が知られる。同家は小豆島が位置する讃岐国に六千六十軒の旦那をもち、さらに肥前国に千二百五十軒を抱えている。この喜田淡路大夫が喜田民部大夫の系統を引く者と思われる。そうすると肥前国の旦那として記される千二百五十軒が南串山周辺の旦那衆であったのであろうか。

(6) 重層した御師の活動

前述のように御師側の史料である慶応三年『公儀諸大名江両宮ゟ御祓納候御師』によると、島原で活動した御師は、幕末の慶応三年(一八六七)の時点では内宮御師の伊藤大夫、外宮御師の岩出将大夫と記されていた。しかし島原の地方《じかた》史料『島原藩史神宮崇敬部』には、前記二家に加えて千賀大夫(外宮)・橋村肥前大夫(外宮)・村山久大夫(外宮)・岡田吉大夫(内宮)・喜田民部大夫(外宮)と五家が登場し、内宮御師二家、外宮御師五家、計七家の御師が島原に入り、藩主への御祓大麻献上、領内旦那衆への伊勢大麻配り、藩主に代わって伊勢の自家内神楽殿での日参祈祷、あるいは島原からの年籠参りの受け入れなど、それぞれに活動していた。

慶応三年の時点では御師側の史料に記されるように、伊藤家と岩出家になっていたのであろうが、それに至るでは七家が重層して活動していたことが分かった。

しかし時代とともに各御師家には盛衰があった。

岩出将大夫家は借財が蓄積し初穂米を旧に復することを、天保十一年(一八四〇)に願い出ていた。それ以降、同家の活動記録は表(37)に示すように『島原藩史神宮崇敬部』から極端に減少し、それに代わって同じ外宮の御師・橋村肥前大夫の活動が目立ってくる。もともと岩出家は藩主への御祓大麻献上を主とする活動であった。その勢力の低下によって、橋村肥前大夫が島原領内の旦那たちへの伊勢大麻配りを活発化していった様子が窺える。

千賀大夫家は、御祓大麻をそれまで在所の島原に持参していたが、明和八年(一七七一)から江戸屋敷に献上するよう変更した。これ以降、島原在所の記録である『島原藩史神宮崇敬部』には千賀家の活動は二度しか記録されていない。同家は幕末にかけて家勢が衰えたようで、保有していた旦那を古森蕃、千賀近島、檜垣貞吉へそれぞれ売り渡していた。こういった実情から勘案すると、いつまで江戸屋敷に大麻献上を続けえたかも疑問である。

単発的に登場する岡田吉大夫は、実は伊藤大夫銘を買い取り島原では「伊藤大夫」の名前で活動していた。村山久大夫は藩主菩提寺の本光寺に頼りながらの活動であったが、享保十年(一七二五)を最後に『島原藩史神宮崇敬部』から記録が途絶える。おそらく活動は先細りではなかったのか。喜田民部大夫は小豆島に旦那を保有していた関係から、小豆島の村人が移住した南串山地域に入り大麻配りをおこなっていた。

伊藤助大夫は島原藩の神道学者、伊藤栄治・永運親子と関わりが深い御師であったが、いつのころかに伊藤大夫銘を岡田吉大夫が買い取っていた。その手代が島原大変で流死し、また伊勢の屋敷が火災に遭うなど、苦境の時期もあったが、御師が廃止される明治四年まで『島原藩史神宮崇敬部』はその活動を記録し続けている。おそらくその背景には、島原藩領の安泰を祈って伊勢での日参祈祷をおこない、また毎年島原からやって来る年籠り参宮を接遇するなど、いわば藩から委託された役目をもち、在所ともっとも親密な関係にあった御師であったからであろう。

伊勢側の正式記録に島原担当の御師は二人と記されながら、なぜ、七家の御師が入り混ざって活動したのであろうか。その解決の糸口となるのは、喜田民部大夫が小豆島は自らの旦那地域と主張して、南串山に入植した小豆島の農民に伊勢大麻を配っていた点である。このように島原藩は乱後の疲弊した村の信仰を、伊勢御師に頼り復興策を進めた結果、七家もの御師が入ることになったものと思われる。

こういった御師諸家の盛衰を見ると、内宮の御師では伊藤助大夫家が江戸時代を通じて活発であった。外宮御師では当初は岩出將大夫家が藩主掛かりの御師として厚遇されたが、借財の蓄積によって家運が傾き、その後は橋村肥前大夫が小まめに廻村して伊勢大麻を配り、地道に伊勢信仰を伝えていた。

三　伊勢の神と人々の祈り

1　病気平癒

『島原藩史神宮崇敬部』は島原藩の公的日記であるから、藩士等を公的に伊勢に遣わした事例が数多く記録されている。その場合、伊勢に参宮する目的が明確に記され、これによって当時の人々が伊勢の神をどのように考え、どういったときに伊勢参宮を思い立ったのかが分かってくる。本項ではこの点について触れてみたい。引用史料は断らない限りは『島原藩史神宮崇敬部』に依っている。

松平忠房が島原に入る一年前、福知山藩主時代のこととして次のような記事がある。

寛文八年戊申十月十六日壬午曇雨降
伊勢へ大炊頭様御気色ニ付御代参ニ山岡次大夫罷遣、於彼地大神楽罷進ル為御祈祷黄金壱枚罷遣、並八左衛門勘解由方ゟ岩出將大夫方へ書状遣候事

大炊頭、すなわち松平忠房の「気色」にともない、山岡次大夫が伊勢に遣わされ、大神楽を上げるべく黄金一枚の初穂料が渡された。ここにいう「気色」は後述の寛文十三年（一六七三）の伊勢代参の折にも、藩主奥方の「気色」と見えているが、「気分が優れず」と解釈してよいだろう。寛文八年（一六六八）十月のことであった。

翌年の寛文九年（一六六九）五月十七日にも藩主松平忠房の病気平癒を願って、杉新兵衛が伊勢に遣わされている。こういった事情を見ると、松平忠房は島原に所替えとなる一年ほど前から、健康状態は決してよくない状態であったのであろう。

以下、松平氏が島原に入った後、藩主家に関わる病気平癒祈願の伊勢代参は次の通りである。

（1）寛文十三年（一六七三）七月六日、藩主奥方の病気、荒木半七代参
（2）天和四年（一六八四）八月三日、松平忠房若殿の病気、岡田半之丞代参
（3）元禄十三年（一七〇〇）十月八日、御隠居松平忠房の病気、千賀新二郎代参
（4）宝永六年（一七〇九）二月二十日、おさち様疱瘡、歩行士中島何右衛門代参
（5）享保四年（一七一九）五月十三日　若殿誕生後の機嫌、星野藤右衛門代参
（6）享保十九年（一七三四）六月三日、松平忠雄の病気、清宮與大夫外十二名代参
（7）元文三年（一七三八）三月八日、松平忠俔の病気、奥平郡兵衛代参
（8）弘化三年（一八四六）八月二十日、松平忠誠の病気、瀬戸四郎大夫代参

松平忠房の病気に際しては島原に入部後も度々、伊勢代参がおこなわれているが、（3）元禄十三年（一七〇〇）十月八日の代参の折には、実はその七日前に忠房は江戸三田屋敷で八十二歳の生涯を終えていた。隠居の病気平癒を祈る伊勢代参は島原から出立しているから、出発の前に先

君の訃報は伝わらなかったのである。

松平忠房の室は佐賀藩の初代藩主鍋島勝茂の娘であったが、（1）寛文十三年（一六七三）には先にも触れたが「御気色」によって伊勢代参がおこなわれた。室はこれより十二年後の貞享三年（一六八六）に六十四歳で没している。

（2）天和四年（一六八四）に見える松平忠房若殿とは二男の松平忠倫のことと思われる。系図によると、天和三年に幕府の許可を得て在所島原へ下り、病弱により隠居して利翁と改めた。(63)二十七歳の若さであった。その隠居の翌年にこの利翁の病平癒を立願しているから、このころの病状は深刻であったのであろう。

（4）宝永六年（一七〇九）には「おさち様」の疱瘡平癒の祈願がなされている。藩主松平忠雄の三女の幸（後に佐知と改名）に当たる。伊勢への祈願より十日後の二月晦日には、発疹の痂《かさぶた》が取れ始め温湯を竹の葉で振りかける酒湯式《ささゆしき》をおこない、衣を更め入浴ができるほどに回復した。三月十四日には「御順快」と見えている。

（5）享保四年（一七一九）五月には、誕生した若殿が機嫌良く成長することが伊勢に立願された。おそらく誕生後の生育がよくなかったのであろう。とすれば藩主松平忠雄の二男・又八郎が前年の十二月十九日に生まれ、享保六年（一七二一）十月十八日に四歳で早世している。この又八郎のことと思われる。先に触れた疱瘡にかかった「おさち様」（幸・佐知）の弟に当たる。

六代藩主の松平忠雄（6）、七代の松平忠俔（7）、十五代の松平忠誠と、藩主の病に際して平癒祈願の代参者が遣わされている。その祈願後、忠雄はその二年後に江戸で没し、忠俔は十二日後に、忠誠は八カ月後に各々亡くなっている。ことに後者の二藩主は、代参の時期から亡くなった時期までさほど隔たりがなく、病が重篤な状態であったために、伊勢への平癒祈願がおこなわれたのであろう。

（8）弘化三年（一八四六）の松平忠誠の祈願は、前回の忠俔の平癒祈願をおこなってから百八年が経過していた。この間には戸田氏が島原藩主として入った時期（一七四九―七四）もあり、そういった空白の期間に伊勢神宮へ病気平癒祈願の習慣があったことが忘れ去られ、当初は武神である鎌倉の鶴岡八幡宮に代参者を送る手はずであった。しかし藩主忠誠の強い希望によって伊勢へ代参者を遣わすこととなった。

2　厄年・世継ぎ・除災

年齢的な節目等の時にも伊勢参宮の例が見られる。

貞享三年（一六八六）十二月十七日には、「古野與兵衛伊勢へ御使者罷遣候、（中略）右ハ公方様来年御厄年ニ而元旦祈祷」と記され、時の将軍・徳川綱吉の四十一歳の厄年祈願のために古野與兵衛が伊勢に遣わされた。藩主松平家は徳川家康とも同祖と言われるほどに、将軍家に近い家系であったから、時の将軍を思っての祈祷であった。年が明けた元旦早々におこなわれている。

厄年に伊勢に祈願する例は他に二例見られる。元禄十一年（一六九八）三月八日に「利翁様」四十二歳の厄除け祈願として、江戸屋敷より歩行役目の者が遣わされた。利翁様とは、先にも触れたが五代藩主松忠房の二男松平忠倫であり、二十七歳で隠居して利翁と名乗った。生来病弱であったためにその身を案じての厄除け祈願であった。効あってかその後約二十年生存し、享保三年（一七一八）八月二十日に島原において六十二歳で没している。

もう一例は正徳三年（一七一三）十一月二十一日に「稲吉清助御家中より之四十一厄除御祈祷惣代参宮之使罷仰付」と見え、藩士稲吉清助の家中の者が厄除祈願に伊勢に赴いている。庶民が厄年に伊勢神宮を意識した点で貴重であろう。

藩主家にとって世継ぎをつくることは不可欠であった。その一念から享保五年（一七二〇）正月十一日には、安産を祈って伊勢と鎌倉の八幡宮に大岡五郎右衛門が遣わされている。藩主松平忠雄の三男忠英が同年の五月二十一日に生まれているので、その安産を祈ったものと思われる。この六代藩主忠雄はそれまで六人の子供に恵まれていたが、長男・二男は早世、四人は女子であり世継ぎ問題は深刻であった。そのために伊勢と鎌倉に安産を念じたのであろう。しかしこの時生まれた忠英も享保十二年（一七二七）に八歳で亡くなっている。

寛政四年（一七九二）四月一日には島原大変という大災害か発生したことは前述した。災害から二十二日が経った四月二十三日には次のように記す。

御家中并諸人為安穏伊勢江御祈禱罷仰付候付、吉田八大夫差遣候様罷仰出候、其表にて罷申渡支度次第早く致出立候様可罷申付候（後略）

大変後の御家中及び諸人の安穏を祈禱するため、吉田八大夫を伊勢へ遣わすこととなったが、その出立を支度の出来次第に一刻も早くと責め立てている。加えて祈禱の初穂は当初銀三枚であったが、それでは名ばかりとして金百疋と破格の額が準備され、吉田八大夫に渡されている。

このような吉田八大夫の伊勢派遣の経緯をみると、甚大な被害をうけた城下の復興安穏を祈っての派遣であったことは間違いない。この役を勤めた吉田八大夫は、島原藩家士『明細帳　貞七』によると松島神社の神職であった。伊勢の事情がよく分かった者を遣わしたのである。

3　お蔭参り

伊勢神宮参詣の歴史を見るとき、約六十年周期でお蔭参りという各地より大勢の参詣者が、伊勢に押し寄せる現象が起こっている。慶安三年（一六五〇）、宝永二年（一七〇五）、明和八年（一七七一）、文政十三年（一八三〇）、慶応三年（一八六七）の五度に及んだ。このお蔭参りは島原の地に影響はなかったのか。

長崎の伊勢信仰の項でも触れたが、宝永三年（一七〇六）二月八日のこととして長崎での様子を次のように記す。

長崎ニ而頃日伊勢抜参仕候子供、年八九歳上り十五六歳迠之者弐千人程茂参候由、又参宮ニ而頃日町中勧進仕候子供男女共ニ大勢有之、長崎開港已来珍敷事布由、市郎左衛門方より申越

二度目のお蔭参りに当たる宝永二年（一七〇五）の翌年に、長崎では八、九歳から十五、六歳の子供二千人が家人にも黙って伊勢へ抜け参りをおこなったという。お蔭参りの場合、この様に誰にも告げず伊勢を思い立つ抜け参りが多かった。加えてこれ以外にも伊勢参宮のため長崎の町中を勧進して廻っている子供が大勢いると、これは長崎開港以来の珍事であったと伝える。宝永二年（一七〇五）のお蔭参りの余韻をかったのであろう。このように長崎市中での伊勢群参の模様を島原の記録が伝えている。この話をもち帰った市郎左衛門という人物については不詳である。

宝暦十年（一七六〇）七月二十四日に島原から次のような抜け参りがあった。

眞正院様兼々伊勢へ御抜参之御催有之候度、今朝無滞御忍にて御出立被成候、沢玄英御内々御供罷仰付自分参宮之分ニ而罷越候、尤今日出立候段昨日玄英申出候

宝暦十年といえば、深溝松平家に代わって宇都宮から入部した戸田氏の二代目・戸田忠寛の時代である。抜け参りをおこなった眞正院が誰に当たるのか不詳である。先の記録によると、眞正院は常々伊勢への抜け参り願望が強く、沢玄英を伴ってのお忍びでの出立であった。

このように『島原藩史神宮崇敬部』に記される伊勢詣でを思い立つ機会は、病気・厄年・安産・災害という乗り越えるべき大事に際して、また長崎の例ではあるがお蔭参り、抜け参りと、様々な機会に伊勢の神に願い祈ったのである。

4 悪病退治

伊勢への祈りは島原の現地でおこなわれることもあった。安政五年（一八五八）八月九日の次の記録は注目される。

悪病為退除明十日より日数五日、御祓大麻台ニ載唱物を入町内巡行致度、尤軒別献燈差出候

段三会町年寄届出候

領内の三会町の年寄から悪病退治の届け出があった。八月十日より五日間にわたって、伊勢大麻を台に奉安し唱え言をしながら町内を巡行し、家ごとには燈籠を点して大麻を迎えるというものであった。伊勢の御札の霊力によって除災したのである。

伊勢の神と流行病については、高橋京子氏研究チームが鹿児島県に伝わる疱瘡踊りが伊勢信仰と深く関わっていると指摘する。(64) 疱瘡踊りに関わる文献と踊りの芸態から、まず伊勢の神を「まねき手」で神座（御幣・扇）に招き、さらに疱瘡神を「まねき手」で同様に招き入れ、すでに来訪

している伊勢の神の霊力と祓いの動作によって疱瘡を追いやる踊りと、疱瘡踊りを解釈している。島原でも宝永六年（一七〇九）に藩主松平忠雄の三女「おさち様」が、疱瘡に感染したために伊勢へ疱瘡平癒の祈願がなされていた。前述の安政五年に三会町で流行った悪病が疱瘡との確証はないが、悪病・流行病に際して、伊勢の神の神威によって除災しようとする民間信仰があったのである。島原三会町で悪病退治のために伊勢大麻を奉安し巡行したのは、同趣の行為と思われる。

5　大晦日の伊勢遙拝、及び式年遷宮と御師

本項の最後に島原藩主の大晦日の伊勢神宮遙拝、そして伊勢神宮の遷宮時における御師の対応、この二点について触れてみたい。

安政三年（一八五六）十二月晦日の行事として、島原藩主が在所にあって伊勢神宮を遙拝する手順が記されている。次のような具合であった。

暮六つ時（午後六時）、熨斗目半袴を着用の上、家臣を召し連れ奥居間に御安座、御少納戸役が詰め野菊・山椒を藩主側で焚く。引き続き御次蕃が御福茶を三度差し上げる。そのとき、次の間には御用人衆・御近習目付・御膳蕃等の役人が帯刀せずに控える。万端終了後、直ちに家臣一統年末の御祝儀を申し上げ、引き続き大神宮を御拝し、御神酒を頂戴遊ばされる。

一年の終わりに際して、伊勢大神宮の加護に対して感謝の儀式と思われる。儀式のなかで野菊・山椒を焚くとあるが、その香り・煙によって藩主の身体を清める意味をもち、神道儀式でいう年末の大祓に当たるものと思われる。この年の瀬の行事はこの年に一度記されるのみであるが、年末行事として恒例化していたと考えられる。

伊勢の神宮では二十年ごとに式年遷宮がおこなわれてきたが、江戸時代には十三回に及んだ。『島原藩史神宮崇敬部』には寛政、文化、文政期の三度の遷宮に関わる記述がある。ことに文化六年（一八〇九）の分が、遷宮に際して御師と旦那地域がどう対応したか、比較的よく分かる内容である。まず前年の文化五年の二月三日付で内宮御師の伊藤助大夫が、島原藩勘定奉行に次のような願書を出している。

内宮天照皇大神宮は天下無二の尊神であって、来年巳年は正遷宮の年に当たり、春過ぎのころより諸祭が追々おこなわれ、宣旨により秋九月の遷宮の日が定まり、新殿への遷御の儀がおこなわれる。それに伴い天下泰平、国長安穏、五穀豊穣、家内繁栄、武運長久の御祈禱も執りおこなうこととなる。これに依り先例の如く御紋付大紋、熨斗目、白無垢等を拝領致したい。右装束は貴家御祈禱の際に着用するものであるから、宜しく取り成し下さるようお願いする。

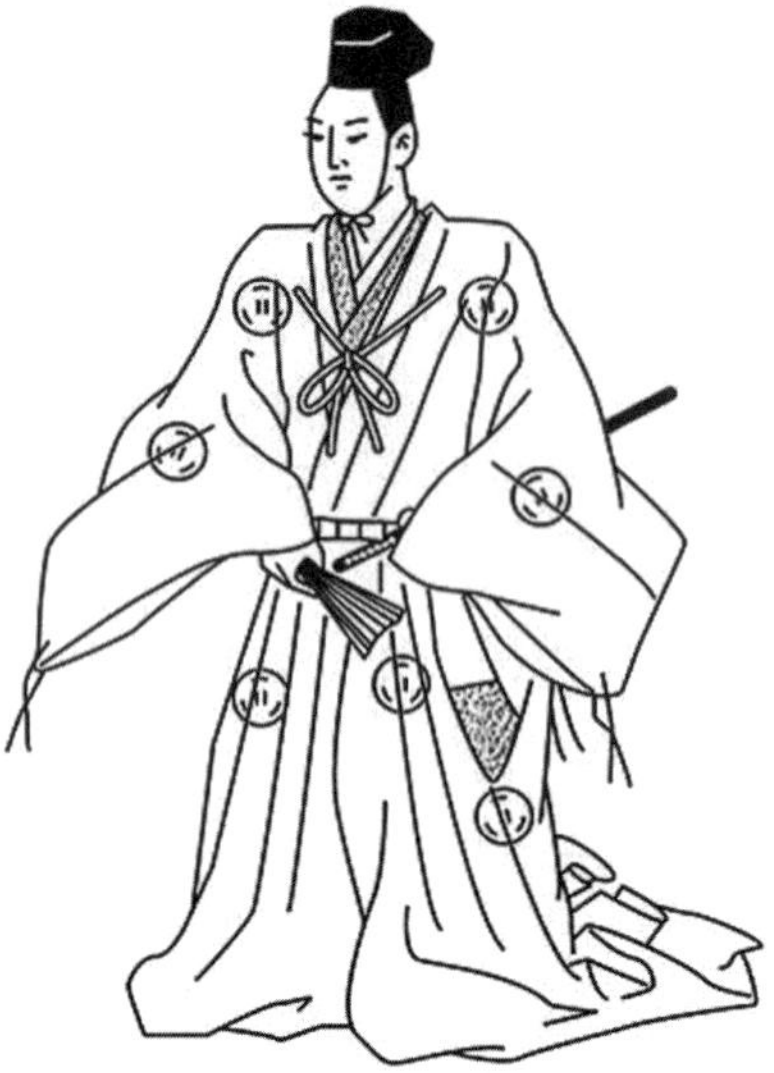
図41　紋付大紋

このような伊藤助大夫からの願いに対して、勘定奉行は前回の寛政元年（一七八九）の遷宮時の先例文書を挙げ、このときにも伊藤助大夫は御紋付大紋、熨斗目、白無垢の拝領を願っていたが、結果として紋付大紋一領を与えたことを確認している。

この寛政の正遷宮の例に倣い、この度も紋付大紋一領を授かっている。大紋は江戸時代には諸大夫以上の礼服であった。随所に紋を入れた直垂であり長袴とともに着用し、風折烏帽子に扇をもつ出で立ちであった（図41参照）。

遷宮時の伊勢御師の動向として文化六年のみを挙げたが、その前後の寛政元年（一七八九）、文政十二年（一八二九）の遷宮時に伊藤助大夫が島原藩に対する動きは、文化六年のときと同じように紋付大紋を所望することだけであった。正遷宮だからといって、それを旦那衆に周知させるような行動は窺えない。

三度の正遷宮の折に伊藤助大夫が授かった大紋は、各年の記録から大坂で誂えている。

四　毎年おこなわれた伊勢への年籠

1　年籠の実態

『島原藩史神宮崇敬部』には十二月に入ると、「伊勢年籠《としこもり》」という記述が頻繁に登場する。最初に記されるのは、寛文十一年（一六七二）十二月二十日の次の記録である。

昨日伊勢へ例年之年籠之飛脚一人遣候、右御祓参候は大坂より町飛脚ニ江戸へ下し申候様ニ大坂役人へ申候事

この寛文十一年には飛脚を遣わして年籠の参詣をおこなった。その折に御師より御祓大麻を授かることがあれば、町飛脚を使って江戸の島原藩屋敷へ送り届けるよう、大坂の蔵屋敷に申し伝

えたという。

このときには飛脚が年籠の役目を果たしているが、次に登場する延宝七年（一六七九）十二月六日の記録では、

伊勢へ御年籠為御代参辻村善左衛門、在所へ御暇中参候付罷遣

とあって、この年には辻村善左衛門が年籠の代参役を勤めている。このようにその多くは、島原藩の家臣・庶民が藩を代表して年籠の代参をおこなうことが多かった。

この年籠とは、本来は大晦日の夜から神社に籠もって、元旦に朝が明けるのを待って参拝することをいった。現在でも神社に仕える神職が、大きな祭礼に当たっては、一日あるいは数日前から一室に籠もって俗世との接触を遮断し、清浄な状態で祭礼に当たることがおこなわれている。これを参籠《さんろう》という。年籠も同様に前夜から籠もることによって、身を清めて清々しく新年元旦に参拝するという思いが込められている。しかし次第に籠もることが省略され、大晦日の夜から元旦にかけて参詣することを年籠、あるいは年越し参りと称するようになった。現代の初詣の起源と考えてよいだろう。

現代では大晦日の午前零時を以て日付が代わり、新年を迎えることになる。しかし古くは日没が一日の終わりと考えられていたから、新年を控えた年越しの夜は、その年の最後のときではなく新年に含まれる時間であった。大晦日の夜からすでに新年は始まっていたのである。

九州地方からの年籠、年越し参りはすでに中世の時期から確認される。佐賀地方を中心に広く肥前国を旦那地域とした橋村肥前大夫の『天正十九年御参宮人帳(65)』は、次のように始まる。図42に示したが、天正十九年（一五九一）に佐賀郡晴気村《はるけむら》と高田村の例である。

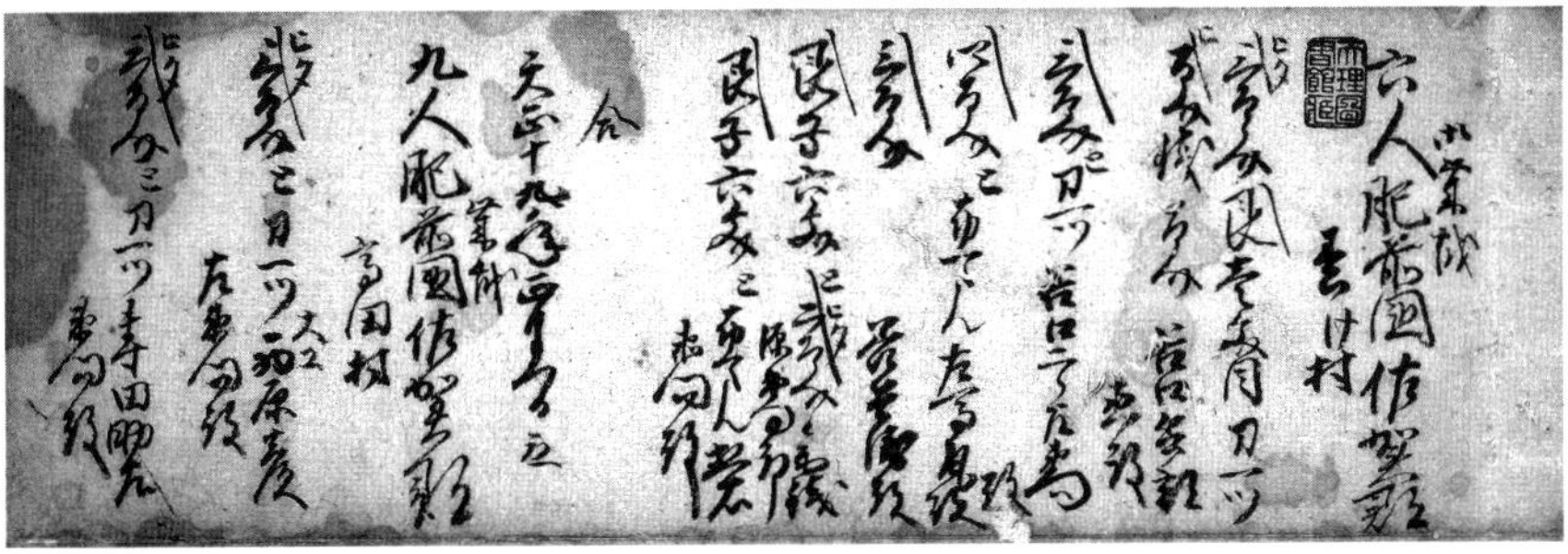

図42　天正19年正月の年越参（佐賀晴氣村・高田村）

御歳越
六人　肥前国佐賀郡春け村
ビタ三百文　艮壱文目　刀一ツ
谷口兵部丞殿
百文銭　百文
三百文と刀一ツ
谷口二郎左衛門殿
（中略）
天正十九年正月一日立

肥前国佐賀郡の晴気村から伊勢詣でをした六人の者の冒頭には、「御歳越」と記されている。これに続いて佐賀郡高田村の九人、同郡龍造寺村の二人、同郡水上山村の三人の者たちも歳越参りをおこない、合わせると二十人を数える。ただ晴気村・高田村・水上山村の十八人は「歳越」としながら、龍造寺村二人については「歳籠」と記される。四カ村の投宿・参宮を連続して記述するなかで、龍造寺村のみを歳籠と区別して記述しているのは、歳越とは違った参詣の方法をとったからであろう。橋村屋敷に投宿しながら、文字通りに何かの建物に籠もる行為を伴ったのではないか。

九州地方からの伊勢参宮に際して、このように肥前佐賀地方からの年籠参り・歳越し参りの早い例を確認することができる。江戸期

表（38）島原藩伊勢年籠代参者一覧

No.	年号	西暦	出発月	日	帰着月	日	年籠代参者名	備考
1	寛文11	1671	12	20			飛脚	
2	延宝7	1679	12	6			辻村善左衛門	
3	天和2	1682			2	2	牧十郎左衛門	
4	貞享4	1687	12	6			飛脚桶師六大夫	
5	元禄2	1689	12	1			飾屋吉左衛門	
6	同5	1692	11	18	翌年1	19	襖師小兵衛	11/18は代参決定日、出発は後日
7	同7	1694	12	3	翌年1	29	塚本十右衛門·足軽与市郎左衛門	
8	同8	1695	12	9	翌年2	1	清水屋敷附小一郎·夫一人添	
9	同11	1698			2	9	中村丈右衛門	
10	同11	〃	12	4			木挽喜兵衛	
11	同12	1699	11	29			杉新兵衛（二の丸番藤沼勘四郎支配）	
12	同16	1703	12	1			葺師左次兵衛	
13	宝永3	1706			1	21	大坂水主	
14	同3	〃	12	3			彦坂孫助（願い出）	銀3枚·日参料300目持参
15	同5	1708			1	16	間瀬弥大夫	銀3枚·日参料300目持参
16	同6	1709	12	3			木挽市右衛門（願い出）	銀3枚·日参料300目持参
17	同7	1710	11	30			大坂·水主（願い出なく）	銀·日参料持参
18	正徳3	1713	11	22			大坂·忠左衛門水主（願い出なく）	銀·日参料持参
19	享保2	1717			2	7	合羽師平八郎	
20	同2	〃	12	2			伊勢年籠に差し遣わす（氏名不詳）	
21	同3	1718	12	2			葺師久大夫	日参料持参
22	同6	1721					葺師七左衛門	
23	同7	1722	12	3			清五左衛門（藤沼五郎左衛門組足軽）	1/9·年籠願い出、日参料新銀300目持参
24	同8	1723	12	3			合羽師平六	初穂銀3枚·日参料300目持参
25	同9	1724	11	22			長谷川助三郎	初穂3枚·日参料300目持参
26	同10	1725			1	8	小細工文平伊勢年籠を願い出	
27	同10	〃	11	28			年籠役願い出なく大坂水主勤める	
28	同11	1726			1	9	大坂水主袢着用船にて参宮	
29	同11	〃	12	1	翌年1	17	木挽惣左衛門	1/18·年籠願い出、初穂2枚·日参料持参
30	同16	1731	12	5			年籠役願い出なく大坂水主勤める	初穂銀持参
31	同19	1734	11	26			大坂詰水主	日参料銀300目持参

No.	年号	西暦	出発月	日	帰着月	日	年籠代参者名	備考
32	享保21	1736	12	3			藤沼佐茂右衛門	日参料銀300目持参
33	元文5	1740			2	8	町廻藪大夫	伊藤大夫より御祓大麻・熨斗言付かり
34	同5	〃	12	3	翌年1	21	吉田丹波・金具師弥右衛門	弥右衛門京都で細工道具調達
35	同6	1741	12	3			吉田丹波・大工俊蔵	雑用費－吉田丹波600目・俊蔵250目
36	寛保3	1743			1	24	大田万兵衛	
37	同3	〃	12	1			吉田丹波・塗師庄八	
38	同4	1744	11	13	翌年2	13	小細工竹助	11/13は年籠願い出日
39	延享2	1745	11	30			吉田丹波・大工治介	初穂銀持参
40	同3	1746	11	9	翌年2	7	吉田丹波・内村市郎兵衛・斧右衛門	11/9は年籠役決定日
41	同4	1747	11	30	翌年2	1	吉田丹波上下・大工足軽徳兵衛	
42	寛延2	1749			2	5	大坂詰元締所役人近藤兵助	
43	同3	1750			1	11	陶山弥左衛門年籠役願い出、許される	
44	同4	1751	12	11	翌年1	14	御台所人松下兵七	日参料300目持参
45	宝暦2	1752	12	8			元締所物書余縄林蔵	
46	同5	1755			1	15	大竹繁右衛門	
47	同5	〃	12	11			歩行士高木悦蔵	
48	同6	1756	12	11			大工作大夫	
49	同7	1757	12	11			藤何左衛門	三森本光寺へも参詣
50	同8	1758	12	11			村井幸助・中間1人	初穂銀3枚・日参料300目持参
51	同10	1760			1	15	疋田佐大夫	
52	同10	〃	12	10			武具方岡野飛右衛門	初穂銀3枚・日参料300目持参
53	同11	1761	12	11			冨永藤助	
54	同13	1763			3	11	冨永藤九郎	
55	同13	〃	12	10			御徒横目川井又次	
56	明和2	1765	12	11			野田信左衛門	
57	同6	1769	12	11			高木治介・中間1人	
58	同7	1770	12	11			高槻徳左衛門	
59	安永元	1772			1	17	竹田慶大夫	
60	同元	〃	11	18	1	18	寺田弐右衛門	秋葉山も参拝
61	同2	1773	12	10	翌年1	18	市川十右衛門	日参料・本光寺仏供料持参
62	同4	1775	閏12	2	翌年2	11	佐藤亀右衛門	日参料持参
63	同5	1776	11	28	翌年2	14	川島慶右衛門	秋葉山・三森本光寺参りも許される

No.	年号	西暦	出発月	日	帰着月	日	年籠代参者名	備考
64	安永6	1777	11	25	翌年2	14	高橋嘉兵衛	秋葉山・三森本光寺参りも許される
65	同7	1778	12	2	翌年2	7	鳥居団七上下両人往来切手発行	本来寺仏供米・日参料持参
66	同8	1779	12	3	翌年2	13	二の丸番松原用兵衛	往来切手発行、日参料300目持参
67	同9	1780	12	29			寺田栄弥年籠役決定するも母病気の為に中止、江戸より弓削武兵衛代役	
68	天明7	1787			4	29	洞木為兵衛伊勢年籠より帰着	伊藤大夫より御祓大麻・熨斗言付かり
69	同7	〃	11	19			渡部勝助伊勢年籠を願い出、許される	
70	文化2	1805	3	2			伊勢年籠者御祓い大麻を御少納戸へ収め	
71	同8	1811			2	19	大坂詰物書植木酒造助	日参料・初穂銀2枚持参
72	同11	1814			3	18	大坂詰物書片岡禎助	
73	文政5	1822			1	11	大坂詰物書	
74	同6	1823			3	19	大坂詰松尾喜三郎帰坂の旨、藩庁へあり	
75	同9	1826			1	8	大坂詰高野兵蔵	秋葉山も廻る
76	同11	1828			2	8	谷口三木之助	
77	同11	〃	12	22	翌年1	17	大坂詰入江才兵衛	
78	同12	1829	12	23	翌年1	16	大坂詰松村祐平	秋葉山も廻る
79	天保3	1832			2	10	伊勢年籠と秋葉山の御札、大坂より到来	
80	同3	〃	11	21			馬場小左衛門上下大坂着	秋葉山も廻る
81	同4	1833	12	23	翌年1	16	渡辺岩七郎（大坂詰か）	秋葉山も廻る
82	同5	1834	11	12			伊勢年籠者へ日参料・初穂金3両渡し	
83	同8	1837			1	16	山下□平	秋葉山も廻る
84	同11	1840			2	15	大坂詰物書中根万平	秋葉山も廻る
85	同11	〃	12	16	翌年1	16	阿部昌左衛門（大坂詰か）	秋葉山も廻る
86	同12	1841	12	22	翌年1	16	大坂詰高橋申太郎	秋葉山も廻る
87	同13	1842	12	22	翌年1	16	大坂詰奥村又左衛門	秋葉山も廻る
88	弘化2	1845			1	16	伊勢・秋葉山年籠者帰坂	
89	嘉永元	1848	12	22	翌年1	20	大坂詰高野精一郎	
90	同4	1851	12	22	翌年1	16	大坂詰高橋兼馬	
91	同5	1852	12	23	翌年1	17	大坂詰物書本多栄八	秋葉山も廻る
92	安政2	1855	12	22	翌年1	16	大坂詰渡辺忠之進	
93	元治2	1865			1	16	大坂詰島田申五郎	秋葉山も廻る

に入り島原地方からおこなわれた年籠も、同様に年末に御師屋敷に投宿してその夜の内か、あるいは明けてから内宮・外宮に参詣したものと思われる。

さて『島原藩史神宮崇敬部』に記される年籠は、前述のように江戸初期の寛文十一年（一六七一）から幕末の元治二年（一八六五）に至るまで九十三例・百四人を数える。記録として残るのはこの件数であるが、おそらく年籠の参詣は毎年おこなわれたものと思われる。判明する九十三例を一覧化すると表（38）のとおりである。

島原藩の年籠の記述は、本来は島原藩庁日記にあったものを、土井豊築が抽出して『島原藩史神宮崇敬部』に収録したのである。とすれば公的日記に記されるこの年籠は、決して個人的な参拝ではなく、藩から公式に派遣された役目と考えるべきであろう。表（38）の備考欄に記したが、例えば№14の宝永三年（一七〇六）に参詣した彦坂孫作は、藩から初穂銀三枚の支給を受け、後述するが伊勢での宿となる伊藤助大夫御師への年間の祈祷料銀三百目を、藩から言付かって持参している。こういった待遇や役目を見れば、年籠者は藩が遣わした使者という立場であった。

松平氏の政治が続くなか、寛延二年（一七四九）から安永三年（一七七四）まで二十六年に亘り、戸田氏が島原藩主の座に在った。その戸田氏の時代も年籠は途絶えることなく遣わされている。

2　年籠に赴いた人々

その公的役目を果たしたのは、どういう立場にあった人々であろうか。

九十三件の年籠者を分類すると、有姓者延べ人数四十四人（実人数三十九人）、無姓者二十三人、大坂蔵屋敷詰二十六人、江戸屋敷詰一人、足軽一人、飛脚二人、不詳七人、合計百四人である。

約半数は有姓者、すなわち家臣（武士）であった。大坂蔵屋敷詰二十六人の内訳は武士十七人、蔵屋敷付の水主（船頭）七人、身分不詳一人である。こういった藩の役目をもつ家臣たちが公的年籠役を担うのは納得できるが、それ以外に飾屋・桶屋といった無姓者・庶民たちも年籠役を勤め二十三人を数えている。

さて毎年の年籠者を島原藩はどのようにして人選したのか。前述の宝永三年（一七〇六）の年籠役となった彦坂孫助（No.14）の場合には、次のような経緯であった。

十一月十四日

御用人申出候御年籠伊勢御代参、彦坂孫助数年立願御座候付、罷越度旨願出候由達御聞相済申渡候

十二月二日

彦坂孫助伊勢年籠御使ニ明日罷立候付、御初穂銀三枚之添状用人ゟ遣、日参料三百目之状者御月番松平勘解由殿罷遣、

彦坂孫助伊勢年籠御使ニ明日罷立候付、御初穂銀三枚之添

この一連の記録から彦坂孫助は、宝永三年の十一月十四日に念願の伊勢年籠を用人に申し出て聞き届けられた。十二月三日には伊勢出立の手はずとなり、その際に初穂銀三枚と日参料三百目を藩から支給されている。日参料については、この記録の下りに「伊藤大夫方へ遣候」とあって、伊藤助大夫が毎日おこなう島原藩の安穏祈祷に対する初穂料である。

このように彦坂孫助が年籠代参役になった経緯を見ると、本人からの希望、申し出によって選ばれている。そして藩からの初穂の支給を受け、伊勢の伊藤助大夫への日参料を預かっての出立

であった。

家臣以外の庶民の場合はどうであろうか。宝永六年（一七〇九）に年籠役となった木挽の市衞門（No.16）の場合を見てみよう（十二月十三日条）。

伊勢御年籠御使木挽市右衛門、依願去ル三日爰元出立、例之通日参料銀三百目、御初穂銀三枚大坂御銀より渡筈

この場合も市右衛門の「願に依り」とあるから、本人からの申し出によりその役を勤めることとなった。さらに享保十年（一七二五）十一月二十八日の次の記事は、この役目がどのようにして選ばれたのかが分かる。

当年伊勢へ参候御年籠之者願出候もの、爰元ニ而無御座候間、大坂水主之内より差遣候様可申遣段達御耳候

この年の年籠は願い出る者がいなかったので、大坂蔵屋敷の水主が勤めることになったという。すなわち年籠を希望する者が藩に願い出れば、年籠役を勤めることができたのである。決して一方的な藩命によって勤めるものではなかった。

ときには思わぬ事態も起こった。安永九年（一七八〇）十二月二十七日の記事である。

伊勢御年籠寺田栄弥可相勤順ニ候所、母病気不相勝候ニ付、江戸ニ而之願弓削弐兵衛ニ付右代り申付候由

寺田栄弥が順番からすると年籠であったが、母親が病気のために勤めることができず、江戸屋敷の弓削弐兵衛が代わって勤めることとなった。このような不意な交替もあったのである。ここには「相勤順」とも見え、家臣の間では年籠の順番もあったようである。

年籠役を勤めた家臣（武士）は実人数三十九人であったが、どういう立場の者たちであろうか。その内十人は、島原藩の家士『明細帳』(66)に記述があり、履歴の一端が分かる。表（38）中のNo.、氏名、年籠出発年、事蹟、（『明細帳』収録巻）の内容で記すと次のとおりである。

No.（11）杉新兵衛　元禄十二年　忠俔・忠刻・忠祇の三代に仕える、馬廻衆、城代役、（貞七）
No.（34）吉田丹波　元文五、六、寛保三、延享二、三、四年　松島神社神職　享保元年上京し吉田家より神職の官位を授かる。（亨六）
No.（40）内村市郎兵衛　延享三年　中小姓、元文元年新地高百石、馬廻、先手者頭、役料五十石、（利四）
No.（45）余縄林蔵　宝暦二年　宝暦二年申十二月八日伊勢　取〆所見習、勘定人、改役、二ノ丸番、御徒横目、安永八年十月二十三日病死、（利四）
No.（55）川井又次（治）　宝暦十三年、天明五年切米六石二人扶持、御庭奉行、寛政四年十二月病死、（目付以上明細帳）
No.（58）高槻徳左衛門　明和七年　明和七年寅十二月八日伊勢、同十一日同上、先手組小細工所職人、（利一）
No.（60）寺田弐右衛門　安永元年　安永元辰十一月十八日伊勢　享保十七年愛津村番人、御徒横目、御徒小頭、御蔵奉行、（貞一）
No.（63）川島慶右衛門　安永五年　安永申五年十一月三日伊勢　同二十八日　同六酉二月十四日同　寛延二年三月坊主方、明和元年御勝手方・勘定方、（亨五）
No.（64）高橋嘉兵衛　安永六年　安永六酉十一月十日伊勢　同二十五日同　宝暦五年五月元〆所、勘定人、明和六年勘定改その後二ノ丸番、（利一）（『明細帳』には吉左衛

№.（68）洞木為兵衛　天明七年　天明五年代官その後勝手方勘定人、寛政六年江戸詰にて病死、門とある）
（持組先手足軽明細帳）

履歴が分かる十人については、様々な藩の役職に在った者たちであり、役目に伴って年籠役に抜擢された訳でもない。ただ元文五年（一七四〇）から延享四年（一七四七）の間に、六度の年籠役を勤めた吉田丹波（№.34）は松島神社の神主であった。吉田丹波が伊勢に赴いた際には、金具師・大工・塗師等と随伴者がおり、おそらく神主の立場でこういった者たちを引率したのであろう。

吉田丹波の家系は、『明細帳』亭六によると、三代前の小田八大夫の時に松平忠房に追従して、福知山から島原に移住した。忠房誕生の際に幼名を「五郎八」と名付けるほどに、藩主に近い関係にあった。島原では松嶋神社を勧請して社職（神主）となり、藩主より「吉田」の苗字を賜っている。貞享元年（一六八四）には上京し、当時、全国の神社を司った京都の吉田家より「丹波」の官途名を授かり、吉田丹波と名乗った。この人物が祖父に当たり、その後、父親、本人ともに上京して吉田家より「丹波」名の踏襲が許されている。

履歴が判明する前記の十人のうち五人には、その事蹟中に伊勢の年籠と思われる記述が見られる。

余縄林蔵（№.45）には「宝暦二年申十二月八日伊勢」と記されている。『島原藩史神宮崇敬部』でも宝暦二年十二月八日に余縄林蔵に年籠を申し付けたとあって、その日付が一致する。

高槻徳左衛門（№.58）は「明和七年寅十二月八日伊勢、同十一日同上」とあり、十二月八日に藩庁に出府して旅籠代等を受け取り、十二月八日の出立であった。

同様に寺田弐右衛門（No.60）、川島慶右衛門（No.63）、高橋嘉兵衛（No.64）の履歴中にも「伊勢」と記した年月日がそれぞれに記され、『島原藩史神宮崇敬部』に見える伊勢出立の年月日と一致している。このように五名の事蹟のなかに見える「伊勢」は、伊勢年籠を意味していることに間違いない。ただ安永六年に年籠をおこなった高橋嘉兵衛は、『明細帳』（利二）には「吉左右衛門」と記され、この人物に安永六年「伊勢」の記事が記されているので、「嘉兵衛」と「吉左右衛門」は同一人物と思われる。

『明細帳』に記された五人の「伊勢」に関わる記録は、墨跡の濃淡は薄く本文記事とは明らかに異筆であり、わざわざ追記されたことが窺える。この年籠役が誇るべき大役であったために、履歴記事に加えられたものと思われる。

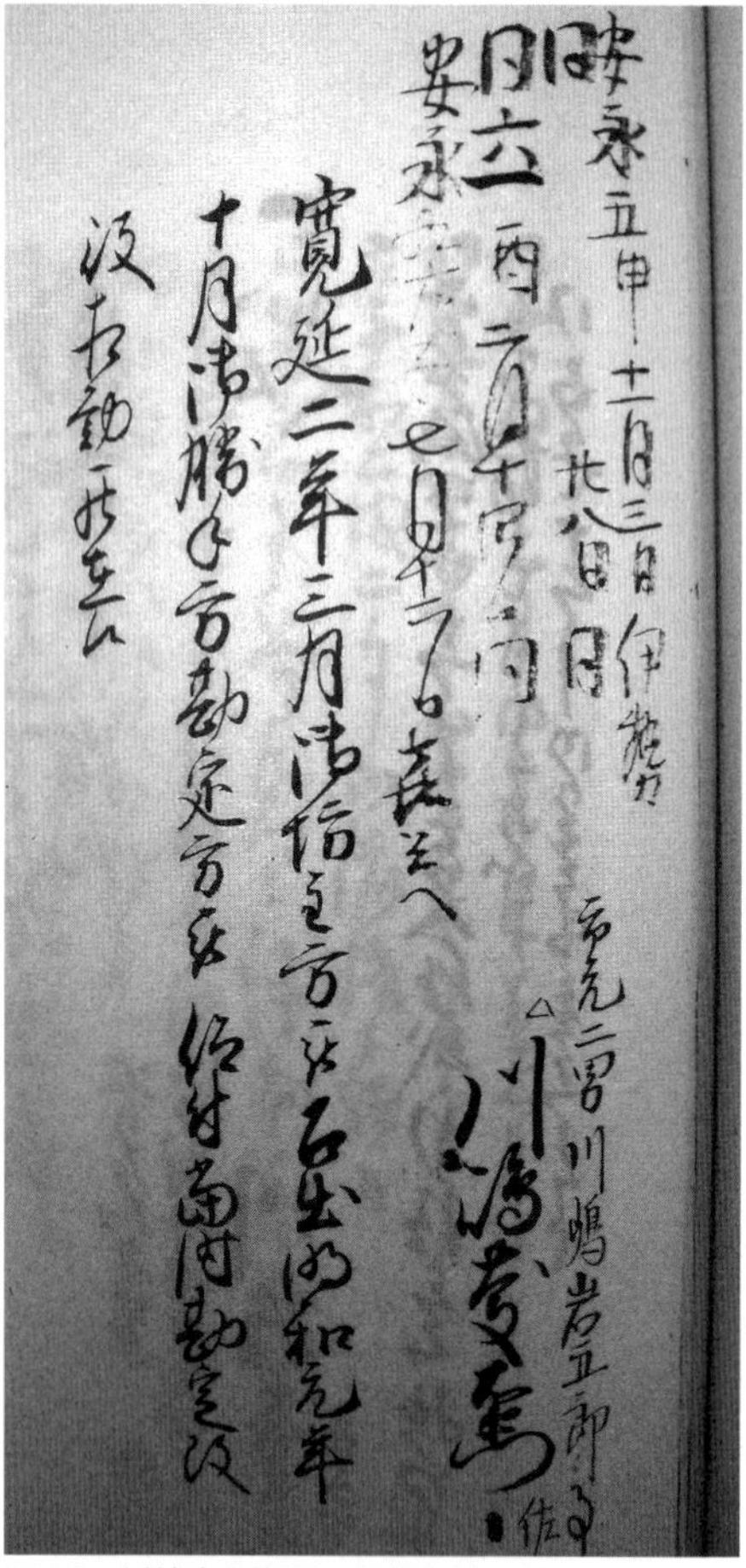
図43　川嶋慶右衛門の伊勢年籠記録（島原・松平文庫）

苗字をもたない庶民も二十三人が年籠役を勤めた。表（38）にその名前も記したが、飾屋・襖師・木挽（三人）・葺師（三人）・合羽師（二人）・小細工師（二人）・金具師・大工（四人）・

塗師といった職人が十八人を数える。職人が多く年籠を希望した理由はよく分からないが、飾屋・木挽・葺師・小細工師・金具師・大工などは建築に関わる職種であり、年籠で伊勢に赴き伊勢神宮の建築様式を学ぼうという意図があったものとも憶測される。

この憶測を有利にするのは、他の地域にも職人の年籠の例を確認できることである。天正十九年の元旦に肥前国佐賀郡高田村と龍造寺村から九人と二人、合計十一人の歳越し参りがあったことを前述した。ここでも大工が八人（高田村六人・龍造寺村二人）を占めているのである。時代は中世末期と江戸期と異なるが、大工を初めとする家作職人が多いのは、伝統的な建築の粋を尽くした伊勢神宮の建物から、技術を習得したいという願望があったのではないか。今日の技術研修ともとれる。

年籠のついでに道具を求める職人もいた。元文五年（一七四〇）に吉田丹波とともに年籠に赴いた弥右衛門（No.34）は、「京都ニ一宿仕細工道具相整申度候間、其通申付候」とあって、伊勢に赴いた折に京都に一宿して細工道具を購入している。地元では手に入らない道具であったのであろう。このような庶民の年籠は、宝暦六年（一七五六）の大工の作大夫（No.48）を最後にその後は遣わされることはなかった。その後は藩の家臣たちが年籠役を勤め、ことに文化八年（一八一一）ころからは島原藩大坂蔵屋敷詰めの家臣たちが年籠役を勤めことが多かった。加えて家臣たちが勤めるようになったころから、伊勢への年籠の後に三河国（愛知県）深溝松平家の菩提寺である本光寺や、遠州（静岡県）秋葉山に鎮座する秋葉大権現へも参詣することが多くなっている。

その理由はよく分からないが、深溝松平家は島原藩主となった後も、藩主が亡くなれば出身地の本光寺に埋葬されていたから、旧藩主の墓参という意味があったのであろう。秋葉山は火伏の神、すなわち鎮火の神として広く信仰されていたから、秋葉山に参詣することによって島原領内での火災予防を願ってのこととも思われる。

大坂蔵屋敷からの年籠は、早い例では宝永三年（一七〇六）から享保十九年（一七三四）まで五例が確認できる。いずれも水主が勤めているが、その多くは国許での年籠希望者がいなかった替わりに大坂蔵屋敷の水主が遣わされている。その後、大坂蔵屋敷の家臣衆が年籠役を勤めるのは、表（38）よると文化八年（一八一一）からであり、幕末の元治二年（一八六五）まで十七例を数える。

その島原藩大坂蔵屋敷の所在地については、西川源一氏の詳細な研究がある。[67] 氏の研究によると蔵屋敷の場所は三度替わり、貞享四年（一六八七）の時点で天満樋ノ上町、天明三年（一七八三）には上中ノ島町、天保六年（一八三五）には淀屋橋北詰であった。従って家臣衆が年籠を勤めた当時の大坂蔵屋敷は、上中ノ島町と淀屋橋北詰に在ったことになる。西川氏が引用した天保七年（一八三六）九月二十日から同年十二月十八日までを記録した『大坂詰日記』に、伊勢年籠に関わる記事を次のように見出すことができる。

一、伊勢御参篭、秋葉山御使、例年物書ゟ十二月二十三日頃出立、正月十五六日頃罷帰り申候、
右ニ付銀壱両被下置候、伊勢御初穂白銀弐枚金三両上ル、秋葉山御初穂白銀弐枚上ル

一、役所出仕の上、伊勢御年篭被仰付候ニ付、御受御礼御留守居申上、御役所一統江挨拶候

伊勢年籠の出立と帰坂の時期を、十二月二十三日ごろより明くる年の正月十五、十六日ごろと定めている。表（38）に示した出発日を見ると早い例で十二月十六日が一例、その外の十六例は十二月二十一日から二十三日に集中している。帰着日も二月と三月の場合も四例あるが、その他の十三例は一月十一日から二十日の間に大坂に戻っている。『大坂詰日記』に定めた期日とほぼ一

致する。

また伊勢までの路銀は銀一両であり、伊勢への初穂は銀二枚（八十六匁）であった。この定めの前であるが、文化八年（一八一一）の年籠役・植木酒造助が持参した初穂は銀二枚と見え、この当時からの定額であったのであろう。

年籠を勤めるのは、前述の引用史料にも見えるように、大坂蔵屋敷役人のなかでも物書役と定まっていた。事実、表（38）で見る限りでも五人の者が物書役であった。他の者たちは役柄が記されていないために判然としない。

このように『大坂詰日記』に定められた内容と実際の年籠の実態を照合すると、大坂蔵屋敷からの年籠はほぼ規定通りにおこなわれたことが分かる。

文化年間以降、年籠が大坂蔵屋敷役人によっておこなわれるようになったのは、何か理由があってのことだろうか。おそらく費用の関係からであろう。後述するが、年籠役には藩からのかなり高額の路銀の支給があった。島原の国元からではなく、大坂から遣わすことによって経費の節減を計ったものと思われる。

3　年籠の手順と支給された路銀

島原領からの年籠はどういう手順でおこなわれたのであろうか。表（38）でも分かるように島原出発は十一月下旬から十二月初旬であった。前述したように年籠役は藩から支給された初穂銀三枚と日参料銀三百目を持参している。これらの額が当時流通した金銀の代価にしてどれほどの額になるのか。幸いに宝暦十年（一七六〇）の年籠役・岡野飛右衛門（No.52）に渡された額が、初穂額銀三枚は金二両と銀九匁、日参料銀三百目は金五両と具体的に記されている。

銀一枚は四十三匁であるから三枚で百二十九匁となる。宝暦十年当時の金銀交換率は金一両＝銀六十匁であり、この額で百二十九匁を割ると金二両と銀の端数が九匁となり、岡野飛右衛門に渡された額と一致する。

また日参料の銀三百目は、銀を十匁ごとの整数で使用した場合は十目・二十目と、「目」の単位も用いた。端数を伴った十二匁・二十三匁の場合は十二目・二十三目とはいわない。従って銀三百目は三百匁と同様のことである。当時の金銀換算率を金一両＝銀六十匁と前述したが、この交換率によると銀三百目（匁）は金五両となる。これも岡野飛右衛門に渡された額と相違はない。

この初穂と日参料は年籠の受け入れ先である御師・伊藤助大夫に納められた。伊藤助大夫からは年籠の祈祷がなされた御祓大麻と熨斗などが渡された。無事に年籠を果たした者たちの島原帰着は一月中旬が多かったが、遅くは二月に及ぶ者もいた。伊藤助大夫から授かった御祓大麻、熨斗などは、藩庁に納められている。

伊勢までの往復の路銀は藩から支給されたのか、あるいは個人で負担したのか、ほとんど記録されないが、ただ元文六年（一七四一）の年籠役・吉田丹波と大工俊蔵の場合は（№35）、吉田丹波には「銀六百目　雑用」、俊蔵には「銀弐百五拾目　道中雑用」との記録があり、それぞれに雑用費として銀六百目と二百五十目が渡されている。先に示した金銀の相場からすると、吉田丹波は金十両、大工の俊蔵は金四両と銀約十七匁の路銀の支給を受けている。藩の役目として伊勢に赴く年籠役には、藩からこのような高額の路銀の支給があったのである。

五　おわりに—伊勢と島原のネットワークを支えたもの

『島原藩史神宮崇敬部』によって島原藩の伊勢信仰を見てきた。その結果、島原地方の特徴として次の二点を挙げることがでる。

ひとつは伊勢側の記録には、島原を旦那地域とした御師は、内宮御師は伊藤助大夫、外宮御師は岩出將大夫と記されながら、その途中には盛衰はあったものの、千賀大夫（外宮）、橋村肥前大夫（外宮）、村山大夫（外宮）、岡田吉大夫（内宮）、喜田民部大夫（外宮）の活動もあった。内宮の御師二家、外宮の御師五家、計七家の御師が島原領に入り、藩主への御祓大麻献上、また旦那衆への大麻配札をおこなっていた。御師側の記録である『公儀諸大名江両宮ら御祓納候御師附』によっても、一藩領内で活動する御師は内宮・外宮の御師が各一家ずつ、あるいは両宮の内どちらかの御師である。島原藩のように七家もの御師が活動するのは比類がない。

二つ目は伊勢への年籠を毎年おこない、藩の公的役割でありながら家臣も、職人などの庶民も希望し申し出れば、その役目を勤めることが可能であった。

このようになぜ、この地域が伊勢に対して寛大であったのか、その理由は残る記録には記されず推測するしか術がない。

七家もの御師が活動した点について、宝永三年（一七〇六）に喜田民部大夫が小豆島は自らの旦那地域であるとの理由で、小豆島からの移住者に対して伊勢大麻配りを希望し、許可される事例があった。これでも分かるように、島原藩は島原の乱により疲弊した村々に各地より移住者を募り、村の再生を計っている。そのひとつが小豆島からの移住者であった。

移住者の実態はよく分からないが、平成二十九年五月には「阿波郡新開見付之帳」という、阿波国からの移住を思わせる新史料の発見もあった。各地からの移住によって村の気質は異なり、乱以前とは一変したと思われる。その村況に応じて御師の活動が展開されたために、七家もの御師に及んだのではないか。それを窺わせるのが、先の喜田民部大夫が、馴染みの小豆島移住者地域での活動を望んだ事例である。更に天保十四年(一八四三)に橋村肥前大夫の旅宿で町内の安全祈祷をおこなうことと、五節句に町中に献燈する願いを有馬の町衆が願い出ている。ここには橋村肥前大夫と有馬の旦那衆の強い結束が見られる。乱後におこなった村に応じて伊勢御師を配した結果が、このようなかたちで表れたとも考えられよう。

もうひとつは島原藩における神道学者の伊藤栄治、永運親子の存在である。

島原市史編纂時に蒐集された伊藤家『先祖書』[68]によると、伊藤栄治は松平忠房に招かれて寛文十二年(一六七二)に島原に入り、和歌・俳諧・有職故実・神道等に精通する一方、伊勢に在って当時の神道界の大御所・度会延佳に学び、藩主忠房に『日本書紀』や『源氏物語』などの講義をおこなうなど、島原藩きっての神道学者であった。現在、島原の松平文庫に数多くの伊勢神宮関係、また神道関係の記録が所蔵されているのは、伊藤栄治の蒐集によるものという[69]。

その伊藤家『先祖書』には次のような事蹟が記される。

忠房公本より神道の正法をたうとみ学はセ給ひ、精誠紀一乃信心怠り不給而、島原の城ニ移らせ給ひて管内に有所の神社、猛島五社を始め乱世の比より正理を失ひたるにや、多分浮屠に淫せられて佛を以て神體とし、榓を榊にかへ、鈴を鰐口として社司神人は数珠錫杖をたつさへ、念佛誦経を以て神事を行し所に、神慮乃和光かゝやき出て時なる哉、忠房公清政の化を放し則栄治に厳命を下し給ひ、彼の弥陀・釈迦・観音或ハ鬼形異類の彫像を悉く改め移し、神国明理乃御筥ヲ納め、御幣を捧て神躰を安坐し、鳥居を建眞坂樹を植え宮殿の方位を正し、猶又神道の事業を神人等に教るべき旨を命しさせ給ひ（後略）

松平忠房の神道奨励を述べ、殊に島原領内の神社は「乱世の比」より進むべき道を失い、仏道に染まってしまっているとして、伊藤栄治に神道の復興を命じている。ここに「猛島五社を始め乱世の比より」と見えるのは重要である。この「乱」は島原の乱を指していると思われ、島原の乱によって崩壊してしまった神社への信仰を立て直そうという意図が表れている。

伊藤栄治の隠居後は、その息子であり、かつて御師を勤めた伊藤永運が島原藩へ招かれる。この親子の伊勢との強いネットワークが、島原藩の宗教政策に反映され、七家もの御師の活動を受け入れ、また伊勢への年籠も始まり永続したものと思われる。

毎年、年末から新年にかけて年籠をおこなった者は、帰郷後にその旅の様子、伊勢両宮の荘厳な構え、御師屋敷での接待など、約一月にわたる伊勢への旅を近隣の衆に語ったであろう。その話を聞いた者のなかから、年籠役を希望する者が出たこともあったであろう。地道な方法ではあるが、島原の乱後の疲弊した村を復興させるひとつの策であった。

ただ文化年間からは、国元からの年籠はほとんどおこなわれなくなり、大坂蔵屋敷の役人が勤めることが多くなった。もうこのころには島原の乱の影響を殊更に意識することもなくなったのであろう。

【補注】

(1)根井浄『修験道とキリシタン』(東京堂出版　昭和六十三年)
(2)フロイス『日本史』9巻四十三～六十一頁(中央公論社　昭和五十四年)
(3)同書9巻五十五頁、六十一頁註31
(4)同書10巻三十二頁～四十頁
(5)同書6巻三百十一頁
(6)野田精一「伊勢山田の三頭大夫とその古文書」(『地方史研究』十巻一号　一九六〇年)
(7)フロイス『日本史』2巻七十三頁
(8)同書10巻四十七頁
(9)外山幹夫「有馬氏の領国支配」(『長崎大学教育学部社会科学論叢』四十九号　一九九五年)
(10)フロイス『日本史』9巻百六十一頁
(11)根井前掲書六十頁
(12)フロイス『日本史』10巻四十八～四十九頁
(13)根井前掲書五十九頁
(14)フロイス『日本史』10巻二百二十七頁
(15)同書10巻三十四頁
(16)『上井覚兼日記』中　百八十六頁(大日本古記録　岩波書店　平成三年)
(17)同書上　百六十一頁　百七十三頁　百七十四頁　百七十七頁
(18)フロイス『日本史』10巻二百三十一頁
(19)同書9巻百十二頁
(20)『島原半島史』上巻　百九十二頁(国書刊行会　昭和五十四年)、『藤原有馬世譜』原本は東京大学史料編纂所所蔵
(21)フロイス『日本史』9巻八十五頁
(22)『島原の歴史』四頁(島原市役所　昭和四十七年)
(23)『島原半島史』上巻　百九十二頁
(24)フロイス『日本史』9巻六十五頁

(25) 同書9巻百二十二〜百二十三頁
(26) 根井前掲書　第一章（3）島原半島の寺院と寺跡　六十三頁
(27) フロイス『日本史』9巻百六十一頁
(28)『イエズス会士日本通信』下　新異国叢書2（雄松堂書店　昭和五十三年）
(29) 根井前掲書　第五章（2）島原の法然寺と浄土宗の発展　二百四十三頁〜二百五十一頁
(30) 久田松和則「参宮をめぐる伊勢御師と美作・備前の道者達」（『近世の伊勢神宮と地域社会』岩田書院　平成二十七年）
(31)『上井覚兼日記』中　二十九頁
(32) 同書 中　三十頁
(33) 同書 下　八十七頁
(34) 同書 中　四十九頁
(35) 水野瑞夫・遠藤正治・小池富雄「尾張藩初期の御深井御薬園について」（『岐阜薬科大学紀要』四十五号　平成八年）
(36)『邦訳日葡辞書』百八十九頁（岩波書店　一九八〇年）
(37) フロイス『日本史』10巻 六十三頁
(38) 根井浄「有馬氏時代の食文化と茶室―伊勢御師食膳日記の世界―」（『嶽南風土記』二十一号　平成二十六年）
(39) 松尾剛次『勧進と破戒の中世史―中世仏教の実相』百六十一〜百六十二頁（吉川弘文館　平成七年）
(40) 天理大学図書館所蔵、天正十年（一五八二）より元和九年（一六二三）の間の二十一カ年分二十五冊が現存する。『佐賀県近世史料』第十編（宗教編）第五号として翻刻（佐賀県立図書館　平成二十九年）
(41) フロイス『日本史』10巻　百六十五頁
(42) 神宮文庫所蔵　宮後三頭大夫文書『肥前国藤津郡彼杵郡高来郡御旦那證文』所収、『三重県史』資料編　中世（下）二百八十七頁
(43) 久田松和則『伊勢御師と旦那』十五頁（弘文堂　平成十六年）
(44)『島原藩史伊勢神宮御崇敬部』上・下（架蔵番号B一二七・一二八）
(45) 入江滑「島原藩主松平忠房の神宮崇敬」（『瑞垣』百十五号　昭和五十三年）
(46) 第三章大村地方の伊勢信仰　I―八「キリスト教の盛況と伊勢御師の窮地」参照
(47) 神宮文庫所蔵　（架蔵番号一―一三九三一―一）

(48) 慶長十七年（一六一二）に有馬晴信と本多正純の家臣・岡本大八との間に贈収賄が発覚、両者が処刑された事件。大八はマードレ・デ・デウス号焼き討ち事件の恩賞として、有馬氏の旧領肥前三郡の返還を斡旋と偽って、晴信から多額の金品を騙し取った。これは詐欺行為と分かり岡本大八は逮捕されたが、大八は獄中から先のデウス号焼き討ち事件当時、有馬晴信は長崎奉行・長谷川左兵衛の暗殺を謀ったと訴えたので、両人の対決となり、結局、大八は火刑、晴信は甲斐に流罪となった。
(49) 神宮文庫所蔵、寛永三年有馬左衛門佐直純神領百石寄進状（架蔵番号一―一三九三五）、元禄三年有馬左衛門佐伊勢両皇大神宮願文（架蔵番号一―一三九四〇）、正徳五年有馬左衛門佐直純百石寄進状（架蔵番号一―一三九三四）
(50) 皇學館大学史料編纂所編『神宮御師史料』六　百三十六頁（皇學館大学出版部　昭和六十三年）
(51) 皇學館大学史料編纂所編『神宮御師史料』外宮篇四所収（皇學館大学出版部　昭和六十一年）
(52) 西川源一「島原藩の大坂蔵屋敷（その一）―大坂詰諸御覚書および日記から―三百二十一頁（『経営と経済』―四一九七六　長崎大学学術研究成果リポジトリ）
(53) 皇學館大学史料編纂所編『神宮御師史料』外宮篇一　百十八・百十～百十一頁（皇學館大学出版部　昭和五十七年）
(54) 皇學館大学史料編纂所編『神宮御師史料』四　十五頁（皇學館大学出版部　昭和六十一年）
(55) 皇學館大学史料編纂所編『神宮御師史料』外宮篇一　三十六頁（皇學館大学出版部　昭和五十七年）
(56) 皇學館大学史料編纂所編『神宮御師史料』外宮篇二　九十七頁（皇學館大学出版部　昭和五十九年）
(57) 皇學館大学史料編纂所編『神宮御師史料』外宮篇二　五十六～五十七頁（皇學館大学出版部　昭和五十九年）
(58) 皇學館大学史料編纂所編『神宮御師史料』内宮編　六頁（皇學館大学出版部　昭和五十五年）
(59) 川平敏文「伊藤栄治・永運のこと―江戸前期島原藩における神事の周辺―」（『社家文事の地域史』神社史料研究会叢書第四集　思文閣出版　平成十七年）
(60) 補注（58）に同じ　百二十八頁
(61)『神宮御師史料』内宮編では、この部分を「肥後国　島来郡嶋原」と翻刻しているが、「肥前国　高来郡　嶋原」が本来の記述である。
(62)『宇治山田市史』下巻　千五百六十頁（国書刊行会　昭和六十三年）
(63) 林銑吉編『島原半島史』下巻　四十頁（国書刊行会　昭和五十四年）
(64) 高橋京子外「動作分析にみる鹿児島疱瘡踊りの表現特性」（立命館大学「人文科学とコンピュータシンポジウム」平成十五年）

(65) 天理大学付属図書館所蔵（架蔵番号二一〇〇八―イ一二一―二（七））
(66) 島原市立図書館松平文庫所蔵（架蔵番号六〇―一・六三―一・六四―一）
(67) 補注（52）に同じ
(68) 原本所有者は福岡県山門郡瀬高町の住吉イツヱ氏とある。牟禮仁氏が島原市役所より入手したものの複写を筆者所蔵。
(69) 牟禮仁「島原松平文庫蔵『神道秘説』翻刻。解題」百二十四～百二十五頁（『皇學館大學神道研究所紀要』第十二輯　平成八年）

第六章　諫早地方の伊勢信仰

一　『肥前日記』に見る伊勢大麻を受けた旦那衆

諫早地方も大村・島原地方と同様に宮後三頭大夫が旦那場として受けもつ地域であった。永禄四年（一五六一）、同十年（一五六七）、同十一年（一五六八）の『肥前日記』に、宮後三頭大夫より伊勢大麻を受けた旦那衆が記されている。

この『肥前日記』は伊勢信仰史上の一級史料であると同時に、宮後三頭大夫、またその手代が直に諫早領に入り現地で書き留めた記録であるから、永禄年間（一五五八〜一五七〇）の諫早地方の在地構造をも垣間見えてくる。まず宮後御師は、諫早のことを「いさはい分」として旦那達を記録していく。中世期には伊佐早とも標記されるが、ここに「いさはい」としているのは、当時の人々の発音のままに記録したものと思われる。今日では諫早・伊佐早を「いさはや」と発音するが、当時の人々は「いさはい」といっていたことが分かる。「早」を「はい」と発音する方言は今日でも使われている(1)。

本項では『肥前日記』を通じて少しばかり見えてくる諫早の在地構造のなかに、伊勢御師・宮後三頭大夫がどのように入り込み、伊勢信仰を浸透させたのか、そういった視点も交えて述べていくこととしたい。

例によってその旦那衆の氏名・伊勢土産・初穂を一覧すると、表（39）のとおりである。

御師からの伊勢土産、また旦那衆からの初穂としての音物《いんもつ》は、平仮名で記される場合が多いが、漢字に改めて表記した。人名については一部が平仮名で記されるが、そのままに表記し、必要に応じて考察を加えることとした。為替の替本を務める者には「かわし置き申し候」と記されるが、その者達には「初穂」の欄に「かわし置き」と略して記した。複数回大麻を受けた者には、No.欄に番号を付した。

表㊴ 永禄四年・十年・十一年『肥前日記』に記される諫早地方の旦那衆

永禄四年（一五六一）

No.	氏名	伊勢土産	初穂
1	西郷殿たんしやうのしやうひつ守	錦一巻 熨斗二 上の扇 墨三丁	
	西郷中務宗雪入道	熨斗二把 墨三丁 上の扇	
	さいこう殿そうしや 西郷左京亮	熨斗一把 扇 小刀	木綿一反
2	西郷宗浦入道	熨斗一把 墨三丁 上の扇	木綿一反
	清善寺	帯 扇	布一ツ 茶廿たい
	平泉寺隠居平等院	帯 扇	皿十枚
3	平泉寺		

永禄十年（一五六七）

No.	氏名	伊勢土産	初穂
1	西郷殿	熨斗二把 両金 杉原一束	銀子二十目
	同御上様	けかけ 熨斗一把 白粉一ツ	同二十目
	西郷又二郎	扇 帯 熨斗一把	一貫文
9	西郷左馬	扇 帯 熨斗五十本	一貫文
4	西郷形部小輔	帯 熨斗一把 扇	一貫文
5	増山新兵衛尉	扇 帯 熨斗三十本	素襖
10	金藤藤の介	扇 帯 熨斗三十本	銀二文目

永禄十一年（一五六八）

No.	氏名	伊勢土産	初穂
	西郷石見守	杉原一束 熨斗二把	緞子一端
	同上様	白粉一ツ たかけ 熨斗五十本	緞子一反
9	西郷左馬	扇 帯 熨斗五十	素襖
4	西郷形部小輔	熨斗五十 帯 扇	素襖
	西郷中務少輔	帯 熨斗一把 扇	一貫文
2	西郷宗浦	帯 扇 熨斗三十本	皿十枚
	西郷右衛門大夫	扇 帯	

十五人	4	西郷形部少輔		
		あかほし央甫入道	帯 墨二丁	
	5	ますやま新兵衛	帯一 扇	紙一束
	6	まちやと源左衛門	帯一 扇	たる
		しそく源四郎	扇 小刀	たる かわし置き
		善二郎	帯一	かわし置き
	7	正宝寺		
	8	小松山常現寺	墨二丁 帯 扇	くれない 十五文目
十一人	6	宿 かわし本 源左衛門	扇 帯 熨斗三十本	
		山本新介		二百文
		【寺之分】		
	7	正應寺	扇 帯	一貫文
	8	小松山常現寺	扇 帯	わた
十八人	10	金藤藤介	帯 熨斗二十本 扇	沈香
	5	増山新兵衛尉	帯 扇 熨斗二十本	茶二斤
		こん左衛門	扇 帯 熨斗二十本	
		【町之衆】		
		小宿 忠兵衛	扇 帯	針十疋
		与三兵衛	扇	
		善衛門尉	扇	
		別当	扇	
		瑞長房	扇 帯	
	7	正應寺	中啓一本 帯	一貫文
	8	小松山常現寺	扇 帯	三百文
	3	平泉寺		

伊勢大麻を受けた旦那数は、永禄四年が十五人、同十年がやや減少して十一人、同十一年は復調して十八人と増加している。宮後三頭大夫の旦那地域としては、有馬、大村に次ぐ旦那数を保

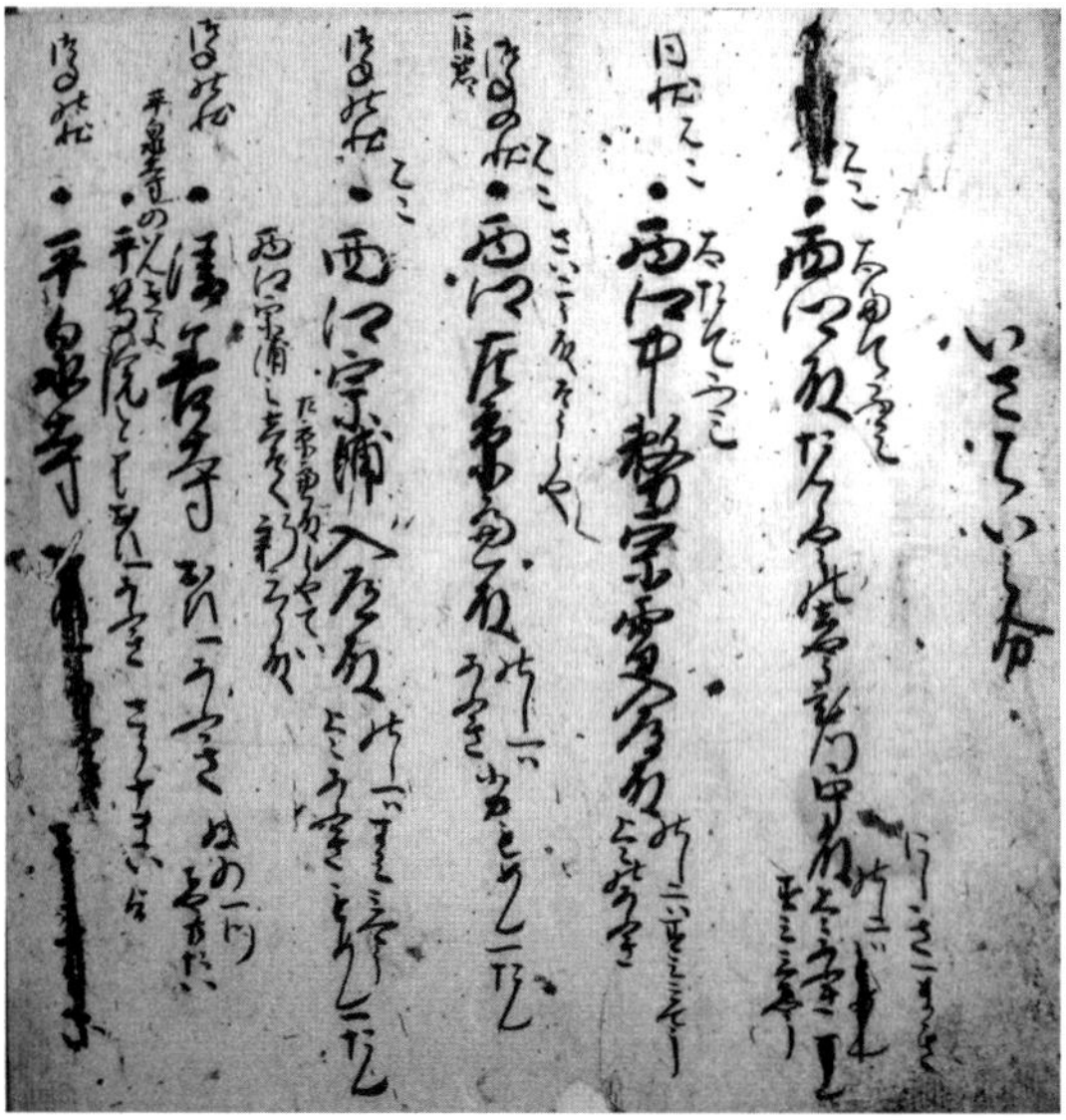

図44　永禄4年『肥前日記』冒頭に西郷殿が見える
（神宮文庫所蔵）

有した地域であった。旦那衆の社会的階層は有姓者・町衆・寺院であり、各年の旦那数の約半分、あるいはそれ以上を有姓者が占めている。

西郷氏一族

有姓者の多くは「西郷」を名乗り、中世期にこの諫早地方を統治した西郷氏の一門と思われる。西郷氏は島原半島の北部、現在の雲仙市瑞穂町西郷を本拠地とし、その本貫地の地名をもって氏名とした。同氏には良質の家系図が残っていないが、中世末期には西郷尚善、その後有馬純鑑の二男・純久が養子となり西郷氏を継いだ。その子供が西郷純尭、更にその後継が信尚であった。従って尚善—純久—純尭—信尚という中世末期の家系が確認される。

さて西郷一門の旦那衆の顔ぶれを見ていくこととしよう。

永禄四年（一五六一）の冒頭には、「西郷殿たんしやうのしやうひつ守殿」と記される。平仮名部分は「弾正小弼守」の漢字を当てることができる。『肥前日記』の冒頭に記される人物は、その地方を代表する領主層であることが多い。

永禄四年、同十年、同十一年の肥前日記の冒頭に記される人物を改めて確認すると、時代順に

「西郷殿 弾正少弼守殿」、「西郷殿」、「西郷石見守」と記述されている。冒頭に名前があることから、いずれも西郷氏当主と思われる。肥前日記の記録体裁として当主が変わらない場合には、例えば有馬氏の場合、永禄十年には「有馬修理大夫」と記すものの、永禄十一年には「有馬殿」と簡略に記述している。同様に大村氏の場合も永禄四年には「大村殿民部大輔」(純忠)と記すが、永禄十、十一年には民部大輔を単に「大村殿」と記す。

こういった記述例を見ると、永禄十年の「西郷殿」と永禄十一年の「西郷石見守」とは、別人と考えられる。永禄十一年時の当主は、永禄十年の当主とは異なるために、わざわざ「西郷石見守」と書き分けたのである。

そうなれば西郷石見守とは誰なのか。『肥前国御旦那證文』には宮後三頭大夫に宛てた西郷純堯名の書状が四通収録されている。その一通の包紙上書には「西郷石見守」と署名されていることから、石見守は西郷純堯であることに疑う余地はない。

永禄十一年になって初めて西郷石見守の名前が肥前日記に登場するのは、この年から西郷家当主の立場にあったからであろう。こう考えると永禄十年に「西郷殿」記される人物は、純堯の先代、すなわち有馬純鑑の二男で西郷家に養子に入った西郷純久と考えるべきであろう。おそらく永禄四年の西郷弾正少弼もこの純久に当たるものと思われる。

前述のように西郷氏は現存史料に恵まれず、その系譜や時代を語るのは極めて困難であるが、しかしこの三カ年の『肥前日記』によって、西郷純久・純尭親子の時代が僅かばかり分かってきた。有馬氏から養子に入った西郷純久は永禄十年(一五六七)迄と、思いの外、後年まで西郷氏の当主の座にあった。そして従来、諫早の戦国武将として語られることの多かった西郷純尭は、永禄十一年（一五六八）から西郷家を背負う立場にあったと推測される。

こういう西郷純久・純尭の時代を念頭に入れると、西郷氏を論じる時、常に議論されるフロイス『日本史』第一部百四章(2)の伊佐早西郷氏の事故死について、新しい視点が開けてくる。すなわち次のような記録である。

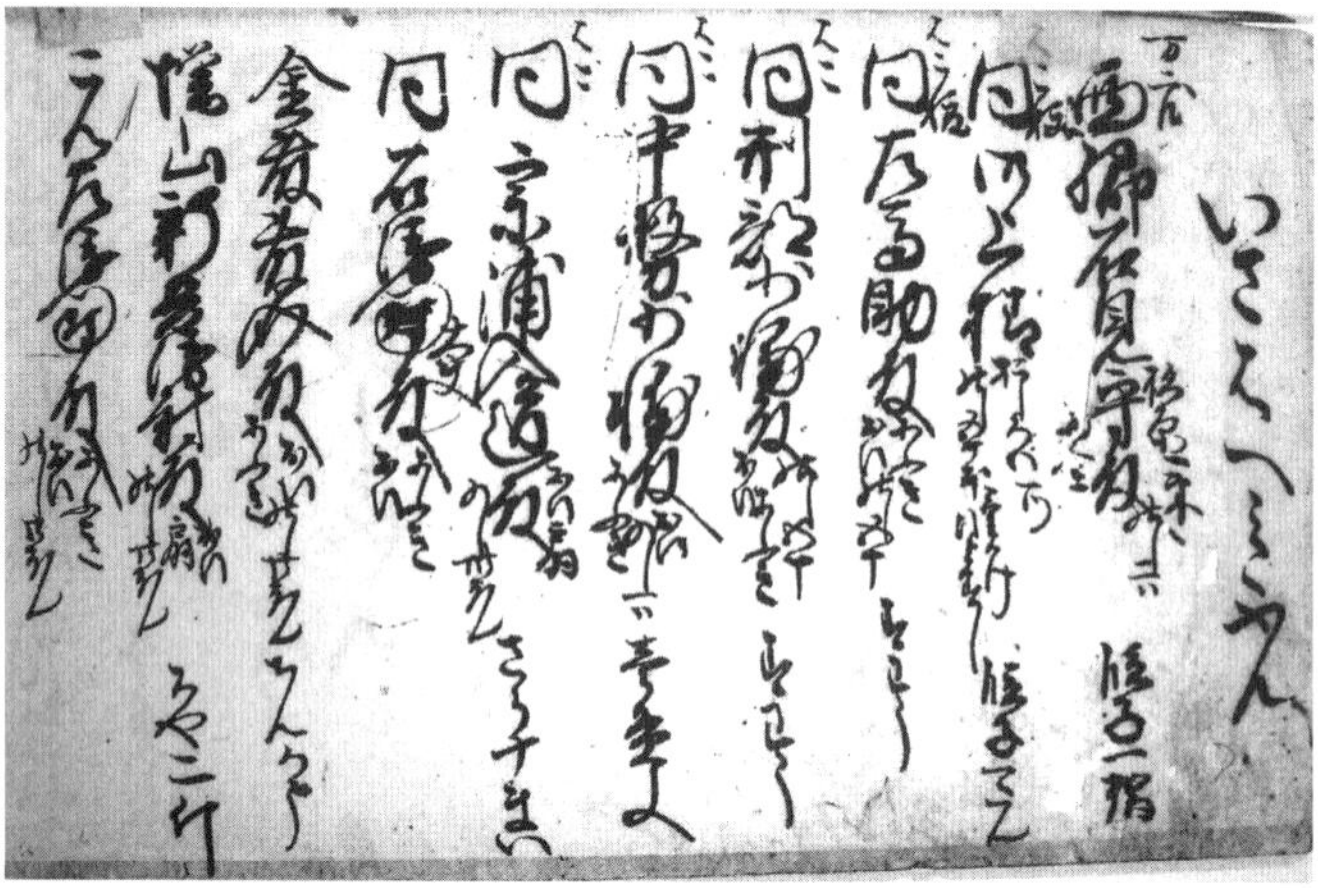

図45　永禄11年『肥前日記』冒頭に西郷石見守と見える（神宮文庫所蔵）

> さらに（伊佐早）に対しては、その悪行に相応しい報いを及ぼすことを欲し給うた。この異教徒はひどいヘルニア病を患っていたが、（折から）その居城において気晴らしのため幾つかの建物を建てることに従事していた。ある日のこと、彼は、板がまだ堅く釘付けされていない新しい縁側に出かけ、よく見ないで足を一方の端にのせたところ、そのために彼はいっぺんにこの縁の横木の上に全身もろとも転落し、足をその横木の間に挟んでしまった。そして彼は肥満し体重が重かったので、ヘルニアを押しつぶしたために悪化し、数日後、この事故のために死んでしまった。

この事故は天正二年（一五七四）のこととして記される。従来、この事故で亡くなったのは西郷純尭と考えられてきた。事実、フロイス『日本史』の訳者である松田毅一氏は、純尭の晩年・死去に関する日本側の記録は不確実で信じがたく、フロイスのこの記事が正しいのではないかと、天正二年説を主張する。[3]

外山幹夫氏はこのフロイス記事の整合性について、グスマンの『東方伝道史』には純尭は天正五年（一五七七）に「宴会中に突然逝去した」との記述を引用し、また『歴代鎮西要録』には龍造寺隆信が、天正五年に西郷純尭を追討するために出陣したとの記録にも注目する、[4]その結果、純尭死亡の年は諸説あって判然としないとしながら、天正五年ころに死亡したとの説をとる。

こういう諸説のなかで、西郷純尭の生存時期を決定的にするのは、いままでも何度も引用した宮後三頭大夫文書の『肥前国御旦那證文』である。この證文には西郷純尭が宮後三頭大夫に宛てた四通の書状が貼り込まれているが、その六月十七日付の書状の脇には、宮後家の側で追記された次のような貼紙が付けられている。

　天正三年高来郡伊佐早西郷石見守殿ゟ御代参之時被下候状也

すなわち、この書状は天正三年（一五七五）に、西郷石見守（純尭）が遣わした伊勢代参者が持参した書状であると記す。この記述は同時代史料として信憑度は極めて高い。とすれば西郷純尭は天正三年の時点では生存していたのである。

これによってフロイスが記す、天正二年にヘルニアを潰して死亡したのは西郷純尭ではないことは明白である。それでは誰なのか。

肥前日記によって永禄四年（一五六一）、永禄十年（一五六七）と、依然として西郷純久が西郷家当主として実権を握っていた様子が窺えた。事故死があった天正二年（一五七四）といえば、西郷純久の存在が確認できる永禄十年からしても七年後のことであり、まだこの純久が生存していた可能性は充分考えられる。とすればヘルニアを潰して死亡したという人物は、西郷純堯ではなく、その父親の西郷純久のことであったと思われる。

各年の『肥前日記』冒頭に記される西郷氏について私見を述べてきたが、それに続く西郷氏一門で伊勢大麻を受けたのは、永禄四年で三人、同十年に五人、同十一年に六人という実情であった。表（39）にその西郷一族の名前を具体的に示したが、どんな立場にあった者達かは関係史料に恵まれず明らかになし得ない。ただ永禄四年『肥前日記』の三番目に記される西郷左京亮には、「さいこう殿そうしや」との説明が書き込まれている。「そうしや」は「惣者」と思われ、一族を率いる者を「惣領」というが、そういう意味であろうか。

この年の冒頭に記される「西郷殿たんしやうのしやうひつ守」を、時の諫早領主・西郷純久と推測した。この純久とは別の人物を惣者と言っていることは、惣者には世継ぎという意味も含まれているとも解釈される。とすれば次の世継ぎは純尭であり、西郷純尭がこの西郷左京亮に当たる可能性が高い。

同じく永禄四年の『肥前日記』の四人目に記される西郷宗浦入道（No.2）から、次の清善寺に至る記述は次のような具合である。

■西郷宗浦入道殿　　のし一ハ　すみ三ちょう　上のあふき　　もめん一たん

左京亮殿しやてい

西郷宗浦之しそく　新三郎殿

■清善寺　　おひ一　あふき　　　ぬの一つ　ちや廿たい

両者の間の二行の書込は、各旦那名よりやや小さめの文字で記述され、行を接する人物の補足説明とも思われる。まず「左京亮殿しやてい（舎弟）」は前行の西郷宗浦入道殿を説明しているのであろうか。そうであれば西郷左京亮（兄）と、西郷宗浦入道（弟）とは兄弟という関係になる。その西郷左京亮は次の領主西郷純尭の可能性が高いと推測したが、これが許されるとすれば、西郷宗浦入道は西郷純尭の弟となる。

二行目には「西郷宗浦之しそく　新三郎殿」とあり、前述の西郷宗浦入道の子息は新三郎と記される。この新三郎も伊勢大麻を受けた旦那として記録されたとも解釈できる。しかし大麻を受けた者には、西郷宗浦入道や清善寺のように名前の上部に■印が付けられ、加えて下部には「のし」（熨斗）・「すみ」（墨）・「あふき」（扇）などの伊勢土産の記述がある筈である。しかし新三郎には■印もなく伊勢土産の記載もない。

とすれば新三郎は旦那として記されたのではなく、次の行の清善寺を説明した書込ではないのか。そうすれば清善寺住職は、西郷宗浦の子息である新三郎が勤めるとの意味で、清善寺の脇に書かれたものと推測する。その清善寺の所在地は不明である。

西郷一族で三カ年とも伊勢大麻を受けたのは、西郷形部少輔（No.4）のみであり、西郷宗浦（No.3）、西郷左馬（No.10）の二人が二カ年に及んでいる。西郷氏一門で伊勢大麻を受ける者が少ない中で、永禄十一年の旦那中で気にかかる人物がいる。西郷中務少輔である。

官途名を中務少輔と称するのは、西郷純賢である。(5) すなわち西郷純久の三男で西郷純堯の弟に当たる。永禄八年（一五六五）に深堀領主の深堀氏の養子になったとされる。『肥前日記』に見える西郷中務少輔は、この西郷純賢、後の深堀純賢と考えまず間違いないだろう。ただ疑問が残るのは、純賢は永禄八年に深堀氏の養子になったとされるが、『肥前日記』では永禄十一年の時点でも西郷を名乗り、まだ一門に在籍している点である。

有馬氏、大村氏の場合と比較すると、西郷氏一門は伊勢大麻を受けた者が少ない現状にあった。これは同氏一門が伊勢信仰に疎かったためなのか、あるいは同族の家系が少なかったためなのか。後述するが西郷純尭が伊勢の宮後三頭大夫に宛てた書状によると、西郷氏は伊勢の神宮に対して並々ならぬ信仰を寄せている。このことは同家一門にも伝わったであろうから、同族が伊勢信仰に疎かったとは思われない。おそらく西郷氏一門の家系が少なかったことが、伊勢の旦那数の少ない原因であったと思われる。

『肥前日記』中の書き込みを手がかりに、登場する西郷氏一門を少しばかり検証してきたが、二三指摘したように、従来述べられてきた西郷氏の範疇では説明できない部分も出てきた。今後の大きな研究課題である。

諫早町衆

さてこれらの旦那衆への大麻配りのために、諫早の町中には専用の宿があったことが分かる。永禄四年（一五六一）には「まちやど（町宿）」として源左衛門、この源左衛門は同十年にも「宿かわし本」を勤めた。かわし本とは後述するが、為替業務をおこなう替本であり、宮後三頭大夫に宿を提供すると共に、伊勢参宮者への為替の業務もおこなっていた。永禄十一年（一五六八）になると、宿は忠兵衛という人物に替わり「小宿」と記される。

伊勢大麻も受け、為替の替本を務めた源兵衛、その後の忠兵衛が居住した場所はどこだったのか。源兵衛は「まちやど（町宿）と記されるから、当時、発生していた町屋に御師宿を構えたこと

が分かる。忠兵衛が元亀三年（一五七二）に伊勢参宮者に発行した為替切手に、

肥前国いさはや上町　忠兵衛替本

と記されるから、「上町」（現在の上野町）に居住していた。西郷尚善のころからの西郷氏の居城は、現在の船越町（諫早農業高等学校付近）に在ったと伝えられる。上町はその居城に続く北西部一帯に当たり、この地域にかけて西郷時代の町屋が形成されていたと思われる。源兵衛・忠兵衛が構えた町宿はこの町屋一帯に含まれる上町にあったのである。

永禄十一年（一五六八）『肥前日記』には、「町之衆」として忠兵衛を筆頭に、与三兵衛、善衛門尉、別当と四人が名前を連ねている。その別当についてフロイス『日本史』第一部九十九章[6]に記述がある。大村のルカスとマチヤスという二人のキリシタンが、諫早で殉教した際に次のように登場する。

（刑吏たち）は、ルカスらをそこから伊佐早に連行した。町内においてこの種のことを世話する役人を別当と称するが、その役人数人は、ルカスたちが心（から）デウスの教えを拒否する気持がないので、少なくとも口先だけでその教えを棄て、そうすることで伊佐早の激昂を免れるようにあらためて訓戒した。

別当たちは罪人の処刑に関わる仕事にも関わっていたようで、伊佐早に連行された二人のキリシタンに対して、生き延びるために口先だけの棄教を諭している。しかしその甲斐もなく、二人は処刑の道を選んだ。この別当も伊勢御師とも関わり、伊勢大麻を受けていた。と同時に上町界隈の町政を取り仕切っていたのである。

寺院

伊勢大麻を受ける寺院もあった。永禄四年（一五六一）には平泉寺、その隠居が住した平等院、正宝寺、小松山常現寺、これに永禄十年には正應寺、永禄十一年に瑞長房が加わり、六寺院を数える。現存する寺院はほとんどなく、その場所は不明である。

永禄四年の肥前日記に登場する正宝寺は、その後の永禄十、十一年には見ることはない。ただその代わりに正應寺という寺院が記されるが、「正宝寺」と「正應寺」は発音が極めて類似し、同一寺院ではなかったのか。永禄四年の記載の時に正應寺と書くべきところを、「正宝寺」と誤記したのではなかろうか。

この正應寺については、早く山部淳氏の指摘があり、氏は公卿三条実隆の日記『実隆公記』の大永八年（一五二八）三月十一日条の記事に注目する。(7) 次のようにある。

周桂来、肥前国正応寺一遍方時宗僧同道、百疋持来、勧一盞、西郷同道

冒頭に見える周桂とは、肥前有馬の出身と伝えられ在京の連歌師である。三条実隆邸にもたびたび出入りし、上京してくる肥前国人をよく世話していた。この日は肥前国の時宗寺院である正応寺の僧侶と共に三条邸を尋ねている。銭百疋を携え、酒宴一献があって、西郷氏も同道したとある。

ここに見える西郷氏とは諫早の西郷尚善のことであり、西郷純尭の二代前の諫早領主に当たる。西郷尚善はこの年の二月十七日、十八日と『実隆公記』に登場し、この頃京都に上っていた。その西郷尚善が正応寺の僧に同行しているのは、何かの縁があってのことだろう。おそらく『実隆公記』に云う肥前国の正応寺とは、『肥前日記』に見える諫早の正應寺のことであろう。そのため

に京都に上っていた西郷尚善は、国元の寺院の僧侶が上京して来たのに同席したのであろう。
とすれば正應寺は『実隆公記』の記述によって、時宗寺院であったことが分かる。その場所は光冨博氏によると、諫早市泉町の上手辺りであったという。[8]

平泉寺については、現在、諫早市上野町にある平仙寺との関わりを想起する。平仙寺の寺伝によると島原地方でキリシタンによる社寺破壊が起こった際に、堯珍という僧侶が温泉山諸堂の仏像を運び出し、天正十六年（一五八八）に諫早の船越村に難を逃れて、草堂を建立したことに始まるという。現在は平等院平仙寺を寺号とする。

図46　平等院平仙寺（諫早氏上野町）

永禄四年『肥前日記』には、奇しくも平泉寺の隠居として平等院の名前が見えている。今日の平仙寺が平等院平仙寺と称しているのは、この平泉寺の隠居・平等院に因むものであろう。このように考えれば、永禄四年、十一年『肥前日記』に登場する平泉寺は、現在の上野町の平仙寺に当たるものと思われる。おそらく「平泉寺」が時代の経過と共に「平仙寺」と改まり、今日に伝わったのである。

そうすれば寺伝は創建年代を天正十六年（一五八八）とするものの、永禄四年（一五六一）には伊勢大麻を受けた寺院として確実に存在した。創建時期を早めねばならないだろう。

平泉寺（現・平仙寺）の立地場所も重要である。寺地は現在の諫早市上野町にあるが、かつて御師の小宿、また為替の替本を務めた忠兵衛の住んだ上町に当たる一帯である。当時の上町は、別当、為替扱いの業者、寺院などが存在し町屋を形成していた様子が窺われる。
宮後三頭大夫は、その町屋に伊勢大麻配りの活動を展開したのである。

御師に供田を寄進

永禄十一年（一五六八）には「こん左衛門」という人物が伊勢大麻を受けていた。『肥前国御旦那證文』には、この「こん左衛門」等が宮後三頭大夫に土地を寄進した際の二枚の記録と、それに付けられた貼紙が次のように残る。

よき之田　やくそく申候分
一、三百田　三たん　をとな
一、四百田　壱たん　をとな
一、四百田　壱たん　をとな

在所よきと申候處也、田五たん請取可申候
一、三百田　三たん
一、四百田　二たん
　此分請取可申候
一、山もらひらしツかい此屋敷付申候
御渡被成候時、こん左衛門殿 北三郎兵衛殿 御両所御こし候て御渡候、小宿忠兵衛殿、

懇ニ申合候、彼ひゃくしやう　けんこ左衛門申候者也
永禄十二年二月三日
伊勢大神宮御供田　九州肥前いさはい

【貼紙】　こん左衛門殿
小宿忠兵衛殿　替本也
此両人伊佐早之賦帳ニ有

非常に興味深い記録である。まず一枚目の記録は、諫早の乙名百姓より宮後三頭大夫に対して、供田として田三枚、合わせて五反の寄進を申し出たものである。その田は「よき之田」とあり良田であった。

続く二枚目は、その田五反の請け取りを記し、田圃には山と屋敷まで付いていた。その屋敷地には建物が建っていたようにも解釈される。乙名百姓からの五反の田は、こん左衛門と北三郎兵衛とが仲に入って寄進され、詳しい申し合わせ事については忠兵衛が懇切丁寧に務めたという。田を寄進した百姓は、「けんこ左衛門」という人物であった。漢字を当てれば、「源五左衛門」であろうか。永禄十二年（一五六九）二月三日のことであった。

この二枚の記録の脇に貼られた付箋には、こん左衛門と小宿の忠兵衛は伊勢大麻賦帳、すなわち『肥前日記』に記載があると、そして忠左衛門は「替本也」とも記す。旦那達の情報を非常に小まめに付箋に書き込んでいる。ここに見える「こん左衛門」は「権左衛門」と字を当てることができようか。

この二枚の記録によって、諫早地方の永禄期・中世末期の農地事情が、若干ではあるが分かってくる。このころには「をとな」（乙名）という自活した農業者が芽生えていた。先の寄進した田地の上に、「三百田」「四百田」と記されているが、同じ用例は佐賀県伊万里市の東山代町脇野に三百田、四百田という「しこ名」が残っている。しこ名とは開発した土地に付けられた名称である。先の諫早の三百田・四百田もこのしこ名と考えられる。

これによって諫早地方での乙名による土地の所有形態と、しこ名が付いた農地の存在が明らかになってきた。宮後三頭大夫は、自営農民である源五左衛門から権左衛門・北三郎兵衛を介して良田五反の寄進を受けていたのである。

それは供田、すなわち神前へ御供えする米を作る田地としてであった。具体的には田地の日ごろの耕作は乙名の源五左衛門がおこない、そこから収穫した米を初穂として宮後御師に納めたものと思われる。その供田には周囲の山と、建物を伴う屋敷地も付属していた。

伊勢御師が自らの旦那場で屋敷や土地の寄進を受けた例は、大村と平戸松浦の伊勢信仰の項でも触れたが、天文年間（一五三二〜一五五五）の大村領では、大村氏の館近くに、宮後三頭大夫が大村滞在時の宿として神主屋敷を授かっていた。また天正十七年（一五八九）ころの平戸松浦では、志佐氏が橋村肥前大夫に対して田地六反を与え、そこから採れる初穂を銀にして四十匁、毎年寄進していた。伊勢御師はこのように、旦那衆からの伊勢大麻の初穂に加えて、在所で屋敷・田地、田地の収穫に見合う初穂銀などの寄進を受けることもあったのである。

二　伊勢土産と初穂

伊勢大麻を受けた旦那衆への伊勢土産、そして旦那衆が御師に納めた初穂、またその代品としての音物が記録されるのは、他地の場合と同じである。表（39）中に伊勢土産・初穂として記した。

まず伊勢土産から見ていこう。

各年『肥前日記』の冒頭部分に記される旦那達には、土産の数も多く良質の品が添えられている。永禄四年（一五六一）の最初に記される西郷弾正少弼は西郷純久と推測したが、この諫早領主には錦一反、熨斗《のし》鮑《あわび》二本、上質の扇、墨三丁が添えられた。永禄十年（一五六七）の西郷殿、すなわち純久には、熨斗に加えて両金、すなわち漆塗の扇、和紙の杉原一束、永禄十一年（一五六八）の西郷純堯には杉原一束、熨斗二本という具合に、西郷氏当主に相応しい品々である。

永禄十年と同十一年には領主の室が「御上様」として記され、その女性には白粉が添えられている。伊勢国には水銀が産出したから、水銀を用いた伊勢白粉が有名であった。その品を女性には準備したのである。更に永禄十年には「けかけ」と見える。島原などの項でも前述したが、日葡辞書に記される Qecaqe（ケカケ）に当たるものと思われる。絹の着物や帯の模様の間に金をあしらったものを、当時「けかけ」と呼んだ。それが着物であったか、帯であったか不明であるが、後述のように男衆にはよく帯が添えられる例から、おそらく「けかけ帯」、模様の部分に金を付けた帯であった可能性が高い。

永禄十一年の西郷石見守の室・御上様には「たかけ」と見える。おそらく竹笥《たがけ》、すなわち竹製の篭の部類と思われる。女性には白粉・金をあしらった帯、また竹篭といったように細やかな配慮がなされている。

全般的に添えられた品は、熨斗・帯・扇・小刀などであった。永禄十一年の正應寺には、中啓《ちゅうけい》が付けられている。主に僧侶が用いる儀式用の扇である。

旦那衆が納めた御祓大麻に対する初穂を見ていこう。

永禄四年の十五人の旦那中で、初穂としての音物を納めたのは八人である。木綿、布、茶、紙、樽（酒）などを御師へ納めた。小松山常現寺は「くれない十五匁」とある。菊科の越年草の紅《くれない》のことと思われ、当時、紅色の染料として使われていた。音物としてそれを十五匁贈っている。

六年後の永禄十年には初穂の形態が一変する。旦那十一人中、銀で納めた者が三人、銭で納めた者が五人である。大村・島原の前項でも触れた様に、永禄五、六年に京都で銀が貨幣として使い始められると、その銀の使用は直ぐ地方に伝播し、この九州肥前国では永禄十年ごろから始まっていた。諫早地方でもその類にもれず、この年から御祓大麻の初穂として、西郷殿とその奥方が銀二十目（匁）、金藤藤介が銀二文目（匁）と、諫早領内でも銀の使用が確認される。

翌十一年には銀を初穂とする者はいないが、緞子・素襖・沈香・皿・針などの音物が初穂に代わるものとして納められた。なかでも緞子や沈香は高価な品である。緞子は西郷石見守、すなわち西郷純堯とその奥方からの品、沈香は金藤藤介からの音物であった。両方の品とも当時は国産品はなく、中国や東南アジアからの舶来品であった。諫早領主の西郷純堯とその奥方が、前年は銀で納め、翌年は高価な緞子を納めていることは、領主の立場として納得できよう。もう一人、金藤藤介も銀、そして翌年には沈香を音物としていることから、西郷氏一門と肩を並べるような立場にあった人物と思われる。

音物として他領も含めて初めて登場するのは素襖《すおう》である。永禄十年に横山新兵衛、十一年には西郷左馬、西郷形部小輔の三人が御師へ贈っている。直垂《ひたたれ》から起こって武士が日常的に付けた装束である。当時の御師達もこの素襖を付けていたのであろう。

三　西郷純堯の書状に見る宮後御師との関係

宮後三頭大夫文書の一冊である『肥前国御旦那證文』[9]には、宮後三頭大夫に宛てた西郷純堯の書状が四通貼り込まれている。西郷純堯は永禄十一年の『肥前日記』から西郷石見守として登場し、伊勢大麻を受けていた。純堯は宮後三頭大夫の旦那となったことにより伊勢を強く意識し、伊勢の神に立願の書状を送ったのである。貼り込まれた順に示せば次のとおりである。

【書状1】

態用啓書候、仍依且者遠方、且者去年以来爰元不慮之弓箭、不申通候、曽非心疎之儀候、随
而存旨候条、於太神宮致立願候、一貫二百文之神楽被成御成就、可被懸御意候、其謂為可申

入一人差登候、御取成憑存候、料物雖可差登候、途中之儀、難尋候、定至此表御使可被差下
候間、其刻不可有御無沙汰候、猶口上可相達候、恐々謹言

六月十七日　純堯（花押）

大神宮

宮後三頭大夫　御宿所

【貼紙】天正三年高来郡伊佐早西郷石見守殿ゟ
御代参之時被下候状也、参帳ニ有

【書状2】

追而御神楽立願候、可被成御調候、其謂口上申聞候

去、年拾兵衛尉方被差下候、御懇意之段、畏悦之至候、依遼遠連〻不申通候、雖然累代之儀
候間、信□□(可預)御入魂事所仰候、仍立願之旨候之条一人申付候、若輩者之事候、別而可被添御心候、
暫者毎年可申登候、為御存知候、猶期来喜候、恐々謹言

六月三日　純堯（花押）

宮後三頭大夫殿　参

御宿所

【書状3】

彼御立願当時者無成就候之處態申□儀、雖不及其候、以御分別、可預御精誠之
間、如斯候、成就之砌者以前可申談候

其後者、無音相過候、且者無題目故、且者此境弓箭之条、自然押移候、聊非心疎候、

一両年者、御使無下向候、有如何之儀候哉、仍存旨候之間、百二十貫之御神楽之立願仕候、爰元弓箭一姿案堵候者、即時可致成就候、此辻以御納得、於　御神前御丹誠憑存候、偏守御神慮候之条、必可得利運候、当時聊ニ候共、料物等可差登事、又者、於御私も雖可顕寸志候、途中依難計被存候、如何様御代官可有下着之間、期其節候、委悉彼者申合候、恐惶謹言

六月十九日　　純堯（花押）

大神宮

宮後三頭大夫殿　参

御宿所

【書状4】

追而黄金二文目進入候、寔補乏書計候

雖遥〻、可申登候、依遼遠自然経過、曽非心疎之儀候、仍於　太神宮、御神楽之立願候之条、為成就一人申付候、可然之様御取成所仰候、一貫二百文也、可為御神楽候、毎年御使被差下候、定而今明年之間、可有下向候之条、其刻彼料物不可有無沙汰候、委細猶吏僧可申達候、恐々謹言

九月五日　　純堯（花押）

宮後三頭大夫殿

御宿所

四書状の内で発給年代が分かるのは〔書状1〕のみである。この書状には前掲のように貼紙が

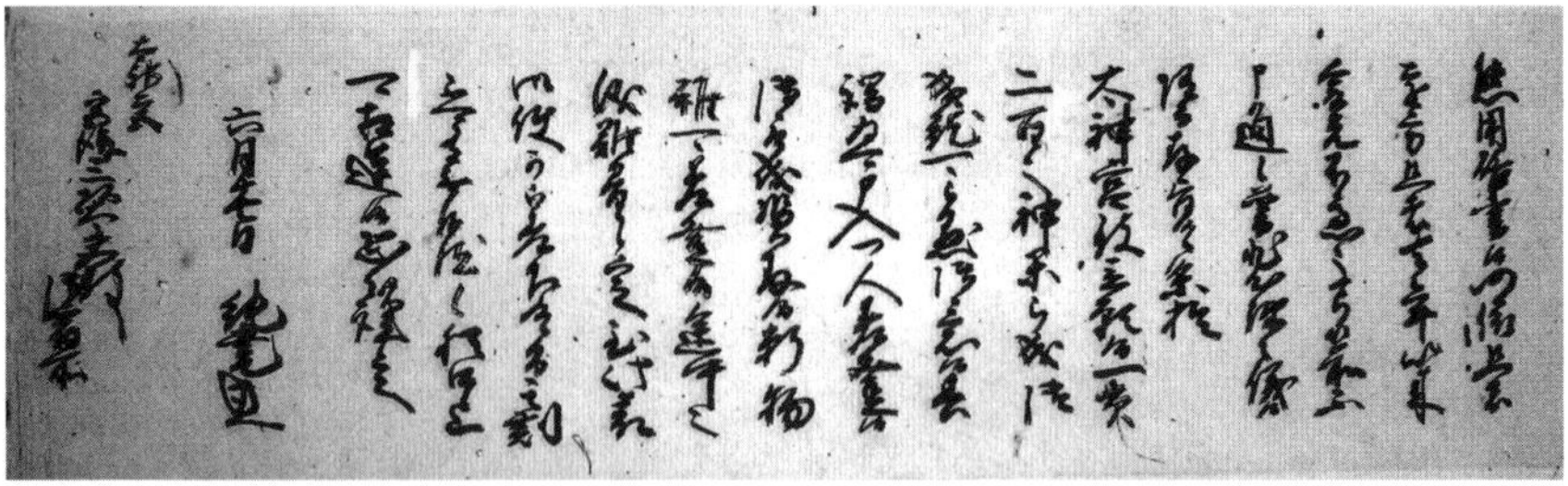

図47　宮後三頭大夫宛西郷純尭書状（天正三年）（神宮文庫所蔵）

付けられ、そこには「天正三年高来郡伊佐早西郷石見守ゟ御代参之時、被下候状也」とあって、天正三年（一五七五）に西郷石見守、すなわち西郷純堯の代参者が持参した書状であることが分かる。

〔書状1〕の内容を見てみよう。

伊勢と当地とは遠く離れ、また去年以来、当方は思いもかけない戦闘もあって音信も遠のいたが、決して心が離れた訳ではない。貴家の事は常に心にあり、この度は太神宮に於いて願立てをおこない、一貫二百文の神楽奉納を成就したいのでご配慮をお願いしたい。願立ての詳しい内容を伝える為に、家臣一人を遣わすので取り成しを宜しく頼む。初穂料などの供え物を届けたいが、伊勢までの道中に不安があるので、貴家の使者が下向された時に間違いなく渡すことにする。猶、祈願の内容は使いの者に口頭で伝えさせる。

こういった内容から、天正三年当時の西郷純堯を取り巻く状況が分かってくる。去年、すなわち天正二年（一五七四）以来、思いがけない戦闘が続いていると述べているが、どこの大名と合戦状態にあったのか具体的になしえない。そういう状況を受けてか、伊勢の神宮に銭一貫二百文の初穂を以て神楽を上げ、祈願したのである。その初穂等は道中の治安に配慮して伊勢へは持参せず、御師使者が下向した際に納める手筈を取り、極めて慎重である。また立願の内容は伊勢に赴く家臣が口頭で伝えるとしたのは、他者に立願内容が知れることを恐れたのであろう。随所に戦国の世の緊縛した状況が窺える。

さて〔書状1〕を除く他の三通は発給年代までは無理としても、どの順番で宮後三頭大夫に出されたのか、おおまかに推測できる。

もっとも早く宮後氏に送られたのは〔書状2〕と思われ、外の三通の書状と比べると、初めて宮後三頭大夫へ宛てた文意が読み取れる。

この書状の冒頭では拾兵衛が諫早へ下って来たことへの感謝を述べ、伊勢と当地では遠隔地であるから思うような音信は叶わないが、累代の縁によって信頼関係に何ら代わることはない。仍って神楽立願のために使いの者を一人、伊勢へ差し向ける。若輩者であるから心添えを願いたい。伊勢への神楽立願は、今後毎年おこなうこととする。こういった内容である。

〔書状2〕が出された年代を推測すると、冒頭に「去ゝ年」、二年前に拾兵衛が諫早に下って来たと記す。この人物は宮後三頭大夫の代官である。後述するが諫早でも御師が提供する為替を用いて伊勢参宮がおこなわれた。その為替切手に「拾兵衛」が次のように見えている（『肥前国御旦那證文』）。

肥前国いさはや上町　忠兵衛替本

元亀三年申二月吉日　代官十兵衛正治（花押）（黒印）

伊勢山田宮後三頭大夫と御尋可有候

諫早の上町に住した忠兵衛が扱った為替切手の振出人は、宮後三頭大夫代官のこの十（拾）兵衛であった。十兵衛は諫早を初め、大村、島原、有馬荒河、神代、藤津町の各所で出された為替切手にもその名前が記され、御師代官として広範囲に活動していたことが分かる。切手に記される年代は何れも元亀三年（一五七二）である。

『肥前国御旦那證文』には諫早に関わる為替切手として、元亀三年の前年、すなわち元亀二年の為替切手が一枚貼り込まれている。この切手は諫早上町に住んだ替本の源左衛門の名前で発行されており、この時点ではまだ十兵衛の諫早下向はなかったと解釈される。おそらく十兵衛の諫早及び西肥前への下向は、切手に頻繁に記される元亀三年であったと思われる。

とすれば〔書状２〕でこの元亀三年を「去ゝ年」、すなわち一昨年と云っていることは、この書状は元亀三年より二年後の、天正二年（一五七四）のものと考えてまず間違いない。したがって〔書状２〕は、発給年代が天正三年と明らかな〔書状１〕の前年に発せられたものである。

西郷純堯は最初に宮後三頭大夫に宛てた〔書状２〕（天正二年）において、暫くの間は毎年、使いの者を伊勢へ遣り立願の神楽を上げることを約束していた。現にその後の〔書状１、３、４〕には、それぞれに一定の神楽料をもって神楽立願の旨が記され、西郷純堯の約束には相違なかった。

その神楽料は、伊勢に遣わされる使者が伊勢へ持参する訳ではなかった。例えば〔書状４〕には、「毎年御使被差下候、（中略）其刻彼料物不可有無沙汰候」とあって、毎年、宮後三頭大夫の手代が伊勢大麻配りに下向するので、その際に納めるという手順であった。〔書状１、３〕とも同様の意味が記され、下向する御師の手代に神楽料は託している。

その理由が「途中儀、難尋候」（書状１）、「途中依難計被存候」（書状２）などと記され、「諫早から伊勢までの途中（道中）が、どういう状態か計り知れないので」と述べている 道中の治安に心配があって、無事に神楽料が伊勢に届くか不安であったために、西郷純堯は代参者へ神楽料を持たせず、毎年下ってくる御師の手代に納めるという手段を取っていたのである。

ところが〔書状3〕では、次のように御師手代の諫早下向に異変が生じている。


一両年者、御使無下向候、有如何之儀候哉、

伊勢の宮後家に対して、ここ一、二年、手代の下向が途切れているが、如何したことかと、西郷純堯は尋ねている。何らかの事情で当地への御師手代の下向が中断したのである。

次の〔書状4〕を見ると、神楽立願の成就のために一人を遣わし、その取り成しを依頼している。神楽料は一貫二百文とあり、その納める時期は先にも一部は引用したが、次のようにある。


毎年御使被差下候、定而今明年之間、可有下向候之条、其刻彼料物不可有無沙汰候

御師手代の下向は毎年恒例であって、今年も明年も変わることはないので、そのときに神楽料は納めると伝えている。この書状からは御師の下向が途切れるという異常な様子は伝わってこない。この時点までは宮後家手代の諫早下向は普通におこなわれていたのであろう。

とすれば〔書状4〕が最後に貼り込まれているが、発給されたのは、御師手代の下向が途切れたと記す〔書状3〕より前の時期であったと思われる。

そうすると四通の書状が発給された順番は、〔書状3〕（天正二年）↓〔書状1〕（天正三年）↓〔書状4〕↓〔書状3〕の順であったと思われる。

〔書状3〕に戻り、なぜ御師手代が当地方へ下って来なくなったのであろうか。大村、島原の伊勢信仰の項でも触れたが、キリスト教勢力の浸透・増大によって、特に大村・島原地方では神社仏閣の焼き打ちや破壊が頻発し、また旦那衆のキリスト教入信といった、伊勢御師の活動の基盤が瓦解し、伊勢大麻配りなどの活動が不可能になったのではなかろうか。

大村地方でのそういった現象については、天正二年（一五七四）から領内社寺仏閣の焼き打ちがすでに始まっていた。しかし何と言っても、宮後三頭大夫の肥前国での最大の旦那場は、有馬・島原を初めとする島原半島地域であった。当地方では天正八年（一五八〇）の有馬晴信のキリスト教入信に伴って、社寺破壊が始まっていく。歩調を合わせたように宮後三頭大夫の為替を用いた島場半島からの伊勢参宮は、天正七年（一五七九）を最後にそれ以降は見ることはできない。更に天正十年（一五八二）からは、島原衆が橋村肥前大夫を頼って伊勢参宮を行い、この橋村屋敷に投宿している。

こういった経緯を見ると、島原半島地域では天正八年ごろから宮後三頭大夫の活動は窮屈になり、天正十年の時点では当地域から撤退していたために、伊勢参宮者は同じ肥前国を旦那場とした橋村肥前大夫に頼らざるをえなかったのであろう。

肥前国最大の旦那場のこういった状況に伴い、宮後三頭大夫の活動は天正八・九年（一五八〇・八一）頃をもって途切れたものと思われる。このことを〔書状3〕の純堯書状は、「一両年者、御使無下向候」と記したのである。そうすれば〔書状3〕が宮後三頭大夫に出されたのは、御師の撤退から一、二年後、すなわち天正十・十一年ごろであったと思われる。

西郷純堯の四通の書状は、いま、見てきたように天正二年（一五七四）から同十年、十一年（一五八三）ごろの間に発給されたものであった。内容は共通して神前での神楽奏上、立願成就を願っている。〔書状3〕には神楽立願の意図が比較的よく記されている。

神楽料百二十貫の神楽立願によって、身辺の戦況は一段落し安堵する状況にあり、即時に願いが成就した。このことを納得の上、神前での立願を丹誠にお願いしたい、偏に神慮を守れば、必ずや利運が得られるものと信じている。こういった旨を述べている。

西郷純堯は戦国期の地方豪族であったから、立願の内容はここにも見えている「弓箭の安堵」すなわち武運長久を伊勢の神に願ったのである。

その武運長久を祈った神楽料に注目してみよう。最初に宮後三頭大夫に宛てた〔書状2〕には神楽料は記されていないが、〔書状1、4〕にはそれぞれ銭一貫二百文、〔書状3〕にはなんと銭百二十貫とあり、両神楽料には相当の開きが見られる。百二十貫とする〔書状3〕には神楽料を記す前に、「仍存旨候間」とあり、すなわち「存じているところでは、百二十貫の神楽を上げてきた」と述べている。この文意からして百二十貫は、一度の神楽料ではなく累年の神楽料の総額を言ったものと思われる。

書状から知れる一度の神楽料は、前述のとおり銭にして一貫二百文であった。先にも引用したが『つくし之かハし日記』によって、永禄十一年（一五六八）の銭と銀の交換相場が銭四十文＝銀一匁と分かる。神楽料一貫二百文（千二百文）は天正十年（一五八二）ごろまでの数値であるが、永禄十一年の相場に基づくと銀三十匁に当たる。米量に換算すると一石九斗五升[10]、約二石（約三百kg）ほどに相当する。

神楽料の累計が銭百二十貫に及んだとするが、西郷純堯の四通の書状から見る限り、神楽立願は天正二年（一五七四）から同八年（一五八〇）ごろまでおこなわれたと思われ、この間の総額であろうか。とすれば今見た一度の神楽料一貫二百文を、遙かに超える年もあったと考えるべきであろう。

書状から見えてくる西郷純堯の伊勢の神宮への思いは、天正二年（一五七四）ごろから、毎年、代参者一人を伊勢へ差し向け、ひたすら弓箭の安堵（武運長久）を祈ったのである。神楽料一貫二百文、ある年にはその額を遙かに上回る神楽料を納めたこともあった。その神楽料は、当時の治安事情を心配して代参者に持たせるのではなく、宮後三頭大夫の代官が諫早に下向した時に渡すという慎重な一面もあった。伊勢から遠く離れた西国の一豪族が抱いた伊勢信仰の例として貴重であろう。

伊勢御師と同時期に西肥前地方で布教活動に従事したキリスト教宣教師の目には、西郷純堯はどう映ったのであろうか。フロイスは次のように伝えている[11]。

大村領と高来領の間に一人の殿がいて、その家名から伊佐早殿と称している。彼は妹をドン・バトロメウに嫁がせており、有馬とは婚姻と近親関係で結ばれていたが、それにもかかわらずこの下のあらゆる（殿）のうち、デウスの教えのもっとも残忍で苛酷な敵であることを示していた。

ここにいう伊佐早殿が西郷純堯である。伊勢信仰を強く抱き、キリスト教に傾倒することもなかった純堯は、バテレン達にとってはデウスの教えにもっとも残忍で苛酷の敵と映ったのである。

四　伊勢御師、西郷屋敷で馳走に与る

大村、島原での伊勢信仰の項でも触れたが、伊勢御師の宮後三頭大夫が諫早地方で伊勢大麻を配って廻った際、当地でも「さいかう殿」、「いさはいしやうほつし」という二人の人物の屋敷で御馳走に与っている。記される記録は大村、島原と同様に伊勢・神宮文庫の宮後三頭大夫文書の『献立書』[12]である。

宮後三頭大夫を饗応した「さいかう殿」は西郷殿、また「いさはいしやうほつし」とは諫早小法師であろうか。大麻配りの際に饗応を受けたとなれば、永禄四年、十年、十一年の『肥前日記』に記された内の誰かということになろう。その顔ぶれは表（39）に記しておいた。

表中には西郷を名乗る者は延べ十五人が名前を連ねている。この内から該当する人物を絞り込むのは容易ではない。ただ大村、島原の両地において、大村純忠、有馬義貞というその地の領主自らが三頭大夫を饗応している点から、諫早でも西郷氏の当主が馳走を振る舞った可能性が高い。永禄四年と十年当時の諫早領主は、先に西郷純久と推測した。永禄十一年は西郷石見守、すなわち西郷純堯であった。とすれば御師をもてなしたのは、この西郷親子のどちらかと思われる。

もう一人の諫早小法師は『肥前日記』には見い出し得ない。前掲のフロイス記事で西郷純堯のことを諫早殿と称していたから、この諫早小法師も西郷一族には違いないだろう。法師とするの

は出家者をこう記したのであろう。とすれば永禄四年の旦那中に、出家を意味する「入道」を名乗る者が二人いる。西郷中務宗雪入道、西郷宗浦入道であるが、この内のどちらかが諫早小法師とも考えられる。

さて二屋敷での献立を見ていこう。先に西郷宗浦入道は西郷純堯の弟と推測したこの人物であろうか。品名は平仮名で記されるが、そのままに記し（　）内に漢字を当てた。

さいかう殿

くわし（菓子）三種

てんしん（点心）　さうめん（素麺）　さかな（魚）　こふ（昆布）

たうふ（豆腐）

三

ひきしる（引汁）

大こん（大根）　あへ物（和え物）

こんにゃく（蒟蒻）

さしみ（刺身）

もりませ

せり（芹）　す（酢）　さうに（雑煮）

二

こほう（牛蒡）　こうの物（香の物）

大しる　な（大汁　菜）

ふ（麩）　てしほ（手塩）
もつかうさら（木工皿）
はす（蓮）　おけ（桶）

西郷氏当主家での献立は、点心、すなわち正膳の前の軽い食事として素麺、魚、昆布、果物三種、豆腐で始まっている。続いて大根、和え物、添えられた汁物、蒟蒻、刺身、芹、味付け用の酢、雑煮と続く。最後は牛蒡、香の物、菜っ葉が入った汁物、麩、膳を清め味付け用の手塩、桶に入った蓮、十七品程の食膳であった。

諫早小法師邸での献立は次のような品であった。

いさはいしやうほつし
さかな（魚）　こはう（牛蒡）
てんしん（点心）　さたうもちい（砂糖餅飯）
せんへい（煎餅）
くわし（菓子）　かき（柿）　みつかん（蜜柑）
あをふちしる（青淵汁）
引物　はへん（半平）
こはう（牛蒡）
こふ（昆布）

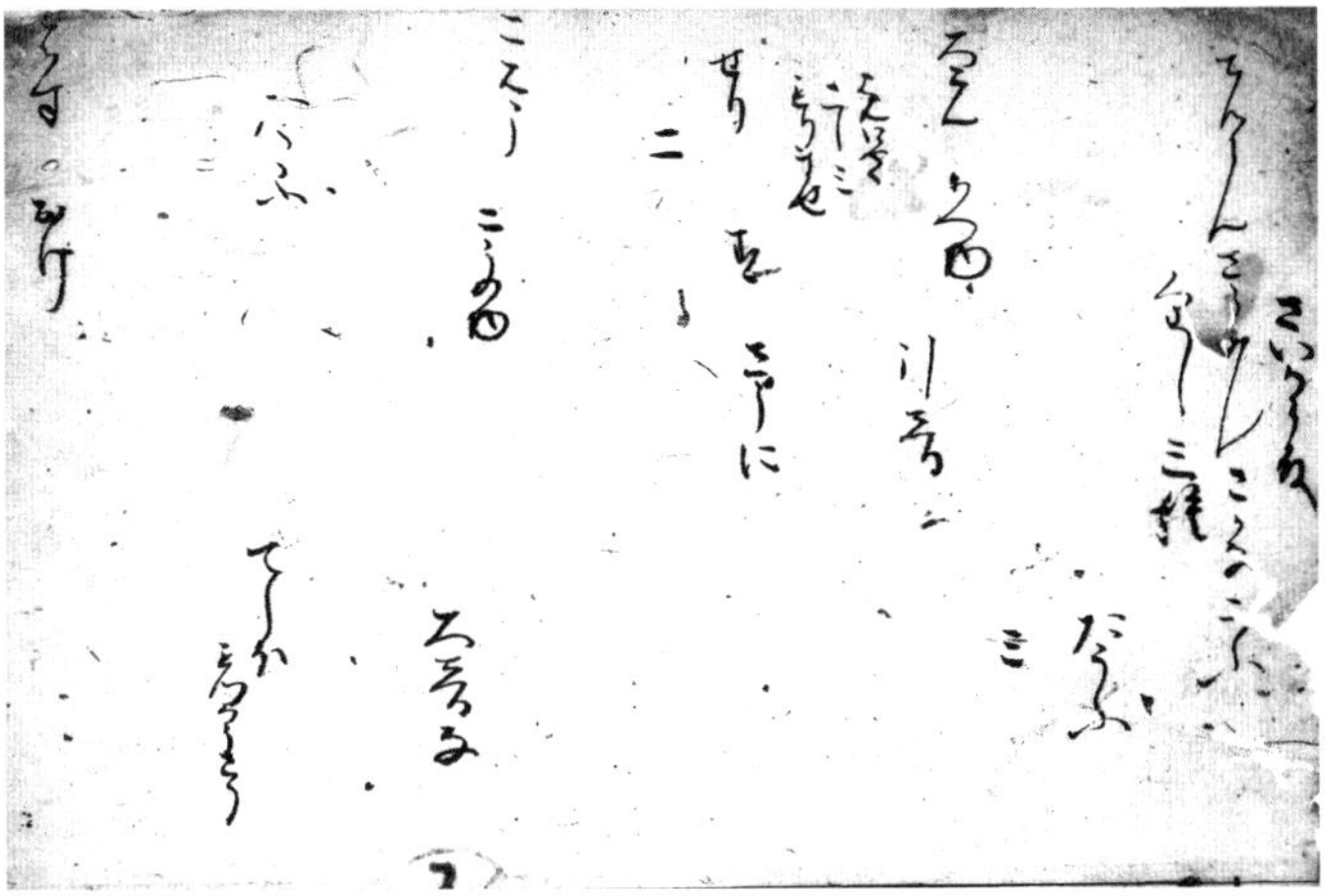

図48　宮後三頭大夫文書　献立書「西郷殿」分（神宮文庫所蔵）

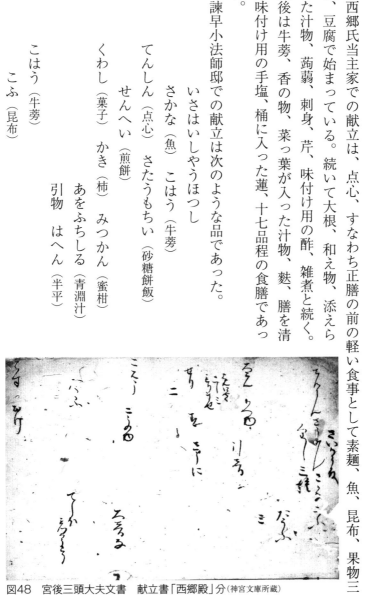

まめ（豆）　　いとこしる（従兄弟汁）
たうふ（豆腐）
こはう（牛蒡）
しいたけ（椎茸）
大こん（大根）　　にさい（煮菜）　　てほお（手塩）
とうの木さら（唐の木皿）
せり（芹）

魚、牛蒡に次いで点心として砂糖餅飯が出ている。おそらく砂糖をかけた餅と思われ、大村・島原の分の献立書を含めて砂糖を用いた料理は初めてである。当時、貴重であった砂糖が使われている点で貴重である。煎餅、菓子として柿と蜜柑、そして青淵汁には「はへん」のが添えられていた。根井浄氏は青淵汁を江戸期の随筆『貞杖雑記』を引用して「とろろ汁」と説明する。それに付けられた「はへん」も、氏によると蒲鉾の「はんぺん」のことだという。[13]

後半の膳は牛蒡そして従兄弟汁、この汁物は大根・芋・人参などの野菜と豆を一緒に煮た汁のことである。「いとこしる」とした上部に、昆布・豆・豆腐・牛蒡・椎茸と記されるが、従兄弟汁に入っていた品を書き留めたものと思われる。大根の煮物、清め用と味付けに使う手塩、唐の木皿には芹が盛られていた。十一品程でのもてなしであった。

諫早において宮後三頭大夫を饗応した二人について、具体的に人物を絞り込むのは困難であった。しかしいずれにしても、西郷氏が居館を構えた現在の船越町から上野町一帯の館町に、西郷殿と小法師殿の二人は屋敷を構えたと思われ、そこに招かれ馳走に与ったのである。

五　為替を使って伊勢参宮

先に長崎周辺、大村、有馬・島原地方での伊勢信仰の項でも、為替を用いての伊勢参宮を触れた。諫早地方からも同様の参宮が確認されるので、見ていきたい。

記される記録は、幾度となく引用してきた『肥前国藤津郡彼杵郡高来郡御旦那證文』（『肥前国御旦那證文』と略称）と、『つくしのかハし日記』（『為替日記』と略称）の二つである。何れも宮後三頭大夫によって記された文書である。

前者の記録には参宮者が伊勢に携帯した為替切手、現金に換金した際に記した受取一札が貼り込まれている。後者は為替を提供した宮後三頭大夫家で、初穂や為替金の出納を書き留め、その内に為替の換金に伴う支出が記されている。両記録を照合することによって為替運用の実態がかなり具体的に判明する。

その使用の一例を示すと次のとおりである。

【為替切手】

三文目ノかわしにて候、彼者湯江村ノ太郎次郎と申候

此旨可預御披露候

元亀二年五月廿九日

【一札・請文】

進上　御伊勢三頭大夫殿　　いさ早上町源左衛門尉

← 替之日記

四文目　式部郷公　興善寺 豪盛（花押）

四文目　上村源三郎　長緒（花押）

三文目　太郎二郎

いさはひ源左衛門尉方江わたし可申候

宮後三頭太夫殿

元亀二年七月八日

【為替日記】

← ひつし

十一文目銀　いさ早上町源さ衛門尉殿かハし　湯江村太郎二郎

同道三人　　七月七日

為替切手は太郎次郎の分のみが貼り込まれているが、現金受取の際に記した一札（領収書）には、式部郷公（興善寺僧の豪盛）、上村源三郎長緒、太郎二郎の三人が署名しており、参宮者はこの三人であったことが分かる。豪盛と上村源三郎の切手は存在せず、後世に紛失したのであろう。為替切手には太郎次郎は湯江村の者と記し、他の二人も同村に居住した可能性が高い。

この三人は、元亀二年（一五七一）五月二十九日に、諫早上町の源左衛門のところで為替を組んだ。

源左衛門は伊勢為替を取り扱う替本であり、この人物の名前で為替切手が太郎次郎外三人に発行された。

この為替切手を携行して伊勢に赴いた三人は、同年の七月八日に現金に換金している。その際の受取一札には、豪盛と上村源三郎が銀四文目、太郎二（次）郎が三文目とあり、太郎次郎の切手に記される為替額三文目と一致する。出納帳である為替日記には、七月七日付で三人に支払った合計十一文目が記録され、これは諫早上町源左衛門尉扱いの為替である旨も明記されている。三人の換金日が七月八日、為替日記への記帳日が七月七日とあり、何らかの事情で換金日と記帳日に一日のずれが生じている。

三人が合計十一文目を受け取った際に、「源左衛門方へわたし可申候」、すなわち「この額は諫早の替本・源左衛門方へ渡すべし」と書き足している。何故こう記したのであろうか。諫早で為替を組んだ際に、現金を納めていなかったからである、伊勢参宮から帰ってから払うという約束のもとに、為替切手が出されていた。このように参宮から戻った後に、為替額を納める後納の例もあったのである。

為替切手の発行より何日後に伊勢で換金したのか。元亀二年（一五七一）の五月二十九日に切手を受け、伊勢で換金したのは同年の七月七日であった。その間は三十七日間ある。当地方から伊勢までは十五日程の旅程であるが、切手を受けてから暫く日数を置いて出発したのか、あるいは他所を廻って伊勢に入ったとも考えられる。

この一連の流れによって、参宮者はまず地元諫早の替本で為替を組む、すると替本から為替切手が発行され、それを伊勢まで携行して宮後三頭大夫屋敷で換金する、現金を受け取った参宮者

表(40)諫早より為替を用いて伊勢参宮一覧

No.	種別	日付	為替額	切手振出人	替本	参宮者	宛先	振込
1	切手	元亀二・五・二九	三文目	いさ早上町 源左衛門	いさ早上町 源左衛門	湯江村ノ太郎次郎	御伊勢 三頭大夫	後納 三人
	一札	元亀二・七・八	四文目　四文目 三文目 書込「源左衛門方へわたし可申候」		いさはい上町 源左衛門尉	式部郷公豪盛 上村源三郎長緒 太郎二郎	宮後三頭大夫	
	為替日記	元亀二・七・七	十一文目		いさ早上町 源左衛門尉	湯江村太郎二郎 同道三人		
2	一札	元亀二・七・十	三文 書込「赤用申候」「西郷急用物一月」 貼紙「西郷殿代参之、爰元ニ而被書置候一札也、参帳ニ有」			覚尊・賢鏡	宮後三頭大夫	後納 二人
	為替日記	元亀二・七・十	四文目			西郷殿代官　賢鏡二人		
3	一札	元亀三・三・五	三文目 書込「一人ハしろかね三文目わたし申候」 書込「一人は下かう時分わたし可申候」	十兵衛		いさはやのしゃう こかのむら巡礼慶守 鷹屋甚助		前納 一人
	為替日記	元亀三・三・五	六文目白銀 書込「一人ハ三文め十兵衛殿へ御渡候由被申候」			肥前国高来いさはい 慶守・甚介		後納 一人
4	切手	元亀三・閏正・吉 (同種切手四枚有り、その内一枚の書込) 貼紙「元亀三年六月二十一日十人参宮衆へ国本ゟ越候切手也」	白銀三文目	代官十兵衛	いさはや上町 忠兵衛	十人		前納 十人
	一札	元亀三・六・二一	三文目　十人 書込「いさはいノ中兵衛かわし本　三文目つゝわたし申候」		いさはい中兵衛	もんと・与三さ衛門 志まの上・又三郎 山口与三郎・つ衛門 よし左衛門・平衛門 よし衛門・弥八郎	宮後三頭大夫	
	為替日記	元亀三・六・二一	三十目　白銀		肥前いさはい町 忠兵衛	十人		

5	切手	元亀三・閏正・吉（同種切手三枚有り）		代官十兵衛正治	いさはい上町忠兵衛	三人	宮後三頭大夫	前納三人
	一札	元亀三・七・十五 書込「上町忠兵衛尉かわし三文め内前わたし申候」 「正応寺内宿かね九文めわたし申候」	三文目		上町忠兵衛尉	寿師公 小河原清七郎 四郎三郎	宮後三頭大夫	
	為替日記	元亀三・七・十五	九文目		肥前いさ早忠兵衛	四郎三郎・清七郎 三人		
6	切手	元亀三・二・吉（同種切手六枚有り）		代官十兵衛正治	いさはや上町忠兵衛		宮後三頭大夫	六人
	一札	元亀三・六・六	三文目 六人 十八文目		いさはい町中兵衛	新五左衛門・与左衛門 源二郎・助左衛門 甚左衛門・新兵衛	宮後三頭大夫	
	為替日記	元亀三・六・五	十八文目 一人三文目つゝ		いさはい町忠兵衛	六人		
7	為替日記	元亀三・七・二五	九文目		いさはい町忠兵衛	三人		三人

は請文一札（領収書）を宮後家へ入れる、一札を受け取った同家では手許の為替日記に為替額の支出を記帳する、こういった手順で伊勢参宮用の為替は運用されたのである。

先に示した為替切手、受取一札、為替日記の記述内容は、現金換金日と為替日記の記帳日に一日の違いが生じているものの、為替額、参宮者人数など矛盾することなく一致している。

このように見ていくと、諫早地方からの伊勢参宮に為替を用いた例は、『肥前国御旦那證文』と『為替日記』によって七例が復元できる。一覧表に纏めたのが表（40）である。

為替を用いて伊勢参宮をおこなった者は二十九人を数える。その時期は元亀二年（一五七一）五月に為替を組み七月八日に参宮したのを初例に、元亀三年（一五七二）七月二十五日に及ぶ約一年間である。順を追って七例の為替利用の実態を見ていこう。

図49　上町·忠兵衛発行の為替切手（元亀三年）（神宮文庫所蔵）

No.1は冒頭に具体例として紹介した三人の参宮の例である。

No.2には為替切手は現存しない。一札には元亀二年（一五七二）七月十日付で「赤用申候」として三文とある。「赤用」は「借用」の当字で有り、その後に「西郷急用物一月」とも記され、諫早西郷氏の代参者が伊勢での急な物入りによって、お金の借用を願ったのである。その額は「三文」（銭）とあるが、三文目（銀）の誤記と思われる。この場合は予め諫早で為替の手続きをおこなったのではなく、伊勢で急に借用を願ったものであるから、当然ながら為替切手の発行はなかった。

為替日記には同年月日で四文目と記録され、三文目の借用を願ったものの、実際には銀四文目が貸し付けられた。代参者は「西郷殿代官　賢鏡二人」とあり、賢鏡と共に借用書に名前が見える覺尊の二人が代参者であった。二人とも僧侶であろう。

No.3も為替切手はない。伊勢で認めた一札には「いさはやのしやうこかのむら」とあり、諫早庄古賀の村、すなわち現在は長崎市に編入されている古賀町に相当する。そこに住む巡礼僧の慶守と鷹屋甚助の参宮であった。為替額は各々銀三文目、一人は「三文目わたし申候」、もう一人は「下かう時分わたし可申候」と記される。一人は諫早で三文目を払って伊勢に赴いたものの、もう一人は出発前の納金はなく、「下こう時分」すなわち御師代官が諫早に下って来るのに合わせて地元で払うと言っている。一人は為替銀の前納、もう一人は参宮から帰ってから納める後納であった。為替日記にも「一人ハ三文め十兵衛殿へ御渡候由被申候」と、一人からは御師代官の十兵衛へ三文目を払ってきた旨の申し出あったと記す。参宮者の一人の鷹屋甚助は、その名前から鷹屋、すなわち鷹匠を営んでいたのではなかろうか。

No.4は十人が為替を用いて伊勢参宮に出かけている。切手の発行が元亀三年（一五七二）の閏正月吉日、伊勢で換金したのは六月二十一日であったから、切手を受けた後に暫く間をおいての出発であったのであろう。替本は諫早上町に住んだ忠兵衛が務め、切手は当時、代官として下向していた代官の十兵衛の名前で発行されている（図49参照）。

参宮者十人は、もんと（主水）、与三左衛門、しまの上、又三郎、山口与三郎、つ衛門、よし左衛門、平衛門、よし衛門、弥八郎と、殆どが苗字をもたない者たちであった。各人の為替額は三文目、為替日記にも十人分の額が三十目（文目）として正確に記されている。

No.5は、寿師公、小河原清七郎、四郎三郎の三人の参宮であった。一札の書込には「上町忠兵衛尉かわし三文め内前わたし申候」とあって、伊勢に発つ前に替本・忠兵衛の許へ銀三文目が振り込まれていた。さらに「正応寺内宿かね九文めわたし申候」とも記されることから、三文目の三人分、九文目は正応寺からまとめて納められた。参宮者の冒頭に記した寿師公は、その名前からして僧侶と思われ、おそらく正応寺の僧侶であったために当寺から払われたのであろう。

No.6では六人が伊勢に赴いた。新五左衛門、与左衛門、源二郎、助左衛門、甚左衛門、新兵衛である。一人宛の為替額は三文目であった。為替切手も六枚現存し、一札、為替日記と記述内容がぴったりと一致する。

№７は切手と一札とは紛失して現存せず、為替日記の記録によって元亀三年（一五七二）七月二十五日に、一人宛三文目の為替を用いて三人の伊勢参宮があったことが分かる。

以上七件の為替の内、六件の替本は、いずれも上町に住んだ源左衛門と忠兵衛であった（№２の替本は不明）。源左衛門は一件・三人の為替を扱い、忠兵衛は四件・二十四人を扱っている。大村・有馬島原地方での為替の場合、替本は宝生寺、大泉寺、楽音寺などと寺院が勤めることが多かった。しかし諫早の場合は、源左衛門、忠兵衛という町衆が勤めた点が特徴的である。

本項の冒頭に触れたが、諫早地方で乙名百姓の権左衛門が、宮後三頭大夫に供田として田五反を寄進していた。また一方では上町に住む町衆が伊勢為替の替本を勤めていた。こういった諫早地方の百姓、町衆の行動を見ると庶民層の成熟度が高く、殊に替本・忠兵衛は専門性をもった商人として成長していたように思われる。

為替額は殆どが銀三文目であった。有馬・島原からの為替利用の場合も三文目が圧倒的に多かった。この額が日常生活の中でどの程度の負担になったのか。平戸松浦地方の伊勢信仰の項で示した銀と米の換算率・表（28）によると、米にして一斗九升五合（約三十kg）程にあたる。米の消費がままならないこの中世末期の時期にあって、決して少ない量ではなかったと思われる。こういった負担を押してでも伊勢参宮に赴く衆がいたのである。

六　橋村肥前大夫屋敷に投宿して伊勢参宮

いままで見てきたように諫早地方は宮後三頭大夫が受けもち、伊勢大麻を配り、為替を提供して伊勢の地で参宮者を出迎えるなど、同御師とは密接な関係にあった。しかし一方において、東肥前を主な旦那地域とした橋村肥前大夫の『御参宮人帳』にも、天正十年（一五八二）から諫早衆の伊勢参宮が散見されるのである。同様の現象は有馬島原領でも見ることができた。それは当地方でのキリスト教の蔓延によって、宮後三頭大夫は活動の基盤を失い、西肥前からの撤退を余儀なくされたと前述した。その時期は有馬・島原地方のキリシタン事情、また本稿第三項で検討した西郷純堯の書状などによって、天正八・九年（一五八〇・一五八一）ごろと推測した。

そういう事情を受けて西肥前からの参宮者を受け入れたのは、橋村肥前大夫であった。こういう経緯によって諫早地方からの参宮者は、宮後三頭大夫に代わり橋村肥前大夫を頼って伊勢詣でをおこなったのである。天正十年（一五八二）から慶長十五年（一六一〇）迄の『御参宮人帳』[14]に五十一人が確認される。

参宮者名、納めた初穂額・音物、居村、参宮年月日、及び本人の参宮はなく他の参宮者に初穂等を言付けた場合は「言伝」欄に○印を付け、それぞれに表示すると表（41）のとおりである。居所の村名は『御参宮人帳』に記されるままに表記した。

表（41）に記される五十一人の内訳は参宮者が三十六人、このうち三人は従者であるために名前の記載がない。加えて十五人は他の参宮者に初穂を言付け、実際に参宮はおこなっていない。

表(41)橋村肥前大夫屋敷に投宿して伊勢参宮を行った諫早衆

No.	名前	初穂	奉納物	言伝	居村名	年号	年	月	日
1	さかミ殿	1文目			いさはい之内瀧崎山	天正	10	5	8
2	ふかほり殿	12文目			いさはい	文禄	5	2	晦日
3	田中内六	3文目			いさはい	文禄	5	4	7
4	古賀助六	6文目			いさはい	文禄	5	4	7
5	法泉防(坊)内	1文目3分			いさはい	文禄	5	4	7
6	三根小さん	9文目		○	いさはい庄ふか海村	文禄	5	4	25
7	名代喜兵衛				いさはい庄ふか海村	文禄	5	4	25
8	三根権兵衛	4文目5分		○	いさはい庄ふか海村	文禄	5	4	25
9	権衛門尉	4文目5分		○	いさはい庄ふか海村	文禄	5	4	25
10	同ます	2文目		○	いさはい庄ふか海村	文禄	5	4	25
11	名代兵八郎				いさはい庄ふか海村	文禄	5	4	25
12	鍋島勝左衛門尉	3文目		○	いさはい庄ふか海村	文禄	5	4	25
13	早里子	1文目		○	いさはい庄ふか海村	文禄	5	4	25
14	治兵衛	3文目		○	いさはい庄ふか海村	文禄	5	4	25
15	名代与七郎				いさはい庄ふか海村	文禄	5	4	25
16	与七郎	1文目5分			いさはい庄ふか海村	文禄	5	4	25
17	天祐寺内龐達	100文			伊佐早	慶長	2	2	27
18	龍造寺作十郎御上さま	38匁		○	いさはい	慶長	4	2	22
19	光岡新右衛門				いさはい	慶長	4	2	22
20	藤山形部左衛門	7匁			いさはい	慶長	4	2	22
21	吉富新兵衛	6匁			いさはい	慶長	4	2	22
22	今津村 段藤次郎	6匁		○	いさはい	慶長	4	2	22
23	藤山新三郎	3匁			いさはい	慶長	4	2	22
24	善儒坊		木綿3たん		いさはい	慶長	4	2	22
25	恵東	3匁			いさはい	慶長	4	3	28
26	古賀善左衛門	3匁	布1		いさはい	慶長	4	3	28
27	古賀善左衛門	6匁			いさはい	慶長	7	6	28
28	井上孫八郎	200文			いさはい	慶長	7	6	28
29	筑後柳河新蔵坊	6匁			いさはい	慶長	7	6	28
30	山田平右衛門	9匁			いさはい	慶長	12	3	4
31	山田又八郎	3匁			いさはい	慶長	12	3	4
32	孫七	3匁			いさはい	慶長	12	3	4
33	お□	1匁8分		○	いさはい	慶長	12	3	4
34	田中半右衛門	12匁			いさはい	慶長	12	3	7
35	藤右衛門	6匁		○	いさはい	慶長	12	3	7

No.	名前	初穂	奉納物	言伝	居村名	年号	年	月	日
36	新兵衛	3匁5分	鏡1面		いさはい	慶長	12	3	7
37	忠右衛門	12匁		○	いさはい	慶長	12	3	7
38	善左衛門	12匁			いさはい庄	慶長	12	6	17
39	甚左衛門	6匁			いさはい	慶長	14	3	11
40	八兵衛	3匁		○	いさはい	慶長	14	3	11
41	瀧春	3匁5分		○	いさはい	慶長	14	3	11
42	用右衛門	6分		○	いさはい	慶長	14	3	11
43	東嶋内記	34匁			伊佐早	慶長	15	11	8
44	左馬允	6匁5分　200文	布1たん		伊佐早	慶長	15	11	8
45	茂兵衛	3匁　50文			伊佐早	慶長	15	11	8
46	権八	3匁　150文			伊佐早	慶長	15	11	8
47	九介	150文			伊佐早	慶長	15	11	8
48	大郎兵衛	50文			伊佐早	慶長	15	11	8
49	倶三人				伊佐早	慶長	15	11	8

（註=文目・匁は銀、文は銭の単位を示す）

実はここに記される天正十年（一五八二）から慶長十五年（一六一〇）の間には、諫早領では大変革が生じていた。天正十五年（一五八七）の豊臣秀吉の島津征伐は、この九州地方に激震を走らせた。秀吉に恭順の意を示す者は、旧領を安堵され領主としての立場を保ったが、そうでない領主もいた。柳川領主の龍造寺家晴もその一人で、豊臣秀吉による筑後領の没収によりその地位を失うと、帰京する秀吉を赤間が関に追いかけて訴えた結果、島津征伐に従わなかった西郷信尚の諫早の地を与えられるのである。

二度にわたる西郷氏への攻撃の末に西郷氏は追放され、龍造寺家晴は天正十五年（一五八七）七月に諫早に入部することとなる。西郷信尚は島原に逃れ、後に平戸で没したと伝えられる。表（41）が伝える時代には、領主西郷氏の滅亡という大変革が生じていたのである。

こういった諫早地方の事情を念頭に伊勢参宮者の動向を見ると、天正十年（一五八二）の一人の参宮者の後、文禄五年（一五九六）まで十四年間は参宮が見られない。おそらく前述のような領主交替という混乱から、伊勢参宮という発意は生まれなかったのであろう。

冒頭の天正十年五月八日に参宮に赴いた人物は「さかミ殿」（№1）、その脇には「関東衆廿年斗国ニ御逗留にて候」とある。関東出身の人物で諫早には二十年ほど逗留している人物だという。この説明から「さかミ殿」は「相模殿」のことと思われる。

この相模殿はどんな事情があって関東から諫早に移り、以来二十年も住みつくこととなったのか、居所も「いさはいの内 瀧崎山」とあるが、この瀧崎山も含めて詳しい事情は不明である。相模殿は移り住んだ諫早の地から伊勢詣でに出かけたのである。

二番目には「ふかほり殿」（№2）とあり、居所は「是ハいさはい也」と記される。諫早に関わる深堀氏といえば、直ぐに想起されるのは深堀純賢の存在である。前述のように西郷純久の三男として諫早に生まれ、後に深堀家の養子となった人物である。諫早西郷家を継いだ西郷純堯の弟に当たる。この深堀純賢は天正十五年（一五八七）に豊臣秀吉より深堀の旧領を安堵されたが、翌年、長崎貿易に来航する大坂・堺・博多の商船への不法行為によって領地を没収された。後に許されて朝鮮の役にも出兵し、それが縁となり鍋島家の家臣となり鍋島左馬助と名乗っている。加えて慶長年間の一時期には、深堀領の深海《ふかのみ》村（現諫早市深海）に隠居し、氏神の深海神社は深堀純賢によって慶長十七年（一六一二）に創建されたと伝えられる[15]。

こういった経緯を確認すると、ここに登場する深堀殿とは深堀純賢である可能性が高い。純賢は鍋島茂里組に加わり朝鮮の役に出兵するが、参宮時期の文禄五年（一五九六）二月晦日は、文禄の役も一段落し時期的にも問題はない。

深堀純賢とするもう一つの理由は、伊勢で銀十二匁の初穂を納めている点である。表中で知られる外の初穂額は一文目から六文目の間に集中し、後にその額を越える例はあるものの、高額の初穂を橋村肥前大夫に納めている。一定の経済力を有する者と思われ、かつての深堀領主の片鱗がこの初穂額に表れているとも考えられる。

文禄五年（一五九六）四月二十五日には、諫早庄ふか海村の十一人が記される。八人の者が喜兵衛、兵八郎、与七郎に初穂を託して、この三人が名代として伊勢に赴いた。名代の与七郎は預かった四人分の初穂に加えて、自らも銀一文目五分を初穂として納めている。言伝を託した者の中には鍋島勝左衛門尉と鍋島姓を名乗る者も含まれている。

この十一人の居村「ふか海村」は、先に深堀純賢の隠居地として記した深海《ふかのみ》の地である。現在の諫早市高来町深海に当たる。後に深堀純賢の養子となった鍋島茂賢が深堀領主となり佐賀藩深堀領が成立すると、深海は深堀領となった。江戸期の深海村には鍋島官左衛門、鍋島左馬助という両名の知行地が百四十石ほど存在する。(16) 先に同村からの参宮者の中に鍋島勝左衛門尉という人物がいた。この家系が後の鍋島官左衛門、左馬助に繋がるのであろうか。

慶長二年（一五九七）二月二十七日には、天祐寺内の龐達《ほうさつ》という僧侶が参宮をおこなっているが、同年の『御参宮人帳』には次のように記される。

四人　肥前国佐賀郡

百文　　龍泰寺　殊桂

百文　　塚崎庄円應寺ノ内

宗参

百文　筑後国水田村来迎寺内

冨察

百文　伊佐早天祐寺ノ内

龐達《はうさつ》

此御旁ハ東国学聞ニ御越被成、御参宮被成候御衆也

殊桂・宗参・冨察・龐達の四人の僧侶は、東国への学問の途中、伊勢にも廻り伊勢神宮に詣でた衆であったと説明する。

四人の僧が所属した寺院は現在でも存在する。殊桂の龍泰寺は、龍造寺隆信によって永禄六年（一五六三）に建立され、「龍造寺安泰」の意味から龍泰寺と名付けられた。曹洞宗寺院であり、佐賀市赤松町にある。天正十二年（一五八四）に島原沖田畷に戦死した龍造寺隆信の遺体はこの龍泰寺に埋葬された。

宗参の圓應寺は佐賀県武雄市武雄に所在し、永正十六年（一五一九）に曹洞宗寺院として建立され、文禄年間（一五九二～一五九六）に現在の柏岳南麓に再建されている。冨察の来迎寺は福岡県筑後市水田に所在する。創建年代不詳、現在は臨済宗である。

そして龐達の天祐寺は、時期は不明ながら西郷氏によって建立されたという。天正十五年（一五八七）に龍造寺家晴が西郷信尚を討伐して諫早に入ると、この寺院に帰依し、家晴の嗣子直孝は父の遺訓により天祐寺を菩提寺としている。

西郷氏滅亡後、元禄六年（一六九三）に諫早氏の立場で記された『西郷記』（諫早本）に、天祐寺

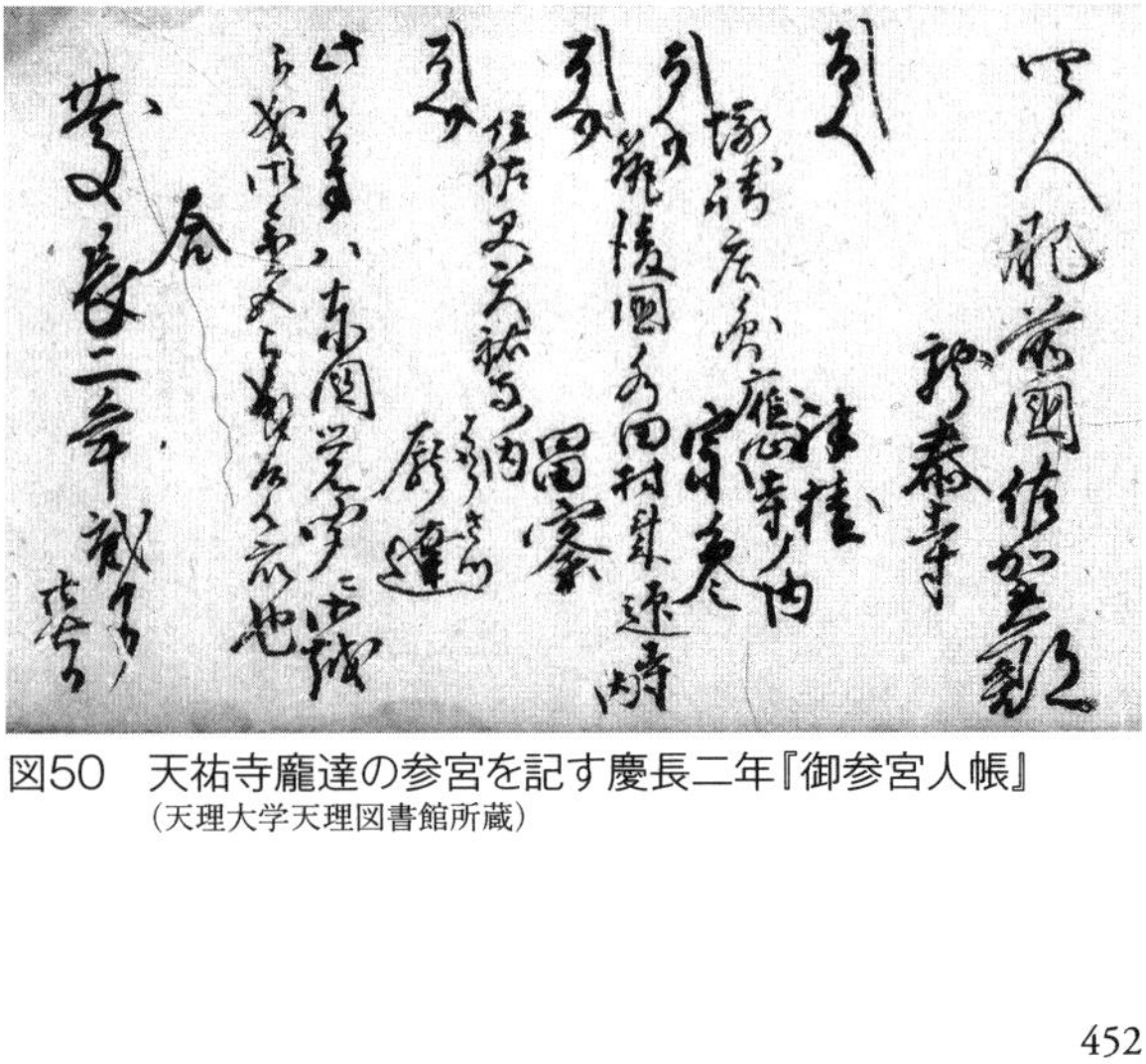

図50　天祐寺龐達の参宮を記す慶長二年『御参宮人帳』
（天理大学天理図書館所蔵）

及び同寺僧侶が次のように登場する。

　西郷殿逆心二度掛

　西郷殿滅亡有之事数代、村々百姓庄屋西郷殿帰依寺同一派、無念に存密々に嶋原へ有て内通一揆之企有之、最西郷家来所々尓隠置、天祐寺泰雲和尚密尓家来者乃者を招き寄せ、寺中尓隠し置、諸村と嶋原と一揆乃時日を定め為被申由

天正十五年（一五八七）、龍造寺家晴の諫早入部に当って、西郷氏が二度に亘りに抵抗した際の天祐寺僧侶の行動が記される。西郷氏家来を密かに天祐寺内に招き入れ、嶋原に逃れていた西郷信尚と結託して反撃を企てたという。この時の天祐寺の僧侶は泰雲であった。

同じ天祐寺僧の龐達が伊勢参宮をおこなったのは、この事件より十年後の慶長二年（一五九七）のことである。その間、泰雲は天正十五年（一五八七）九月二十一日に亡くなり、その後を受け第六世住職となったのは天翁芳曇である。寛永十年（一六三三）まで住職の任にあった。[17] 従って龐達は時代的に見て、この六世天翁芳曇の弟子であったと思われる。

天祐寺を建立した西郷氏は滅亡し、更にその住職が龍造寺家晴の入部に反抗したものの、天祐寺は存続した。龐達の伊勢参宮は、龍造寺氏（後の諫早氏）治政下での天祐寺の活動を知る上で貴重であろう。共に東国に出かけた四人の僧侶は、曹洞宗と臨済宗の禅宗僧であり、寺院の枠を乗り越えて、遠隔地にまで修行学問に赴いていた。その折の参宮であった。

橋村御師は「龐達」の名前の読みが難解と思ったのか、『御参宮人帳』に記録する際に「はうさつ」と平仮名をふっている。

慶長四年（一五九九）二月二十二日には、七人の参宮者の中に「龍造寺作十郎御上さま」の名前

が見える（No.18）。龍造寺作十郎は、諫早領に入った龍造寺家晴の長男であり、後に諫早家二代目となる諫早直孝である。その「御上さま」すなわち室（妻）が、銀三十八匁を諫早からの参宮者に言付けている。作十郎は初め龍造寺家の娘を室とするが、後妻に佐賀藩初代藩主の鍋島直茂の娘を迎えた。この「御上さま」が先妻、後妻のどちらに当たるのか。作十郎はこの時、二十六歳であった。(18) 常識的にはこの年齢の妻となれば、先妻、すなわち龍造寺家の娘とするのが妥当だろう。言付けとはいえ、銀三十八匁という最多の初穂を橋村肥前大夫へ納めている。その立場と伊勢への思いが伝わってくる。

二度に亘って伊勢に赴く者もいた。古賀善左衛門（No.26・27）は、慶長四年（一五九九）三月二十八日と、三年後の慶長七年（一六〇二）六月二十八日に伊勢詣でをおこなっている。

表（41）に示した諫早衆の伊勢参宮の様相は、慶長四年（一五五九）以降、慶長七年（一六〇二）には三人の参宮はあったものの、慶長十二年（一六〇七）の九人を数えるまで、参宮者は途切れている。慶長五年（一六〇〇）から同十一年（一六〇六）までの間は、ほとんど参宮者は見られない状況であった。同じ橋村肥前大夫文書の『御参宮人帳』によって求めた東肥前（現・佐賀県地方）と筑後地方からの参宮者数においても、同様の傾向が見られる。(19)

慶長五年（一六〇〇）の九月には関ヶ原合戦が起こり、最も世情不安定な時期であった。その震源地が大坂・近江・尾張・美濃・三河という伊勢周辺の地域であり、世情の不安・危険から人々は伊勢へ赴くのを差し控えたものと思われる。その結果がこの間の参宮者の減少となって表れたのであろう。

七　おわりに―近世へと続いた伊勢詣で

天正十五年（一五八七）に西郷信尚を追放して諫早領主となった龍造寺家晴は、その後、佐賀藩主の鍋島氏の配下となり、やがて佐賀藩諫早領の祖として諫早の地を任せられることとなる。諫早に入部後は諫早信重と改めている。

中世の西郷氏の時代からすでに芽生えていた伊勢詣での信仰は、近世諫早領になってからも変わることはなかった。諫早領には延宝四年（一六七六）から慶応三年（一八六七）に至るまで、約二百年間にわたり書き継がれてきた『諫早日記』がある。そこには役人、庶民の伊勢参宮の諸相が書き留められている。

諫早日記『日新記』[20]の文政十二年（一八二九）四月二十九日の条には、諫早領長里村の住人から伊勢詣でに関わる次のような口達が、諫早領役所に出されている。やや長文に及ぶが、この届出によって当時の旅の手順が分かるのでそのまま引用する。

参儀并下人徳右衛門召連、五穀為成就、去月廿日より日数百日限之御切手願請、伊勢参宮仕、今般罷帰候、御切手并大坂屋敷、偖又伊勢橋村肥前大夫ゟ之手印相納候処、宿屋ゟの手印不取来段、不計存付奉驚入候、右ハ花屋ニ兵衛江致止宿候付而ハ、手印を取同様相納候半而不相叶候処、彼地出立之節便宜有之、殊ニ風順宜御座候付罷帰候義与一図ニ相心得、不計失念仕

御事柄、右之次第今更重畳痛入奉存候、此段御達申上候、以上

高来郡諫早長里村

庄屋惣左衛門

丑四月廿九日

御年行司　御役所

長里村は現在の諫早市小長井町に含まれる地域である。その長里村庄屋の惣左衛門が、下人徳右衛門を召し連れて伊勢参宮をおこない、無事に帰村したことを役人へ報告したものである。伊勢の神宮へ五穀豊作成就を願っての伊勢詣であった。出立に先立ち旅期限百日間の切手の発行を受けて、三月二十日に出立し四月二十九日には帰村を届けている。実際の旅は最大に見ても三十八日間程の旅程であった。

伊勢参宮を終え無事に長里村に帰ったものの、一つ問題があった。諫早領の規定では旅の途中で泊まった宿の手印（証明）が必要であったのである。大坂屋敷と伊勢での橋村肥前大夫屋敷では、その手印をもらったものの、大坂で泊まった花屋二兵衛の宿では、手印を受けないままに帰ってきてしまった。なぜかと云えば、この宿は出立の便も良く、加えて風の具合も順風であったので、国本へ帰ることばかりを一途に考えて、つい手印をもらうことを失念したというのである。こういう失態があったが、この届出を藩の役人に提出することによって、この問題は解決している。

更にこの届出によって一行の伊勢での宿が、橋村肥前大夫の屋敷であったことが分かる。前述のように、諫早衆は天正十年（一五八二）ころよりそれまでの宮後三頭大夫に代わって、橋村肥前大夫を頼って伊勢参宮をおこなっていた。その関係は江戸時代を通じて変わることなく、この文

政十二年（一八二九）の時点でも、諫早からの参宮者は橋村肥前大夫屋敷に投宿していたのである。先の届出中に「風順宜御座候付」という文言があった。これは大坂から国本に帰る船旅には絶好の風が吹いたことを言っている。とすれは瀬戸内海の船を用いての参宮の旅であったことが分かる。

『諫早日記』にはこのような伊勢参宮記事が散見されることから、新城常三氏は『諫早日記』によって、宝暦七年（一七五七）から安永九年（一七八〇）までの諫早領からの参宮者数を調査し、次の表（42）のような結果を報告している。[21] 決して多い数ではないが、ほぼ毎年のように領内からの伊勢詣でが確認できる。

実際に伊勢詣でをおこなった際の道中日記も現存する。嘉永六年（一八五三）に山口初次郎が記録した『伊勢参宮所々道中控帳』が山部淳氏によって翻刻紹介されている。[22]

表（42）諫早領からの伊勢参宮人数（宝永七年～安永九年）

参宮年	西暦	人数
宝暦７年	1757	7 人
宝暦８年	1758	67 人
宝暦９年	1759	9 人
宝暦 11 年	1761	17 人
明和元年	1764	17 人
明和２年	1765	24 人
明和３年	1766	1 人
明和４年	1767	10 人
明和９年	1772	109 人
安永２年	1773	16 人
安永３年	1774	17 人
安永４年	1775	6 人
安永７年	1778	1 人
安永８年	1779	17 人
安永９年	1780	3 人

この道中控帳によると山口初次郎をはじめ、喜々津村より前田庄七、森左平、松尾寿七、小野村より早田弥左衛門、中嶋伝四郎、倉右衛門、中本明村より柳谷庄三、彦四郎惣三、斧吉、久太郎、広瀬幸三など十二人の一行であった。この内、喜々津村の松尾寿七には「此人武雄迄打送り之上申談出立」との書込がある。この人物は喜々津村の他の二人を見送るつもりで武雄までやって来たが、話し合った

ところ一行に加わることになったという。こういう経緯で伊勢に赴く者もいたのである。

一行は先にも見えていたが、武雄で落ち合い嘉永六年（一八五三）正月晦日に出立した。小倉から乗船し瀬戸内海を航行、途中には岩国、宮島、四国の金刀比羅山などを廻り、二月二十日に兵庫の室津に着船した後は陸路をとった。姫路城、大坂見物、高野山、吉野山、大和の諸寺を巡り、春日大明神を経て伊勢へと向かう。

国元を出立してより一月を越えた三月五日には、伊勢の一歩手前の松阪に到着、米屋という旅籠に投宿している。この日の天候は初めは雨、後に好天となった。いよいよ三月六日には伊勢の地に入ることとなる。伊勢滞在の期間は日記本文を引用し、臨場感豊かに参宮の様子を見てみたい。

一、同（三月）六日　吉
松坂宿出立
（中略）
宮川を渡シ
中川原宿
銭屋久左衛門宅着泊リ
御上金弐両弐分
早田
中嶋
六人　前田
森

松尾
山口
外六人ハ金壱分ツヽ
朝五ツ比大夫殿より打向
来ル罷出
御茶　　本膳
御酒
吸物餅魚　　引物切魚
同宮廻りかご
内宮
外宮
昼八ツ比ヨリ雨ニ而
朝熊参詣見合
大夫様江帰り
ふろ江入
晩　本膳　二ノ膳
引物焼たい　御酒
一、同八日雨
引物　本膳

図51　参宮者で賑わう伊勢・中川原宿（『伊勢参宮名所図会』）

あわび　ニノ膳
いせえび　酒
大夫様御目渡長えの帳志銘々盃ス　御ことば有
同四ツ時比銭屋帰り為打送リ之銭屋迄壱升樽
取肴物重弐段三色餅弐段銭屋ニ而頂戴
一、同日より同行六人之儀相分京都之方江出立
我々六人之儀直ニ二見浦参詣ス　三リ也　暮比帰宅也
一、同九日吉　但寒風也　中川原銭屋出立
古着等ハ京都鐙屋手代江相渡江戸ノ方出立ノ事
宮川舟渡
小ばた宿
同川二つ有舟渡也

伊勢滞在は三月六日より八日に及んだ。三月六日は松阪を出発し、宮川を渡って中川原の宿に入った。宮川を渡れば、もうそこは聖地、御神領であった。その入口の中川原宿は、図51に示したように、御師達は参宮者をここで出迎えたから、参宮人、御師の手代、宿の手配人などで大変賑わった所である。一行はこの中川原宿の銭屋久左衛門の旅籠に一泊する。

翌七日の朝八時に御師の迎えがあり、御師邸では早速、お茶・酒・吸物・刺身などの接待を受けている。その前に記される御上金は御師に納めたもの思われるが、六人が一人宛金二両二分、他の六人は金一分であった。駕籠に乗り内宮・外宮の参拝、午後二時ごろからは雨になったために、

内宮近くの朝熊山参拝は見合わせた。伊勢に詣でた人はこの朝熊山の金剛證寺にも参ることが常であった。伊勢神宮のみの参拝は「片参り」と言われたから、諫早衆の一行は悔しかったことであろう。早々に御師邸に戻り、入浴後の夕食は本膳・二の膳と出て焼き鯛や酒が振る舞われている。

三月八日も雨、朝から蚫・伊勢海老の本膳・二の膳に舌つづみを打っていると、御師家の当主が挨拶に出向き、長柄の銚子によって銘々にお酒がお酌され、返礼の言葉があった。

午前十時ごろには中川原の旅籠・銭屋に戻ったが、ここまで御師の見送りがあり、一升樽に肴類と三色餅がそれぞれ二段のお重に詰められ、一行に渡されている。銭屋で頂戴したとある。この後、京都に向かう六人は直ぐに出立し、残る六人は二見浦の参詣に廻り、暮れの頃に旅籠銭屋に戻っている。

諫早衆を接待した御師名は日記中には記されていないが、佐賀本藩をはじめ佐賀藩領を広く旦那としたのは橋村肥前大夫であったから、諫早の面々もこの橋村肥前大夫屋敷に投宿し様々な接待を受けたのである。

三月九日は天候は良かったものの寒風の吹く日であった。三日間滞在した伊勢を跡に江戸に向けて銭屋を出発、それまで着てきた着物類は京都の鐙屋の手代に渡している。おそらくこの手代を通して国元へ送り返したものと思われる。宮川を渡れば伊勢は遠い存在となった。宮川を去るに当たり、船の渡しが二つあると記している。宮川の渡しは御師達の負担によって、参宮者は無料であった。御師の御馳走舟と言われる所以である。上手の柳の渡しと下手の桜の渡しがあった。

江戸を目指した一行は、帰路京都を経由して諫早の自宅に戻ったのは五月十二日であった。

【補注】

（1）「早く来い」を当地の方言では「はい来い」という。「はや」が「はい」に転じている。
（2）フロイス『日本史』10 十八頁（中央公論社　昭和五十四年）
（3）同右書　二十三頁　注14
（4）外山幹夫『肥前有馬一族』百七十七頁（新人物往来社　一九九七年）
（5）『佐賀県史料集成』古文書編第四巻　深堀家文書　三八三号戸田勝隆書状、三八六号豊田玄蕃頭書状（佐賀県立図書館　昭和三十四年）
（6）フロイス『日本史』9　三百七十七頁（中央公論社　昭和五十四年）
（7）山部淳「西郷尚善と東山文化」九〜十頁（『諫早史談』十四号　昭和五十七年）
（8）光冨博「諫早地方の禅寺について」五十九頁（『諫早史談』十二号　昭和五十五年）
（9）神宮文庫所蔵（伊勢市）架蔵番号 一門一三九〇三―一
（10）第三章 平戸松浦地方の伊勢信仰　表（28）参照（二百二十八頁）
（11）フロイス『日本史』9　三百六十二〜三百六十三頁（中央公論社　昭和五十四年）
（12）神宮文庫所蔵　架蔵番号 七門二八四八
（13）根井浄「有馬氏時代の食文化と茶室―『伊勢御師食膳日記』の世界―十九頁（『嶽南風土記』二十一号　平成二十六年）
（14）天理大学付属図書館所蔵、『佐賀県近世史料』第十編第五号として翻刻（佐賀県立図書館　平成二十九年）
（15）『角川日本地名大辞典 長崎県』八百三十五頁（角川書店　昭和六十二年）
（16）同右書
（17）光冨博氏前掲論文　五十六頁
（18）『諫早市史』第一巻二百二十九頁（諫早市役所　昭和三十年）
（19）久田松和則『伊勢御師と旦那』表（4）肥前国・筑後国郡別参宮者一覧　四十四〜四十五頁（弘文堂　平成十六年）
（20）諫早市立諫早図書館所蔵　架蔵番号 一〇七四六
（21）新城常三『社寺参詣の社会経済史的研究』千百八十三頁（塙書房　昭和五十七年）
（22）山部淳「嘉永六年 山口初次郎　伊勢参宮所々道中控帳」（『諫早史談』六号　昭和四十九年）

第七章　島の伊勢信仰

一　対馬の伊勢信仰

1　天正年間からあった対馬衆の伊勢参宮

対馬の伊勢信仰について鈴木棠三氏は、往時の対州人には伊勢参宮はほとんど許されなかったであろうし、御師の大麻を配ることもいつの時代に始まったか、またどのような方法でおこなわれたのか知るところがないと述べる。(1) 氏が述べるように対馬における伊勢信仰の先行研究はほとんど目にすることはない。

こういう現状下で管見の限り対馬からの伊勢参宮は、現存の文献による限り、天正十四年（一五八六）十一月一日に伊勢に赴いた五人が初例と思われる。天理大学付属図書館に所蔵される橋村肥前大夫文書の『御参宮人帳』、その天正十四年分の該当日には次のように記録される。

五人　つくし対馬衆
ひた三百文　立石源六殿
同　三百文　弥六郎殿
同　三百文　与七郎殿
同　二百文　同下人
同　二百文　同下人

合

天正十四 十一月一日
戊丙

立石源六、弥六郎、与七郎が下人二人を伴っての参宮であった。前者三人は悪銭のビタ銭で三百文、下人は同じくビタ銭二百文を初穂として橋村肥前大夫に納めている。

引き続き天正十六年（一五八八）の『御参宮人帳』には、次の二人の参宮が確認できる。

一人　肥前國ヨリツテ　つしま衆

此旁ハ度々御参候

良子　二文目　斎藤喜助殿

百文ヒタ　御はつほ　同人

合

天正十六年正月廿九日

一人　肥前國ヨリ　つしま衆

いな郡　したる村

ヒタ百文　はた子　國分寺御僧

合

天正十六年二月五日

天正十六年の正月二十九日には斎藤喜助が参宮、この人物には「度々御参候」との添え書きがあり、何度も伊勢参宮をおこなっていた。銀二百文目の初穂とは別にビタ銭百文を御師屋敷に納

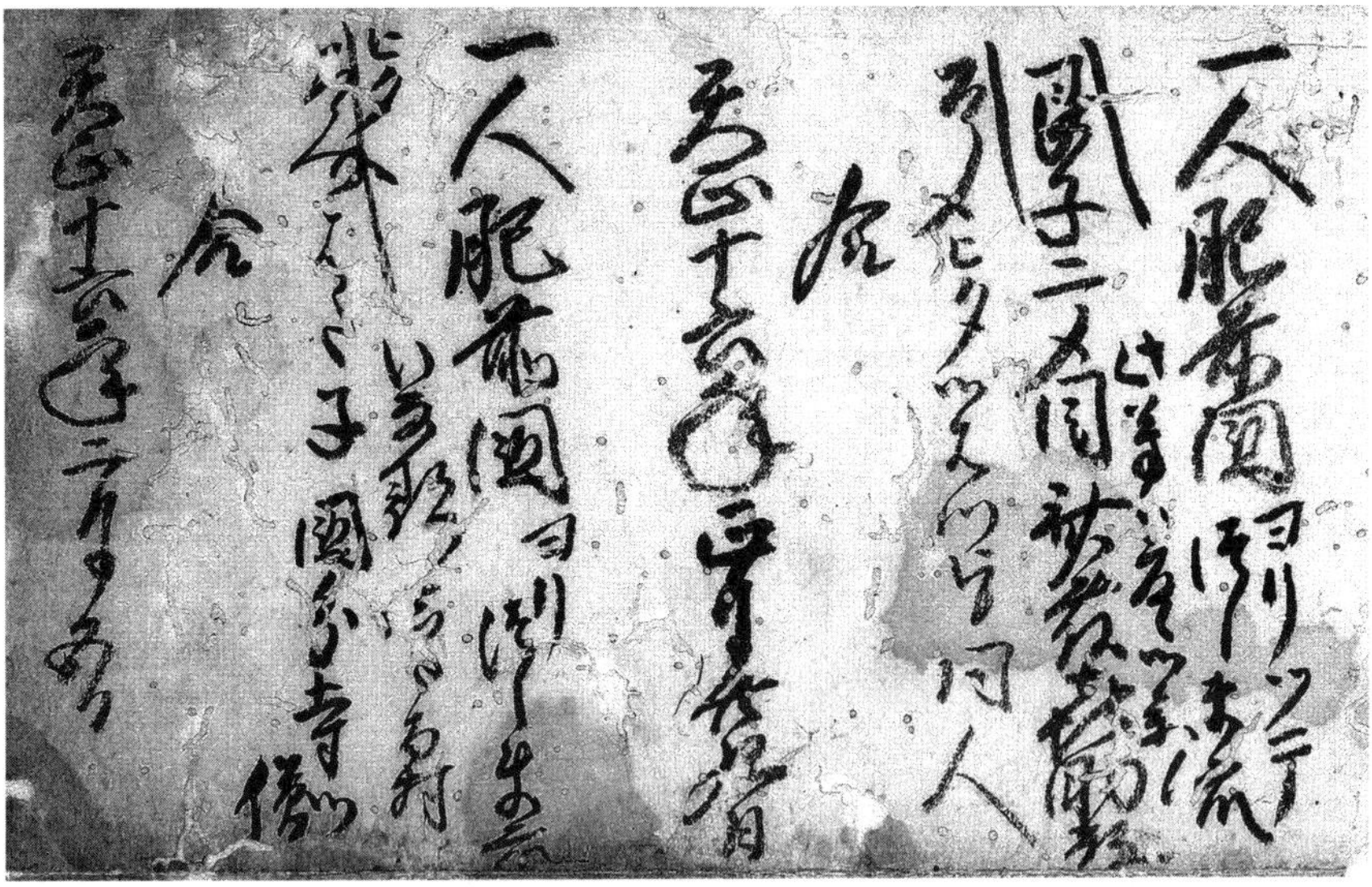

図52　対馬の斎藤喜助　国分寺僧の伊勢参宮記録　天正16年『御参宮人帳』（天理大学天理図書館所蔵）

めている。

同年の二月五日には国分寺僧侶の参宮があった。居村は伊奈郡の志多留村とあり、対馬でも北西部の海岸近くに位置する村である。対馬の国分寺（島分寺）は斉衡二年（八五五）に建立されたが、現在の厳原市内の清水山の麓であったと云われる。しかし二年後には島民三百人余が国府を襲撃する事件が起こり、その際に焼失した。

中世に入って文明十年（一四七八）に再建されるが、場所は金石城址（現・厳原中学校）であった。さらに近世になると、寛文五年（一六六五）に厳原の日吉に移転される[2]。従って天正十六年に伊勢参りを行った国分寺僧とは、金石城址に国分寺があったころに在籍した人物である。ただ僧侶の居所は伊奈郡志多留村とあって、国分寺のあった厳原とは相当に隔たっている。

志多留はその僧侶の出身地であったのか、国分寺僧といいながら日頃は志多留に住んでいたのか、判然としない。

この国分寺僧は初穂としてビタ銭百文を納めているが、その下には「はた子」と記され、「旅籠」のことと思われる。橋村御師の旦那衆は参宮時には橋村屋敷に投宿するのが普通であったが、この僧には町中の旅籠を斡旋したという意味であろうか。

いずれにしても、伊勢から遠く離れた対馬の地から、天正十四年（一五八六）、及び十六年（一五八八）には伊勢参宮がおこなわれていた。

天正十九年（一五九一）正月二十六日には、次のように気掛かりな一行が伊勢詣でを行っている。

三人　肥前國下松浦郡　平戸ヨリ津嶋津衆

ヒタ五十文　　一人分

ヒタ五十文　　一人分

布一ツ　　一人分

天正月廿六日

「平戸ヨリ津嶋津衆」とあって、平戸領内に津嶋津という場所は確認できない。おそらく津嶋は対馬のことと思われる。平戸を介してこの三人が伊勢へ赴いたために、「平戸ヨリ」と記したのであろう。参宮日が「天正月廿六日」と文字の欠落があるが、前後の日取りから天正十九年正月二十六日であることに間違いない。

とすれば天正年間に対馬より、十四年に五人、十六年に二人、十九年に三人と、合計十人の伊勢参宮があった。その中には対馬国分寺の僧侶、無姓者四人を引き連れた立石源六などと共に、斎藤喜助という人物がいた。この喜助はたびたびにわたって伊勢詣でに赴いたというのである。遠い対馬の地から伊勢に赴くのは容易ではなかったであろう。それを乗り越え伊勢への篤い思いをもった人物として特筆すべきであろう。

対馬から伊勢に至る旅路は全く分からないが、対馬より本土部のどこかの港に入り、そこから陸路・海路を用いたものと思われる。参宮人数が少ないので、船で直接に伊勢に至ったとは思われない。

2 江戸時代、高向《たかむく》二郎大夫の活動

近世に入ると『對州神社誌』(3)は、厳原の八幡宮の境内に太神宮が建立されたと記す。『津島記事』(4)はその太神宮を天照神社と伝える。八幡宮の正面にあり、正保二年（一六四五）九月二十七日にこの場所に遷され、八幡宮の接社（摂社）になったという。当地における伊勢神宮への信仰が、太神宮（天照神社）の建立という具体的なかたちで表れてきたものと思われる。

続けて『津島記事』は天照神社について次のように記し、当地における伊勢御師の活動を知る初めての史料として貴重である。

又別ニ伊勢宮ト云在、是ハ伊勢ノ高向二頭大夫カ勧請セシ社ニテ、名代ノ人御祓筥ヲ持來リ逗ルノ時祭ルナリ「旅宿ノ内ニ神殿ヲ安ス」、寛政三年辛亥ノ春、高向二頭大夫光映カ使來リ「竹畑喜六郎ト云者也」、国中ニ奉加シ伊勢ノ形ノ如クニ内陣ヲ作ル
此宮ニ詣ルヲ州俗居参リト云、蓋勢州渡會ニ行ズシテ拝スルノ謂ナラメ、御祓トハ伊勢神宮ニテ祓ヲ修シ祈禱セシ守ト云事也、御師ト云テ古ハ國々ニ在リ、今ハ伊勢計リニ在、御師トハ御祝詞師ノ畧也、古ハ國々ニ在テ神代聖神ノ教ノ正直ヲ国民ニ示シ、心魂ノ穢ヲ祓フ事ヲ教へ、人ノ為ニ祓ヲ修シ祈禱ヲセシ職ナリ、人ノ家ノ宅神ノ祭ナドヲ頼レテ執行シ事也

八幡神社境内の太神宮とは別に伊勢宮があると記し、伊勢御師の高向二頭大夫が勧請したものという。

対馬市中厳原の八幡神社と相対する丘の上に現在でも鎮座する。寛政三年（一七九一）には高向二頭大夫光映の手代・竹畑喜六郎によって、旅宿の内には伊勢神宮に倣って内陣が整えられた。ここには伊勢の御師が御祓筥、すなわち伊勢大麻を持参して逗留し、島内に配って廻ったという。この構えは一般に云う御師屋敷と云ってよい。

この記録が江戸時代に入り、対馬において御師の活動が確認できる初例と思われる。こういった事情を念頭に伊勢側の記録と照合すると、安永六年（一七七七）の『外宮師職諸國旦方家数改覺』[5]には、高向二郎大夫の旦那地域が次のように記される。

図53　今に残る厳原の伊勢宮（対馬市）

上部左衛門

御祓名　高向二郎大夫

植松殿　橘左近将監殿　宗対馬守殿

五頭大和守殿　五頭兵部殿　橘出雲守殿

一　肥前　三万一千六百八十八

一　筑前　三万二千四百五十六

一豊前　三千七百七十八
一隠岐　二千四百八十八
一壱岐　五千八百十四
一対馬　五千
　　外略
〆八万五千七百九十七

高向二郎大夫の旦那地域として宗対馬守の名前が見え、更に対馬として旦那数が五千軒と記録されている。高向二郎大夫の本来の御師名は、冒頭に記される上部左衛門であって、高向二郎大夫は伊勢大麻に記される御祓銘であったことが分かる。また高向家は後述の明治十二年『旧師職総人名其他取調帳』には「高向二頭大夫」とも記され、先の『津島記事』ではこの二頭大夫の名前を用いていた。

伊勢外宮に使えた度会氏一族の系譜である『神宮禰宜系譜』(6)には、この上部家の系譜も収録され、①上部光如—②光郷—③光昱—④光映—⑤光濟と続く。初代の上部光如は、同じ御師家であった高向光秀の養子となっている。その後、三代目の光昱は一時、上部姓を名乗ったものの、宝暦年中(一七五一~一七六四)には再び高向姓に戻っている(「五島の伊勢信仰」五百一頁の上部氏系図参照)。

こういった上部家と高向家の関係を知ると、この両家は同家同族であって、上部家が御祓大麻銘に高向二郎大夫を用いたことが納得できよう。さらに『対馬記事』に寛政三年(一七九一)に対馬の伊勢宮内陣を修造したのは、高向二頭大夫光映の手代(竹畑喜六)と見えていた。先に掲げた『神宮禰宜系譜』の上部家系譜の四代目に、上部光映という人物が存在していた。この光映が対馬に手代・竹畑喜六をさしむけた高向二頭大夫光映に当たる。

また『外宮師職諸國旦方家数改覺』には「上部左衛門」として、保有する旦那の地域と軒数が記されていた。『神宮禰宜系譜』によると上部光映は「左衛門」を名乗っているので、先の上部左衛門と同一人物であり、引いては『対馬記事』の高向二頭大夫光映に当たることは間違いない。光映は系譜によると文化元年（一八〇四）十二月六日に六十八歳で没しているので、元文二年（一七三七）から文化元年（一八〇四）迄の時代を生きた人物であった。『対馬記事』が記す寛政三年（一七九一）と、『外宮師職諸國旦方家数改覺』の安永六年（一七七七）の双方の時期に生存が確認され、時代的にもまったく問題はない。後者の旦方家数覚に対馬の旦那・五千軒と記されるのは、まさに高向二頭大夫光映が抱えた実績であったのである。

さてこの高向家の対馬での活動時期を整理すると、『対馬記事』には寛政三年（一七九一）に、高向二頭大夫の手代が伊勢屋敷の内陣を整えたと記すが、その実は十四年前の安永六年にはすでに高向家の活動は始まっていた。その時点では五千軒の伊勢大麻を受ける旦那衆を保有していたのである。

ことに寛政三年（一七九一）の内陣修造に際して、『対馬記事』は「國中ニ奉加シ」と記し、対馬全島より寄進を集めて修造費用に当てている。とすればこの寛永期のころには、対馬島内で伊勢御師の活動が大方、認知されていたと考えてよいだろう。

『対馬記事』の末尾には伊勢御師の使命を、神代からの教えである「正直」を国民に広め、心魂の穢れを祓い清めることと述べている。

さらに「御師トハ御祝詞師ノ畧也」と記し、御師の語源を説いている。その語源については、御祈師・御詔刀師・御祈祷師といった言葉が省略されて「御師」となったとする説、最近では「御師匠」に由来するとの説が有力である。しかしここに「御祝詞師」の略と明確に記していることは、御師の語源に付いて再考を促す記述である。

先に引用した『外宮師職諸國旦方家数改覺』に見えていたが、壱岐も高向二頭大夫の旦那地地域であった。その数は五千八百十四軒であるが、高向二頭大夫やその手代は島伝いに壱岐、対馬と訪れ伊勢大麻の配札に精を出したのであろう

伊勢御師の制度は明治四年（一八七一）に廃止されるが、その後の御師の動向を調べた明治十二年（一八七九）『旧師職総人名其他取調帳』(7) には、上部家は次のように記録される。

宮後町九番地
元師職　（明治三年八月通称 上部正四位上光世）
士族　上部正治
元通称　上部光世亡
明治四年七月御改正ニ付職務ヲ免セラレ
位記返上ス、明治十二年三月十二日
家督相続仕候
高向二頭大夫　一株
松尾徳左衛門　銘預り
一　旧家格古家年寄家
一　元外宮権禰宜正四位上
一　配札ノ國々
隠岐國　壱円

壱岐國　壱円
対馬國　壱円
（後略）

明治期には伊勢市中の宮後町に屋敷を構えていた。御師の廃止時まで御祓大麻銘は高向二頭大夫を用い、もう一家、松尾徳左衛門の銘も預かっている。同家最後の御師であった上部光世が亡くなったために、明治十二年三月に上部正治が家督を相続している。

明治四年廃止時の旦那地域は、隠岐国・壱岐国・対馬国の一円とあり、年末には上部家手代が対馬に下向し、家々に伊勢大麻を配って廻るのは、明治三年まで変わることはなかったのである。

3　対馬に伝わる御師の祓具《はらいぐ》

現在、対馬の和多都美神社宮司を務める平山家には、図（54）のような祓具と思われる祭具が現存する。加えて同家には『祓勤仕儀式祓具圖説』下という記録も所蔵され、そこには祓具が図説されている（図55）。

図（54）と（55）とを照合するとほぼ同様の形状であり、描かれた現物が同神社所蔵の祓具と同種のものと考えてよいだろう。神道儀礼で祓いの行事に用いる祭具と想定される。詳しくは神道用語を解説した『神道名目類聚抄』五巻の祭祀部に、この祓具に該当すると思われる祭具が次のように記録・説明されている。振り仮名は原典にあるままに附した。

祓八針《ヤツバリ》行事　伊勢神宮ニ相傳ル所ナリ、八脚《ヤツハシ》ノ机一器上ニ八針ノ幣《ヘイ》アリ、是ヲ案上《アンジャウ》ノ幣ト云、人形解縄《ニンギョウトキナワ》、十座木《トクラキ》、銭切箱《ゼニギリバコ》アリ、机ノ下ニ幣アリ、案下《アンゲ》ノ幣ト云、八座木《ヤクラギ》案下ニアリ、器物

図54　和多都美神社所蔵の祓具

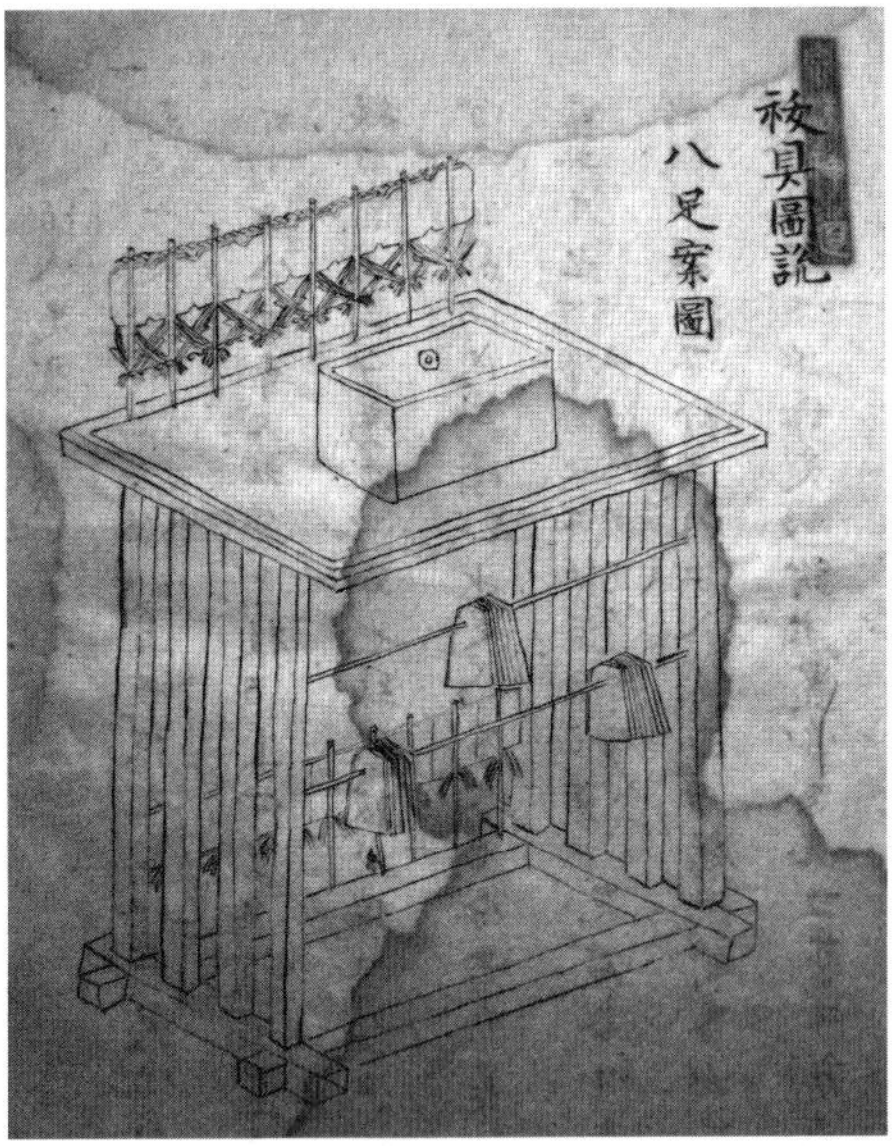

図55　『祓勤仕儀式祓具圖説』に描かれた祓具

ハ祭器ノ部ニアリ、委《クワシ》ク記セシモ禁河《キンカ》ノ法ナレバ神慮分リガタシ、祓ノ古法ナルノミ

　祓八針行事として説明がなされ、伊勢神宮に伝わる行事という。八脚の案（机）の上には八針（本）の御幣が並び、その中央部には一際高い御幣が立てられている。これが先の記録に見える十座木に当たる。図（55）の図説には十座木は描かれていない。御幣の前にある箱が銭切箱である。案（机）の下にも八本の御幣が並びこれを八座木といった。更に将棋の駒型をした板が、前列に二十枚、後列に十枚、棒に差し通した状態で下げられている。これを数取という。

　この祓具をどのように使うかは、前述の『祓勤仕儀圖説』下に「祓勤仕儀式」という段があり、ここに祓行事の手順が委しく述べられている。行事は非常に複雑であり、要約すると、案上に立てられた十座木という祓い具で祓い清め、銭切箱に入った銭切（細かく切った紙）と米を相互に移し替える。行事の柱である中臣祓と祝詞を奏上し、拍手を四度打って終了するという具合であった。

伊勢大麻は中臣祓・祝詞を上げる度数によって、千度祓、万度祓との別があるが、その度数（回数）を数えるのが、案（机）下に設置された数取という将棋の駒型の小板である。一定の方向に動かし、唱えた回数を数えるのである。まさに数取であった。

実はこの祓具とほぼ同じものが、昭和六十三年八月に埼玉県深谷市深谷町に鎮座する伊勢殿神社で発見された。その詳細は『遷宮の歴史と御師の姿―武蔵人との関わり』[8]で報告されているが、御師が伊勢大麻の調製に使っていた祓具であると説明する。事実、この深谷地方には外宮御師の孫福孫太郎が入り、「一志三日市大夫次郎」の御祓銘で伊勢大麻を配っていた。その孫福大夫が深谷の現地で伊勢大麻を整える際に、この祓具を用いていたのであろう。

先の報告によれば昭和六十三年（一九八八）当時、この祓い具は記録上では知られていたものの、現物での発見はこの伊勢殿神社の例が初めてであったという。その後、平成二十四年（二〇一二）に神宮徴古館（伊勢市）で開催された「伊勢御師の大麻展」に、同様の祓具が展示されていたのを筆者は実見したことがある。そして三例目として遠く海を隔てた対馬の地に、この祓具が伝わっていたのである。

さて対馬ではこの祓具がどのように使われたのであろうか。前述のとおり対馬でも伊勢御師の高向二頭大夫の活動が確認されたから、その高向氏が現地で使ったとも想定される。

しかし前述の平山家所蔵『祓勤仕儀式祓具圖説』下に収録される「祓勤仕儀式」の巻末には次のような奥書がある。

右祓勤仕書并祓具圖説書相傳口授秘訳畢
文化十五年戊寅正月廿一日
穂高見命神孫和多都美宮司
阿曇郷春（花押）
平山繁作殿

平山繁作という人物が、伊勢の祓具を用いた「祓勤仕儀式」を修得したために、文化十五年（一八一八）正月二十一日に、対馬の和多都美神社宮司の阿曇郷春がその相伝を許可したものである。その許可文中には「口授」、すなわち口伝としながらも、実際には「祓勤仕儀式」の写本を授けている。そのために現在、平山家にこの写本が所蔵されるのである。相伝を許された平山繁作は、和多都美神社宮司の平山静喜氏の御教授によると、当時、対馬島内の和多都美御子神社の神職であった。

こういった経緯を見ると、本来、伊勢でおこなわれていた「祓勤仕儀式」が対馬の地にもたらされ、和多都美神社宮司家の阿曇家がその儀式を伝えていた。中にはこの伊勢の祓い儀式を学び修得する者が出て、その者には儀式勤法を伝授していたのである。伝授を受けた一人がこの平山繁作であった。

伊勢大麻を作る際の祓いの伝授を受けた平山繁作は、この祓いの儀式をどのような時におこなっていたのであろうか。同じく平山家には、表紙には「宗源神道守式　阿曇實保」と題し、中表紙には「宗源神道守式秘傳」とした一書も所蔵する。

この守式秘傳は神々の神徳を記し、その守護札の作り方を示した場合もある。おそらくその守護札を作る際に、伊勢の祓具を用いて祓い清めながら、守護札の調製に当たったものと思われる。前述の平山静喜氏によれば、先代宮司の時代には一室に籠もって祓いの行事がおこなわれ、そこには決して他人が入ることは許されなかったという。その場では伊勢の祓具によって守護札を調製する祓いの行事がおこなわれていたものと想定される。

伊勢の御師が用いる祓具と、それを用いた祓いの方法が、対馬の地にどういった経緯で伝わったのであろうか。江戸期の対馬には対馬藩三総宮司職という、対馬島内の神社を管轄する役目があり、厳原八幡宮の宮司家でもあった府中中村の藤家がその職を勤めた。元禄期にその職に在ったのは藤内蔵助斎延であった。藤斎延は二度にわたり伊勢に遊学し、伊勢神宮の祀官であった出口延佳、渡会延昌の門に入り皇学を学び、元禄十一年（一六九八）に帰島する。帰国した斎延の許には多くの弟子達が入門した(9)。こういった経歴をもつ藤内蔵助斎延によって、この祓具と祓いの方法が対馬にもち帰られた可能性が高い。

埼玉県深谷市で同様の祓具が発見されたことは前述した。この場合は伊勢殿神社という神明社で、伊勢御師の孫福孫大夫が伊勢大麻を奉製する際に、この祓具が使われたものと推測した。しかし対馬の場合は、御師の宿となっていた伊勢宮に伝わった訳ではなく、平山繁作のように「祓勤仕儀」の口伝を受けた者が、自社の神符・守札を奉製する際に用いたものと思われる。この点が対馬と深谷の異なる点であろう。

二　壱岐の伊勢信仰

1　江戸期以前に十五人が参宮

壱岐の島は永禄六年（一五六三）から平戸松浦氏の所領となっていた。「第四章 平戸・松浦地方の伊勢信仰」の項でも触れたが、橋村肥前大夫文書に肥前国外三ヶ国の地名を書き留めた記録がある。(10)それによると、松浦隆信（松浦道可）の時代から壱岐島は平戸領となり、殿のお供衆として入った者達は百姓となって居付いているので、御師の我等も宿を取ることができる。伊勢大麻は普段は平戸より持参され配られているなどと記されていた。

加えて「壱岐嶋小名」として武生津、勝本といった壱岐の地名も記され、御師の橋村肥前大夫が壱岐の現地に実際に入り活動した形跡も窺われる。そして橋村肥前大夫文書の『御参宮人帳』には、壱岐からの参宮人が書き留められている。第四章の「表（22）平戸松浦領の伊勢参宮者と言伝者」にその分も含めて表示しておいたが、改めて壱岐の分のみを抽出すると、表（43）のとおりである。

天正十六年（一五八八）から文禄五年（一五九六）の間に十五人の参宮者があった。その先鞭をつけた人物が、天正十六年三月二十九日に伊勢に詣でた甚八郎である。同年の『御参宮人帳』には平戸浦町からの四人の参宮者の一人として記され、平戸の町衆に連れだっての参宮であった。

表（43）江戸期以前、壱岐からの伊勢参宮者

No.	参宮者名	初穂	音物	居村	年号	年	月	日
1	甚八郎	6匁		壱岐島こうの浦	天正	16	3	29
2	三九郎	6匁		壱岐	天正	16	7	26
3	小次郎	ビタ100文	永楽100文	壱岐	天正	16	7	26
4	内記	永楽50文	布1反　綿2巻	壱岐	天正	16	7	26
5	助左衛門	3匁		壱岐	天正	16	7	26
6	新助	永禄50文	綿5巻　布1ツ	壱岐	天正	16	7	26
7	横山五右衛門	ビタ1貫200文	布2反	壱岐島印道寺	天正	19	3	24
8	彦三郎	ビタ200文	綿3羽	壱岐島印道寺	天正	19	3	24
9	兵衛門尉	ビタ100文	綿3羽	壱岐島印道寺	天正	19	3	24
10	善八郎	布2反		壱岐島印道寺	天正	19	3	24
11	彦三郎	ビタ100文		壱岐島印道寺	天正	19	3	24
12	梯与三左衛門尉	3匁		壱岐の平戸衆	文禄	5	7	7
13	源衛門尉	3匁		壱岐の平戸衆	文禄	5	7	7
14	吉三郎	1匁		壱岐の平戸衆	文禄	5	7	7
15	善三郎	綿12羽	銀子1枚	壱岐の平戸衆	文禄	5	7	7

その居村を「壱岐嶋ノかうノ浦」と記す。現在の壱岐の地名・郷ノ浦について『壱岐名勝図誌』は「元江ノ浦なるべし」と説明し、かつては「こうの浦」と云っていたという。とすれば甚八郎が住んだ「かうノ浦」は現在の郷ノ浦であったと思われる。

十五人の顔ぶれを見ると、姓をもった有姓者は僅かに二人、他の十三人は無姓者の庶民層であった。居村が分かるのは先の甚八郎の郷ノ浦に加えて、天正十九年（一五九一）三月二十四日に参宮した五人の居村は「印道寺」とある。現在の壱岐市石田町印通寺に比定できる。『壱岐史拾遺』には正平二十四年（一三六九）の「壱岐国七社神領敷地定書」に、印通寺が呼子氏の所領として登場することを記す。十四世紀中世のころからその在所が明確に把握できる地である。そこからの五人連れだっての参宮であった。

文禄五年（一五九六）七月七日には四人が参っている。この年は十月二十七日に改元して慶長

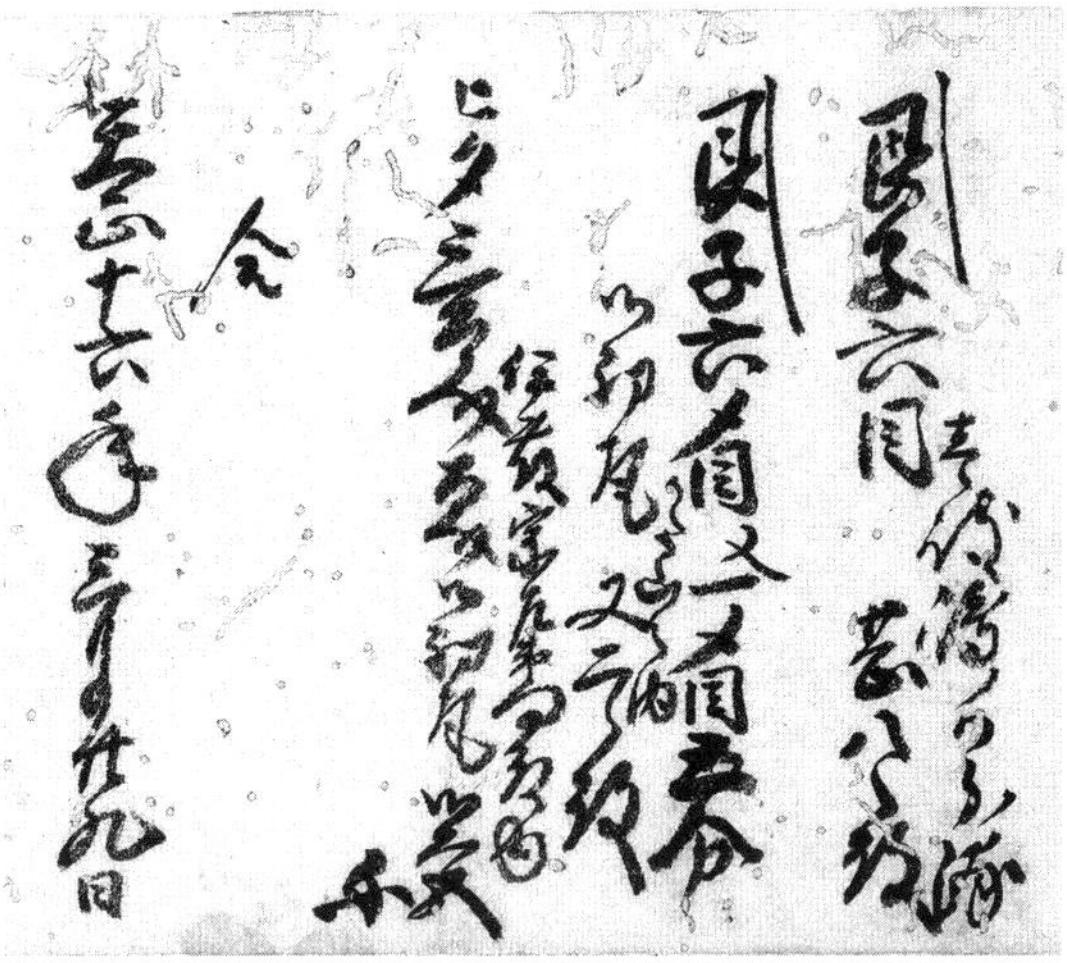

図56　壱岐の甚八郎伊勢参宮記録（天正16年3月29日）
同年『御参宮人帳』（天理大学天理図書館所蔵）

元年となるが、この文禄・慶長期の壱岐は、豊臣秀吉の朝鮮出兵の中継地として重要な役目をもった。その最中に四人の参宮であるが、この文禄五年には征伐軍は朝鮮より一旦引き揚げ、翌年に再出兵するというに一段落した時期であった。[11] 天正十九年（一五九一）から五年ぶりに四人の参宮者が出たのは、壱岐島のこういった状況を反映してのことだろうか。

橋村肥前大夫文書の『御参宮人帳』にはこの文禄五年の四人を最後に、江戸期に入った慶長・元和期の参宮人帳には壱岐からの参宮は記されることがない。前節の対馬の伊勢信仰でも引用したように、安永六年（一七七七）『外宮師職諸國旦方家数改覧』によると、壱岐は高向二郎大夫の受けもつ旦那場として登場し、壱岐島の旦那数は五千八百十四軒と記されていた。これが江戸中期の伊勢と壱岐との関わりを示す状態であった。

おそらく江戸期に入ると、壱岐島は橋村肥前大夫の手から離れ、壱岐島の北方に位置する対馬を受けもった高向二郎大夫（上部左衛門家）が、兼ねもつ旦那場となっていったのである。

2　伊勢参宮の帰着振る舞い・ドーブレー

伊勢参宮者が無事に参宮を終えて村に帰ってくると、東日本ではハバキヌギ、西日本ではドウブレという所作をおこなったという。ハバキは藁製の脛当《すねあて》のことであるが、それを脱ぐ（ヌギ）ことをハバキヌギと言った。ドウフレは「振る（フレ）」という言葉に、関西弁などで「ド偉い」などと用いる語気を強める「ド」を付けることによって、体を「強く振る」という行為であった思われる。このように日本の東西で、参宮を終えて帰って来た者は、身につけていた物を脱ぎ捨てる、あるいは体を強く振るという行為をおこなっていた。

この行為について桜井徳太郎氏は、伊勢参宮者は伊勢に詣でることによって常人たる域を脱し、厳たる神格を身に付けた存在になった。しかし参宮を終えて村に帰る時には、再び常人に戻る必要があったから、身に付けていた物を脱ぎ捨て、あるいは体を強く揺すって神格を振りほといた。この所作がハバキヌギ、ドウフレと説明する。(12)

壱岐には伊勢参宮者が帰ってくると、親戚縁者・知人を招いて祝宴をおこなうドーブレーという習慣があった。これも伊勢参宮からの帰着行為であるドウブレが基本にあって、その後の酒宴部分が肥大化した行事と思われる。

山口麻太郎氏の調査報告(13)によって紹介すると次のような行事であった。

一生のうちに一度伊勢参宮をして、ドーブレーをして死にたいといふ事は、壱岐農人のすべての念願である。（中略）

各講中には伊勢講があって、年数回のおこもりをして居る。講を作って年々抽籤で代表者を参拝せしむる事も各村行って居る。此の講以外にも個人で参拝する者が多数ある。

参拝する前に氏神様を始め、ところの主なる神社に参拝して出立する。伊勢に参拝の當日は電報を以て通知して、同じ時刻に自宅でも神官を頼んで拝んで貰う。

どんな方法で参詣した者も、帰ると適當の時期を見て、ドーブレーという大祝宴を張る。講で参拝した者はお宮でオマブリワタシと云ふ講仲間だけの祝宴をする。それだけでドーブレーはしない者もある。

ドーブレーには知己友人は勿論、平素は何等の交際もしない遠い血族縁類まで廣く案内を云ひ、其の客面の多いのを一種の誇とするかに見える。近い親類と講中とが前々日位から総出で加勢して御馳走を作る。

座敷はカケダシと云って、縁の外に桟敷を作り、天幕を張りて室を廣くし、二百人でも三百人でも一日で片付けてしまふのである。

一緒に詣った仲間をドーアンと云って、一同上席から下に向って着座し祝ひを受ける。重開きと云って其の席の重組を開く式がある。相伴人はちゃんと居るのであるが、是は来客側より開かねばならぬので、相伴人自身は手をつけず其の座の上席の人に是を願はねばならぬ。それで宴席の上座はむづかしいものとされて居る。自分が出来なければ他に頼まねばならない。是は誰でもなかなか出来ない事で、其の座の誰も出来ないと云ふ事は非常な不名誉とされて居る。

先づ小謡をうたひ、釣糸を向ふに投げて更に引き寄せる様な心得で、五段の重を結んである水引を解く。そして一段一段に小謡をうたって開く。其の上で一同に此の重のものがはさまれるのである。

重が開けてからは一同無禮講である。しかし澤山の客が次から次にやって来るので、長く其の席に座って居る譯には行かなくなる。座敷はほんの儀式だけで、膳部にはあまり手をかけないで土産と一緒に包んでもらって座を立つ。相伴人が取肴をはさむには順序があって、ヒロブタからさかな類、野菜もの、最後にエビガネ、ハマヤキをつぐ。

屋外にオイザカモリ又カネントリーという粗末な席が用意してあって、オモヤからは暇乞の挨拶をして帰りかけて居る客人をここに引っ張り込んで、極めて気ままに充分な飲食をさせる。肴は粗末で鯨に大根なます位のものである。ドーブレーの客には如何してでも、充分に酔はしさへすればよい様に考へられて居るので、オイザカモリには飲めない者にでも、湯呑や茶碗で無理強いをする。酒のすきな者は是を馳走とし喜びとするのである。

ドーブレーのケンズィーには、近親者や親交ある者は大抵米俵を贈るので、それをニワに積立て丶飾りとする。翌日はケンズィービラキと云って、今一度親戚講中の加勢人達に充分の賄ひをする。加勢人は其の翌日まで来て、後片付けをしてやる。

山口麻太郎氏のこの報告は『壱岐島民俗誌』に掲載されているが、その初版本の発行は昭和九年(一九三四)であるから、ここに見えるドーブレーは昭和初期頃の様子を伝えたものと思われる。この振る舞い行事を通して、壱岐の人々がいかに伊勢に篤い思いを寄せていたかが伝わってくる。しかし昭和二十年(一九四五)以前の戦前の時点ではこの慣習は途絶えていた。、ただ伊勢講による代参の伝統は守られている集落もあり、その行事のなかには先のドーブレーと同じ構成が見られる。次節では今日に続く伊勢講と代参参りを取り上げ、ドーブレーとの比較も試みたい。

3 筒城仲触の伊勢講

筒城浜の海水浴場として知られる筒城地区の仲触集落には、今日でも伊勢講が存在し、永年に亘り代参者が伊勢と四国の金比羅宮に詣でてきた。昭和十年代からの伊勢講代参の様子が窺われ、この仲触集落に伝わる記録によって今日に及ぶ伊勢講を見ていきたい。

(1) 御伊勢講規約

『天照皇大神宮　金刀比羅宮　御講帳』とした綴りの冒頭には、御伊勢講規約が掲げられている。昭和十六年（一九四一）、同二十四年（一九四九）と二度の改正を経て、昭和五十年（一九七五）に改正された規約が今日の伊勢・金刀比羅講を規定している。その後にも部分的に改正された条項もあるが、当伊勢講の基本的な実態がこの規約によって分かる。次のとおりである。

御伊勢講規約

第一条　本講ハ御伊勢宮・金刀比羅宮ノ二社ヲ参詣スルモノトス

第二条　本講ハ参宮金トシテ博多・新大阪間ノ新幹線運賃額ノ二往復代金トス（特急料金運賃ヲ共ニ含ム）

第三条　当リ参宮代参者、支障ノ砌ハ、順応弐番者、ソノ責ヲ負フモノトス

第四条　参詣者ハ両社共、御守一体宛買イ求メ、外ニ半紙一帖ト適当ナル品一個宛ヲ講員ニ受ケ渡スモノトス

第五条　講金ハ開講当日、代参者ニ納入スルモノトス

第六条　本講ハ抽籤の上、次会ノ宿ヲ定ムルモノトス

第七条　開講当日ノ集合時刻ハ午前十時揃トス
第八条　開講日ハ、代参者下降後、七日以内トスルモ、代参者開講期日決定ノタメ、帰宅後直ニ講員ノ集会ヲ求ムルモノトス
第九条　御講当日、宿元ヨリ広ぶた壱種ト豆腐一箱、及び当日の飯米ヲ提供シ、尚、肴ハ各戸宛四人前トス
第十条　開講当日ノ肴等ノ世話、並ニ当日ノ会計ハ籤当リ二番・三番（非代参者）ニテナスモノトス
第十一条　御講当日ノ酒等、ソノ他必需品一切ハ、適当ニ宿元之ヲ提供シ、講員ノ合同会計負担トス

この昭和五十年の規則と共に、昭和十五年（一九四〇）の定めと思われる古い規則も綴られている。その新旧の規則を比較し、さらに今日の現状も加えて、時代の経過に伴う伊勢講の変容を見てみよう。

第一条に記される参詣神社は、古い規則では「太宰府宮」も加わり、本来は伊勢・金刀比羅・太宰府の三社であった。第二条は代参者への旅費を定め、古くは二円五十銭、昭和五十年からは新幹線の博多―新大阪間の二往復分と変わり、現在は一律に六万円程と決められている。第三条の一番籤の講宿・伊勢代参者に不都合が生じた場合は、二番籤の者がその役目を果たすことは今日でも変わりない。

第四条の伊勢土産は、古くは各神社の御守りと扇子であったが、昭和五十年には御守りに添える物は「適当ナル品」と変わり、現在では箸が伊勢土産となることが多い。第五条は講金の集金

時期であるが、古くは参詣の十日以内に宿役が集めていたが、その後、参宮後の講開きの時に集めるように変わり、今日に至っている。第六条の抽籤によって次会の講宿を決めることは、昔も今も変わることはない。

第七、八条は代参後に行われる講開きの時間・時期を定め、古くは午前十一時であったが、昭和五十年からは午前十時と変更された。開催日は伊勢から帰宅して七日以内と決まっていた。講開きの日を決めるための寄合もあったか、現在では廃止されている。第九条は講開きの料理を定め、広蓋《ひろぶた》や豆腐は以前から変わりなく、昭和十五年のころには一戸から米一升、酒一升を出していた。その時に準備する料理は、古くは講員の家族全員の分であったが、昭和五十年からは一戸宛て四人前と改められた。かつては家族全員が出られない家には酒五合が届けられていた。

第十、十一条では講開きの肴世話役・会計は、抽籤の二番籤・三番籤を引いた者が務めること、また当日の経費は合同会計から支出すると定める。それまで持ち寄っていた各戸からの米一升と酒一升はなくなった。

昭和十五年の規則では、講開きの前に講金を集める講金寄せがあって、その時には焼酎一升と夕食の賄いをおこなっていた、昭和五十年以降はこの講金寄せもなくなった。

(2) 伊勢代参・講開き・抽籤

さて先の伊勢講規約によっておこなわれている現在の仲触伊勢講の実態を見ていこう。

伊勢講を組織する講員の家数は時代により出入りがあり、十二戸・十三戸の時代が長く続いたが、現在は十戸で構成する。

講中で一番籤を引きその年の講宿（当家）となった者は、講を代表して三月に金刀比羅宮と伊勢神宮に参拝する。交通の便が良くなった昨今では、金刀比羅宮参詣の後に当地に宿泊することもなくなり、その日の内に大阪を経由して伊勢に向かうようになった。

伊勢神宮参拝の当日は、壱岐の講宿の自宅では氏神の八幡神社の神職を招き、参拝時刻に合わせて、神木の神籬《ひもろぎ》に向かい遙かに伊勢を拝む行事がおこなわれる。これを「神すえ」という。山口麻太郎氏のドーブレーの説明にも、「伊勢に参詣の當日は電報を以て通知し、同じ時刻に自宅でも神官を頼んで拝んで貰ふ」とあった。同様のことが現在でもおこなわれている。ただ音信不便な当時は、参拝時刻を電報で壱岐へ伝えていたが、携帯電話が発達した昨今では自宅への連絡は容易なこととなった。

平成十年からは伊勢神宮で用意された伊勢講代参帳に代参者名・初穂料を記し、朱印を貰うようになった。

代参者が伊勢から戻ると、程なく講宿で講開きがおこなわれる。規約では帰参から七日以内に午前十時からと定めるが、平成十二年からは三月の第一日曜日が基準となり、午後二時には講宿・二番籤・三番籤が出て準備を始める。全員が揃うのは三時である。先ず講宿の座敷に立てられた神籬を通して、全員で伊勢の神宮を遙拝し、伊勢で受けてきた神符を各戸毎に戴く。これを「神たて」という。

伊勢代参役を務めた講宿の当主はまずは座敷下手に坐り、上手に揃った講員への講開きの挨拶をなし、宴の持てなし役に回る。やがて相の席へと誘われ宴は盛り上がっていく。講員の家族の出席は、一戸宛て五人前の料理が用意されていた当時は、十二戸の時分には約六十人程の大所帯となった。表座敷に溢れた家族達は、次の間・居間と席に着く。

講員各家の当主の席には、伊勢で求めた伊勢大麻の角祓と土産品の箸が半紙で巻かれ、水引が掛けられて御膳に据えられる。この講開きに欠かせない料理が、規則の第九条にもあった広蓋と豆腐である。広蓋は昆布・麸・大根・人参・牛蒡・里芋・蒲鉾・豆腐・卵焼きなど十五品ほどが入った煮物である。豆腐は一箱分十二丁が準備される。更にゆで卵が各家から講員数×五個の六十五個ほど、この数を当時の十三戸が持ち寄る訳であるから、総数八百個ほどにもなった。

これ以外に魚、吸い物、なます、白あえ、サラダ、夕食（飯・汁）が並ぶ。広蓋が取りやめになった平成十二年（二〇〇〇）ごろに、魚の背切りが止められ野菜の天麩羅に変わった。ゆで卵がそれぞれの御膳に置かれるのは、その形が丸いことから、今後の付き合いも丸く円満であることを念じるためという。

壱岐は焼酎の産地でもあるが、この時ばかりはいつも呑む焼酎より日本酒が多く準備され、酒四本（升）と焼酎二本（升）が祝いの席を盛り立てる。

昭和五十年からは、講開き当日に料理の手配・準備をおこなう肴求人《さかなもとめにん》が置かれた。規約の第十条にその役も定めて、抽籤の二番・三番の二人がこの役を務めた。自らも魚をさばき、広蓋・豆腐・ゆで卵・日本酒など粗相がないよう極めて重要な役目である。

講開きの宴席が進む中、酔い加減を見計らって次の講宿を決める抽籤がおこなわれる。講員の家が十軒あれば、その軒数に合わせて十年を一巡期間とし、その間にすでに宿・代参役を務めた者は抽籤から外れる。残った者で一升枡の米の中に埋められた籤を引く。従って一巡期間には必ずどの家にも講宿が廻ってくるのである。

図57　抽籤での一番籤　平成三十年　松嶋幸弘　この籤が一升舛の米の中に埋められている

一番籤が次会の講宿、二番・三番が肴求人と決まり、明くる年の三月にはこの新講宿の当主が伊勢代参をおこない、帰参してからの講開きの料理などは、この時に決まった肴求人が手配することとなる。講宿に当たることを予感した家は、講開きの時に砂糖や生姜を入れて搗いた「へぎ餅」（かき餅）や「こりん」（あられ）を準備することもあった。翌年の宿に決まった宿祝いに訪れる講員に、茶受けとして振る舞うのである。しかし準備していても宿に決まるという確約はない。籤に当たりたいという密かな思いである。新しく講宿となった家は、講参りの記録を引き継ぎ、一年間保管することとなる。

年が明けて三月、講宿当主が金刀比羅宮と伊勢に参る時には、床の間に日常的に張られている注連縄《しめなわ》に加えてもう一本注連縄が重ねて張られ、更には玄関にも注連縄が張られる。それらは次の年の講開きまで張られたままである。

こういった仕来り、伝統を伝えながらも時代の経過にともない変化が生じている。平成五年よりゆで卵の持ち寄りが途絶え、外注するようになった。また広蓋も平成十二年から宿で作ることがなくなった。現在は料理のほとんどは仕出屋へ頼んでいる。その数も一戸宛て三人前と変更された。しかし、ゆで卵は必ずその折り詰めに入るよう特注してある。

平成二十四年は仲触の伊勢講にとって大きな変革の年であった。先ずは金刀比羅宮への代参を取りやめたこと、もう一つは講開きの場所は講宿の家を持ち回ったが、幸い講員に白沙八幡宮宮司の村田家が入っているために、その八幡宮社務所に替わった。それに伴い四十年ちかく続いた肴求人の役がなくなった。これは今まで講宿で賄っていた料理を、店に外注するようになったからである。そして講員数も十戸となった。

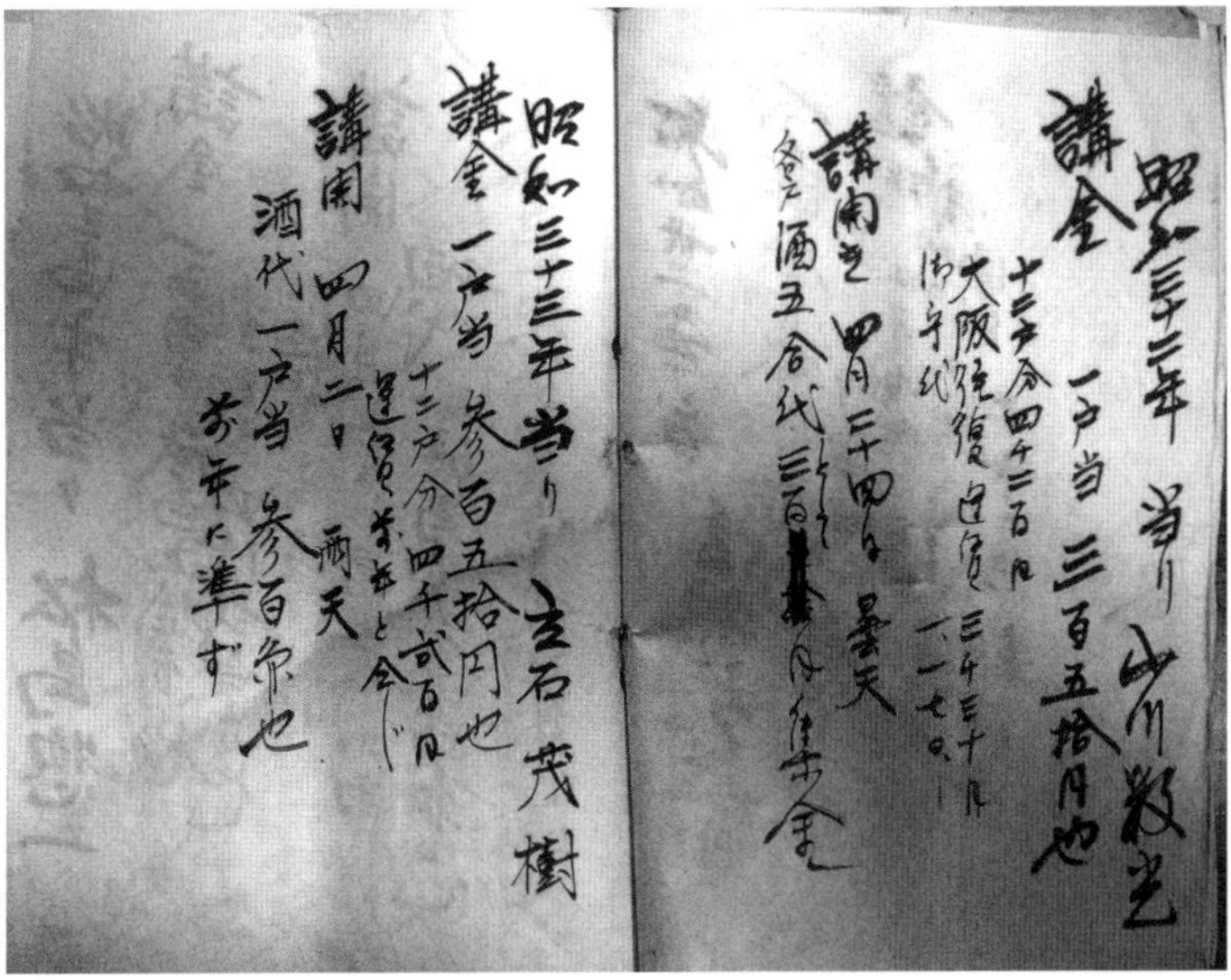

図58　毎年の講開きの記録（昭和32·33年の分）

（3）八十四年間の仲触伊勢講の実態

仲触伊勢講の『天照皇大神宮 金刀比羅宮 御講帳』によると、昭和十一年（一九三六）から代参者の名前が記され、その後は記録内容の濃淡はあるものの平成三十年（二〇一八）まで、実に八十四年間に及ぶ。講宿の氏名、講金、代参旅費、講員数、講開き日など年毎に記録され、戦後から高度成長期を経て、過疎化という深刻な問題を抱える今日に至るまで、当伊勢講の軌跡を窺うことができる。ただ昭和十一年から昭和二十六年までは講宿の名前のみしか判明せず、外にも記録が中断した項目もある。その実態を一覧化したのが表（44）である。

表中の項目に説明を加えると、講宿は講開きの寄合で一番籤を引いた者である。向こう一年

表（44）壱岐仲触の伊勢講（宿・旅費・戸数等）一覧

No.	年	講宿(代参者)	旅費	講金	直会費	戸数	講開日(天候)	肴求人		備考
1	昭和11	久原福右衛門				13				
2	12	植村光雄				13				
3	13	城米満				13				
4	14	松嶋二枝				13				
5	15	江口重太郎				13				
6	16	後藤重鞆				13				
7	17	松嶋實男				13				
8	18	山川数光				13				
9	19	村田盛重				13				
10	昭和20					13				
11	21	平田武一				13				
12	22	久原満衛				13				
13	23	福川繁光				13				
14	24	山本貞太郎				13				規約一部改正
15	25	松嶋二枝				13				
16	26	平田武一				12				
17	27	久原満衛	2,580	250	200	12	4月4日			印通寺－唐津－大阪
18	28	福川繁光	3,090	300	250	13	5月5日			大阪往復旅費
19	29	村田盛重	2,420	300	250	13	4月25日			大阪往復旅費
20	昭和30	江口貞末	2,420	300	250	12	3月16日			
21	31	後藤重鞆	2,420	300	300	12	3月15日			
22	32	山川数光	3,030	350	300	12	4月24日(曇)			
23	33	立石茂樹	3,030	350	300	12	4月2日(雨)			
24	34	松島惣一	3,030	350	300	12	4月5日(曇･小雨)			
25	35	植村武夫	3,030	350	300	12	3月12日(曇)			
26	36	久原晃	居参り	350	300	12	4月7日(晴)			規約改正 宿出し広蓋中止
27	37	松島二枝		1,200	250	12	3月28日(晴)			金比羅講金600円増額
28	38	立石茂樹		1,200	200	12	4月28日(雨)			
29	39	植村武夫		1,200	250	12	4月28日(晴)			
30	昭和40	松島惣一		1,200	250	12	4月3日(晴)			
31	41	後藤重鞆		1,200	250	12	3月27日(晴)			
32	42	村田武敏		1,200	250	12	3月14日(晴)			
33	43	山本貞利		1,200	270	12	4月14日(晴)			
34	44	福川宗彌		1,200	290	12	4月22日			
35	45	平田満員		1,200	300	12	4月25日			
36	46	江口貞末		1,200	320	12	3月25日			
37	47	久原美武		1,200	320	12	3月6日			
38	48	山川茂弘		1,200	320	12	3月14日(晴)			
39	49	前年神宮式年遷宮記念として全員参拝					3月　講開は白沙八幡宮社務所で行う			講一巡　規則改正
40	昭和50	松島惣一		4,300		12	4月14日(晴)	山川茂弘	久原美武	講金と直会費合算支出

No.	年	講宿(代参者)	旅費	講金	直会費	戸数	講開日(天候)	肴求人		備考
41	昭和51	後藤重鞆		4,800		12	3月12日(曇·晴)	立石繁樹	山川茂弘	
42	52	植村幸登		6,000		12	3月19日(曇·晴)	山川茂弘	松島二枝	
43	53	村田武敏		6,400		13	3月15日(晴·曇)	山本貞利	久原美武	
44	54	立石茂樹	41,600	6,700		13	3月12日(曇)	山川茂弘	山本貞利	
45	55	平田満員	41,600	7,000		13	4月5日(小雨)	福川宗彌	城栄八郎	
46	56	久原美武	43,600	7,100		13	3月14日(小雨)	福川宗彌	城栄八郎	
47	57	城栄八郎	50,800	8,000		13	5月9日(曇)	江口貞末	福川宗彌	
48	58	江口勝雄	50,800	9,000		13	3月6日(晴)	山川茂弘	山本貞利	
49	59	山本貞利	50,800	7,000		13	3月11日(晴)	松嶋俊一	山川茂弘	
50	昭和60	松嶋俊一	53,200	8,000		13	3月13日(曇)	福川宗彌	山川茂弘	
51	61	山川茂弘	56,000	8,000		13	4月6日	久原美武		
52	62	福川宗彌	55,200	7,100		13	3月16日	山本貞利	松嶋惣一	
53	63	松嶋幸弘	55,200	8,770		13	3月30日	植村幸弘	平田満員	講一巡初回 全員参宮
54	平成元	松嶋惣一	55,200	7,200		13	4月15日	山川茂弘	植村幸登	
55	2	山本貞利	57,240	8,000		13	4月2日	松嶋幸弘	江口勝雄	
56	3	城栄八郎	57,240	8,200		13	4月8日	松嶋惣一	久原美武	
57	4	福川宗彌	57,240	8,000		13	4月5日	松嶋惣一	城栄八郎	
58	5	後藤一夫	57,240	8,000		13	5月4日	江口勝夫	福川原一	
59	6	山川茂弘	57,240	8,200		13	4月6日(雨)	山本貞利	村田徹郎	
60	7	立石茂樹	57,240	11,000		13	3月5日(晴)	久原和秀	松嶋幸弘	
61	8	平田満員	57,240	12,000		13	4月4日(晴)	立石茂樹	山川茂弘	
62	9	植村幸登	57,240	10,100		13	3月23日(晴)	城栄八郎	村田徹郎	
63	平成10	村田徹郎	67,120	12,700		13	3月8日(晴)	平田満員	福川宗弥	
64	11	久原和秀	62,240	12,000		13	3月6日(晴)	後藤一夫	山本貞利	
65	12	江口勝雄	62,240	13,000		13	4月1日(晴)	後藤一夫	立石春代	
66	13	久原和秀	62,240	13,000		11	3月3日(曇)	村田徹郎	山本貞利	講一巡初回 全員参宮
67	14	山本貞利	62,240	13,000		11	3月10日(晴)	江口勝雄	平田満員	
68	15	福川原一	62,240	12,500		11	3月8日(雨)	平田満員	後藤一夫	
69	16	城栄八郎	62,240			11	3月7日(晴)	後藤一夫	植村幸登	
70	17	江口勝雄	62,240	14,400		11	3月6日(雪·曇)	久原和秀	村田徹郎	
71	18	植村幸登	62,220	14,640		11	5月14日(晴)	江口勝雄	久原和秀	
72	19	平田善明	62,220	14,600		11	4月7日(晴)	松嶋幸弘	城栄八郎	
73	平成20	村田徹郎	62,220	14,100		11	3月9日(雨)	城栄八郎	山川聖博	
74	21	山川茂弘	62,220	16,500		11	3月7日(晴)	植村幸登	山本貞利	
75	22	松嶋幸弘	62,220	16,720		11	3月7日(雨)	山川聖博	福川原一	
76	23	後藤一夫	62,220	16,940		11	3月6日(雨)	福川原一	松嶋幸弘	
77	24	久原和秀	60,000	13,800		10	3月17日(曇)	この年より講開きは		講一巡初回 規則改正
78	25	村田徹郎	60,000	14,000		10	3月10日(曇·晴)	八幡神社社所に変更		
79	26	後藤一夫	60,000	13,800		10	3月9日	金刀比羅宮代参取りやめ		
80	27	山本貞利	60,000	14,000		10	3月15日			
81	28	福川原一	60,000	13,600		10	3月6日			
82	29	植村幸登	60,000	13,700		10	3月5日			
83	平成30	松嶋幸弘	60,000	13,800		10	3月17日			
84	31	江口勝雄(予定)								

間は講中の主役を務め、当伊勢講に関わる記録も保管する。明年の三月には伊勢代参をおこなう。旅費は講宿（代参者）へ金刀比羅宮・伊勢神宮参詣の費用として支給される。講金は代参者の旅費を賄うための拠出金、直会《なおらい》費は後述の講開きの飲食費であるが、昭和二十七年（一九五二）から同四十九年（一九七四）までは別個に徴集されていたが、昭和五十年からは合算して徴集されるようになった。合計額を講金欄に記入したために、同年より直会《なおらい》費欄は空白である。

戸数は当伊勢講に加入する軒数、講開き日は代参者が参宮から帰参後の講開きの日取り、その日の天候も八十四カ年の内に四十三カ年記されるので参考に添えた。肴求人は昭和五十年から、講開きが白沙八幡宮の社務所に変更になった平成二十三年（二〇一一）までの役目である。

この一覧表から八十四年間の伊勢講の実態を読み取ることができる。

さすがに昭和二十年には伊勢代参者を確認できない。通常ならばその年の三月・四月に代参があるべきであるが、この当時の深刻な戦況に伴って取りやめたのであろう。

昭和二十七年からは旅費や徴集金などが具体的に分かる。この年の旅費は二千五百八十円、講金と直会費とを合計した徴収額が四百五十円であった。それが八十三年経過した平成三十年（二〇一八）には旅費六万円、一戸宛の講金が一万三千八百円となり隔世の感がある。昭和三十六年の旅費欄には「居参り」と記したが、当年の講宿役が体調不良に伴い代参が叶わず、「在所に居ながら参詣」という意味から、記録にはこう記される。

講員全員で伊勢・金刀比羅参りをおこなう年もあった。第六十回神宮式年宮遷宮の翌年に当たる昭和四十九年、講が一巡して初回目に当たる昭和六十三年と平成十三年の三度である。

八十四年間に及ぶ伊勢講代参の歴史は、講員の家系の推移も伝えている。

当集落の伊勢講は、海運業を営んだ松嶋家の金刀比羅参りに始まると言われる。その松嶋家は昭和十四年に松嶋二枝（分家）の名前が登場し、昭和四十年には松島惣一（本家）、昭和六十三年には松嶋幸弘（分家）に代わり現在に至っている。同様に白沙八幡宮の宮司家を務める村田家は、盛重―武敏―徹郎と代替わりする。植村家は光雄―武夫―幸登、福川家は繁光―宗彌―原一と、三代にわたることが多い。後藤家のように重鞆―一夫の二代の家もある。

長崎県の伊勢講の事例として、「第三章 大村地方の伊勢信仰」において「長崎空港となった箕島にも伊勢講」を記しておいた。壱岐と大村の両地の伊勢講を比較して貰えれば幸いである。

三 五島の伊勢信仰

1 天正年間に二人の伊勢参宮

橋村肥前大夫文書の天正十六年（一五八八）と同十九年（一五九一）の『御参宮人帳』(14)には、五島列島からの伊勢参宮の例が次のように確認される。

一人 肥前國下松浦郡ヨリ五頭嶋
銀子弐文目 志加 清五郎殿
わた少 御はつほ 同人

天正十六年三月二十九日

一人　肥前国下松浦郡平戸ヨリ五藤《頭》おかた村

跡ヨリ参宮仁被遣候付可有にて候

艮十二文目　　兵助殿

艮子二文目三分　　同人ことつて之御はツ

布一たん　手のこい　同人

艮子弐文目三分　　神楽と申され候て被上

候　同人

天正十九年三月十二日

天正十六年（一五八八）三月二十九日に、五頭嶋より清五郎という人物が伊勢参宮をおこなっている（図59参照）。「五頭嶋」は下松浦郡とあるから、五島島のことと考えてまず間違いないだろう。参宮者の清五郎の名前の上にやや小さく「志加」と記され、これが清五郎の苗字を意味するのか、あるいは居所なのかよく分からない。苗字とすれば「志加清五郎」

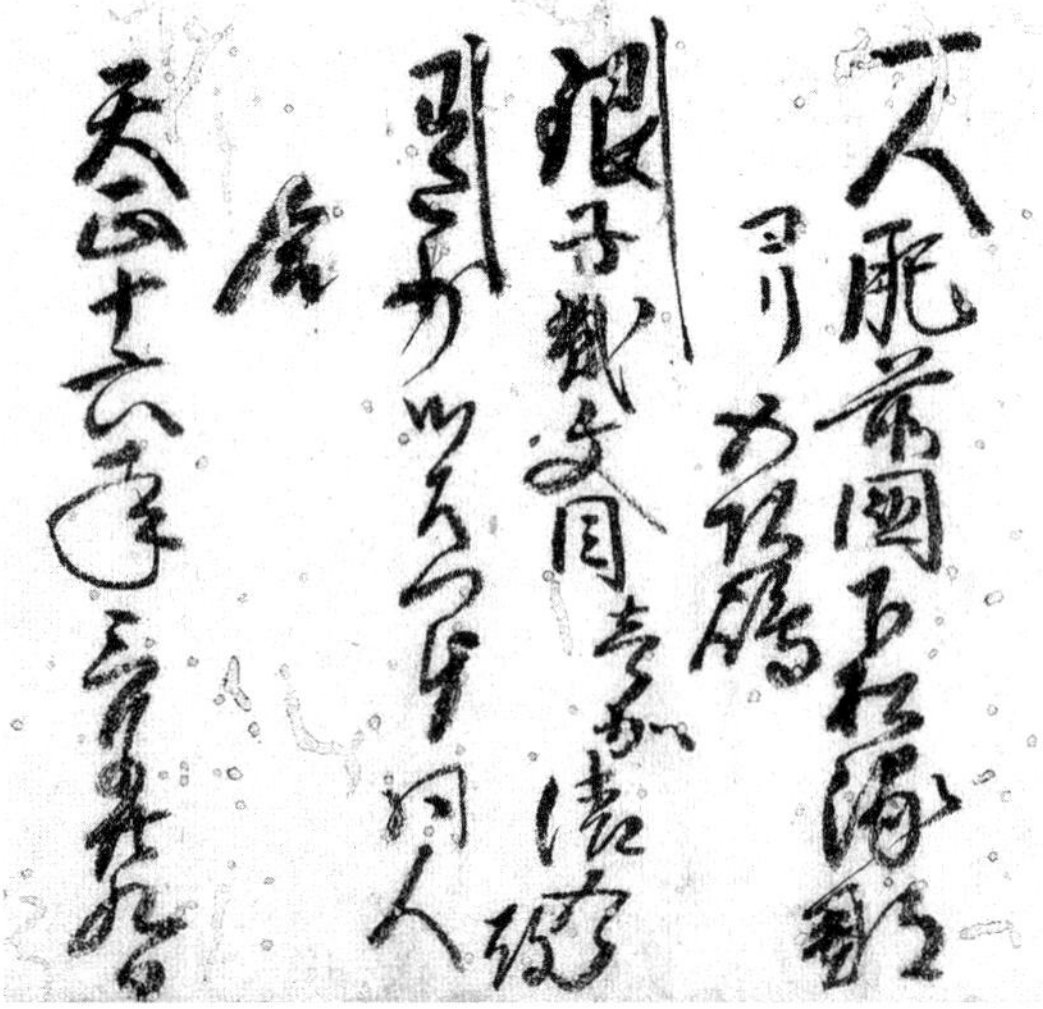

図59　天正16年　五島より清五郎の伊勢参宮（同年御参宮人帳）（天理大学天理図書館所蔵）

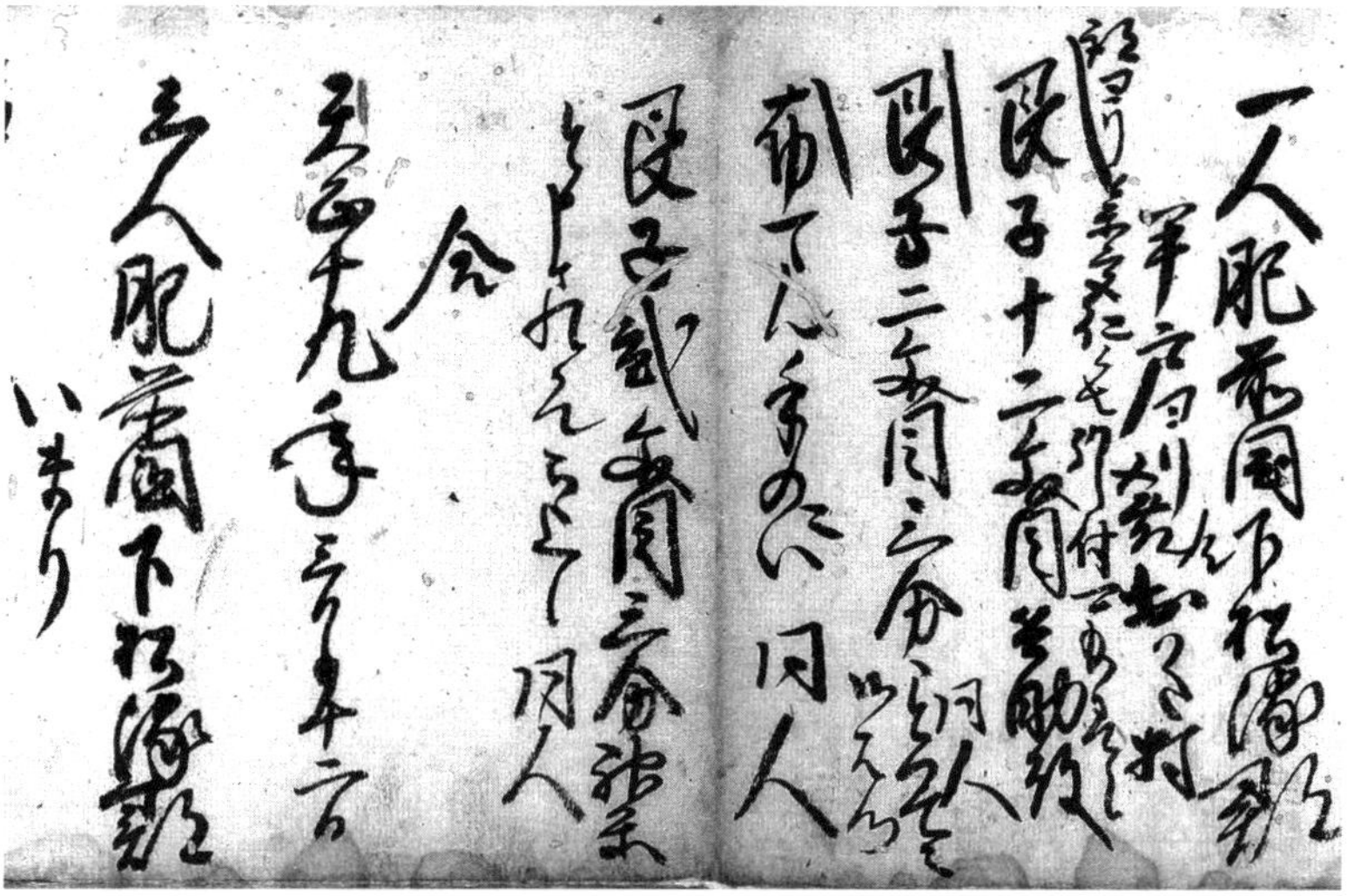

図60　天正19年　五島より兵助の伊勢参宮（同年御参宮人帳）（天理大学天理図書館所蔵）

と思われる。いずれにしてもこの人物が、今知り得る限り五島からの最初の伊勢参宮者であった。銀二文目に綿少しを初穂として納めている。

この清五郎が参詣した天正十六年三月二十九日当日には、平戸浦町からも四人の参宮があり、橋村肥前大夫屋敷に投宿している。平戸町衆の萬屋又衛門尉、又二郎、伊藤宗左衛門尉御内の御宮女、そしてこの一団に同行した壱岐郷ノ浦の甚八郎の四人である。五島の清五郎は、投宿した橋村肥前大夫屋敷でこの平戸・壱岐衆の四人に会っていることは確実である。たまたまの偶然であろうか。

その三年後の天正十九年（一五九一）三月十二日には、「平戸ヨリ五藤おかた村」から兵助という人物が伊勢に参っている（図60参照）。ここに見える「五藤おかた村」がどこに当たるのか、五藤、及び「おかた村」（岡田村）の地名は平戸島内には存在しない。先の天正十六年に伊勢参宮をおこなった清五郎の場合、五島を「五頭」と記していた。ここに見える「五藤」も五島の当字ではないかと思われる。「五藤」と記した右脇に一文字が記され、判読しにくいが「頭」とも読める。五「藤」と記しながら、

「頭」と訂正する意味であろうか。

五島列島は橋村肥前大夫の旦那場ではないために、平戸の旦那として扱ったために御師の手許の記録では、「平戸ヨリ」と記されたのであろう。

この兵助は初穂として銀十二文目、その外に銀二文目三分、布一反「手のこい」、さらに銀二文目三分と四件の初穂・音物を納めている。「手のこい」は当時の言葉を収録した『日葡辞書』にTenogoiと見え、[15]「手や顔を拭うタオル」と説明されているので、手拭いのことに間違いない。なぜ兵助は非常に丁寧に四件もの初穂などを供えたのであろうか。

一行目に「跡ヨリ参宮仁被遣候付可有にて候」と記され、後にこの兵助とは別に参宮人が参るので、これだけの初穂を納めたとの意に解釈される。四件の初穂は後に参る参宮者の分も入っていたのである。

最後に記される銀二文目三分の下部には、「神楽と申され候て被上候」と記録される。この部分は銀二文目三分を神楽料として奉納したと解釈するか、または銀二文目三分を供えて神楽を舞い奉納したとも読み取れる。どう理解すべきであろうか。

御師屋敷での神楽奉納は諫早の伊勢信仰でも触れたが、西郷純堯が神楽銭一貫文を贈った例があったように、かなり高額であった。銭一貫文は当時の相場で銀二十五文目ほどに当たる。ここに見える二文目三分では神楽料としては低額すぎる。

そうであれば兵助自らが神楽を舞い奉納したのであろうか。実は五島列島は五島神楽を伝承してきた地でもある。その創始時期について明確な記録はない。ただ『五嶋家系図』中に天正七年（一五七九）に「大津の市」という人物が八幡宮の巫女として登場し、この神楽奉仕者の巫女の存在から、この天正年間（一五七三〜一五九二）に創始年代を求めている。[16]
伊勢に赴いた兵助が御師屋敷の神楽殿で自ら神楽を奉納したとすれば、それは天正十九年（一五九一）のことであったから、五島神楽の創始年代とほぼ合致する。銀二文目三分を神楽料とした場合、その額が低額過ぎること、一方で兵助の住む五島では神楽舞が創始されていたことなどを勘案すると、先に推測した初穂銀を供え兵助が神楽を舞ったと解釈した方が無難であろうか。そうであればこの兵助に関わる記録は、従来の創始年代説が史料的根拠に乏しいだけに、五島神楽の創始年代を考定する新史料となるだろう。すでに天正十九年（一五九一）には、伊勢で神楽として奉納し得る舞いが五島には存在したということになる。
兵助の居村として記され「おかた村」は岡田村と思われる。中村秀記氏の御教授によると、富江湾に面した現・五島市増田町に岡田という集落がある。
『福江市史』によると、江戸初期には八戸があり、農漁業共に塩作りを営んでいた。その後、寛永四年（一六二七）には奥浦よりキリシタンの船大工十二戸が移住したという。

2 高向二郎大夫、伊勢大麻を配る

伊勢御師の活動は中世期には五島列島へは及んでいなかった。前記二人の参宮者は、肥前地方に多くの旦那衆をもった橋村肥前大夫を頼って伊勢詣でをおこなっていた。しかし江戸期になると、五島にも御師の活動が及んでいく。『安永六年外宮師職諸国旦方家数改覺』[17]によると、高向二郎大夫の旦那地域として五島大和守と五島民部の二領が含まれている。この安永六年（一七七七）の時点での五島藩主は七代の五島盛道であり、官途名は確かに大和守を名乗っている。福江島には五島藩から分かれた富江藩（領）もあり、その五代領主が五島民部盛恭である。従って安永六年の時点で高向二郎大夫は、五島藩と富江藩とを旦那地域となしていた。

更に慶応三年（一八六七）の『公儀諸大名方江両宮ち御祓納候御師附[18]』によると、

五島二万二千六百石　五島左衛門尉　内宮　岩崎大夫
　　　　　　　　　　　　　　　　外宮　上部左ヱ門

と記される。幕末の慶応三年の時点では、五島藩は内宮御師の岩崎大夫と外宮御師の上部左ヱ門が受けもつ旦那地域であったことを伝える。その内、外宮の上部左ヱ門の御祓銘（伊勢大麻に記す名前）が高向二郎大夫であり、両者は同一の家である。そうすると高向二郎大夫は先の安永六年（一七七七）以降、慶応三年に至っても五島藩領を受けもつ御師として変わることはなかった。

この高向二郎大夫は前述のように対馬・壱岐、更に五島列島も加わり、本土部から遠く隔たった離島地域でも積極的に伊勢大麻の配札をおこなっていた。その家系が『神宮禰宜系譜[19]』によって分かる。次頁にその家系を記した。

初代の光如は上部左近貞末の三男であったが、高向家の養子として入っている。次の代は高向左衛門光郷と名乗る。三代目の光昱は上部姓に改姓し上部内蔵之助と名乗ったが、宝暦年中（一七五一〜一七六四）に再び高向姓に戻っている。

四代目の光映は左衛門を名乗り、文化元年（一八〇四）十二月六日に六十八歳で没した。五代目は橋村長左衛門正均の息子が養子に入って光濟と名乗り六代目へと繋ぐ。六代目の光滋が天保六年（一八三五）に三十五歳の若さで亡くなったために、久保倉要人正意の息子が養子に入って光世となるが、後に養子は縁がなく安政三年（一八五六）に実家に帰ってしまう。そのために末弟の光

【上部左衛門家系】

光如　始貞冨　光貞　後薙髪号如閑
従四位下　上部左近貞末三男　異姓高向光秀為養子

光郷　高向左衛門
無位

光昱　改姓上部　上部内蔵之助
正五位下　明和九年正月十六日卒　五十六歳
宝暦年中高向氏改姓

光映　瀧口　左衛門
正四位下　文化元年十二月六日卒　六十八歳

光濟　雅楽之助　左衛門　大史
實橋村長左衛門正均男

光滋　始光茂　平之助　雅楽
従四位下　天保六年正月廿三日卒　三十五歳

（この間三人省略）

光世　虎五郎　彈正　越後　左衛門
始異姓久保倉要人正意為養子
始彈正　後不縁皈實家　安政三年六月家督相續

光美　喜久丸　雅楽
安政三年六月兄光世為養子

外宮御師・上部左衛門（御祓銘高向二郎大夫）家系図

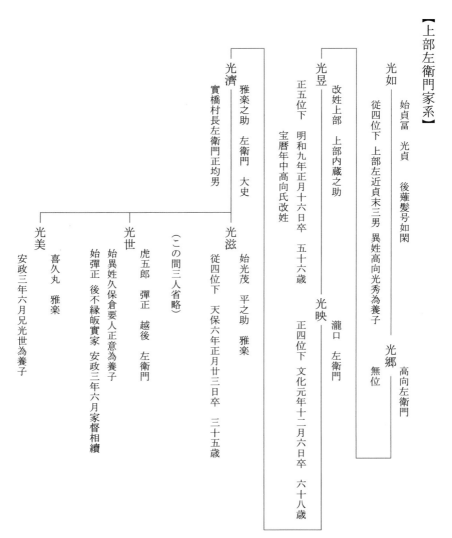

美が兄光滋の養子となり家系を継いだ。安政三年（一八五六）のことであった。

このように上部家から高向家に養子に入ったために、時には上部姓に戻り、また高向家に復したりする。前出のように上部・高向を名乗るものの同一家であった。師職名は上部姓を名乗りながら、伊勢大麻には高向二郎大夫と記したのはこういった関係からである。

先に『安永六年外宮師職諸国旦方家数改覧』に、五島大和守領を受けもつ御師として高向二郎大夫が登場していた。系図中四代目の光映に当たる、先代の光昰が明和九年（一七七二）に亡くなったために家督を相続した。文化元年（一八〇四）に六十八歳で没している。

さらに慶応三年の『公儀諸大名方江両宮ゟ御祓納候御師附』に見える上部左ヱ門は、系図中では、安政三年（一八五六）に兄光滋の養子となった末弟の光美に当たる。この人物が御師の活動の終焉となる明治四年（一八七一）まで、五島での活動をおこなったと思われる。

3 『編年史』『社務日誌』に見る伊勢と五島

『五島編年史』[20]には伊勢御師の来島に関わる記事、また藩主の参宮記事などを収録している。また『富江神社社務日誌』[21]にも、御師の来島やその接待に関わる記事を伝えている。この両記録によって主に五島福江島での御師の活動、藩主の伊勢参宮、また伊勢講などを見ていきたい。前者の記録によった場合は（編年史）、後者の場合は（社務日誌）と記し出典を明らかにした。

（1）伊勢御師の活動

五島列島と高向二郎大夫との関係を最初に記すのは、延宝二年（一六七四）の次の記事である（編年史）。

伊勢御師高向二郎太夫方《ママ》ヨリ鈴木三郎兵衛ノ書状ヲ添ヘテ来リ、去ル寛文十一年類火ノタメ家財焼失シ難儀セルニヨリ、当家中、村方迄奉加ヲ願出ヅ、乃チ蔵元ヨリ銀五枚ヲ被下、且之ヲ許サル

伊勢の外宮周辺の山田に屋敷を構えた高向二郎大夫は、寛文十一年（一六七一）の大火によって類焼したために、五島藩に復興の援助を求めた記録である。結果として藩の蔵元より銀五枚を拝領し、村々より奉加金を集める許可を藩から得ている。高向家が五島藩からこのような援助を受け得たのは、これ以前から高向二郎大夫家の活動が五島で始まっており、藩との信頼関係が芽生えていたからであろう。

ただ火災の年を寛文十一年とするが、前年の寛文十年（一六七〇）の間違いであろう。寛文十年十一月二十四日の亥刻ごろ（午後十時ごろ）に、山田の上中之郷鉈屋《なたや》の世古から出火し、火は十一カ町に及び五千七百四十三軒が焼失して、四十九人の死者が出るほどの大惨事となった。いわゆる「なたや火事」である(22)。

前述の安永六年の師職名簿によると、高向二郎大夫は大世古町に屋敷を構えていた。焼失した十一カ町の中に大世古町も含まれており、高向屋敷がこの火災によって焼失したことはまず間違いない。五島での記録がこの火災を寛文十一年と記すのは、火災が寛文十年十一月二十四日と年の瀬に近い時期であったために、翌十一年のことと取り違えたのであろう。

五島藩は高向家の被災の見舞金として銀五枚を贈っていた。銀一枚は四十三匁であるから五枚で二百十五匁、当時の金銀交換率は金一両＝銀六十匁であるから、この額で二百十五匁を割ると、

銀五枚は金三両と銀五十八匁三分ほどになる。この額が高向二郎大夫への火事見舞金であった。「第五章　島原地方の伊勢信仰」の項でも触れたが、島原を受けもった伊勢御師の伊藤助大夫も文化元年（一八〇四）の火災によって屋敷を焼失し、島原藩に十年年賦で金二百両の借用を願い出たが、結果的には銀十三枚の見舞金であった。金九両と銀三十一匁七分ほどである。

この二例を見ても御師の被災に対して島原・五島の両藩が贈った見舞金は、御師達が期待したような高額なものではなかった。

寛文十年（一六七〇）の「なたや火事」に被災したものの、天和元年（一六八一）、同二年には五島への来島記事が見られ、火災から復旧した様子が窺える。

天和元年
正月四日、伊勢ノ御師、高向二郎太夫方ヨリ入部祝ノタメ、飛脚ヲ以テ御祓并太暦、熨斗進上（編年史）

天和二年
伊勢ノ御師、高向二郎太夫ノ使者、松田太郎右衛門来リ登城ス（編年史）

火災から約十年が経過した天和年間初期には、五島に入るに先立って藩主へ伊勢大麻・伊勢暦・熨斗蚫を飛脚便で届けている。翌年には高向二郎大夫の手代・松田太郎右衛門が登城し、おそらく藩主へ拝謁したものと思われる。御師本人が旦那地域に下ることは稀であり、天和二年の例のようにほとんどはその手代が旦那場へ下って来ていた。

幕末になるが嘉永六年（一八五三）の記事は、御師の本来の姿を記したものとして貴重である。

一月十一日、上五島へ、二月十日、下五島へ夫々、役々ノ廻郡アリ

同十九　伊勢御師（伊勢太夫トモ云ヘリ）代、加藤五八郎大浜ヨリ富江ニ着ス、（付近住民ノ伊勢宿ヘ居参リアリ）、廿七日、冨江ヲ発ス、由ッテ、荷物宰領社人付添、武社宮神主、之ヲ黒瀬ニ見送ル（編年史）

高向二郎大夫の手代・加藤五八郎は、一月十一日から上五島での伊勢大麻の配札に入り、一月後の二月十日からは下五島で配札に当たっている。具体的には福江島の大浜に着船して、その湾の対岸に当たる富江に着いた。付近の住民が富江にあった伊勢屋へ参拝に訪れている。このように伊勢には赴かず、地元の伊勢屋で参拝を済ませることを「居参り」と云った。二月二十七日には富江を離れるに当たり、荷物の運び方には社人の取り纏め役が付き添い、武社宮の神主は富江集落の黒瀬で見送っている。

この記録によって高向二郎大夫の手代は、上五島・下五島の両地域を廻村していたことが分かる。更にこの時、下五島で着船した大浜は五島藩領であるが、御師手代は直ぐにその足で富江に向かっているので、五島藩・富江藩という隔てなく活動していた様子が窺える。

この嘉永六年の配札に当たって手代の加藤五八郎は、福江島の大浜に上がって下五島での活動に入っていた。この大浜港に着船するのは恒例であったようで、これ以前の天保十二年（一八四二）正月の記録にも、

十四日、伊勢太夫今日到着候趣大濱、社人為知来り候ニ付、直ニ以宇太夫ヲ見廻ニ遣シ申候（社務日誌）

と見える。更に二年後の天保十四年（一八四三）正月にも、

廿八日之晩四ツ頃、大濱社人罷出候處、伊勢太夫加藤五八郎殿今晩被到着候ニ付、御届ケ申

図61　福江島地図　大浜・戸楽・富江・岡田

上候様中来リ候ニ付、二代禎太郎直ニ見舞ニ遣シ候
（社務日誌）

とあって、晩四つ時、午後十時頃に御師手代の加藤五八郎が大濱に到着したことを、地元の社人が富江神社神主に伝えている。そうして禎太郎という人物を見舞挨拶のために早速に遣わした。

弘化四年（一八四七）の正月八日に、加藤五八郎が下五島に入った際もやはり大濱に着船している。現在も大浜は港の形態を伝え、大浜海水浴場ともなっている（図61福江島地図参照）。福江島ではこの地から伊勢御師の活動が始まったのである。

安政二年（一八五五）の配札は特筆すべきで、高向二郎大夫本人が五島に入っている。

一月廿日、権現丸ヨリ、伊勢ノ高向二郎太夫初メテ下ル、宿ハ大駕徳右衛門家来木屋仁六方ニテ、一行二郎太夫、吉野七郎、梅津久二郎上下四人、加藤五八郎上下二人、戸楽ニ入リ、例ニヨリ、三十日賄下サル、コノ行、去十一月四日伊勢大地震被害ニヨリ領内勧化ラ願出デ、殿へ三幅対、刀掛箱入、短冊掛箱入ノ進物アリ、宿屋亭主道案内ニテ、本町、田岸通り八日、二郎太夫八幡宮ニ参拝ス、大膳、兵馬差合ニ付、住吉宮神主片山織部狩衣指貫ニテ相勤メ、二郎太夫ヨリ挨拶アリ（編年史）

高向二郎大夫本人の五島入りは始めてであった。一行は手代として何度も登場した加藤五八郎を始め、吉野七郎、梅津久二郎等、従者を含めると六名であった。拠点とした宿は大駕徳右衛門の家来である木屋仁六方に定めた。文意からするとその場所が戸楽であったと解釈される。現在の五島市松山町戸楽であり、福江港の近くに位置する（図61 福江島地図参照）。高向御師一行の滞在には、五島藩から三十日間の賄いが供されることが常であった。

高向御師本人が来島したのには理由があった。伊勢で発生した地震により高向屋敷に被害があり、その復旧のために伊勢大麻の配札拡大を図ってのことであった。その許可を得るために、藩主への贈り物として掛け軸など特別の品を持参している。

地震は「去十一月四日」と記すが、まず嘉永七年（一八五四）六月十四日に第一弾の揺れが襲い、十一月四日の朝五つ時（午前八時）には大地震、更に翌五日の昼七つ時（午後四時）には第三弾の揺れに襲われた。その結果、山田地区のみでも土蔵・寺院・民家の三千百九十軒に被害が出た。[23] 十一月四日と地震の被災日が合致していることから、この時の地震に間違いない。時代は隔たってはいるものの、高向二郎太夫家は寛文十年（一六七〇）の「なたや火事」被災に続いて、百八十四年後には地震の被害にも遭っていたのである。

二月八日には高向二郎大夫は地元の八幡神社に参拝した。同社神主の平田大膳が不在であったので、住吉神社の片山神主が対応している。

『富江神社社務日誌』からも御師の活動を少し見てみよう。天保八年（一八三七）正月十三日の記録である。

> 同日新暦参り御家中ハ軒別ニ差上ヶ申候、尤社人両人ニ而當年ハ丈蔵、彦次郎両人ニ而遣イ申候、尤右先例村々分ハ頭々へ遣シ申候

ここに見える新暦とは、伊勢御師が伊勢から持参する伊勢暦であり、正月十三日にこの年の新暦が到着した。五島の神社には神主の補助的仕事をする社人がいたが、富江神社の社人と思われる丈蔵と彦次郎によって、暦は武家の各軒に配られた。各村の分は組頭達を通じて配布されている。

更に同年正月三十日の記録である。

> 三十日朝昨夕伊勢加藤五郎右衛門殿御着之趣為知有之候ニ付、夜前者宇太夫差合ニ付、同人悴杢次ヲ御見廻ニ遣シ、今朝下拙宇太夫御見廻ニ罷出申候、尤今日直ニ上ノ御祈祷御上ケ之趣右ニ付、今日より平社人両人宛今日ハ丈蔵、百蔵両人遣シ申候、尤先例

正月二十九日の夜、高向二郎大夫の手代である加藤五郎衛門が富江に到着した。宇太夫の悴杢次を見廻りに遣わし、朝からは宇太夫が出向いた。すると直ぐに御祈祷をおこなうとのことであったので、社人二人を御師の許に付かせることとして、今日は丈蔵と百蔵とを遣わした。これはい

つもの通りのことであったという。

この二つの記録を照合すると、御師手代の五島への到着は正月月末の二十九日であった。それに先立ち伊勢暦は正月十三日には届いている。この事例からも伊勢暦は御師自らが持参するばかりではなく、事前に送り届ける場合もあったのである。特に暦は新年と共に直ぐに必要な品であるから、急ぎ届けたのであろう。

正月三十日の記録では、手代の加藤五郎衛門は富江に着いて早々に御祈祷をおこなったという。御師達は御師宿で旦那衆に対して祈祷をおこなうことが多かったが、この五島の地でも同様のことであった。この天保八年の二件の記事を通して、当地での伊勢暦配りや旦那衆への祈祷という御師の活動の一端が見えてくる。

慶応三年（一八六七）の『公儀諸大名方江両宮ゟ御祓納候御師附』によれば、内宮御師の岩崎大夫も五島列島掛かりの御師であったが、編年史や社務日誌には全く岩崎大夫の活動は確認できない。記録上で掛かりの御師と記されるだけで、当地での実際の活動はなかったものと思われる。

本項の冒頭に五島での高向二郎大夫に関わる最初の史料として、延宝二年（一六七四）の編年史の記事を挙げたが、それに続き「御手洗要次郎氏談」とした記録を編年史は引用している。御師に関する伝承を明治以降に書き留めたものと推測されるが、内容的にはかなりの信頼度があり、次のような内容である。

伊勢御使使者ノ宿ハ酒屋町吉田屋御手洗彦右衛門（郡家醤油ノ地）ニシテ、許サレテ玄関造ナリキ、年来ノ定宿ニシテ明治初年ノ制度改革ニ及べリ、家ニ神壇ヲ設ケ伊勢太神宮ヲ崇祀シ、一家ハ居常四足ヲ食ハズ、領内ノ者、所謂お伊勢詣ヲナス能ハザルモノハ、居参リト称シ、

来ツテコノ家ノ神壇ヨリ伊勢大廟ヲ遙拝シタリ、
当時、大麻ニ大箱、中箱、小箱、大麻ノ四種アリ、大箱ハ五島家、吉田家、川野屋ニ限ラレタリト云フ、コノ御手洗氏、始メ江戸ヨリ随行シテ来ルト

御師の宿は今まで富江の内、福江港近くの戸楽などが記録に登場していたが、ここでは酒屋町の吉田屋の屋号をもつ御手洗彦右衛門宅が御師宿となっている。玄関など御師屋敷に相応しい構えに改造し、家内には伊勢太神宮を祀る神棚が設けられ、伊勢まで参詣が叶わない者達は、この神棚を通して伊勢神宮を遙拝していた。それを居参りといった。この「居参り」は前述の編年史の嘉永六年（一八五三）の記事にも見えていた。宿を勤めた御手洗家の者達は、四つ足動物の肉を食べることはなかったという。

伊勢大麻には三種類の木箱に入った箱祓いと一般的な大麻があり、大箱の伊勢大麻が配られるのは五島藩主家、御師屋敷を務めた吉田屋、そして川野屋に限られていた。

江戸期のどの時代の様子を伝えたものか分からないが、五島における御師の活動と旦那衆との関わりをよく伝えている。

(2) 藩主の伊勢参宮

こういった高向二郎大夫の活動を受けて、天明六年（一七八六）と文政十二年（一八二九）の二度、五島藩主は伊勢参宮を行っている。次のように記される（編年史）。

天明六年
盛運江戸ヨリ帰ル、途中三月廿三日、伊勢参宮ヲナシ廿八日着阪ス

江戸ヘノ上下、少ナクトモ一生ニ一度ハ、必ズ伊勢ニ内宮外宮ヲ拝スルコトヲ念願セリ
　文政十二年
四月盛繁伊勢大廟ヲ拝シ、終身廿石ヲ奉献ス

天明六年に参詣した五島盛運は八代藩主である。参勤交代で江戸への上り下りの途中、一生に一度は伊勢詣でを念願し、この年に参拝に至ったという。

文政十二年に伊勢詣でをおこなったのは九代藩主の五島盛繁であった。この参宮を機に終身にわたって米二十石を伊勢の神宮に奉献することにしている。

（3）伊勢講

『富江神社社務日誌』には伊勢講の記録が頻繁に登場する。天保七年（一八三六）の分を抽出すると次のとおりである。記録者は富江神社神主の月川日向であった。

正月廿一日　御伊勢講御座候、尤此度者二代宇太夫坐元ニ而御坐候處、すしとも御坐候
四月六日　御伊勢講御坐候、尤此度ハ銀左衛門當月に候へとも差合ニ而銀松致申候、
　尤すしとも御坐候
四月廿九日　御伊勢講坐元致申候、尤すしとも差出申候
八月廿六日　御伊勢講坐元ニ而御坐候、尤銀松は差合之趣ニ而不参
九月四日　御伊勢講宇太夫坐元ニ而御坐候、尤寿し共御坐候
十月十一日　御伊勢講御坐候、尤銀松宅ニ而有之候
十一月十八日　御伊勢講座元以たし申候

十二月二十二日　御伊勢講銀松宅ニ而御坐候

天保七年の一年間に八度の伊勢講が記録されている。伊勢講の記録が見えない月が、二月、三月、五月、六月、七月と五カ月ある、ただ四月には六日と二十九日の二度おこなわれており、四月六日の分は本来三月におこなう分が、何らかの事情で四月にずれ込んだとも思われる。とすれば伊勢講の記録がない月は四カ月となる。

この四カ月は実際に伊勢講がおこなわれなかったのか、それとも伊勢講はありながら社務日誌に記載されなかったのか。八月以降は毎月おこなわれたことは明らかであり、前半期も一月・三月（実際は四月）・四月とおこなわれていることから、この伊勢講は毎月おこなわれていた可能性が高い。

講はもち回りで座元を勤め、宇太夫（正月）、銀松（四月）、月川日向（四月）、月川日向（八月）、宇太夫（九月）、銀松（十月）、月川日向（十一月）、銀松（十二月）という具合に廻った。

座元として三人の名前が知られるが、四月六日の本来の座元は銀左衛門であったが、都合悪く銀松に代わっている。この銀左衛門を入れても伊勢講員は四人である。これ以外に講員がいたのかよく分からないが、いずれにしても少人数で組織した伊勢講であったと思われる。富江神社神主の月川日向が、分かるだけでも一年に三度座元を勤めている。

少人数ながら毎月、伊勢講で集まり伊勢への信仰を深めていったのであろう。その席では「すし」（寿司）が出されることが多かった。当時としては晴の食であろう。

正月と九月の座元を勤めた宇太夫は、天保八年（一八三七）の一月二十九日に御師手代の加藤五郎右衛門が富江に着いた際、翌朝挨拶に出向いた宇太夫と同一人物と思われる。富江という地域社会の中で、伊勢から御師が到着すれば直ぐにその世話のために駆けつけ、集落の五軒か、そう多くはない軒数で組織する伊勢講では月々の座元を勤めるなど、海を隔て遠く離れた五島の地にありながら、宇太夫のように伊勢と深く関わった人物もいたのである。

（4）御師最後のつとめ

『富江神社社務日誌』の明治四年（一八七一）四月六日には、伊勢暦の到着を次のように記している。

六日、新暦参り尤も小本暦壱幅ニ付代料三匁三分二厘、柱暦二分四厘与申来候、尤元水分壱幅小暦余ハ何連も柱暦、且又左之通り御相談扨新暦祝申候

口上

いせ御初穂之儀、遠方罷下り候ニ而雑用多ク相懸り、殊ニ近年諸品高直相成り、何分つゝきかたく甚タ難渋仕候、右ニ付無拠御旦家中一統已来、御初穂増し被下候様御願申上候、御苦労奉存候得とも、速ニ御聞入被下度重畳希上候、以上

右之通り御相談申来候

この年は四月六日に至って伊勢から新暦が届いた。折り本式になっている小型の本暦は、初穂額が銀三匁三分二厘、柱や壁に懸ける柱暦は二分四厘と、暦の初穂額について御師家からの申し出があった。この記録に続けて高向家からの口上が添えられ、次のような内容である。

暦の初穂について、遠方から届けるために手が掛かり、殊に近年は諸品が値上がりして、このままでは続けることも困難な状況である。やむなく暦の初穂額を上げざるを得ないので、お聞き入れ願いたいとの申し出であった。その結果、示されたのが前記の本暦・柱暦の初穂額であった。

先の記録の文意からすると、この時には高向二郎大夫家の五島への下向はなく、暦は送り届けられたように思われる。

じつはこの明治四年は伊勢御師にとって大きな転換期であった。この年七月十二日に発された太政官達三四六号は神宮の改革を内容として、その改革八項目の一項には、

　　師職並ニ諸国檀家ト唱へ御麻配分致候等之儀一切停止候事

とあり、御師の廃止と伊勢大麻配布の停止とを命じているのである。この布達により伊勢御師は明治四年七月をもって廃絶されることとなった。

五島に高向二郎大夫家が伊勢暦を届けたのは、その三カ月前の四月であり、これが伊勢御師としての最後の活動であった。従ってこの時の伊勢暦の初穂が回収できたのか、また高向家の希望通りに初穂の増額が叶ったのかも不明である。

〔附記〕

本章「島の伊勢信仰」の執筆に際しては、対馬の平山静喜氏、橘俊寿氏、壱岐の村田徹郎氏、五島の月川八榮氏、中村秀記氏の各位には、史料の閲覧に加えて貴重な御教授を頂戴した。稿を閉じるに当たり篤く御礼申し上げる。

【補注】

（1）鈴木棠三『対馬の神道』二百九頁（三一書房　一九七二年）

（2）新修『国分寺の研究』第五巻下　西海道　四百七十八～四百八十六頁（吉川弘文館　昭和六十二年）

（3）鈴木棠三『対馬の神道』所収　三百六十二頁

（4）『津島記事』百十頁（津島記事刊行會　大正六年）

(5)『神宮御師資料』外宮篇四所収　四十六頁（皇學館大學出版部　昭和六十一年）
(6)『神宮禰宜系譜』五百八十頁（八木書店　昭和六十年）
(7)『神宮御師資料』外宮篇一　七十七頁（皇學館大學出版部　昭和五十七年）
(8)『遷宮の歴史と御師の姿　武蔵人との関わり』三十四～三十七頁（埼玉県神社庁強化委員会　平成二十二年）
(9)『藤家文書（柚谷家旧蔵）目録』第二章藤家について（対馬市教育委員会　二〇一五年）
(10)天理大学付属図書館所蔵『天正十五年筑後国肥前国郡之帳大方小名』架蔵番号二一〇〇八―イ一一一―四（五）
(11)山口麻太郎『壹岐國史』六百六十頁（長崎県壱岐郡町村会　昭和五十七年）
(12)桜井徳太郎『講集団成立過程の研究』二百六十八～二百六十九頁（吉川弘文館　昭和四十一年）
(13)山口麻太郎『壱岐島民俗誌』六十七～六十九頁（歴史図書社　昭和五十四年）
(14)天理大学付属図書館所蔵『天正十六年御参宮人帳』架蔵番号二一〇〇八―イ一一一―二（五）『天正十九年御参宮人帳』架蔵番号二一〇〇八―イ一一一―二（七）
(15)『邦訳日葡辞書』六百四十六頁（一九八〇年　岩波書店）
(16)吉村政徳『五島神楽の研究』四頁（上五島神楽保存会　平成十四年）
(17)『神宮御師資料』外宮篇四（皇學館大學出版部　昭和六十一年）
(18)『神宮御師資料』外宮篇六（皇學館大學出版部　昭和六十三年）
(19)神宮古典籍影印叢刊五―一『神宮禰宜系図』五百八十～五百八十一頁（八木書店　昭和六十年）
(20)中島功『五島編年史』（国書刊行会　昭和四十八年）
(21)五島市富江神社所蔵『年中御祭礼其外日記　改編長崎県五島市富江神社神主の記録』として庄司敏秋氏により翻刻、天保・弘化。嘉永・安政・元治・慶応・明治の分十五冊、翻刻分は長崎歴史文化博物館所蔵
(22)『宇治山田市史』下巻千五百五十一頁（国書刊行会　昭和六十三年）
(23)『宇治山田市史』下巻千五百七十九頁（国書刊行会　昭和六十三年）

あとがき

平成二十五年（二〇一三）十月二日には、伊勢神宮内宮の第六十二回式年遷宮が執りおこなわれた。外宮はその三日後の十月五日であった。じつは本書はこの式年遷宮に併せて発刊を目論んでいた。

永く伊勢信仰の研究を続けてきたから、人生三度目の式年遷宮を期して、居住する地域と伊勢との関係を考えたからである。平成二十二年ごろからその準備にかかった。

するとちょうど、時を同じくして新編『大村市史』の編纂が始まり、その編纂に関わることとなった。こちらは全時代を網羅し、終わってみれば全五巻、総頁三千六百九十三頁に及ぶ膨大な編纂事業であった。全巻に関わり毎夜毎夜、執筆・校正・監修に追われること五年に及んだ。解放されたのは平成二十九年の三月のことである。

式年遷宮からもうとっくに四年余の歳月が流れ、式年遷宮に合わせるという永年の伊勢びいきの夢は崩れていた。そういう中にあって、式年遷宮を期して発刊された忘れることの出来ない書物二冊がある。ひとつは千葉県神社庁の『房総の伊勢信仰』（雄山閣 平成二十五年）であり、もうひとつは音羽悟氏の『悠久の森　神宮の祭祀と歴史』（弘文堂　平成二十六年）である。

前者は千葉県在住の十七人の神職により、伊勢と房総千葉県との関わりが小まめに整理されている。よくぞ式年遷宮に併せて上梓されたと敬意を表すと共に、遅れをとったと思ったのも正直な気持ちであった。遷宮を期に自県の伊勢信仰を纏めた希有な例であった。

もう一方の著者音羽氏は伊勢神宮の神職の立場にあられ、式年遷宮の激務にもめげず、遷宮翌年の六月には上梓という離れ業をやった方である。遷宮を終えたばかりの熱々の神宮への思いが、極めて学問的に述べられている。

この二著書の存在がなければ、新編『大村市史』のために中断していた執筆は再開しなかったであろう。啓発され昨年（平成二十九年）の三月から執筆を再開、式年遷宮から五年も経った若葉のころにやっと脱稿した。

『長崎の伊勢信仰』と題したが、この「長崎」の表現には随分と躊躇した。長崎といえば長崎市という狭い意味で取られはしまいか、そうかといって「長崎県」では歴史的表現ではない。ここで使った「長崎」は長崎県地方という意味である。副題を「御師をめぐる伊勢と西肥前とのネットワーク」としたが、その「西肥前」に検討地域の範囲を込めたつもりである。しかしこれも正確ではない。「第七章 島の伊勢信仰」で触れた対馬と壱岐は実は西肥前ではなく、それぞれ対馬国、壱岐国を成していた。そういった点ではこの表現も正確でないが、了解戴きたい。

構成する内容のうち大村、平戸松浦、長崎の伊勢信仰については、拙著『伊勢御師と旦那』（弘文堂 平成十六年）に収録しているが、全面的に手を入れ新史料も加えて書き改めた。有馬島原、諫早、対馬・壱岐・五島については、有馬島原と諫早は当初は同一章でと考えたが、さすがに有馬島原の歴史は奥が深くもっとも長編となった。結果として諫早は単独章とした。当地方の一級史料である『諫早日記』に伊勢信仰を求めて見たかったが、時間の関係上、充分叶わなかったのは悔いが残る。

本県の島を多く抱えるという特徴から、島の伊勢信仰を入れた。中世の時期には御師橋村肥前大夫を頼って伊勢へ赴き、江戸期には対馬、壱岐、五島の三島とも高向二郎大夫の旦那場となった。

伊勢の御師仲間からは「海に強い高向家」と噂されたかも知れない。

　このように県内のほぼ全域を伊勢との関係で概観してきた。それぞれに印象に残る一コマ一コマが頭に浮かんでくる。長崎と周辺地域では、橋村肥前大夫が町中に生活した唐人（中国人）にまで伊勢大麻を配っていた。大村地方では、標高九百㍍余の山中に寺院を構えた金泉寺僧侶が、なんと中世末期に遠く伊勢まで参詣し、法印からの初穂も奉納していた。平戸松浦地方は早くから海に開かれた地域であったから、中国貿易を取り仕切る唐人カピタンが代参者を伊勢に遣わしていた。

　島原地半島では幻の大泉寺が、銭百文の定額の為替を発行し、多くの民を伊勢へ趣かせていた。江戸期には年末になると必ず年籠参詣のために、伊勢へ旅発つ島原の家臣、民達の姿があった。それも藩庁より金十両、金四両と多額の路金の支給を受け、公的出張であった。

　諫早では上町に住む町人が、中世末期にしきりに伊勢為替を発行して民を伊勢へ送り、また土地持ちの乙名百姓が、伊勢御師に田・家屋敷を寄進するという、民・百姓の活き活きとした姿があった。

　対馬・壱岐・五島の島からは、いずれも天正年間（一五七三〜一五九二）には伊勢に詣でる者がいた。なんと対馬の国分寺僧侶が詣で、壱岐で先鞭をつけた甚八郎は平戸町衆に同行していた。五島から赴いた兵助は、御師屋敷の神楽殿で神楽を舞った形跡も窺われ、今日の五島神楽の淵源に通じるような行動をとっていた。

　そういった行動のどれもこれもが、伊勢御師との関わりから生まれてきたものであった。

　昨年平成二十九年中に伊勢の神宮に詣でた人の数は、八百七十三万九千二百十一人である。私も年に数度は伊勢に赴くが、伊勢の地は何時も参詣の人々で満ち溢れている。今日の現状を永い時間をかけて作り上げてきた柱のひとつが、じつは本書での主役御師達であったのである。

本稿執筆中の昨年の五月、佐賀県立図書館より吉報が届いた。天理大学天理図書館に所蔵される橋村肥前大夫文書翻刻の出版案内であった。本書で幾度となく基本史料として用いてきた愛着の史料である。

同文書との出会いは第一章で触れたが、永年探し求め昭和六十二年に天理大学天理図書館にその所在を突き止めた。以来、足繁く調査に通い、全三十冊の文書を複写本として入手し、その枚数は千七百八十九枚に及んだ。

その全部が『佐賀県近世史料』第十編第五巻として翻刻されたという知らせであった。冊子と成った同文書は原文書枚数の約半分、八百七十三頁に収められ、書斎で手に取ることが可能となったのである。この文書と出会ってちょうど、三十年、まさか翻刻されるとは、感無量である。同文書を用いた研究が随所で起こることを期待したい。

本稿執筆に際して、神宮文庫（伊勢市）、天理大学天理図書館、長崎歴史文化博物館、松浦史料博物館、平戸市教育委員会、大村市立史料館、島原松平文庫、諫早市立図書館には、史料の閲覧等で大変お世話になった。謝してお礼を述べたい。

さらに遅れに遅れた本書の刊行について、気長に待って戴いた長崎文献社、殊に編集人（専務）の堀憲昭氏、また複雑な校正を担当いただいたオムロプリント㈱の山口令子氏には大変お世話になった。篤く御礼を申し上げたい。

平成三十年五月二十四日

久田松　和則

表収録一覧・図版収録一覧

表収録一覧

図版収録一覧

著者略歴

久田松 和則（くだまつ かずのり）

昭和24年　長崎県大村市生まれ
昭和47年　皇學館大學文学部国史学科卒業
その後、長崎県立大崎高等学校教諭、大村市立史料館専門員を経て、
平成3年、富松神社宮司
平成19年　「西北九州に於ける伊勢信仰の研究」で博士（文学）取得（皇學館大學）
平成24年～同29年　大村市史編集委員会副委員長として、全5巻を執筆・監修
平成30年　文化庁の「地域文化功労者表彰」を受ける

〔主要著書〕
『琴湖の日月 大村史』（国書刊行会　平成元年）
『キリシタン伝来地の神社と信仰―肥前国大村領の場合』（富松神社再興四百年事業委員会　平成14年）
『伊勢御師と旦那―伊勢信仰の開拓者たち』（弘文堂　平成16年）

長崎の伊勢信仰

―御師をめぐる伊勢と西肥前とのネットワーク―

発行日	初版 2018年11月20日
著者	久田松 和則
発行人	片山 仁志
編集人	堀 憲昭
発行所	株式会社 長崎文献社 〒850-0057 長崎市大黒町3－1　長崎交通産業ビル5階 TEL. 095-823-5247　FAX. 095-823-5252 ホームページ http://www.e-bunken.com
印刷所	オムロプリント株式会社

ISBN978-4-88851-303-6 C0014